HEYNE ‹

W0030124

Helga Lippert

TERRA X

Von den Oasen Ägyptens zum Fluch des Inka-Goldes

Wilhelm Heyne Verlag
München

HEYNE SACHBUCH
19/840

Umwelthinweis:
Dieses Buch wurde auf chlor- und säurefreiem Papier gedruckt.

Taschenbucherstausgabe 3/2003
Copyright © 2001 by Ullstein Heyne List GmbH & Co. KG, München
Der Wilhelm Heyne Verlag ist ein Verlag der Ullstein Heyne List GmbH & Co. KG
http://www.heyne.de
Printed in Germany 2003
Umschlagillustration: Zahi Hawass, Kairo (Holzsarg der Königin Merit-Amun)
und Corbis/Rowell, Düsseldorf (Machu Picchu in Peru)
Umschlagkonzept und -gestaltung: Hauptmann und Kampa Werbeagentur,
München-Zürich
Herstellung: Udo Brenner
Satz: zwischenschritt, Rainald Schwarz, München
Druck und Verarbeitung: RMO Druck, München

ISBN 3-453-86134-5

Meinem geschätzten Kollegen
Dr. Gottfried Kirchner, dem Erfinder von TERRA X,
der zwanzig Jahre lang für unvergessene
»Expeditionen ins Unbekannte« gesorgt hat.

Inhalt

Claudia Moroni
Im Schatten der Pharaonen 8
Sensationen in Ägyptens Wüste

Michael Engler
Fata Morgana 60
Naturwunder und Zauberspuk

Richard Andrews
Lawrence von Arabien 112
Archäologe in geheimer Mission

Wolfgang Wegner
Das Amerika-Rätsel 166
Auf Geheimkurs in die Neue Welt

Helga Lippert
Operation Sethos 216
Mit Hightech ins Grab des Pharao

Wojtek Krzemiński – Helga Lippert
Todescode aus Peru 270
Der Fluch des Inka-Goldes

Literaturverzeichnis 328
Über die Autoren 331
Personenregister 333
Ortsregister 335
Bildnachweis 336

Claudia Moroni

Im Schatten der Pharaonen

Sensationen in Ägyptens Wüste

Ein Goldesel in der Wüste

Die Oase Baharija – knapp 400 Kilometer südwestlich von Kairo: Seit mehr als zehn Jahren wacht Abdul Maugud an sechs Tagen der Woche acht Stunden täglich in flirrender Hitze vor dem Eingang einer namhaften Tempelruine. Die Weihestätte ließ der legendäre Welteroberer Alexander der Große errichten, der vor mehr als 2000 Jahren das Land der Pharaonen vom Joch der Perser befreit hatte. Glutrot fällt das Sonnenlicht auf die verwitterten Sandsteinmauern des Heiligtums, als Abdul am 1. März 1996 ungeduldig auf seine Ablösung wartet. Mit einem Mal sieht er, wie sein Esel in die Wüste hineintrabt – im Maul hält er ein Ende des Zügels. Abdul wundert sich über seinen sonst eher faulen Gefährten und rennt ihm hinterher. Doch schließlich kehrt er um. Er traut sich nicht, den Tempel ohne Aufsicht zu lassen. Von seinem Posten aus beobachtet er, dass der Graue in etwa zwei Kilometer Entfernung regungslos stehen geblieben ist.

Nach zwei Stunden endlich wird Abdul abgelöst. Als er sich aufmachen will, seinen Esel wieder einzufangen, steht der Vierbeiner schon vor ihm. Abdul sitzt auf, doch das Tier weigert sich standhaft, den Weg nach Hause einzuschlagen. Es scheint fest entschlossen, erneut in die staubige Wildnis zu laufen. Amüsiert meint sein Kollege, der Esel wolle ihm etwas mitteilen und er solle ihn doch gewähren lassen. Abdul ist verwirrt und neugierig zugleich. Schließlich lässt er dem störrischen Vieh seinen Willen und reitet hinaus ins Sandmeer – genau an die Stelle, an der er den Vierbeiner zuvor beobachtet hat. Plötzlich reißt der Esel seinem Herrn den Zügel aus der Hand. Das Seil gleitet in ein Loch vor ihnen im Boden. Das Tier sei auf seinem Ausflug dort eingebrochen, glaubt der Wächter. Er steigt ab und späht in die dunkle Öffnung. Abdul will seinen Augen nicht trauen: Etwas Goldenes glänzt und funkelt unter dem warmen Wüstensand.

So lautet die noch junge Legende vom Goldesel, die Abdul Maugud mit jedem Mal weiter ausschmückt. Doch er scheint nicht der Erste gewesen zu sein, der dem Geheimnis in der Wüste auf der Spur war. Bereits 1876 soll ein Abenteurer namens Vershow in dieser Gegend auf unterirdische Grabräume gestoßen sein. Schriftliche Belege gibt es dafür nicht. Und so bleibt diese Geschichte nicht mehr als eine Anekdote.

Wie immer es auch gewesen sein mag und ob Zufall oder göttlicher Fingerzeig, die Verantwortlichen jedenfalls reagieren schnell. Nur eine Woche später macht sich ein Expertenteam unter der Leitung von Dr. Zahi Hawass, des Chefarchäologen und Direktors des Pyramidenplateaus in Gizeh, auf den Weg in die abgelegene Oase. Eine erste Untersuchung folgt. Das Ergebnis versetzt Hawass und seine Kollegen in helle Aufregung: Wenige Meter unterm feinen Sand, so der Schluss der Archäologen, verbirgt sich ein riesiges Gräberfeld mit goldenen Mumien. Vermutlich stammen sie aus griechisch-römischer Zeit, etwa um 200 v. Chr. bis spätestens 340 n. Chr. Danach ging der Mumienkult unter dem Einfluss des Christentums verloren. Offensichtlich ist die Nekropole von Grabräubern

Vorhergehende Doppelseite:
Im Brennpunkt der Forschung –
die westliche Wüste Ägyptens

Abdul Maugud erzählt immer wieder gerne die Geschichte vom »Goldesel in der Wüste«.

bisher verschont geblieben. Ein sensationeller Fund und der Beginn einer spannenden Forschungsgeschichte, die noch Generationen von Wissenschaftlern beschäftigen wird. Allein die Freilegung der Leichname soll mehrere Jahrzehnte dauern. Annähernd drei Jahre lang hält die ägyptische Antikenverwaltung die atemberaubende Entdeckung geheim. Erst mussten die notwendigen Geldmittel für eine Ausgrabung im großen Stil beschafft werden – kein leichtes Unterfangen.

Das Tal der Mumien

Endlich, im März 1999, rückt Dr. Hawass mit seinem Team unter Ausschluss der Öffentlichkeit zur ersten großen Aktion in Baharija an. Ein sorgfältig geplantes Unternehmen: Ein Tross von Architekten entwirft zunächst ein Raster, mit dem das etwa sechs Quadratkilometer große Areal in 600 gleichmäßige Grabungsfelder eingeteilt wird. Rund 150 Bodensenken befinden sich innerhalb des abgesteckten Gebiets. Unter jeder Vertiefung liegt ein Grabraum. Systematisch machen sich die Forscher ans Werk. Planquadrat 54 nehmen sie zuerst in Angriff. Von morgens bis abends schleppen Hunderte von Arbeitern körbeweise Sand aus dem metertiefen Schacht. Endlich ist es so weit. Die Männer stoßen auf den Grund der Grabstätte. Schon nach kurzer Zeit starrt den Forschern ein goldenes, schön geformtes Gesicht mit großen Augen aus schwarzem Obsidian entgegen. Doch das war nur der Anfang. Grab Nr. 54 entpuppt sich als wahre Schatzkammer. 43 Leichname liegen darin verborgen, darunter der bisher größte Bestand an Goldmumien. Seit der März-Kampagne haben die Archäologen mehr als 105 balsamierte Körper und zahlreiche Skelette lokali-

Dr. Zahi Hawass, Direktor des Pyramidenplateaus in Gizeh, leitet die Ausgrabungen in Baharija.

siert. Ganz zu schweigen von prachtvollen Grabbeigaben wie Münzen, Halsketten, Statuetten, Glasgefäßen und Kinderspielzeug.

Dann – im Sommer 1999 – sorgt die Nachricht vom Sensationsfund in der ägyptischen Wüste für weltweite Schlagzeilen. Das »Tal der Mumien«, wie Dr. Hawass den Ort in Anlehnung an das prominente »Tal der Könige« nennt, und die kleine Oase Baharija werden über Nacht berühmt. In Fachblättern und auf Titelseiten internationaler Zeitschriften – in Deutschland, den USA, sogar in Japan und China –, überall tauchen die strahlenden Porträts der Goldmumien auf. Im Hinblick auf das ausgedehnte Areal schätzen die Forscher, dass sie mit zehntausend Mumien rechnen können. Eine Zahl, die sich bislang jedoch noch nicht bestätigen lässt. Auch wird schnell klar, dass die »Zeugen der Vergangenheit« von unterschiedlicher Qualität sind. Nicht jede sterbliche Hülle umgibt ein Goldmantel. Viele der Toten sind nur nachlässig in Tücher gewickelt und in bedenklichem Erhaltungszustand.

Doch wenn auch nicht alles Gold ist, was da glänzt, und Baharija nicht mit Königsgräbern aufwarten kann, so bleibt die Entdeckung des Friedhofs für die Wissenschaft dennoch ein wertvoller Schatz. Das Reich der Oasenmumien ist wie eine Zeitkapsel, die eine Reihe von Antworten auf historische Fragen bereithält. Eine Fundgrube mit Hinweisen auf eine Ära Ägyptens, als Griechen und Römer das Land am Nil beherrschten: Welche Menschen lebten auf den einsamen »Wüsteninseln«? Wie sah ihr Alltag aus? Welche wirtschaftliche Rolle spielten die Oasen damals? Welchen Totenkult praktizierten ihre Bewohner? Und nach welcher Technik wurden die Verstorbenen zur letzten Ruhe gebettet? Sicher ist, das riesige Gräberfeld war nicht nur den Reichen vorbehalten. Jeder durfte sich dort bestatten lassen. Nicht zuletzt hofft Dr. Hawass, eines Tages seine These belegen zu können, dass die Nekropole zur Zeit Alexander des Großen, etwa um 332 v. Chr., angelegt wurde. Röntgenbilder der Mumien könnten Aufschluss geben. Doch noch stehen die Experten mit ihren Untersuchungen in Baharija am Anfang. Sie werden Jahre brauchen, bis die Bestandsaufnahmen beendet, die Analysen durchgeführt und die Auswertungen abgeschlossen sind – eine Lebensaufgabe.

Unglaublicher Totenprunk in Baharija: Mumie mit vergoldeter Gipskartonage

Das Tal der Mumien 13

Einblick in eines der zahlreichen Bodengräber in Baharija

Im Reich der Dunkelheit

Mit Hacke und Bürste auf Spurensuche in der Welt der Toten: Während der ersten Kampagne haben die Archäologen fünf Bodengräber freigeschaufelt. Es überrascht nicht, dass die Anlagen offensichtlich nach unterschiedlichen Bauplänen errichtet wurden. Vielmehr scheint dies ein Indiz dafür zu sein, dass die Nekropole über einen langen Zeitraum in Betrieb gewesen war.

Grabmal Nr. 54 führt über acht Stufen in einen Vorraum, an den sich zwei geräumige Grabkammern anschließen. In jeder befinden sich vier große Nischen, zwei auf jeder Seite. Dort wurden die bandagierten Körper aufgebahrt, bereit, ihre Reise in die Ewigkeit anzutreten. Die Mumien – insgesamt 43, darunter zahlreiche in Gold gefasst – sind zum Teil übereinander gestapelt; vermutlich ein Familiengrab, das über Generationen hinweg benutzt wurde. Grab Nr. 55 dagegen präsentiert sich als etwa drei Meter tiefer Schacht. An seinem Grund markieren vier steinerne Portale den Eingang zur jeweiligen Grabkammer. Die meisten der dort gefundenen Mumien sind nur nachlässig in Leinen gewickelt und entsprechend schlecht erhalten.

Ein einziger intakter Leichnam, kunstvoll verschnürt, eignet sich für weitere Untersuchungen. Da zunächst niemand weiß, welches Geschlecht sich hinter den vergilbten Tüchern verbirgt, nennt Dr. Hawass seine neue Entdeckung liebevoll »Mr. oder Mrs. X«. Der unterschiedliche Zustand der einzelnen Mumien beschäftigt die Archäologen nachhaltig. Konnten sich möglicherweise nicht alle Eigentümer der Ruhestätten die zeitaufwändige und kostspielige Einbalsamierung leisten? Oder verfügten die Mumifizierer vor 2000 Jahren einfach nicht mehr über das notwendige Know-how?

Mit Nr. 62 haben die Erbauer von einst eine Art Felsengrab errichtet. Die riesige in das steinige Erdreich gehauene Anlage erstreckt sich entlang zweier gegenüberliegender Achsen, die durch einen engen Vorraum verbunden sind. Der Zugang erfolgt über eine schmale Treppe. Die bei-

Die beiden Kindermumien stammen aus einem der Gräber, das die Experten als erstes öffneten.

den Grabkammern mit kurzen Schächten gleichen eher einer schlecht aufgeräumten Lagerhalle: Die meisten Körper sind in Leinen gewickelt, einige davon zerbrochen. Holzsärge stehen neben Mumien, die von Kopf bis Brust mit einer harten Gipsschale verkleidet sind. Einige Münzen aus der ptolemäischen Zeit (323–30 v. Chr.) – eine davon mit einem Bildnis von Kleopatra VII., der letzten Pharaonin Ägyptens – liefern Anhaltspunkte in Bezug auf die Datierungsfrage. Möglicherweise auch der Umstand, dass die Köpfe der Bestatteten nicht mehr nach Osten ausgerichtet sind, wie es noch im frühen Altertum üblich war.

Ganz anders wiederum finden die Ausgräber Nr. 64 vor, das einzige Grab mit erhaltener Decke. Elf Stufen führen in einen Vorraum. Der Zugang zur Hauptkammer ist nur über ein schlundartiges Loch im Boden möglich. Stufen fehlen gänzlich. Wie die insgesamt 18 Mumien in das finstere Verließ gelangten, weiß niemand. Vielleicht wurden sie über eine Leiter hinab gereicht? Die meisten Leichen tief unten in den Nischen sind stark beschädigt. Nur eine Kindermumie mit vergoldeter Maske konnten die Forscher unversehrt bergen.

Als frühes Beispiel des Grabbaus in Baharija bezeichnet Dr. Hawass Anlage Nr. 1. Eine groß angelegte Ruhestätte mit Vor- und kleinem Nebenraum sowie einer Hauptkammer mit übereinander gestaffelten Nischen. Darin gebettet insgesamt nur vier Mumien. Ein dritter Raum wurde angefangen, blieb aber unvollendet. Für die Archäologen steht fest: Das Grabmal wurde errichtet, als der Friedhof noch ausreichend Platz bot, also am Anfang der Benutzungsphase. Hier sei der altägyptische Einfluss noch spürbar. Als Beweis seiner These zieht Hawass Darstellungen von Anubis – dem Gott der Balsamierer – heran, welche die Wände im Eingangsbereich zur Hauptkammer zieren. Bisher konnten die Ausgräber nirgendwo sonst derartige Felszeichnungen ausmachen. Auch andere Objekte wie ein schwerer Mumiensarg verweisen auf ein Bestattungsverständnis aus einer älteren Epoche. Doch im Unterschied zu den grandiosen Anlagen aus der Pharaonenzeit erscheint die Architektur der Bodengräber in Baharija mit ihren schiefen Wänden und schmucklosen Innenräumen wenig prachtvoll. Da in der Regel Inschriften ebenso wie Malereien fehlen, bleiben nur die Mumien und die Grabbeigaben, um das Geheimnis der Oasenbevölkerung zu lüften.

Eine wichtige Voraussetzung für das Weiterleben in der jenseitigen Welt war eine sichere Ruhestätte für den Verstorbenen. In mehr als drei Jahrtausenden entwickelte sich das ägyptische Grab von der einfachen Grube bis hin zum gigantischen Steinbau. Zwei grundsätzliche Richtungen prägen die Sakralarchitektur des Landes: die Königsgräber und die Privatgräber. Typische Anlage für hohe Beamte und Familien aus der Oberschicht war die so genannte Mastaba. Sie besteht aus einem rechteckigen Oberbau mit abgeschrägten Außenmauern und einem Flachdach. Der Umriss des Gebäudes sieht aus wie eine Sitzbank. So übertrug sich die arabische Bezeichnung dafür auf die Bauform. Den Kern aus Geröll und

Schutt verschönten die Architekten mit einer Verkleidung aus Kalksteinblöcken oder Lehmziegeln. Namen, Titel und Bild des Begrabenen sowie heilige Sprüche und Texte waren tief in den Stein der Ostfassade geritzt. Der Eingang – flankiert von Scheintüren als magischer Erscheinungsort für den Verstorbenen – führte in eine Kapelle im Inneren des Grabmals. Bis dorthin durften die Angehörigen vordringen. An bestimmten Tagen brachten sie Speisen und Getränke und brannten zu Ehren des Toten Weihrauch ab. Im Alten Reich wurde das »Hausgrab« meist luxuriös ausgestaltet. Farbige Darstellungen mit Szenen aus dem Alltag und der Religion erzählten vom Leben der Menschen. Über einen tiefen Schacht, der senkrecht ins Erdreich stieß, gelangte der Sarkophag mit dem Leichnam in die eigentliche Grabkammer.

Wo immer es die Landschaft ermöglichte, errichteten die Architekten für einflussreiche Persönlichkeiten des öffentlichen Lebens auch Felsengräber. Seit der 4. Dynastie galten sie als sicherer vor Plünderern als die Mastabas. Außerdem entsprachen sie dem Wunsch nach mehr Raum für die Grabbeigaben. Die Anordnung der Kammern ist der Mastaba nachempfunden. Die T-förmige Anlage mit langem Stollen wurde horizontal in den Felsen gehauen. An die gestaltete Außenfront schließen sich breite Kulträume mit Nischen für Statuen an. Sargkammer und Nebenräume liegen am Ende eines Ganges tief unter der Erde. Dieser Baustil wurde seit dem Mittleren Reich mit einer eigenen Variante besonders in Theben und Assiut verwendet. Ohne Oberbau, nur mit einer Einfriedung und kleinen Kultstellen versehen, sind es einfache Schachtgräber, die zwischen 10 bis 35 Meter weit in den Boden ragen. Varianten

Im Reich der Dunkelheit 17

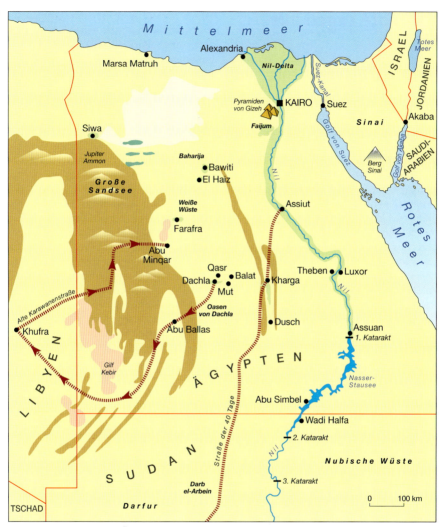

Das griechisch-römische Ägypten

reichen von bescheidenen Anlagen mit einer einzelnen Kammer bis hin zu großen Schächten mit Bestattungsräumen über sieben Etagen. Die unterirdischen Katakomben sind keine Meisterwerke ägyptischer Baukunst, doch seit der Spätzeit konzentriert sich das Interesse mehr auf die Dekoration von Särgen und Mumienhüllen. Die Zeit der palastähnlichen Grabbauten war vorbei. Dennoch hoffen die Forscher von Baharija, auf glanzvolle Gräber des »Hochadels« zu stoßen.

Tote sagen aus

Vier Grundtypen der Mumienbestattung zur Zeit der Griechen und Römer haben die Forscher bisher bestimmt. Je raffinierter und aufwändiger die Bestattungstechnik, desto wohlhabender war der Tote zu seinen Lebzeiten. Charakteristisches Merkmal des ersten Typus, der nur für hohe Beamte und reiche Kaufleute in Betracht kam, war Gold. Die Totenmaske aus Gips – ein idealisiertes Porträt des Verstorbenen – und die prächtige Brustplatte – eine Kartonage aus einem Gemisch, das hauptsächlich aus Papyrus und Gips bestand – erhielten eine üppige Lasur aus dem edlen Metall. Dabei zeigen Körperplatten weiblicher Mumien deutlich herausgearbeitete Brüste. Vergoldete Flachreliefs, unterbrochen von farbigen Darstellungen, zieren die Kartonagen, die fast bis zur Taille des Verstorbenen reichen. Abbildungen von ägyptischen Gottheiten, die dem Toten auf seinem Weg in die Ewigkeit Schutz und Beistand garantieren sollen, schmücken die Frontpartien.

Weniger Geld mussten die Angehörigen für die zweite Art der Mumifizierung aufwenden. Die Basisausstattung umfasst eine dichte Leinenbandagierung, die im Brustbereich mit einer fein bemalten Kartonage bedeckt ist. An den Totenmasken zeigt sich die Meisterschaft der Mumienmacher. Über einer dünnen Goldlegierung sitzen eindrucksvolle Augen aus schwarzem Glas auf weißem Marmor. Augenbrauen und Wimpern schufen die Künstler naturgetreu aus Bronze oder Kupfer. Das gelockte Haar und den Kopfschmuck fertigten sie aus farbigen Stuckornamenten. Noch heute, nach fast zweitausend Jahren, wirken die Gesichter so lebendig, als wollten sie etwas mitteilen.

Eine andere Wickeltechnik entdeckten die Archäologen bei den Mumien von zwei etwa fünfjährigen Kindern. Die kunstvolle Bandage aus gefärbten Leinenstreifen bildet ein dekoratives Rautenmuster. Die zarten Gesichter des Geschwisterpärchens sind mit einer dünnen Schicht vergoldet, die Haare aus Gips plastisch herausgeschnitzt und sorgfältig bemalt. Eine Totenbestattung, wie sie wahrscheinlich für den Mittelstand üblich war. Den ärmsten Mitgliedern der Gemeinschaft fehlte es jedoch an Geld, um sich nach altem Ritus mumifizieren zu lassen. Ihre Körper fanden die Experten nachlässig in Leinen gewickelt und in entsprechend schlechtem Zustand. Sie müssen aus späterer Zeit stammen, denn nach altägyptischem Glauben konnte nur ein unversehrter Körper im Jenseits weiterleben.

Zwei einzigartige Objekte in Baharija machen vielleicht deutlich, mit welch unterschiedlichen Stilrichtungen und Glaubensvorstellungen die Archäologen in Zukunft noch rechnen können: Unweit von Grab Nr. 1 entdeckten sie eine anthropoide Mumienhülle, die augenscheinlich einem Sargtypus entspricht, wie er im 1. Jahrtausend v. Chr. in Ägypten besonders beliebt war. Der in Menschengestalt geformte Sarg aus gebranntem Lehm steht ganz in der Tradition pharaonischer Grabkunst, die sich vom damals vorherrschenden Totenkult des Osiris ableitet. Jeder Verstorbene hegte den Wunsch, eins zu werden mit Osiris. Der Herrscher des Totenreiches in der Unterwelt galt als Symbol ewigen Lebens. Denn dem Mythos nach erlebte der Gott, den sein Bruder Seth brutal ermordete, eine wundersame Wiederauferstehung. Nach Menschengestalt gebildete Mumiensärge stellen nicht den Verstorbenen, sondern Osiris dar und sind Ausdruck einer unstillbaren Sehnsucht nach Unsterblichkeit.

Ein weiteres Kleinod in Baharija ist »Die Braut«. So tauften die Wissenschaftler die zarte Mumiengestalt eines Mädchens, die sie aus Grab Nr. 54 geborgen haben. Sie sind überzeugt, dass die junge Frau kurz vor ihrer Hochzeit verstarb. Nach altem Glauben findet die Vermählung dann im Universum statt. Die gemalte Außendekoration fällt auf: Totenmaske und Brustkartonage mit winzigen stilisierten Brüsten sind weiß grundiert. Ebenholz und Rosarot beherrschen fast vollständig die Farbgebung der außergewöhnlichen Mumie. Kleine Kreise als Wangenrot, eine fein ziselierte Kopfbedeckung und eine Halskette als besonderer Schmuck verleihen der Figur eine ganz eigene Ausstrahlung. Auf der Brustplatte prangen Darstellungen der vier Horus-Söhne, einige Kobras mit Sonnenscheibe und ein Ibis. Darüber hinaus finden sich Bilder zur Illustration spezieller Totentexte und Formeln. Noch wissen die Experten nicht viel über den erstaunlichen Fund. Doch die individuelle Gestaltung der Maske liefert einen weiteren Mosaikstein im Puzzle der Geschichte.

Goldmasken für jedermann

Noch im pharaonischen Ägypten herrschten klare Regeln. Damals wurden nur für Könige und ihre engste Familie Masken aus edlen Metallen angefertigt. Vor allem Gold war für den Normalsterblichen tabu. Denn das Edelmetall galt den Ägyptern als »Fleisch der Götter« und stand demnach nur dem Pharao und seinen

nahen Verwandten zu. Selbst hohe Beamte und entferntere Angehörige der privilegierten Herrscher mussten sich mit Gipskartonagen zufrieden geben, wenn sie auch ihre Gesichtsmasken wenigstens vergolden ließen. Alle niederen Gesellschaftsschichten jedoch durften höchstens gelbe Farbe benutzen, um so den gottgleichen Glanz anzudeuten. Erst unter der Herrschaft der Ptolemäer (323–30 v. Chr.) erfuhren die traditionellen Bestattungssitten sozusagen eine »Demokratisierung«.

Auch die Mumifizierung des Körpers blieb zunächst den Pharaonen vorbehalten. Erst später wurde dieser Brauch in der ganzen Bevölkerung praktiziert. Ähnliches lässt sich von den Totentexten sagen: Ursprünglich erscheinen sie an den Innenwänden der Pyramiden der Könige und Königinnen aus der 5. und 6. Dynastie. Seit dem Mittleren Reich lassen sie sich ebenfalls auf Särgen von Privatleuten nachweisen. Auf Papyrus oder Leinenbinden erscheinen sie spätestens seit den Ptolemäern. So überrascht es auch nicht, dass im Wandel der Zeit die Verwendung vergoldeter Kartonagenhüllen in den Gesellschaftskreisen üblich wurde, die über die entsprechenden finanziellen Mittel verfügten.

Die Darstellung der Gesichter entsprach dem damaligen Glaubensverständnis. Der Tote galt als »Gerechtfertigter«, als »Verklärter«. Die Masken geben also ein idealisiertes Porträt des Verstorbenen wieder – ohne individuelle Züge oder Altersmerkmale. Ein weiteres Kennzeichen für die Zeit ab dem 3. Jahrhundert v. Chr. ist die mehrteilige Kartonage. Das heißt, für Gesicht, Oberkörper und Füße entstanden jeweils einzeln gefertigte Verschalungen. Vor allem die Brustplatten dienten der Gestaltung religiöser

20 Im Schatten der Pharaonen

Bildmotive. Ob Bes, die Uräusschlange, Isis und Nephthys, der falkenköpfige Horus oder Thot – altägyptische Gottheiten schützten auch damals noch den Toten auf seinem Weg ins Jenseits. Erst um die Zeitenwende mischten sich Elemente aus der griechischen und römischen Mythologie mit der traditionellen Bildsprache der Ägypter.

Als im Jahre 30 v. Chr. Oktavian, der spätere Kaiser Augustus, Ägypten in Besitz nahm, setzte im Land ein unaufhaltsamer kultureller Wandel ein. Fortan ließen sich die Herrscher vom Tiber in den Tempeln im Niltal als Pharao verehren. Römische Präfekten übernahmen die Verwaltung. Beamte, Soldaten und Legionäre lebten Seite an Seite mit den Ägyptern. Überall – wenngleich auch regional unterschiedlich – veränderten sich die Traditionen unter dem neuen Einfluss, vor allem im Bestattungswesen. Trotzdem wurden die Mumienhüllen auch weiterhin nach ägyptischem Vorbild hergestellt. Vergoldete Kartonagen für Gesicht und Körper blieben ebenfalls Bestandteil des rituellen Kanons. Aber die Gestaltung der Gesichter folgte nun einer anderen Idee.

Nicht mehr das vergöttlichte, idealisierte Antlitz, sondern individuelle Züge sollten die Totenmasken der Verstorbenen auszeichnen. Vor allem Löckchenfrisur, Barttracht, Gewänder und Schmuck – in Stuck gearbeitet oder aufgemalt – werden zum Kennzeichen des porträthaften Stils. Hinzu kommen große, lebendig wirkende Augen und ein leicht geöffneter Mund, der sanft zu lächeln scheint. Zu jener Zeit wurden die Masken nicht nur aus Leinen produziert, sondern auch aus zusammengepresstem Papyrus. Dafür benutzte man häufig alte Verwaltungsakten – für Ägyptologen heute Schätze von unvorstellbarem Wert. Mit modernen Ver-

fahren werden die verklebten Papierstreifen abgelöst und lesbar gemacht. Die Wissenschaft verdankt dieser Methode zahlreiche Informationen über die ägyptische Bürokratie in griechisch-römischer Zeit.

Immer wieder diskutieren Wissenschaftler, ob die Physiognomie der Masken mit der Identität der entsprechenden Person übereinstimmt. Oder ob es eine Kollektion von Schablonen gab – für Männer, Frauen und Kinder –, nach denen die Kartonagen posthum entstanden. Computertomographien haben zumindest bewiesen, dass bei den untersuchten Fällen eine weitgehende Ähnlichkeit mit dem »Original« vorhanden war. Bei weiblichen Masken wurde höchstens die Nase nach vorherrschendem Ideal umgeformt. Eine Schönheitskorrektur im Tode – heute verdient ein ganzer Berufszweig nicht schlecht am Traum von einer edlen Nase. Nur dass sich im 21. Jahrhundert ausschließlich Lebende dieser Prozedur am eigenen Körper unterwerfen.

In Mittelägypten setzte sich ein besonderer Stil individueller Mumienmasken durch. Sie bestehen aus Stuck, der aus Sand, Ton, kohlensaurem Kalk und Gips gemischt und in eine Form gepresst wurde. Frisur und andere Details fertigten die Mumienmacher extra und fügten sie erst in einem zweiten Schritt hinzu. Auch die Position der Gesichtskartonage wandelte sich unter den Römern. Die klassischen ägyptischen Mumienmasken liegen direkt auf dem Gesicht des Toten. Im Unterschied dazu zeigen Beispiele aus dem 2. Jahrhundert n. Chr. jedoch Kartonagen, die den Eindruck vermitteln, als

Prächtig bemalte Kartonagen mit Szenen aus der ägyptischen Götterwelt sollten den Toten auf seiner Reise ins Jenseits beschützen.

Goldmasken für jedermann 21

habe der Verstorbene den Kopf halb aufgerichtet. Diese Art der Gestaltung ist von der religiösen Vorstellung geprägt, den Moment der Wiederauferstehung sinnbildlich festzuhalten.

Die Werkstatt der Balsamierer

Zur Zunft der Mumienmacher gehörten eine Reihe von unterschiedlichen Personen: der gewöhnliche Balsamierer, die Gottessiegler, der Einbalsamierer des Anubis, der Vorsteher der Geheimnisse der Reinigungsstätte und der Vorlesepriester, der während der einzelnen Arbeitsschritte die religiösen Texte verlas. Die einzelnen Phasen der langwierigen Arbeitsschritte entsprechen bis in jede Einzelheit dem Vorgang, der auch Osiris, dem Herrscher der Unterwelt, zu seiner Auferstehung verhalf. »Du wirst wieder leben, du wirst für ewig leben, du wirst von neuem jung werden für ewig.« Mit diesen Worten endet eines der ausgedehnten Rituale.

Doch wo arbeiteten die Männer mit dem wohlgehüteten Wissen und wie sah es in ihrer Werkstatt aus? Sie lag außerhalb der Ortschaften im Freien, direkt am Ufer des Nils oder an einem der vielen Kanäle. Ein idealer Arbeitsplatz, denn zum Waschen der Toten benötigten sie viel Wasser. Die Angehörigen brachten den Verstorbenen und vier Gefäße für die Aufnahme der Eingeweide wie Lunge, Leber, Magen und Gedärm direkt zum Fluss. Die Familie lieferte ursprünglich auch riesige Mengen an Leinenstreifen. Dafür zerrissen sie alte Betttücher oder Kleidungsstücke. Der Werktisch, in Gestalt eines lang gestreckten Löwen gearbeitet, besaß eine Rinne oder eine Neigung, sodass die Körperflüssigkeiten und das Wasser ablaufen konnten. Herodot (ca. 490–420 v. Chr.), der »Vater der Geschichte«, schreibt: »Zuerst ziehen sie mit einem gekrümmten Eisendraht durch die Nasenlöcher das Gehirn heraus. Genau genommen nur einen Teil, den anderen Teil dadurch, dass sie auflösende Drogen hineinleiten. Sodann schneiden sie mit einem scharfen äthiopischen Stein den Leib an den Weichteilen entlang auf und entfernen das ganze Eingeweide. Die Bauchhöhle reinigen sie mit Palmwein und aromatischen Substanzen wie zerriebenem Räucherwerk. Dann füllen sie den Leib mit reinem Myrrhenpulver, Kassia und anderen bekannten Duftstoffen, außer Weihrauch. Schließlich nähen sie den Schnitt wieder zu.« Nur das Herz, als Sitz des Denkens und Fühlens, verblieb im Körper oder wurde nach der Behandlung wieder in den Brustkasten zurückgelegt.

Was der griechische Geschichtsschreiber nicht wusste: Nicht Eisendraht, sondern bis zu 40 Zentimeter lange und kräftige Bronzehaken dienten damals als Instrument, um in das Innere des Schädels vorzustoßen. Auch vergaß er zu erwähnen, dass die Entfernung des Gehirns mittels einer zweiten Technik – nämlich durch das Hinterhauptsloch – ebenso häufig vorkam. Als Nächstes füllten die Balsamierer den Schädel mit Salbölen an, die sie zuvor erwärmt hatten. Erkaltet bilden die harzigen Substanzen eine starre Masse. Dank moderner Analysen wissen Forscher heute, aus welchen Stoffen sie bestanden. Beliebt waren unter anderem Harze von Nadelhölzern, die aus den Waldgebieten des entfernten Libanon importiert werden mussten. Bienenwachs und aromatisierte Öle verfeinerten das

Der Gott der Balsamierer Anubis als Osiris mit dem schützenden Udschad-Auge

duftende Gemisch. In einigen wenigen Fällen ließ sich sogar der seltene Naturasphalt, ein Gemisch aus Bitumen und Mineralstoffen, nachweisen. Er ist biegsam bis hart, von braungelber bis schwarzer Farbe und eignet sich hervorragend als Dichtungsmasse. Er kam vom Toten Meer und aus Mesopotamien, dem heutigen Irak.

Die nächste Stufe der komplizierten Abfolge beschreibt Herodot weiter: »Sie konservieren die Leiche nun mit dem Salz des Natrons siebzig Tage lang. Sie länger einzubalsamieren ist nicht erlaubt.« Natron, eine Mixtur aus Natriumkarbonat und Natriumhydrogenkarbonat, besitzt eine besondere Eigenschaft. Chemiker bestätigen, dass ein »Bad« in trockenem Natronsalz den letzten Rest von Feuchtigkeit aus dem Gewebe zieht. Es stoppt den Prozess der Zersetzung und konserviert so den Körper. Die entnommenen Organe erhielten ebenfalls eine Behandlung mit dem Spezialsalz, bevor sie als »Leinenpakete« in den vorbereiteten Kanopengefäßen verwahrt wurden. »Wenn diese siebzig Tage vergangen sind, waschen sie die Mumie und umwickeln den ganzen Körper mit Streifen von Leinwand aus Byssos, die sie mit Gummi überstreichen, den sie in der Regel statt Leims verwenden.«

Der Austrocknung folgte eine erneute Waschung. Dann endlich konnte mit der Kosmetik begonnen werden. Dabei ging es bei der Verwendung der duftenden

Salböle höchst verschwenderisch zu. Sie wurden am ganzen Körper aufgetragen und in die Leibeshöhle gegossen. Als zusätzliche Füllmasse dienten Sägespäne, Eichenmoose, Leinensäckchen und sogar Nilschlamm. In die großen Aughöhlen platzierte man fingernagelgroße Stoffkisschen, manchmal auch kleine Küchenzwiebeln. Ein Leinenpfropf verschloss den Einschnitt in der Bauchdecke. Der Körper war für die Ewigkeit vorbereitet.

Jetzt fehlte nur noch die Verpackung: Die Länge der Leinenbinden konnte beträchtlich sein. Bis zu mehreren hundert Metern fein gewebten Stoff für eine einzige Mumie haben Ausgräber teilweise schon gemessen.

Die Wickeltechnik war eine Kunst für sich, die Art der Muster und der Verzierung durch Kartonagen zeigte sich abhängig vom Zeitgeschmack. Zuerst erhielten Hände und Füße jeweils eine Binde aus zartem Leinen. Dann erfolgte die Verhüllung des Rumpfes und der Beine. Darüber legten die Balsamierer eine zweite, netzartige Schicht aus breiteren Bahnen. Alle Gewebe wurden vor dem Anlegen in einer leimartigen, wohlriechenden Flüssigkeit getränkt, um die Haltbarkeit des Futterals zu verstärken. Die Imprägnierung aus Ölen und Harzen verfärbt sich mit den Jahren tiefschwarz und verleiht den Mumien das unheimliche Aussehen verkohlter Leichen. Vor der Sarglegung steckten die Priester zum krönenden Abschluss Amulette zwischen die Leinenwicklung. Ihrem Glauben nach verfügten sie über magische Kräfte und wachten über die Sicherheit des Toten auf seiner beschwerlichen Reise ins Totenland. Denn die Menschen in jener Epoche vertrauten nicht nur auf die Kunst der Balsamierer, sondern bauten vor allem auf den Schutz ihrer Götter.

Mumien im Wandel der Zeit

Unter den Leinentüchern zeigt sich das wahre Gesicht: Viele der Mumien aus Baharija befinden sich in einem traurigen Zustand. Offensichtlich galt unter den Griechen und Römern eine glänzende Verpackung mehr als eine optimale Konservierung des Körpers. So kommt es, dass von den meisten Mumien nicht viel mehr als Knochen übrig geblieben sind. Nur die Bandagen mit effektvollen Rautenmustern aus unterschiedlichen Farbstreifen bezeugen noch die kunstvolle Fingerfertigkeit bei der Herstellung der »Hülle für die Ewigkeit«. Abrechnungen aus römischer Zeit geben Einblick in die Kosten, die damals aufgewendet werden mussten, um eine perfekte Mumie zu bekommen.

Am teuersten war die Totenmaske mit 64 Drachmen. 36 wurden für die riesigen Mengen Leinenstoff veranschlagt. Das Material für die Einbalsamierung wie Wachs, Salböle, Fett, Myrrhe und roter Ocker verschlang insgesamt 65 Geldstücke. Der stolze Preis von 165 Drachmen beinhaltete allerdings auch die Begräbniszeremonie. Bedenkt man, dass ein Arbeiter etwa 30 Drachmen pro Monat verdiente, so wird deutlich, dass sich nicht jeder den Luxus einer traditionellen Bestattung leisten konnte. Da der Jenseitsglaube der Ägypter das Mumifizieren gebot, konnte die ärmere Bevölkerung auch billigere Varianten wählen. Das heißt, die Angehörigen sparten an den erlesenen Ingredienzen. Ab dem 2. Jahrhundert n. Chr. stirbt der Beruf des Balsamierers allmählich aus. Die Kirchenväter der neuen Religion lehnten die Präparierung des Leichnams strikt ab, verdammten den

Brauch als Ausdruck menschlicher Eitelkeit. Im Gegensatz zur ägyptischen Vorstellung sollte der Körper zu Staub zerfallen. Das Weiterleben im Jenseits garantierte allein die Reinheit der Seele, hieß es bei den Besatzern.

Die Mumifizierung der Toten ist eines der großen Mysterien Ägyptens. Herodot brachte die Kenntnis von der Kunst der Balsamierung aus Ägypten ins Abendland. Seiner authentischen Beschreibung folgte im 1. Jahrhundert v. Chr. ein weiterer, ausführlicherer Bericht des griechischen Gelehrten Diodorus Siculus. Er schrieb, dass die Männer, welche die Schnitte ausführten, nicht beliebt waren. Sie schändeten den Leichnam. Daher versteckten sie sich nach getaner Arbeit, um nicht gesteinigt zu werden, heißt es. Heute kann glaubhaft gemacht werden, dass die Balsamierer geachtete Priester waren, die während des heiligen Rituals in die Rolle von Anubis, dem Gott der Balsamierer, schlüpften. Auch die Bibel erwähnt den besonderen Brauch. Seltsamerweise haben die Ägypter selbst die aufwändige Technik nirgendwo beschrieben oder abgebildet.

Immer mal wieder taucht die These auf, die Kunst der Balsamierung sei eine geheime Wissenschaft gewesen, die nur wenige Eingeweihte beherrschten. Das mag so gewesen sein. Doch das Fehlen von Informationen hat auch einen ganz profanen Hintergrund. Zu jener Zeit galt die Balsamierungsprozedur an sich als nichts Besonderes. Niemand hielt sie für so wertvoll, dass sie in Tempeln oder Gräbern neben Darstellungen vom Jenseits, von Alltagsszenen oder gar Göttern verewigt werden musste. So sind die wenigen überlieferten Zeugnisse – Einzelbilder auf Särgen oder Grabwänden und einige wenige Papyri aus römischer Zeit –

kaum mehr als vage Andeutungen der hochkomplexen Zeremonie.

Das Interesse fremder Kulturen aus aller Welt an den konservierten Körpern hingegen scheint seit alters her ungebrochen zu sein. Bereits im frühen Mittelalter verabreichten kundige Alchimisten als Heilmittel Balsamierungssubstanzen, die aus altägyptischen Mumien herausgekratzt wurden. Die harzige Masse sollte das echte »Mumija«, auf Deutsch Erdpech, ersetzen. Ein Naturprodukt, das nur am Toten Meer und in Mesopotamien vorkam. Es war schwer zu beziehen und daher astronomisch teuer. Es dauerte nicht lange und die balsamierten Leiber mitsamt den Knochen wurden einfach zermahlen – zur Herstellung von Farbe, diversen Pülverchen gegen Krankheiten und als Potenzmittel.

Im 17. und 18. Jahrhundert endeten zahlreiche der begehrten Mumien in den Kunstkammern von Fürsten und Gelehrten. In Deutschland war Ratsapotheker Jacob Stolterfoht der Erste, der eine derartige Kostbarkeit besaß. Heute befindet sich sein Exemplar – liebevoll restauriert – in der Völkerkunde-Sammlung seiner Heimatstadt Lübeck.

Napoleons Feldzug ins Land der Pharaonen im Jahre 1798 brachte das Fass schließlich zum Überlaufen. In Europa brach eine regelrechte Ägyptomanie aus. Antiquitätenhändler und große Museen wetteiferten um die besten Objekte aus dem Orient. Viele der Kunstgegenstände, die heute noch zu bestaunen sind, stammen aus jener stürmischen Zeit. Die »stummen Zeugen« in Leinen galten als besondere Attraktion. Vor allem bei jungen Adligen, die keine Mühe scheuten, um so ein Souvenir von ihren ausgedehnten Bildungsreisen mit nach Hause zu bringen. Eine Mumie gemeinsam mit

Freunden nach dem Diner auf dem Billardtisch der Eltern auszuwickeln – im 19. Jahrhundert gab es wohl nichts Spannenderes. Kurios, aber wahr: 1924, vor knapp 80 Jahren, führte eine bekannte deutsche Arzneimittelfirma Mumia vera Aegyptica noch immer in seiner Produktpalette. Der Preis: zwölf Goldmark.

Am Anfang des Bestattungswesens in Ägypten stand die Naturmumie. Vermutlich ein Zufallsprodukt. Bis um 3000 v. Chr. hüllte man den Toten in eine Tierhaut oder eine Matte und begrub ihn so im Wüstensand. Die sengende Hitze und der Wind taten das Übrige: Der Leichnam trocknete aus. Später ersetzten Leinenstoffe die ursprünglichen Materialien. Belege erster Balsamierungsversuche reichen in die 4. Dynastie – in die Bauphase der großen Pyramiden von Gizeh. In Königsgräbern fanden Archäologen Kanopengefäße, die Engeweidepakete enthielten. Die Bezeichnung »Kanope« geht auf den Gelehrten Athanasius Kircher (1602–1680) zurück, der irrtümlich krugförmige Figuren des Osiris als Darstellungen des Canopus deutete, einer Gestalt aus der griechischen Mythologie. Bis zum Ende der römischen Epoche hatten die Gefäße einen festen Platz im Grab des Toten, dann verlosch dieser Brauch. Ab der 21. Dynastie kam eine zweite Methode auf: Die Eingeweide wurden zusammen mit einer kleinen Figur aus Wachs in ein Leinentuch eingerollt und in den Bauchraum zurückgeschoben. In ptolemäischer Zeit verzichtete man auf die Statuetten, behielt aber sonst die Sitte bei.

Von der Idee einer unsterblichen Hülle bis hin zur perfekten Umsetzung lag ein weiter Weg. Archäologische Funde belegen, dass sowohl noch im Alten als auch im Mittleren Reich keine inneren Organe entfernt wurden. Der einsetzende Verwesungsprozess führte unaufhaltsam zum Verfall. Erst die Erfahrung brachte den Fortschritt – und eine neue Praktik: die Entfernung des Gehirns. Da ihm die Ägypter keine besondere Bedeutung zumaßen, landete es im Abfall.

Im Neuen Reich (1550–1069 v. Chr.) erlangte die Kunst des Balsamierens einen in der Geschichte einmaligen Höhepunkt. Die gut erhaltene Mumie von Tutenchamun zeigt, mit welcher Sorgfalt und Kennerschaft die weisen Männer vorgegangen sein mussten, bevor der junge Pharao in der Dunkelheit seiner vier Särge versank. Als Ägypten in der Spätzeit (664–332 v. Chr.) immer wieder unter fremde Herrschaft geriet, verfiel die Kunst der Balsamierung. Billigere und gröbere Methoden der Mumifizierung kamen in Mode. Rektale Einläufe ersetzten den Bauchschnitt. Die reichliche Verwendung von Harzen löste den zeitraubenden Prozess der Entwässerung und der Salbung ab. Selbst die traditionelle Bestattung in Nord-Süd-Ausrichtung und das Vorlesen heiliger Formeln wurde abgeschafft. Meist stand dem Ritus nicht einmal mehr ein Priester zur Seite. Dies hatte zur Folge, dass die Namen der Beerdigten an den Grabstätten fehlten, denn niemand sonst beherrschte die alte Schrift. Auch änderten die Ägypter den Beerdigungsmodus. Die eher schlecht als recht balsamierten Mumien lagerten lange Zeit in den Häusern der Familie, bevor sie endlich in Massengräbern zur letzten Ruhe gebettet wurden.

»Schnell und günstig« lautete das neue Motto. Zahlreiche Friedhöfe aus griechisch-römischer Zeit, wie in Alexandria, Achmeim, Sakkara und nicht zuletzt in Baharija, belegen, dass die einst nur Ranghöchsten vorbehaltene Handlung plötzlich für alle gleichermaßen zugänglich war. Dabei wählte jede Bevölkerungsschicht andere Praktiken – ein Grund, warum die Forscher auf dem Friedhof von Baharija auf so viele unterschiedlich behandelte Mumientypen getroffen sind. Der Beruf des Balsamierers war nicht länger die Sache gelehrter Männer. Vielmehr übernahmen Kaufleute das Ruder und engagierten Spezialisten für die Durchführung. Auch Klageweiber und Trauergäste konnten die Familien mieten.

Das Beerdigungswesen war ein lukratives Geschäft, auch wenn die Bestatter an die römischen Präfekten hohe Steuern zahlen mussten. In dieser Zeit verlor der Mumienkult rapide an Bedeutung, vor allem unter dem zunehmenden Einfluss des Christentums. Mumien aus dem 4. bis 6. Jahrhundert erhielten keine Spezialbehandlung mehr mit Natron, sondern mit Speisesalz. Anstelle des rituell vorgeschriebenen Leinens trugen sie ihre eigenen Kleider am Leibe.

Der heilige Antonius, ein ägyptischer Einsiedler und der erste Mönch im Land, ließ seine Anhänger geloben, ihn nicht nach alter Sitte zu beerdigen. So findet Ende des 4. Jahrhunderts einer der ältesten Totenkulte der Menschheitsgeschichte ein stilles Ende, zu einer Zeit, als der altägyptische Glaube, der eng an die universelle Macht des Pharao gebunden war, in einer tiefen Krise steckte. Denn schon längst kamen die Könige nicht mehr aus den eigenen Reihen und wurden als leibliche Söhne des Sonnengottes Amun-Re verehrt.

Wer aber sonst konnte zwischen den Menschen und den Göttern vermitteln, die Ordnung auf Erden erhalten und das tägliche Leben jedes Einzelnen regeln? Die neuen, selbst ernannten Pharaonen waren Fremde aus einem anderen Kulturkreis. Sie kamen aus Rom.

Endstation »ewiges Leben«

Die alten Ägypter waren davon überzeugt, der Tod sei nur ein Durchgangsstadium auf dem Weg ins Jenseits. Das Ende des Lebens führe unweigerlich zu einem neuen Anfang – ein Glaube, der auf Naturbeobachtungen basierte: Täglich erlebten die Menschen, wie die Sonne auf- und unterging, wie der Nil jedes Jahr über die Ufer trat und das Land nach Dürreperioden wieder fruchtbar machte. Selbst bei Sternbildern am Firmament erkannten sie die zyklische Wiederkehr. Sie zweifelten nicht an dem ewigen Kreislauf der Natur und daran, dass der Mensch fortbestehe, wenn auch in anderer Daseinsform und in einer anderen Welt. Das Jenseits sahen sie als Spiegelbild des Diesseits – mit allen sozialen und religiösen Unterschieden. So galt in der älteren Zeit die Vorstellung, dass ein Pharao zum Himmel hinaufflieg und sich dort mit Re verbinde. Als Mitglied der Götterwelt fährt er von da an mit in der Barke des Sonnengottes, der allabendlich am westlichen Horizont verschwindet und durch die Unterwelt reist, um am nächsten Morgen verjüngt im Osten erneut am Tageshimmel aufzutauchen. Alle anderen Sterblichen dagegen betreten den »schönen Westen«, heißt es. Er liegt unter der Erde, sein Tor ist im Grab in der Nekropole. Die Grenzen zwischen beiden Bereichen verwischten aber bald zugunsten einer einzigen Unterwelt, in der sich jeder überall aufhalten konnte. Auch das Totenreich selbst stellten sich die Menschen bildhaft vor. Es sah wie ihr eigenes Land aus: Durchzogen von einem breiten Strom mit einer Insel in der Mitte, teilte sich die Unterwelt in zwölf Regionen –

wie auch Ägypten in zwölf Gaue gegliedert war. Aus Schutz vor unerwünschten Fremden trennten mächtige Pforten die einzelnen Gebiete voneinander. Ihnen vorangestellt lag die »Halle der Wahrheiten«, der Sitz des Totengerichts, dem Osiris vorstand. Niemand konnte sich seinem Urteil entziehen.

Die Fähigkeit, im Jenseits weiterzuexistieren, ermöglichten drei Wesenskräfte: Ka, dem Toten gleich wie ein Zwillingsbruder, verleiht lebensbewahrende Stärke. Ba, die Seele, garantiert ewiges Leben. Vorausgesetzt, sie findet zurück. Denn im Moment des Todes verlässt die vogelähnliche Gestalt den Körper so lange, bis die Mumifizierung abgeschlossen ist. War ein Leichnam zerstört oder zerfiel, konnte ihn Ba nicht mehr wiedererkennen. Dann war der Mensch zur ewigen Heimatlosigkeit verdammt und verlor die Hoffnung auf Unsterblichkeit. Kleine Statuen als Abbild des Verstorbenen und Namensinschriften sicherten die Rückkehr von Ka und Ba. Beide, vereint in der sterblichen Hülle, versetzten den Toten in den Zustand eines verklärten Geistes oder Schattens – Ach genannt.

Der Übergang vom Diesseits ins Jenseits erfolgte durch das Bestattungsritual. Sakrale Texte aus dem Totenbuch, vom Priester rezitiert, begleiteten die Zeremonie. Da die alten Ägypter überzeugt waren, dass die andere Welt der irdischen entspricht, mussten Körper und Seele auch nach der Grablegung funktionstüchtig sein. Eigens zu diesem Zweck entstand schon im Alten Reich das »Mundöffnungsritual«. Ursprünglich für die symbolische Belebung von Statuen vorgesehen, diente es nun zur Beseelung des Verstorbenen. Der Hinterbliebene oder der Priester berührt dabei das Gesicht mit einem Dechsel und spricht:

»Öffne deine Nase, damit du atmest. Öffne die Augen, damit du siehst. Öffne den Mund, damit du essen kannst.« Als Zeichen des wiederbelebten Körpers wurde dem Toten eine Miniaturausgabe des handlichen Geräts bei der anschließenden Beisetzung mitgegeben.

Im Neuen Reich avancierte die heilige Handlung zum beliebten Bildprogramm in Grabkapellen hoher Beamter. Von dort fand das Motiv der Mundöffnung Eingang in das Totenbuch. Die Sammlung aus etwa zweihundert beschwörenden und schützenden Gebeten gehörte zur Grundausstattung eines jeden Gläubigen auf seinem gefährlichen Weg ins Jenseits. Denn die Ägypter fürchteten nichts mehr als einen zweiten Tod. Er wäre endgültig. Die magischen Sprüche sind nicht wie oft behauptet eine Art Bibel oder Wegweiser. Vielmehr gewährleisten die Anrufungen, wenn man sie liest oder auch nur bei sich trägt, ein glückliches und verklärtes Dasein nach dem Begräbnis. In endlosen Hieroglyphen an den Wänden von Grabkammern, später auf Särgen oder zahlreichen Papyrusblättern, offenbaren sie dem Verstorbenen Kenntnisse, die er für die Erfüllung seiner Sehnsucht nach Unsterblichkeit unbedingt beherrschen muss: das Begrüßen der Sonne, die Verschmelzung mit Osiris, die Besänftigung der Totenwächter in der Unterwelt, das Entkommen vor dem Fischernetz, das Überwinden aller Gefahren, die Uschebti für sich arbeiten zu lassen, das eigene Herz beim Totengericht nicht gegen sich selbst zeugen zu lassen und vieles mehr.

Eine der Schlüsselszenen aus den Weiheformeln mit dem eigentlichen Titel »Heraustreten ins Tageslicht« beschreibt das Abwägen des Herzens durch das Totengericht. Der Herrscher der Unterwelt, Osiris, meist umgeben von Isis und

Nephthys, thront unter einem Baldachin. Ihm zur Seite sitzen 42 schauerliche Dämonen. Anubis, Schutzgott der Balsamierer, führt den Toten herein, über dessen Schicksal befunden werden soll. Sein Herz wird in eine von zwei Waagschalen gelegt. Die Göttin Maat, als Inkarnation von Wahrheit und Gerechtigkeit, sitzt in der anderen. Sie ist so leicht wie eine Feder. Thot, ein Gott mit vielen Fähigkeiten, führt das Protokoll. Nun hängt alles von der Überzeugungskraft des Betroffenen ab. Seine Sünden dürfen nicht schwerer wiegen, als die zarte Maat an Körpergewicht aufbringt. Jetzt kann nur der Herzskarabäus helfen. Er bezeugt die gute Lebensführung seines Besitzers. Ein Ungeheuer beobachtet den Vorgang genau. Es wartet nur darauf, sich auf den Verstorbenen zu stürzen und ihn ins »ewige Feuer« hinabzureißen. Wenn aber die richtigen Worte gewählt werden und ist die Seele leicht und frei von Schuld, dann öffnet sich die Pforte ins Reich der Verklärten. Dort konnte der »Wiederbelebte« fortan friedliche Tage auf Zypergras-Fluren verbringen und das Land bebauen, so wird berichtet. Doch eigentlich hatten die Ägypter keine Lust, im Jenseits zu körperlicher Arbeit herangezogen zu werden. Sie waren der Meinung, dass Osiris auch ohne ihre Mithilfe üppige Ernten zustande bringen müsse.

Um sich gegen die im Jenseits nötige Arbeit zu schützen, trug der Tote einen oder gleich mehrere »Uschebti« bei sich. Wann immer der Name seines Herrn aufgerufen wurde, um »die Felder sprießen zu lassen, die Ufer zu bewässern und den Sand vom Westen zum Osten zu tragen«, dann sollte der »Antworter« – so lautet der Name des kleinen Begleiters übersetzt – rufen: »Hier bin ich!«, und anstelle seines Herrn zu arbeiten beginnen.

In den Gräbern von Baharija gibt es solche Figürchen nicht mehr. Der Glaube an ihre Wirkung hielt nicht bis in die Römerzeit. Grundsätzlich jedoch spielten Grabbeigaben wie Krüge mit Wein und Lebensmitteln, Totentexte, Spielzeug, Gefäße mit Salben und duftenden Ölen, symbolischer Schmuck und Schutzamulette weiterhin eine bedeutende Rolle für die Bevölkerung. Denn sie sicherten die Existenz des Toten im Jenseits. Je nach sozialer Stellung fiel die Bestückung des Leichnams entsprechend üppig und kostbar aus. Das Repertoire an Amuletten wuchs im Verlauf der Geschichte auf mehrere hundert unterschiedliche Motive an. Jedes einzelne hatte eine spezifische Aufgabe und einen festen Platz am Mumienkörper. Material und Farbe folgten gar einer vorgeschriebenen Symbolik. Seit der Spätzeit (664–332 v. Chr.) bedeckte man Augen und Mund mit dünnen Goldblechen, Füße und Hände schützten modellierte Goldhülsen. Der Brauch, der die Funktionstüchtigkeit der Organe im überirdischen Dasein sicherte, erfreute sich in der griechisch-römischen Epoche besonderer Beliebtheit. Auch schätzten die Ptolemäer die Wirksamkeit der Totentexte, die sie auf Leinenbinden schrieben und an der präparierten Bandage befestigten. Kleine Göttergestalten jedoch bildeten die Spitze der Beliebtheitsskala. Ihr Schutz war allgegenwärtig und unübertroffen.

Den Archäologen im Tal der Mumien ermöglichen die gefundenen kultischen Gegenstände einen Blick hinter die Kulissen. Sie geben Auskunft über das bestehende Bestattungswesen und den religiösen wie wirtschaftlichen Status einer Person. So haben sie mehrere Tonfigürchen von Muttergöttinnen ausgegraben, die nicht nur im Land am Nil, sondern auch

Seth-Tempel in Mut-al-Kharab. Die Wüstenbewohner erhoben das Wesen mit dem schlechten Image zu ihrem Schutzgott.

in Griechenland und im übrigen Mittelmeerraum verehrt wurden. Sie stehen für Fruchtbarkeit und Wiedergeburt – ein Beweis, dass sich das alte Konzept von der ständigen Erneuerung bis in die Spätzeit gehalten hat. Die Hauptkammer von Grab Nr. 54 gab vier weitere Statuetten preis, die sich als Klageweiber entpuppten: ein besonderer Fund und Indiz für weitere Änderungen im Kult. Denn lange Zeit existierte das Motiv trauernder Frauen nur als Wandbild in Grabmalen, in Baharija in Form von Figuren. Sie liegen direkt neben den Goldmumien. Die Tatsache führte zu der These, dass die ehrenvolle Beigabe ausschließlich für hochrangige Personen bestimmt war.

Neben Spielzeug aus Terrakotta spürte das Team von Hawass Halsketten, Ringe und Armreifen aus Kupfer, Glas, Bronze und Elfenbein auf – bunte Accessoires für den täglichen Gebrauch aus den Schatzkästchen wohlhabender Frauen. Ritueller Schmuck hingegen wurde in Leinen gewickelt und neben oder auf die Mumie platziert. In der Großnekropole von Baharija konnten bisher nur ein silberner und drei goldene Ohrringe als solche identifiziert werden. Opfergaben wie Amphoren, Becher und Weinkrüge kommen zahlreich vor und spiegeln die zentrale Bedeutung des Weinhandels in der Oase.

Einige Krüge tragen plastisch herausgearbeitete Gesichter des Gottes Bes, eines beliebten Schutzgeistes und Bewahrer der Fruchtbarkeit, der – missgestaltet und struppig – böse Einflüsse abwehrt. Sein fratzenhaftes Aussehen konnte Menschen zum Lachen bringen. Daher wird Bes auch häufig als Gott der Freude, des Tanzes, der Musik und des Weines verehrt. In Bahraija ist ihm ein eigener Tempel gewidmet.

Bronzemünzen aus der Regierungszeit der Griechen und Römer mit Bildnissen ihrer Götter und Kaiser lagen unterm Leinen verborgen in den Handflächen einiger Mumien. Vielleicht sollten die Geldstücke als Obolus für den Fährmann der Sonnenbarke dienen? Möglicherweise verweisen sie auch auf den Beruf der betreffenden Person als Kaufmann oder auf seinen sozialen Status. Zu den spektakulärsten Utensilien für die Jenseitsreise, die in Baharija gefunden wurden, gehört eine Holztafel. Sie ist nahezu unbeschädigt. Als Relief geschnitzt und farbig gefasst, zeigt sie eine Mumie in Gestalt des gekrönten Gottes Osiris. Horus und Anubis sowie zwei Kobras stehen flankierend auf jeder Seite. Links und rechts bilden je eine Säule als Zeichen des Lebens den äußeren Rahmen. Über allem wacht die Sonnenscheibe. Das Bildprogramm symbolisiert einen doppelten Gedanken – Tod und Neubelebung. So, wie es Osiris, dem Herrscher des Totenreichs, einst widerfahren ist.

Der Kult um Osiris

Seit der Spätzeit (ab 664 v. Chr.) gehört Osiris zu den bekanntesten, wenn nicht sogar zu den beliebtesten Göttergestalten in Ägypten. Die große Popularität verdankt er vor allem einer alten Legende, die in der Götterlehre von Heliopolis entwickelt wurde. Sie schildert Osiris als ein Wesen mit menschlichen Zügen, das auf Erden Liebe, Verrat und Tod erlebt. Den Anfang seiner Karriere startete er als einfacher Gott der Fruchtbarkeit. Er brachte den Menschen den Ackerbau bei und garantierte gute Ernten. Mit der Zeit, so der Mythos, verbreitete sich sein Kult in weiten Teilen des Landes. Er verdrängte lokale Gottheiten und übernahm ihre Aufgaben. Seine natürliche Rivalität zum Sonnengott Re von Heliopolis konnte er zu seinen Gunsten entscheiden: Er wurde

als Sohn von Geb und Nut Mitglied im »Kollegium der Neun«, einer Gruppe aus Göttern, die schöpferische Urkräfte besaßen und ausschließlich für kosmische Angelegenheiten zuständig waren. So wird Osiris zum Bruder von Nephthys, Seth und Isis, die zugleich als seine Gemahlin erscheint. Von da an war sein Triumphzug nicht mehr aufzuhalten. Reihenweise ersetzte oder verband er sich mit unterschiedlichen lokalen Göttern, regierte über das irdische Königreich, bis er schließlich um 2000 v. Chr. als Gebieter des »schönen Westens« den Nekropolen vorstand und die Geschicke der Toten lenkte. Sogar Re, Schutzgott der Könige und oberster Weltenrichter, musste seine Herrschaft über das himmlische Jenseits an den Neuen abtreten. Osiris sprach sich für ein einheitliches Totenreich aus – ohne Grenzen und für jeden gleichermaßen zugänglich. Was zählte, war eine reine Seele in einem unversehrten Körper.

»Das ewig gute Wesen«, wie einer seiner vielfältigen Beinamen lautet, hatte natürlich auch Neider. Seth, sein eigener Bruder, gönnte dem jungen Gott die Liebe nicht, die ihm von allen Seiten entgegengebracht wurde. Die vom griechischen Geschichtsschreiber Plutarch überlieferte Legende berichtet, dass sich Seth 72 Komplizen suchte, um seinen verhassten Bruder zu beseitigen. Heimlich nahm er das genaue Maß von Osiris und ließ einen reich verzierten Sarkophag anfertigen. Während eines Mahls brachten Verbündete das Prachtstück herein. Die Gäste staunten nicht schlecht. Auf die Frage, für wen denn das Kunstwerk sei, antwortete der listige Seth: »Für den, der den Sarkophag ausfüllt.« Als Osiris sich hineingelegt hatte, stürzten Seth und seine Mannen hinzu, schlossen den Deckel und versiegelten ihn mit Blei. Danach setzten sie ihn auf den Nil in Richtung Meer. Der Mythos besagt, dass der Strom daraufhin das Land überschwemmte.

Ägyptischen Quellen zufolge fanden Isis, die liebende Gemahlin, und Nephthys den Leichnam am Ufer von Nedit, dem Ort seines Todes. Im Zuge der spätzeitlichen Reliquienverehrung entwickelte sich der Mythos von der Zerstückelung des Osiris durch Seth: Die Knochen habe er über ganz Ägypten verstreut. Isis und Nephthys sei es jedoch gelungen, die Körperteile wieder zu finden. Späte Schriften erzählen schließlich die Geschichte von der wundersamen Wiedererweckung. Der schakalköpfige Anubis setzte Osiris geschickt wieder zusammen und umwickelte die Leiche mit Leinenstreifen. Die erste Mumie war entstanden. Magische Formeln und Zaubersprüche bewirkten die Neubelebung des Toten, der bald darauf einen Sohn mit Namen Horus zeugte. Die neue Lichtgestalt der Erde rächte seinen Vater und besiegte den niederträchtigen Seth nach einem unerbittlichen Kampf. Erst ein Urteilsspruch der Götter brachte die Entscheidung – Horus erhält das fruchtbare Nildelta, Seth hingegen wird in die Einöde verbannt.

Wie alle anderen Götter im Land der Pharaonen vereint auch Seth in seinem Wesen vielschichtige, wenn nicht gar gegensätzliche Eigenschaften. Zwar dominiert sein Ruf als zwielichtige Gestalt, doch seine »Vita« bringt auch einige positive Eigenschaften zum Vorschein. Der Mörder Seth steht zugleich als Beschützer des Sonnengottes Re am Bug der Barke und wehrt jede Nacht die schreckliche Schlange der Unterwelt ab. Einige Pharaonen sehen sich nicht nur als Inkarnation von Horus, sondern auch von Seth. Den Soldaten von Tuthmosis III. kam beim Anblick ihres rasenden Anführers auf dem Schlachtfeld der Ausspruch in den Sinn: »Seth, wenn er wütet«. »Freund der Barbaren« wird Seth von den Ägyptern verächtlich genannt, als »Fremdländer« aus Vorderasien um 1650 v. Chr. ins Land eindrangen und Seth zu ihrem Schutzgott erhoben.

Für die Ramessiden war Seth der Gott schlechthin – im Namen der Könige Sethos I. und II. spiegelt sich das Ausmaß ihrer Verehrung. Sie rühmten das windhundartige Wesen als Bewahrer der Fruchtbarkeit in den Oasen der Wüste. Erst die Spätzeit (664–332 v. Chr.) machte mit dem Gott kurzen Prozess, wofür der alles überlagernde Osiris-Kult verantwortlich war. Vielerorts wurden die Bilder und Denkmäler des Widersachers von Osiris zerstört. Der Stifter von Chaos und Gewalt wird zum Herrscher der todbringenden Staubhölle. Ihre Bewohner jedoch würdigen den aus dem Niltal Verstoßenen als Gott der Fruchtbarkeit. Das dämonartige Wesen mit dem merkwürdigen Aussehen – eine Mischung aus Esel, Giraffe, Schwein und Schakal – hat endlich eine Heimat gefunden.

Feuer-Ozean

Unendliche Weiten – ein Meer aus Sand, meterhohen Dünen, bizarren Kalksteinformationen und hohen Gebirgsplateaus. 96 Prozent der Gesamtfläche Ägyptens ist karge Wildnis. Wie Herzkammern schmiegen sich die Arabische Wüste im Osten und die Libysche Wüste im Westen an den Nil, die 6671 Kilometer lange Lebensader Afrikas. »Descheret«, das Rote Land: Den abergläubischen Ägyptern waren die unfruchtbaren Gebiete seit jeher unheimlich. Dort trieben »Dschinnen« – böse Geister – und der Teufel ihr Unwesen. Ein geheimnisvolles Terrain, das allein Göttern, wilden Tieren und Nomaden gehörte. Fremde Länder und Völker, ferner Horizont oder Friedhof – das alles war in den Augen der alten Ägypter Wüste und wurde durch eine einzige Hieroglyphe ausgedrückt: eine kleine Gebirgskette aus drei runden Hügeln. Die Westliche Wüste, Ausläufer der Sahara, galt als das Ende der Welt, in der das Tor zum Jenseits liegt und die Toten wieder auferstehen. Sie zu durchqueren war damals wie heute ein Abenteuer mit ungewissem Ausgang.

Der Überlieferung nach soll vor zweieinhalb Jahrtausend Jahren das Heer des Perserkönigs Kambyses vom Sand verschluckt worden sein. Immer wieder machen sich wagemutige Forscher auf Spurensuche. Sie hoffen, in der Einöde Hinweise zu finden, die Aufschluss geben über das Schicksal der 50 000 Mann starken Truppe. In frühgeschichtlicher Zeit lebte die Wüste noch – regenreiches Klima hatte sie zu einem Paradies mit üppiger Flora und Fauna gemacht. Erst allmählich veränderte die Natur ihr Gesicht in eine der trockensten Gegenden der Erde. In pharaonischer Zeit reisten die Könige eigens aus dem Nildelta zur Großwildjagd in dieses Gebiet. Elefanten, Löwen und andere exotische Tiere nahmen sie mit Speer oder Pfeil und Bogen aufs Korn. Im 21. Jahrhundert beherrschen Springmaus, Fuchs und Schlange den riesigen »Feuer-Ozean«, wie die karge Wild-

Die »Schwarze Wüste« kurz hinter der Oase Baharija

nis in der Antike hieß. Längst hat die unerbittliche Landschaft viele Tierarten weit in den Süden des afrikanischen Kontinents vertrieben. Für Geologen jedoch bleibt die Libysche Wüste ein Highlight:

Die in etwa dreihundert Meter hohe, scharf gegliederte Steinlandschaft, die im Süden in ein niederes Tafelland übergeht, wurzelt im Miozän. Im Norden steigen endlose Dünen aus gelbem Flugsand empor. Nach Süden überziehen dunkler Feuerstein, Krusten aus Braunstein, hellem Kalk und Eisenoxid das uralte Terrain. Auf die Frage nach den Ureinwohnern der Wüste gibt es jedoch noch keine befriedigende Antwort.

Die Oasen verdanken ihren blühenden Reichtum künstlich angelegten Brunnen.

eine »multikulturelle Gesellschaft« aus unterschiedlichen Rassen entstand. Die neueste These erweitert den Kreis noch um europäische und asiatische Zuwanderer. Als Jäger sollen sie durch die einstigen Steppen und Savannen gezogen sein, entlang natürlicher Wasserstellen – den heutigen Oasen der Westlichen Wüste.

Grüne Inseln im Sandmeer

»Wahet« – Kessel – lautete im alten Ägypten die Bezeichnung für die grünen Zonen inmitten des Sandmeeres. Daraus entwickelte sich der Begriff »Ouahe«, bewohnter Ort. Die Griechen machten daraus »Oasis« und schickten gerne unliebsame Gegner dorthin in die Verbannung. Herodot sah es poetischer und rühmte die fruchtbaren Flecken Erde als »Inseln der Seligen«. Fünf große Oasen hat die fortschreitende Verödung in der Westlichen Wüste stehen lassen. In weiten Senken reihen sich in einem ausladenden Bogen Kharga, Dachla, Farafra und Baharija von Süden nach Norden aneinander. Die fruchtbaren Niederungen erstrecken sich – knapp über dem Meeresspiegel gelegen – an einem alten Nebenarm des Nilbettes. Etwas abseits, an der Grenze zu Libyen, erstreckt sich die Oase Siwa. Ein magischer Ort, zu dem sich einst Alexander der Große aufmachte, um sich im Orakeltempel des Amun zum Pharao krönen zu lassen. Eine Sonderstellung nimmt das von Kairo etwa 100 Kilometer entfernte Faijum ein. Die fruchtbare Bodensenke, die sich rund um den Karun-

Eine Theorie besagt, dass die ersten Stämme, die sich hier niederließen, hamitisch-afrikanischen Ursprungs waren. Ebenso wahrscheinlich klingt die Vermutung, dass Nomaden aus Libyen, dem arabischen Raum, aus Abessinien und dem Inneren Afrikas etwa zur gleichen Zeit in das Gebiet einwanderten und dort

see ausbreitet, grenzt direkt ans Delta. Das stille Gewässer und der Nil liefern das lebensnotwendige Wasser.

Die anderen Paradiesgärten verdanken ihren blühenden Reichtum natürlichen unterirdischen Quellen und künstlich angelegten artesischen Brunnen. Raffinierte Bewässerungsmethoden zaubern Dattelpalmen, Zitronen, Obst, Gemüse und Getreidefelder in die trockene Wildnis. Ende der Fünfzigerjahre des vergangenen Jahrhunderts hat die ägyptische Regierung das Projekt »New Valley« ins Leben gerufen. Das ehrgeizige Unternehmen verfolgt seither nur ein Ziel: die Förderung der Landwirtschaft in den Oasen. Teerstraßen ersetzten viele der alten Karawanenrouten, moderne Brunnensysteme sollten die Nutzbarkeit des Bodens vervielfachen. Fellachen, Bauern aus dem Niltal, wurde in den weiten Senken eine neue Heimat angeboten. Doch das gegenseitige Verständnis zwischen den traditionellen Wüstenbewohnern und den Neulingen vom Nil ist nicht zustande gekommen und führt immer wieder zu sozialen Spannungen.

Übermäßige Wasserentnahme sowie der ständige Rückgang des Grundwasserspiegels schaffen weitere Probleme. Der seit Jahren zunehmenden Versalzung des Bodens kann nur durch aufwändige und kostspielige Drainage-Anlagen entgegengewirkt werden. Seit etwa einer Dekade bieten findige Tourismusagenturen Pauschalreisen in die Westliche Wüste an. Organisiertes »Oasen-Hopping« verspricht gestressten Westeuropäern romantische Abende am Lagerfeuer mit Blick auf die Milchstraße am sternenübersäten Nachthimmel. Natürlich müssen die Reisenden nicht im Freien schlafen, sondern können den Komfort kleiner Hotels oder Lodges genießen, die in den größeren Dörfern in

Windeseile eigens zu diesem Zweck gebaut werden. Doch allen Modernisierungsversuchen zum Trotz haben die Kraftwerke der Natur nur wenig von ihrem ursprünglichen Charme eingebüßt.

Die Rolle der Oasen im Wandel der mehr als dreitausend Jahre alten Geschichte Ägyptens zu erfassen gestaltet sich äußerst schwierig. Noch steht die Forschung am Anfang, vieles liegt im Dunkeln. Die Ausgräber kämpfen immer wieder gegen den Flugsand, der die Denkmäler aus der Vergangenheit stets aufs Neue bedeckt. Aus der Pharaonenzeit wurde in Kharga bisher nur wenig gefunden. Eine Stele aus dem Mittleren Reich berichtet, dass ein Polizist namens Kay in das Gebiet kam – auf der Suche nach Kriminellen. Schon mehr Informationen gibt es vom Neuen Reich: Grabtexte verraten, dass die Bewohner ihre Abgaben an den Pharao in Naturalien leisteten und dass die Region von Beamten kontrolliert wurde. Als libysche Könige in Ägypten die Macht ausübten, hielt Scheschonk I. das Gebiet fest im Griff – besonders die Karawanenrouten, die er ausbauen ließ. Unter den Persern nahm die Bedeutung des Landstrichs weiter zu. Darius I. vollendete 522 v. Chr. den Tempel von Hibis, wie die Griechen später die Hauptstadt von Kharga nannten. In der Gott Amun-Re geweihten Stätte schmückt ein farbiges Relief die Nordostwand des Säulensaals: Seth in Siegerhaltung, mit Flügeln, Falkenkopf und Doppelkrone auf dem Haupt, bohrt seine Lanze in einen Dämon. Die Szene erinnert an christliche Darstellungen vom heiligen Georg als Drachentöter. Der Osiris-Mörder als der Beschützer der Oasen – der Tempel von Hibis bringt den Beweis. In griechisch-römischer Zeit erlebten die Wüsteninseln neuen Aufschwung. Wohlstand breitete sich aus. Als einer der südlichsten Außenposten der neuen Gebieter wurde Kharga Garnisonsstadt. 18 000 Legionäre wohnten in Festungen wie Qasr, die entlang der Hauptrouten lagen, und bewachten die Gegend. Über hundert neue Militär- und Handelswege legten die Soldaten quer durch die Wildnis an – insgesamt eine Strecke von über 4000 Kilometer. Auch als Exil war der Ort damals bereits beliebt und sollte es bis in die Römerzeit bleiben. Bischof Nestorius, Patriarch von Konstantinopel, wurde in die »Südliche Oase« geschickt und lebte dort bis zu seinem Tod im Jahre 451.

Den Handelsverkehr auf der legendären »Darb al-Arbain«, der Straße der 40 Tage, beobachteten die römischen Besatzer genau. Sie erteilten Passierscheine und hatten die Hoheit über die Brunnen, die wie Perlen an der Schnur den Weg säumten. Vom Reichtum im Niemandsland zeugt ein spektakulärer Fund aus jüngster Zeit. In den Ruinen von Dusch – unweit von Kharga – brachten französische Archäologen einen wahren Schatz ans Licht: Schmuck, Votivbilder, Münzen und selbst Schuhe aus glänzendem Gold. Vermutlich datieren die Gegenstände in die ptolemäische Epoche. Wem sie gehörten und ob das edle Metall vielleicht aus dem nahe gelegenen Nubien stammt, daran arbeiten die Forscher noch. Fest steht nur, dass die Entdeckung wilde Spekulationen um Schmugglerkönige und geheime Händlerrouten auslöste. Dusch mit seiner strategisch günstigen Position auf der höchsten Erhebung im Umkreis könnte in einem Wirtschaftskrieg um Rohstoffe eine Schlüsselfunktion eingenommen haben.

Zwei Kernthesen spuken in den Köpfen der Forscher: Die Westliche Wüste war schon seit frühester Zeit Schauplatz des organisierten Verbrechens. Geldgierige Händler etablierten mithilfe korrupter Provinzbeamter einen Schmugglerring, um Luxusgüter und Naturstoffe aus Schwarzafrika ans Mittelmeer zu transportieren, vorbei an den Zolleinnahmen der Regierung. Dabei sahnten die Angestellten des Pharao und die Schieberbanden im großen Stil ab. Klarer Fall von Betrug, denn die Nilherrscher hatten das Monopol über den gesamten Warenverkehr im In- und Ausland. Privathandel war strengstens untersagt. Sie allein erteilten die »Lizenz zum Handeln«, bestimmten die Zölle und erhoben Steuern. Und das nicht zu knapp. Hinter dem Rücken der Herrscher vom Nil schleuste die Wüstenmafia kostbare Güter wie Elfenbein, Gold, Löwenfelle oder Straußenfedern außer Landes. Ihre Eselkarawanen trieben sie durch das Sandmeer entlang der Oasen, die als Basisstationen und Wasserdepots dienten. Nun gilt es, das unüberschaubare Transportnetz quer durch den riesigen Glutofen zu entwirren und Beweise für die umstrittene Theorie zu finden. Der erste Schritt ist bereits getan. Bei Abu Ballas, etwa 200 Kilometer südwestlich von Dachla, haben Wissenschaftler ein Kruglager gefunden. Sie sind sicher, diese Raststation und andere haben Schmuggler angelegt, um nicht auf der mörderischen Tour zwischen dem Inneren Afrikas und der Mittelmeerküste elendiglich zu verdursten.

Die zweite Hypothese resultiert aus der ersten: Schon die alten Pharaonen wussten um die dunklen Transaktionen und versuchten mit Waffengewalt dagegen vorzugehen – vorstellbar, wie die Geschichte ägyptischer Machtpolitik zeigt. Alles außerhalb des Nilreiches galt als »Chaos« – auch die Wüste. Jeder »Fremdländer« war grundsätzlich ein Feind. Die

»göttliche Ordnung der Welt« herzustellen, wie sie im Glauben verbrieft ist, war Aufgabe des Königs. Die Herrscher sahen es als ihre heilige Pflicht, exterritoriale Gebiete zu überfallen und deren Reichtümer zu beschlagnahmen. Selbst vor Sklavenhandel schreckten die machthungrigen Gottkönige nicht zurück. Hinter dem religiösen Alibi jedoch verbarg sich in Wirklichkeit wirtschaftliches Kalkül, so die neuesten Erkenntnisse. Für ihren Wohlstand und ihre Prachtentfaltung beuteten die Ägypter die kleinen Länder aus. Sie waren auf ausländische Produkte angewiesen – sei es auf Weihrauch aus Punt, Gold aus Nubien oder edle Hölzer aus den Wäldern des Libanon. Die Pharaonen konnten die illegalen Geschäfte im Süden der Einöde nicht dulden. Sie wollten selbst die großen Gewinne einstreichen. Am Ende der 5. Dynastie erfolgte der erste Schlag gegen den Schwarzhan-

Die Weiße Wüste bei Farafra besteht aus Resten eines riesigen Kalkmassivs aus der Kreidezeit.

del. Eine Armee fiel in die Wüste ein und stieß vor bis nach Dachla. Ruinen einer Festungsanlage gelten den Forschern als Beweis. Der feindlichen Übernahme folgte die Besetzung der offiziellen Ämter durch enge Verwandte des Königs. Eine bewährte Methode, um heimliche Machenschaften zu unterbinden.

Doch die Zerschlagung des groß angelegten Schmugglerrings konnte nur gelingen, wenn auch die Hauptschlagader unter Kontrolle geriet – die Karawanenstraße der Nubischen Wüste. Von dort gelangten kostbare Waren wie Gewürze und seltene Tierfelle nach Norden. Um die Parallelroute der »Straße der 40 Tage« sollten auch noch später die Perser, Griechen und Römer gekämpft haben. Vielleicht begann ja wirklich auf jenem Pfad der Leidensweg eingefangener Löwen und anderer exotischer Katzen, der erst in den Arenen Roms enden sollte? Immer wenn der regierende König schwach oder durch Kriegswirren abgelenkt war, traten Schmugglerbanden auf den Plan und tricksten die Obrigkeit aus, lautet das Fazit. Eine Gesetzmäßigkeit, die sich bis in die Zeit Alexanders des Großen gehalten haben könnte. Deutsche Forscher vermuten nun, dass auch die neue Supermacht in Ägypten die Reichtümer aus dem Inneren Afrikas ausbeuten wollte. Sie ließ Beduinen aus der Oase Siwa für ihre Zwecke arbeiten, die auf geheimen Pfaden Waren vom Süden nach Norden in die Küstenstadt Kyrene verschoben. Sollten sich die neuen Ansätze bewahrheiten, dann entsteht ein völlig neues Bild von den Wüstenoasen. Nicht arme Bauern und brave Händler im Auftrag des Königs, sondern gerissene Schieber und prunksüchtige Beamte hielten die wirtschaftlichen Geschicke des Landes in Händen. Haben die »Piraten im Sandmeer« allmählich das ökonomische Rückgrat Ägyptens gebrochen und so zum Untergang der Pharaonen beigetragen? Bislang ergeben die archäologischen Funde noch kein Gesamtbild. Die Erforschung der Oasen stand zu lange im Schatten herrschaftlicher Hochkultur.

Die Straße der Sklaven

Sie werden immer seltener – hoch beladene Kamelkarawanen, die von den grünen Inseln der Sahara zum Niltal streben. Bis zu sieben Zentner Gewicht tragen die stärksten Tiere, die mühelos 150 Kilometer pro Tag zurücklegen können – ohne Wasser oder Futter. Das Kamel, das ideale Transportmittel der Wüste, droht langsam auf dem Abstellgleis zu landen. Lange Zeit schon konkurrieren die wesentlich schnelleren Lastwagen mit den geduldigen Wüstenschiffen – so, wie sie im 7. Jahrhundert v. Chr. die Esel als Packtier von den staubigen Pisten vertrieben. Die Ägypter benutzten den Landweg immer dann, wenn es auf dem Nil per Boot nicht mehr weiterging. Er war die Hauptschlagader und seit dem Alten Reich idealer Verkehrsweg zwischen Oberägypten und dem 1000 Kilometer entfernten Delta im Norden. Doch der erste Katarakt in Höhe von Assuan und der schwankende Wasserstand des Stroms zwangen die Menschen, neben der Schifffahrt ein weiteres Handelsnetz aufzubauen – die Karawanenstraßen. Eine davon besteht schon seit mehr als 2000 Jahren. Die einst berühmt-berüchtigte »Darb al-Arbain«, die Straße der 40 Tage, führt von Bir Natrun im Sudan vorbei an der Oase Kharga bis nach Assiut in Mittelägypten. So zumindest haben Abenteurer, Forscher und militärische Kundschafter seit dem 17. Jahrhundert die 1767 Kilometer lange Strecke beschrieben oder aufgezeichnet. Die Route soll nicht immer so verlaufen sein, doch südlich von Kharga verliert sich die Spur ihrer wechselvollen Geschichte schon bald im Sand. Heute wissen viele Einheimische mit dem Namen Darb al-Arbain nichts mehr anzufangen. Für zehn Millionen Afrikaner in der Zeit zwischen 650 und 1905 bedeutete er jedoch das Ende der Freiheit. Angst war ihr ständiger Begleiter, überall lauerte der Tod. Entweder überfielen Banditen die Karawane oder Angehörige der Sklaven unternahmen verzweifelte Befreiungsversuche. Blieb der Tross von beidem verschont, dann setzten immer noch Hunger, Durst, mörderische Hitze und eisige Kälte den Menschen schwer zu.

40 Tage dauerte der Höllentrip. 40 endlose Tage und Nächte schleppten sich die Sklaven durch unwegsames Gelände ihrem hoffnungslosen Schicksal auf den Märkten von Kairo oder jenseits der Meere entgegen. Im 17. Jahrhundert wurden allein sieben Millionen Schwarze über den Atlantischen Ozean in die Neue Welt – nach Amerika – verschifft. Ihre Heimat sahen sie nicht wieder. Noch im 19. Jahrhundert, als Ägypten türkisches Hoheitsgebiet war, stellten die Sultane bis zu 70 Genehmigungen pro Jahr für die Menschenjagd aus. Damals forderten Provinz-Gouverneure aus dem Sudan von jedem Steuerzahler einen oder mehrere Sklaven, die als Soldaten in die ägyptische Armee gesteckt wurden und im Kriegsfall ihren Kopf hinhalten sollten. Erst das Verdikt von 1842 unter Pascha Mohammed Ali leitete das langsame Ende des lukrativen Sklavenhandels ein, der erst 1916, fast 80 Jahre später, zumindest offiziell zum Stillstand kam.

Dachla –
Pompeji der Wüste

Im Januar 2001 gab sich der britische Botschafter in Kairo, Mr. Graham Boyce, nebst Gattin Janet die Ehre. Acht Tage lang öffneten sich die Pforten seines Amtssitzes für ein kunstinteressiertes Publikum. Im Billardzimmer zeigte der bekannte britische Künstler John O'Carroll eine Auswahl seiner Werke. Die Ausstellung »Desert Excavations: An Archaeology of Place« – ein Tipp für Insider. Mit großem Andrang war nicht zu rechnen, obwohl es sich bei der exklusiven Schau um einzigartige Objekte handelte, die noch nie zuvor ins Licht der Öffentlich-

keit gelangt waren. Nicht wilde Farbkleckse ohne erkennbares Motiv erwarteten den Betrachter, sondern präzise Illustrationen archäologischer Funde. Die Gemälde und Zeichnungen, hergestellt nach traditionellen Techniken des frühen Altertums auf handgeschöpftem Papier oder auf Leinwand, sind allesamt in der Westlichen Wüste entstanden. Dort arbeitet der englische Künstler seit 15 Jahren als Grabungszeichner Seite an Seite mit anderen Experten aus aller Welt.

Jeden Winter verschlägt es dreißig Wissenschaftler aus unterschiedlichen Fachgebieten in das verschlafene Dachla im Süden des Landes. Sie sind Mitglieder eines interdisziplinären Mammutprojektes, das der kanadische Ägyptologe Anthony J. Mills vor mehr als zwanzig Jahren ins Leben gerufen hat. Seither verfolgt das »Dakhleh Oasis Project«, eine Vereinigung von Archäologen, Zoologen, Geologen, Paläobiologen, Soziologen, Ethnologen, Althistorikern und vielen anderen Fachleuten mehr, ein geradezu atemberaubendes Ziel: die Erforschung der Oase Dachla und Umgebung von der Altsteinzeit, etwa 200 000 v. Chr., bis ins 2. Jahrhundert n. Chr., als Ägypten unter römischer Vorherrschaft stand. Die Oberste Antikenbehörde Ägyptens unterstützt das ambitionierte Unternehmen. Sie erteilte eine Generalvollmacht für alle Fundplätze der 80 Kilometer langen Grünzone – mit Ausnahme eines kleinen Bezirks, den das Französische Archäologische Institut in Kairo erforscht.

Seit 1978 – von den Medien nahezu unbeachtet – sind den Forschern schon mehrfach bedeutsame Ausgrabungen gelungen. Vierhundert antike Stätten konnten lokalisiert werden, darunter zwanzig Tempel und mehrere Beamtengräber von gigantischem Ausmaß. Die archäologi-

Dachla – Pompeji der Wüste

Der niedergebrannte Gouverneurspalast aus der 6. Dynastie in der Oase Dachla ist für Archäologen ein Jahrtausendfund.

schen Funde ziehen sich durch 3000 Jahre ägyptischer Geschichte. Wie ein »Pompeji der Wüste« präsentieren sich die Ruinen, die meterhohe Dünen vor Verwitterung und dem Zugriff von Schatzsuchern und Plünderern bewahrt haben. So bietet Dachla als einer der wenigen Orte in Ägyptens Glutofen die einmalige Gelegenheit, die gesamte Geschichte der Oase von den Anfängen menschlicher Besiedlung bis in die Gegenwart fast lückenlos zu rekonstruieren. Ereignisse, die mehr als 2000 Jahre zurückliegen, scheinen zum Greifen nah, als Forscher auf Reste eines Gouverneurspalastes stoßen, der am Ende der 6. Dynastie Brandstiftern zum Opfer gefallen ist. Auf den Lehmziegelmauern prangen zahlreiche Graffiti – von der Feuersbrunst für die Ewigkeit in

Beliebtes Touristenziel: der so genannte Taubenturm in Qasr Dachla

den rötlichen Ton gebrannt. Die Residenz stammt aus einer Zeit, als der Nilstaat unter der schwachen Führung Pepis II. zunehmend von Beamten regiert wurde. Nutzten die Gaufürsten die Gunst der Stunde, um abseits vom Geschehen in die eigenen Taschen zu wirtschaften? Wie sonst sind die riesigen Privatgräber und Palastbauten im idyllisch gelegenen Dachla zu erklären?

Im äußersten Westen der Oase zieht eine ganz andere spannende Entdeckung die Forscher in Bann. Seit das Team des »Dakhleh Oasis Project« dort 1995 den Tempel Deir el-Haggar freigelegt hat, kämpfen der holländische Ägyptologe und Experte für Schriftzeichen, Dr. Olaf Kaper, und sein Kollege Dr. Christian Loeben von der Humboldt-Universität in Berlin gegen den Verfall des Heiligtums. Sand, Wind und Regen setzen dem Bauwerk zu, das römische Kaiser im 1. Jahr-

44 Im Schatten der Pharaonen

hundert n. Chr. errichten und ausstatten ließen. Etwa 400 Jahre später begrub eine Wanderdüne den Kultort unter sich – ein Glücksfall für die Wissenschaft. Die Anlage, die im Stil ägyptischer Tempelbauten entstand, war der so genannten thebanischen Göttertriade geweiht: dem König der Götter Amun, seiner Frau Mut und ihrem Sohn Chons.

Die Experten vermuten, dass der Tempel nur saisonal genutzt wurde – ähnlich wie eine Pilgerstätte. Zu bestimmten Feierlichkeiten wurden die Götterstatuen aus dem Inneren des Heiligtums nach draußen geschafft, um sie der Menschenmenge vor der Tür zu präsentieren. Schatten spendende Arkadengänge umgaben das Gebäude. Dort ließen sich die Gläubigen auf Lehmziegelbänken an hufeisenförmigen Tischen nieder und hielten Festgelage ab. An den Toren zum Allerheiligsten kleben noch immer Reste einer zähen, dunkelbraunen Masse. Chemische Analysen haben ergeben, dass es sich dabei um ranziges Öl handelt – zusammengemischt aus Pflanzenfett und duftenden Harzen. Verwendung fand es während religiöser Feierlichkeiten. Vor dem Ritual bestrich der Priester die Weihestätte zum Schutz gegen böse Geister. Daneben blitzen zaghafte Kritzeleien aus roter Farbe auf, darunter auch Abbildungen römischer Gottheiten. Ein umfangreiches Restaurierungsprogramm hat Reliefs mit Spuren originaler Bemalung und Inschriften zum Vorschein gebracht. Auf der Frontfassade sind die Namen von Nero, Titus und Domitian eingraviert. Stolz blicken die neuen Könige von den Wänden – in Gestalt eines richtungsweisenden Pharao. Selbst als Dachla längst Garnison der Herrscher vom Tiber war, hatte sich die abendländische Kultur augenscheinlich noch nicht gegen die offizielle Bildsprache des langsam untergehenden Ägyptens durchgesetzt.

Eine der wesentlichen Aufgaben bei der wissenschaftlichen Erforschung des Oasen-Tempels ist die akribische Bestandsaufnahme jedes einzelnen Fundstücks. Dabei genügt es keinesfalls, die Objekte zu fotografieren. Denn die naturgetreue Wiedergabe eines antiken Gegenstandes enthält zu viele »moderne« Informationen, die den Experten bei der Suche nach dem Ursprung behindern. Seit einigen Jahren schon beschäftigen sich Kaper und sein Team mit der Dokumentation der Reliefs und Inschriften. Eine zeitaufwändige und hochkomplexe Tätigkeit – und eine ideale Gelegenheit für Studenten der Ägyptologie, theoretische Kenntnisse in praktische Fähigkeiten umzusetzen. Schon zum zweiten Mal hat der Fachbereich der Humboldt-Universität in Berlin Jungforschern ein Praktikum im fernen Dachla angeboten. Ausbildungsziel des außergewöhnlichen Seminars ist die Erstellung von so genannten epigraphischen Zeichnungen am Tempel von Deir el-Haggar. Im Klartext heißt das, von morgens bis abends mit Pauspapier tausende von Bildern und Schriften originalgetreu abzuzeichnen. Keine Aufgabe für jedermann.

Um vom Künstler gesetzte Zeichen von zufälligen Verwitterungsrissen unterscheiden zu können, haben die Studenten mindestens drei Jahre lang Hieroglyphenschrift lernen müssen. Auch ein gewisses Talent, Durchhaltevermögen und eine ruhige Hand sind für diese Tätigkeit erforderlich. Die spezielle Technik des Kopiervorgangs haben die routinierten Dozenten den Neulingen vor Ort beigebracht. Fast vier Wochen lang spult sich dann täglich das gleiche Programm ab: Zunächst einmal spannen die Mitglieder

Perfektion und Ausdauer: Abpausen am Tempel von Deir el-Haggar

des Teams Plastikfolie über die einzelnen Reliefs. Dann zeichnen sie die durchscheinenden Linien mit einem wasserfesten Filzstift im Maßstab 1:1 sorgfältig nach. Anschließend geht es ab nach Kairo, immerhin achthundert Kilometer durch »Terra deserta«. Dort werden die Zeichnungen von einem Kopierer auf die Hälfte verkleinert. Wieder zurück in Dachla, überprüfen die Epigraphen Strich für Strich der Kopie mit der steinernen Vorlage. Nichts bleibt dem Zufall überlassen, alle Kollegen kontrollieren mit. Stimmt nur ein winziges Detail nicht mit dem Original überein, muss korrigiert werden. Erst wenn das minuziöse Vergleichen zur vollsten Zufriedenheit aller Beteiligten abgeschlossen ist, kann mit der Königsdisziplin, der Reinzeichnung, begonnen werden. Sie entsteht durch Abpausen mit feiner Tinte aus der Korrekturvorlage. Das Endprodukt – erneut verkleinert – dient als Druckvorlage für eine spätere Publikation. Ein Ziel, für das sich jede Strapaze lohnt. Denn viel zu selten gelangen spannende Grabungsberichte in die Regale gut sortierter Sortimentsbuchhandlungen. Und selten zuvor gab es in Deutschland ein so starkes Interesse, mehr über die Erforschung von Altertümern rund um den Globus zu erfahren.

Spuren im Sand

Die Wüste besitzt für den Menschen seit jeher eine faszinierende Anziehungskraft. Die unendlichen Weiten aus Stein, Sandebenen und Dünen, das flirrende Licht der erbarmungslosen Sonne und sternklare Himmel in bitterkalten Nächten machen sie zu einem Naturwunder voller mystischer Schönheit. Ein Ort der Extreme, um den sich abenteuerliche Geschichten ranken, an dem Religionsstifter ihre Botschaft verkündeten, Wunder geschehen und trügerische Bilder die Sinne einsamer Wanderer narren. Die Sahara – auf Deutsch Wüste – scheint die Urmutter dieser einzigartigen Landschaftsform zu sein. Sie bedeckt mehr als ein Drittel des afrikanischen Kontinents und ist mit neun Millionen Quadratkilometern das größte Trockengebiet der Erde. Immer wieder haben waghalsige Glücksritter das Schicksal herausgefordert und versucht, die lebensfeindliche Ödnis zu durchqueren. Unter ihnen zahlreiche Forscher – besessen von der Idee, der Sahara eines ihrer Geheimnisse zu entlocken. Doch nur wenige Altertumsforscher haben den Weg bis nach Ägypten in die Libysche Wüste geschafft. Lange galt das Gebiet westlich des Nils als wissenschaftliches Schattenreich. Erst im 20. Jahrhundert haben es Archäologen und Ägyptologen allmählich aus seinem Dornröschenschlaf geweckt.

Der griechische Geschichtsschreiber Herodot zeigte sein Interesse für den ägyptischen Teil der Sahara bereits um 450 v. Chr. Nach seinem dreieinhalbmonatigen Aufenthalt in der unwirtlichen Gegend kam er zu dem Schluss, dass die Libysche Wüste ein Hort für wilde Tiere sei. In seiner Weltkarte finden der Arabische Golf, die Oasen Faijum und Siwa zum ersten Mal eine geografische Erwähnung. Neben Europa und Asien zeichnete der frühe Weltreisende auch Libyen ein. Allerdings unterlag er dabei einem kleinen Irrtum. Mit Libyen meinte er den gesamten afrikanischen Kontinent. Strabon (63 v.–24 n. Chr.) ging gründlicher vor und lieferte ein ungleich präziseres Bild von Ägypten als Herodot. In seiner Bestandsaufnahme tauchen zum ersten Mal die Oasen Baharija und Kharga auf.

»Wie Flecken im Fell eines Leoparden«, so beschrieb Strabon die Grünzonen im Sandmeer. Als frühes kartografisches Meisterwerk bezeichnen Experten noch heute die geografische Darstellung des Griechen Claudius Ptolemäus, der lange Jahre in Alexandria, dem damals geistigen Zentrum der hellenistischen Welt, lebte. Ab dem 7. Jahrhundert erschienen in unterschiedlicher Qualität eine Reihe von geografischen Abhandlungen. Am bekanntesten ist wohl das Werk des Marokkaners Muhammad al-Sharif al-Idrisi, der als Sohn aus gutem Hause in Córdoba studierte. Die meiste Zeit seines Lebens arbeitete der Geograf am Hofe des Normannenfürsten Roger II. (1095–1154) in Palermo. Seine frühe Weltkarte sowie eine opulente Schrift stellen einen Meilenstein in der Erkundung der Erde dar.

Ende des 17. Jahrhunderts bricht in Europa das Expeditionsfieber aus. Getrieben von wissenschaftlicher Neugier und der Suche nach Erklärungen für die Dinge der Welt machten sich Forscher unterschiedlicher Disziplinen auf, die Grenzen unbekannter Territorien zu überschreiten. Auch Ägyptens Westliche Wüste gehörte zu den Traumzielen jener Tage. Von 1788 bis 1827 organisierte die britische »African Association« geografische und naturgeschichtliche Expeditionen bis in den Sudan. Die Gemeinschaft ging später in der »Royal Geographical Society« auf, die im Auftrag der britischen Regierung handelte. Die englischen Gentlemen hatten aber noch einen anderen Grund für ihren Entdeckerdrang. Nebenbei suchten sie nach geeigneten Strafkolonien für ihre Gefangenen und glaubten, diese in der Libyschen Wüste gefunden zu haben. Doch die ersten Unternehmungen der ehrenwerten Gesellschaft standen nicht unter einem guten Stern. Erst Mungo Park gelangte bis an die Quellen des Niger und konnte unbeschadet nach England zurückkehren. Als der albanesische Tabakhändler Mohammed Ali im 19. Jahrhundert ägyptisches Staatsoberhaupt wird, bringt er das Land nicht nur zu neuer Blüte, sondern auch die Oasen wieder unter Kontrolle, die lange sich selbst überlassen waren. Seiner Einladung, die fruchtbaren Kessel in der Westlichen Wüste zu ergründen, folgte der italienische Zwei-Meter-Hüne Giovanni Battista Belzoni nur zu gerne.

In seiner Heimat war der »starke Mann« als Zirkusstar berühmt geworden. Aber nur die wenigsten wussten um seine Qualitäten als Erfinder. Seine neueste Errungenschaft, eine Hydraulik zur Bewässerung des Bodens, wollte der ernsthafte Wissenschaftler dem neuen Oberhaupt Ägyptens andienen. Seine Idee setzte sich nicht durch, doch immerhin eroberte Belzoni das exotische Land auf seine Art. Er unternahm ausgedehnte Reisen auf der ständigen Suche nach Altertümern. Auch in Baharija machte er Halt. Elf Tage sollte er vor Ort bleiben. Als 1820 sein zweibändiges Werk erscheint, ist darin ein kurioser Fehler enthalten. Belzoni glaubte, Baharija sei die Oase Siwa. Und im mächtigen römischen Triumphbogen in der alten

Hauptstadt Qasr meinte er, den berühmten Orakeltempel des Amun zu erkennen.

Der französische Mineraloge Frederic Cailliaud wusste es besser. Von ihm stammt eine ausführliche Beschreibung des Kaiserdenkmals, das etwa um 1840 durch ein Erdbeben stark beschädigt wurde. Cailliaud suchte im Auftrag Mohammed Alis in der Wüstenregion nach Bodenschätzen. Er beanspruchte für sich, der erste Europäer gewesen zu sein, der bis nach Kharga vorgedrungen sei und dort den Hibis-Tempel entdeckt habe. Zu einem Wettstreit von nationaler Größe artete der Erkundungsauftrag für Dachla aus. Beide Parteien, sowohl der Engländer Archibald Edmondstone als auch der Italiener Bernadino Dovretti, proklamierten für sich, als erste Westeuropäer ihren Fußabdruck in der »Südlichen Oase« hinterlassen zu haben. Über 35 Jahre lang arbeitete der Deutsche Georg Steinfurth in Ägypten. Er begann als Geograf und Geologe, bevor er Mitte des 19. Jahrhunderts die »Société Géographique d'Egypte« in Kairo gründete und ihr Präsident wurde. Das Allroundtalent hat sich bereits früh auch um archäologische Untersuchungen in den Oasen gekümmert. Seine großen Erfolge jedoch erzielte er mit der Lokalisierung und Auswertung fossiler Funde in Faijum.

Ein Name steht bis heute unangefochten an der Spitze, wenn es um Verdienste in der Erforschung der Westlichen Wüste geht. Gerhard Rohlfs, deutscher Geograf aus Bad Godesberg, hat sechs abenteuerliche Expeditionen quer durch den Glutofen der Sahara geführt, bevor er am 2. Juni 1896 im Alter von 65 Jahren starb. Seine Leidenschaft für den Norden Afrikas entflammte bereits als Soldat in der französischen Fremdenlegion. 1855

48 Im Schatten der Pharaonen

war er in Algier stationiert. Nur fünf Jahre später machte sich Rohlfs auf seinen ersten Trip durch Marokko. Es folgte die Durchquerung des Atlasgebirges bis zu den Oasen Algeriens. Auf der todesmutigen Tour stieß er auf alte Karawanenrouten. Auch seine nächste Exkursion in Westafrika überstand der rastlose Forscher mühelos. Die vierte Reise lenkte ihn zum ersten Mal auch nach Ägypten. Von Tripolis aus pilgerte Rohlfs über Siwa bis nach Alexandria. 1872 sprach der Wissenschaftler schließlich beim deutschen Konsul in Kairo vor. Er bat um finanzielle Unterstützung für den Plan, eine Großexpedition durch Ägyptens unbekanntes Wüstenterrain zu führen. 24 Monate später war das kleine Team bereit. Vizekönig Ismail hatte die illustre Gruppe mit 4000 ägyptischen Pfund und einer offiziellen Mission auf den Weg geschickt: Die Männer sollten das alte Nilbett – das »Bahr bila ma« – aufspüren und ein Gutachten über die Nutzbarkeit des Bodens für die Landwirtschaft erstellen. Mit Spiegelsextant, Kreiselkompass und 500 eisernen Wassertanks startete das Unternehmen von Kairo aus – hinreichend versorgt für 20 Tage Staubhölle. Jeder der 50-Liter-Behälter wog gefüllt über 60 Kilo. Ein Kamel konnte nicht mehr als zwei davon tragen. Dem ursprünglichen Konzept nach wollten die Abenteurer bei Assiut das Niltal verlassen, um dann durchs Niemandsland entlang der »Grünen Inseln« bis zu den Khufra-Oasen in Libyen vorzustoßen. Niemand von ihnen ahnte, dass die Große Sandsee im Weg stand.

Was dort passierte, schildern die Quellen unterschiedlich. Einer englischen Version zufolge droht das ganze Projekt an dem viele hundert Kilometer langen Sandmeer zu scheitern. Völlig erschöpft

und ohne Wasser, können und wollen die Männer nicht mehr weiter. Doch da geschieht das Wunder: Es fängt an zu regnen wie seit Jahren nicht mehr. Dem Tod von der Schippe gesprungen, hinterlässt Rohlfs einen Wasserkanister und tauft den Platz »Regenland«. Der Trupp zieht sich erleichtert nach Kharga zurück und von dort aus nach Kairo. Rohlfs selbst stellt das Ereignis weit weniger dramatisch in seinem Buch *Drei Monate in der Libyschen Wüste* dar. Hier erfährt der Leser, dass es vom 2. bis zum 4. Februar 16 Millimeter Niederschlag gab. Ferner, dass er einige Daten und etwas deutschen Zwieback zurückgelassen hat und sich die Route in Anbetracht der unüberwindbaren Großen Sandsee änderte. Das ist alles. Sein eigentliches Ziel – Khufra – hat der Deutsche 1874 nicht erreicht. Dies sollte ihm zwar 1878 gelingen, doch diesmal mied er eine Konfrontation mit der Großen Sandsee und wählte eine andere Route. In die Oase gelangte Rohlfs auf seiner letzten Expedition. Sie führte von Tripolis in den Kongo.

Erst vor wenigen Jahren berühmt geworden ist die unglaubliche Geschichte des ungarischen Ingenieurs Graf Ladislaus Eduard de Almásy. Amerikas Filmindustrie hatte endlich einen ebenbürtigen Ersatz für den langsam abkühlenden Dauerbrenner *Lawrence von Arabien* gefunden: Hollywoods *Englischer Patient* stürzte sich nach dem Ersten Weltkrieg kopfüber in erlebnisreiche Expeditionen quer durch Ägyptens Wüstenlandschaft. Der furchtlose Draufgänger, von dem erzählt wird, dass er selbstmordgefährdet gewesen sei, überflog mit seiner Sportmaschine die gefährliche Region. Nur wenige Jahre zuvor hatte er bereits mit dem Auto die »Straße der 40 Tage« erkundet. Hoffnungslos dagegen war seine Suche nach dem sagenumwobenen Ort Zerzura, der Oase der Schwarzen, und dem verschwundenen Heer des Perserkönigs Kambyses. Vor allem geografische Entdeckungen gehen auf das Konto von Almásy, aber auch einige archäologische Funde wie frühe Felsmalereien werden ihm zugeschrieben. Der Graf war Zeit seines Lebens eine schillernde bis zwielichtige Figur. Seine guten Ortskenntnisse verstand er, gewinnbringend ins Spionagegeschäft einzubringen. Nicht nur, dass seine Fotos von bestimmten Wüstenrouten und -gebieten im militärischen Handbuch des deutschen Afrika-Korps landeten, er leitete auch die berüchtigte Wüstenoperation Salam. Nach den Wirren des Krieges sorgte Almásy immer wieder für spektakuläre Aktionen. Unter anderem überflog er mit einem Segelflugzeug die Cheops-Pyramide. Die Ergebnisse seiner Erkundungen hat der »Vater der Dünen«, wie ihn die Beduinen nannten, in einigen Werken hinterlassen. Welche Entdeckungen jedoch tatsächlich von dem Ungarn selbst stammen, wird wohl für immer ein Geheimnis bleiben.

Kein Medienstar, dafür aber in Fachkreisen hoch verehrt, ist der 1905 in der Oase Faijum geborene Archäologe Ahmed Fakhry. Er gilt als Wegbereiter der wissenschaftlichen Untersuchung von Altertümern in der Einöde westlich des Nils. Vortragsreisen und internationale Veröffentlichungen machten den umtriebigen Fachmann weit über die Landesgrenzen hinaus bekannt. Die Ausgräber von heute stützen sich noch immer auf seine fundierten Beobachtungen. Als Fakhry 1944 zum Direktor der »Section Of Desert Researches« berufen wird, lagen schon Jahre intensiver Beschäftigung mit der Welt der Oasen und ihren antiken Stätten hinter ihm. 1972, während einer Grabungskampagne in Dachla, war dem Archäologen ein sensationeller Coup gelungen: die Entdeckung der Mastabagräber der Oasengouverneure aus dem Ende des Alten Reiches. Die Publikation des spektakulären Fundes erlebte der legendäre Gelehrte nicht mehr. Ahmed Fakhry starb 1973 an den Folgen eines Herzinfarktes. Der deutschsprachige Prachtband *Die Denkmäler der Oase Dachla* erschien posthum Jahre später. Doch nicht nur in den südlichen Regionen wie Dachla und Kharga hat Fakhry bedeutende Hinterlassenschaften vergangener Epochen aus der weichen Erde geholt. Bahnbrechend waren auch seine Arbeiten in Farafra, Faijum und vor allem in Baharija – der »Nördlichen Oase«.

Baharija – das kleine Wüstenparadies

Etwa 180 Kilometer vom Niltal entfernt öffnet sich in einem lang gedehnten Oval die fruchtbare Bodensenke von Baharija. Umgeben von einer Reihe von bis zu 90 Meter hohen Gebirgsplateaus, erstreckt sie sich über eine Fläche von zirka 2000 Quadratkilometer. Da die Oase nicht so groß ist wie ihre Schwestern im Süden, lautet einer ihrer vielen Beinamen »Kleine Oase«. Nicht endlose, gelb schimmernde Dünenwellen dominieren das Landschaftsbild, sondern Hügel und Berge aus hellem Kalkstein, dunklem Basalt und Granit ragen wie riesige Bauklötze in den Himmel empor. Dazwischen liegen Ebenen mit Palmenhainen, Obstgärten und Gemüsefeldern. Und auf den Wüstenpisten funkelt eine dünne Decke aus eisenhaltigem Staub, den der Wind im-

50 Im Schatten der Pharaonen

mer wieder aufs Neue von der alten Eisenerzmine im Norden Baharijas fortträgt: ein Farbenspiel der Natur. Lebensspender der Grünzone sind mineralreiche natürliche Quellen und zahlreiche Brunnen, die zum Teil noch aus der Römerzeit herrühren. An den Wasserreservoirs, an denen auch alte Karawanenrouten vorbeiführen, liegen sieben größere Ortschaften: das pittoreske Mandisha, Harrah mit seinen Melonenbauern und Zabw, das Ende der Vierzigerjahre des vergangenen Jahrhunderts wegen seiner mittelalterlichen Felsmalereien die Gemüter von Wissenschaftlern bewegt hat. Um das alte Aguz ranken sich Gerüchte, die bis heute nicht verstummt sind. Den Ort sollen einst Familien aus Siwa gegründet haben. Ihre Frauen, so heißt es, seien aus der Heimat vertrieben worden wegen ihrer lockeren Moral. Eine Urkunde hingegen berichtet, dass die Urväter des Ortes zu einem Clan aus dem Jemen gehörten, der zur Bewirtschaftung des Bodens Sklaven aus Siwa geholt hätte. Wer die ältesten Bewohner von Baharija waren und wo sie sich niederließen, gilt bis heute als ungeklärt. Experten gehen jedoch davon aus, dass – ähnlich wie in den anderen Wüsteninseln – schon früh eine multikulturelle Gesellschaft aus libyschen Nomaden, Niltalbauern und Einwanderern aus dem Süden Afrikas existiert hat.

Bawiti und Qasr – die neue und die ehemalige Hauptstadt der Oase – stehen ebenso wie El Haiz seit mehreren Jahrzehnten im Mittelpunkt archäologischer Betrachtung. Die jüngste Entdeckung der Goldmumien bei Bawiti löste bei den Verantwortlichen in Kairo eine regelrechte Grabungseuphorie aus, die seither ungebrochen anhält. Zeugnisse aus der alten Zeit gibt es in der weiten Senke nicht.

Erst Dokumente aus dem Mittleren Reich bestätigen Baharijas Zugehörigkeit zum pharaonischen Herrschaftsbereich. Die Oasenbewohner waren nicht nur Verbündete bei der Absicherung der Westgrenzen, sondern lieferten auch regelmäßig Wein, Datteln und andere Feldprodukte. Als Ägypten um 1650 v. Chr. unter die Fremdherrschaft der Hyksos geriet, ließ der Handelsverkehr allmählich nach und »DjesDjes«, der Ort des Weines, blieb sich selbst überlassen. Mit der 18. Dynastie und der wieder gefestigten Vormachtstellung des Landes veränderte sich auch die Bedeutung von Baharija. Der große Kriegsheld Tuthmosis III. (1479–1425 v. Chr.) verabschiedete ein Dekret, das die Grüne Insel zum offiziellen Protektorat machte. An einem Steilhang, etwa drei Kilometer von Qasr entfernt, haben Forscher ein Grabmal gefunden, die bisher älteste Hinterlassenschaft im Umkreis. Die Wände der reich dekorierten Begräbnisstätte von Amenhotep Huy, dem damaligen »Gouverneur der Nördlichen Oase«, erzählen vom Wohlstand jener Tage. Die Bauern kultivierten Wein, handelten mit Früchten und verkauften Eisenerz und andere Mineralien, die sie in den nahen Minen abbauten.

In eine erneute Rezession schlitterte die Oase, als es zwischen Ägypten und Libyen wieder einmal zu Grenzstreitigkeiten kam. Nur der Weinexport schien weiterhin zu florieren, dies zumindest lässt sich aus dem Harris-Papyrus herauslesen. Das Dokument erwähnt, dass sich Ramses III. wünschte, der »Wein aus der nördlichen Oase wäre der dem der südlichen ähnlicher.« Erst die 26. Dynastie läutete in Baharija endlich ein goldenes Zeitalter ein. Unter der Regierungszeit von Ahmose II. (570–526 v. Chr.) erlebte der Beamtensitz einen wirtschaftlichen

Baharija – das kleine Wüstenparadies 51

und politischen Aufschwung. Weitere Brunnen wurden gegraben und die Felder für den Ackerbau erweitert. Auch die strategische Bedeutung des Wüstenortes als mögliches Einfallstor ins pharaonische Machtzentrum erkannte der König. Zur Verteidigung seines Außenpostens schickte er Regierungsangestellte und Truppen dorthin. Als Ausdruck der Verehrung errichteten die Priester von Baharija dem Wohltäter daraufhin zwei Tempel und vier Kapellen. Ein untrügliches Zeichen für den Reichtum ist auch der Totenprunk, den sich Kaufleute und hohe Beamte leisten konnten. Drei riesige Privatgräber im Umkreis von Qasr zeugen davon. Es sollte lange dauern, bis sich die paradiesischen Zustände wiederholten. Für die nächsten paar Jahrhunderte liegt über dem Geschehen in der Oase der Mantel des Schweigens. Fest steht nur, dass in den Wirren der Spätzeit Kambyses um 525 v. Chr. Ägypten zur persischen Satrapie macht.

Erst nach der Befreiung des Landes vom Joch der Fremdländer durch Alexander den Großen 332 v. Chr. zeigen sich in Baharija Spuren des neuen Einflusses. Seit den Vierzigerjahren des vergangenen Jahrhunderts glauben Forscher, Alexander der Große sei nach seiner Bestätigung als Pharao im Tempel von Siwa 331 v. Chr. über die Nördliche Oase nach Memphis gezogen. Einen Beweis für die These gibt es nicht. Aber Baharija besitzt immerhin den einzigen Tempel in Ägypten, der ausdrücklich dem Welteroberer gewidmet ist. Auf einer seiner Grabungskampagnen stieß der Archäologe Ahmed Fakhry mehr zufällig als geplant auf zwei Königskartuschen des Herrschers. Im weiteren Verlauf tauchten zahlreiche Reliefs auf, die Alexander in unterschiedlichen Szenen mit Amun zeigen. Die Anlage aus sandsteinverkleideten Lehmziegeln soll aus mindestens 45 Räumen bestehen. Ein Teil davon ist inzwischen freigelegt. Im Unterschied zur Geschichte des Nillandes geben die Quellen nur spärlich Auskunft über das Schicksal der Oasen in der griechisch-römischen Epoche. Offiziell heißt es, dass sie unter Alexander wie auch unter der sich anschließenden Herrschaft der Ptolemäer (323–30 v. Chr.) eine bedeutsame Rolle in der Handelspolitik des Landes einnahmen. Verwaltet wird die Westliche Wüste von Alexandria aus, das nicht nur zum wirtschaftlichen Zentrum, sondern auch zum geistigen Mittelpunkt des östlichen Mittelmeerraumes heranwächst. Griechische Bauernsoldaten erhielten Land und lebten fortan Seite an Seite mit den Einheimischen. Auch wenn sie in streng nationalistischen Kreisen nicht gerne gesehen wurden, entstanden unter der neuen Bevölkerung schon bald griechisch-ägyptische Freundschaften. Kultureller Austausch führte zu gemeinsamen Schöpfungen in der Literatur und zu neuen Erkenntnissen in der Astrologie.

Dennoch gab es für die Ägypter gewisse Tabus, wie Herodot zu berichten weiß. Er schreibt, dass »ein Ägypter einen Griechen nicht auf den Mund küsst, noch sich des Messers oder seiner Bratspieße und seines Kochkessels bedient, noch das mit dem Messer eines Griechen abgeschnittene Fleisch eines Ochsen isst«. Vor allem die Priesterschaft wehrte sich gegen eine Aufweichung altägyptischer Traditionen. Erst ab dem späten 2. Jahrhundert v. Chr. sollte sich dies ändern, als die Hohepriester aus Memphis in enger verwandtschaftlicher Beziehung zum Königshaus standen. Überall in Ägypten errichteten oder erneuerten die Ptolemäer glanzvolle Heiligtümer. Nach und nach

führten sie ihre eigenen Götternamen ein und bauten ihren eigenen Kult aus. Aus Amun machten die Könige Zeus-Ammon. Sarapis – die griechische Variante von Osiris – und Isis werden zum Traumpaar der hellenistischen Glaubenswelt. Die religiösen Vorstellungen und Sitten der Einheimischen jedoch blieben davon weitgehend unberührt.

Den Wandel, der schließlich zum Ende der altägyptischen Kultur führen sollte, bewirkte eine andere Kraft. Zum ersten Mal in der Geschichte trat eine Staatsmacht auf den Plan, die aus dem Land

Baharija – das kleine Wüstenparadies 53

Das »New Valley Project« hat das Leben der Menschen in Baharija entscheidend verändert.

gebiet nutzen die Herren vom Tiber als Kornkammer und militärischen Stützpunkt im Kampf um die weitere Ausdehnung ihres Reiches nach Osten. Die orientalische Landbevölkerung gehörte als lebendes Inventar zum Imperium der Apenninenhalbinsel und besaß keine Möglichkeit, ihren sozialen Status zu verbessern. Ob die Einheimischen mit der »Constitutio Antoniniana« des Caracalla im Jahre 214 n.Chr. in den Genuss des Bürgerrechts gelangten, gilt bis heute als umstritten.

Am härtesten traf es die Bauern. Die Einführung der so genannten Kopfsteuer verursachte eine Klassifizierung der Gesellschaft: Die Feldarbeiter mussten den Löwenanteil der Steuer aufbringen. Einwohner der Gaustädte zahlten eine reduzierte Abgabe. Römer dagegen, Alexandriner und bestimmte Priester waren von der zusätzlichen Besteuerung gänzlich ausgenommen. Dokumente berichten von der harten Vorgehensweise der Regierung. Wer seine Abgaben nicht leisten konnte, landete sofort im Gefängnis. Die extreme Ausbeutung der Arbeitskraft ließ die Lebenserwartung auf durchschnittlich 22,5 Jahre sinken. Die rücksichtslose Verstaatlichung des Tempellandes sowie die Einschränkung der Priesterrechte trieben das Land allmählich in eine Identitätskrise, von der es sich nicht mehr erholen sollte. Doch Experten vermuten, dass der brutale Arm der römischen Führung nicht bis in die Oasen der Westlichen Wüste reichte und dass es den Bauern der Grünzonen besser ging. Dies zumindest würde die Flucht vieler Niltalbewohner in die einsamen Regionen er-

kein anderes Königreich machen wollte. Sie heißt Rom und ist testamentarische Erbin der letzten Ptolemäerin Kleopatra. Am 1. August 30 v. Chr. nimmt Oktavian, der spätere Kaiser Augustus, Ägypten im Handstreich und ernennt es zur römischen Provinz. Das eroberte Herrschafts-

klären können. Im Jahre 213 n. Chr. befehligte Kaiser Hadrian eine starke Truppe von Soldaten in Baharija. Auch eine Karte aus späterer Zeit beweist, dass der fruchtbare Kessel lange Zeit Garnison der »Fremdländer« war. Etwa 47 Kilometer von Bawiti entfernt, haben Archäologen dafür endlich einen greifbaren Fund ans Tageslicht gebracht – die römische Siedlung von El Haiz.

Die Römersiedlung in El Haiz

Wie ausgehöhlte Zähne ragen die Mauerstümpfe der Ruine aus dem Sandhügel heraus. Das einst mächtige Bauwerk aus Lehmziegeln diente als ein Außenposten zum Schutz gegen Überfälle aus der Wüste. An einer von vier natürlichen Quellen gelegen, war der Ort Treffpunkt für Karawanenhändler, Soldaten, Kaufleute und fremde Siedler, die zwischen Baharija und Farafra lebten. Ende des 5. Jahrhunderts errichteten Kopten, ägyptische Christen, eine Kirche in unmittelbarer Nähe der Trutzburg. An der Restaurierung des Heiligtums arbeitet die Oberste Antikenverwaltung seit Jahren. Die neueste Entdeckung ist ein Labyrinth aus Mauerresten, einem langen Wall, versandeten Korridoren und Säulengängen. Noch steht die Hauptgrabung aus – wie bei vielen Altertümern in Baharija. Doch bereits heute wissen die Forscher sicher, dass es sich bei dem Fund um einen römischen Palast von riesigem Ausmaß handeln muss.

Erste Untersuchungen lassen schon den Schluss zu, dass die Baumeister das Gemäuer innen und außen verputzt hatten. Jagdszenen und florale Ornamente, die in grüner, gelber und roter Farbe gehalten sind, schmückten die Wände großzügig ausgestatteter Räume. Auch im Säulengang stieß das Grabungsteam auf zahlreiche Malereien. Wer Herr über das einst prunkvolle Gebäude war, ist noch völlig unklar. Doch Beispiele wie der Palast von Echnaton in El Amarna und von Ramses II. in Pi-Ramesse, dem heutigen Qantir, lassen die Ägypter hoffen, die Geschichte von vor 2000 Jahren in El Haiz irgendwann in näherer Zukunft rekonstruieren zu können. Weiterer Bestandteil der Siedlung sind zwei große Friedhöfe mit Sandsteingräbern, aus denen bislang einige goldene Amulette geborgen wurden. Wahrscheinlich blieben die Begräbnisstätten den stationierten römischen Soldaten vorbehalten, während das Tal der Mumien bei Bawiti ausschließlich von Privatleuten genutzt wurde.

Höhepunkt der bisherigen Arbeiten in El Haiz ist die teilweise Freilegung einer Weinkelterei aus der römischen Epoche. Das Gemäuer liegt westlich der Festung in der Nähe der Palastruine. Vermutlich wurde es eigens errichtet, um die adlige Herrscherschicht im Wüstenschloss gebührend bewirten zu können. Der Grundriss des einzigartigen Gebäudes gleicht einem römischen Bad mit nebeneinander liegenden Räumen und Becken. Als die Ausgräber die freigelegten Abschnitte untersuchten, stießen sie überall auf verstreute Tonscherben von Weinkrügen und fossile Traubenkerne. Der Lehmziegelbau steht auf einem Fundament, das aus Sandstein errichtet wurde. Die Wände waren früher mit einer dicken Schicht Gips verkleidet. Der Schutzmantel sollte den Traubensaft vor der brütenden Hitze draußen schützen. Nur so konnte der Küfer der Antike einen reibungslosen Gärungsprozess garantieren.

Die Römersiedlung in El Haiz 55

Ein Raum ist größer als alle anderen. Dorthin, so die Wissenschaftler, brachten die Bauern die frisch gepflückten Trauben zum Sortieren und Waschen. Von da ging es weiter in den Nachbarraum. Dort warfen die Arbeiter die Trauben auf den Boden, um sie auszupressen. Unter lautem Gesang und Händeklatschen stampften die braunen Füße der Landarbeiter die frische Ernte ein. Der Most floss über den abschüssigen Boden in ein Loch an der Wand und von dort aus weiter über eine Rinne in ein Sammelbecken. Behälter zum Abschöpfen bewahrten die Männer in einer halbrunden Sitztruhe auf. Insgesamt drei Becken birgt die antike Kelterei. Eines davon enthält noch Asche verbrannter Pflanzen, um Reifegrad und Geschmack des Getränks durch Erwärmen zu beeinflussen. Schon damals kannten die Küfer Tricks, Wein zu schönen: Mit Eiweiß oder Hefe klärten sie den trüben Saft. Mit Honig, Harz oder einheimischen Kräutern erzielten sie besondere Geschmacksnoten. In hohe, unten spitz zulaufende Krüge wurde das Getränk abgefüllt. Sobald sie mit einem Weinblatt oder Tondeckel sorgfältig verschlossen worden waren, konnte der Reifeprozess beginnen.

Seit jeher rühmen Geschichtsschreiber Ägypten als Land der Pyramiden, der Tempel und der Religion. Anders als bei den Griechen und Römern passt die Vorstellung von orgiastischen Festen ausgelassener Könige oder Priester mit Wein oder Bier nicht ins vorherrschende Klischee. Doch tatsächlich galt der braune Gerstensaft schon seit dem frühen Altertum als Nationalgetränk der Ägypter. Noch älter als die Bierherstellung ist der Anbau von Wein, der sich rasch zum Exportschlager des Reiches entwickelte. Etliche Verse preisen Trauben aus weißen,

schwarzen und blauen Beeren, »rund und schimmernd wie die Augen des Horus«, aus denen sie dem Mythos nach entstanden sind. Osiris selbst soll es gewesen sein, der als Erster aus Trauben Wein hergestellt haben soll. Pyramidentexte erwähnen den Kult um den edlen Tropfen ebenso häufig, wie er in Tempelszenen dargestellt ist. Im »Grab der Weinlauben« des Sen-nufer in Theben-West ist das Motiv des Weinstocks über die ganze Deckenfläche verteilt.

Tonscherben mit Rückständen beweisen, dass die Ägypter schon seit 5000 Jahren Wein keltern – und auch konsumieren. In einer Inschrift im Grabmal von Paheri in Ekkab bittet eine Frau: »Gebt mir achtzehn Becher Wein, denn ich will trunken werden. Mein Inneres ist wie Stroh.« Alle Festlichkeiten, Tanz und Musik unterstanden der Göttin Hathor. Bei den Griechen übernahm die Aufgabe Dionysos, die Römer ernannten Bacchus zum Schutzbeauftragten. So unterschiedlich die Namen auch lauteten, sich hemmungslos zu betrinken geschah im Altertum vor den Augen der Götter und mit ihrem Segen. Sich der Trunkenheit hinzugeben, galt als Ausdruck überschäumender Freude und war kein Vergehen. Die Ägypter schrieben dem Wein sogar heilende Kräfte zu. Und der Verstorbene erhielt das Getränk als Grabbeigabe, damit er gestärkt vor das Totengericht treten konnte. Denn als Lebenselixier war der Wein unlösbar mit dem Glauben an Unsterblichkeit verknüpft.

Im Land der Pharaonen gab es viele Weinliebhaber. Sie importierten den Rebsaft aus Palästina, Syrien und später aus dem nahen Griechenland. Doch auch Ägypten selbst wusste sich mit seinen zahlreichen Sorten einen guten Namen zu machen. Um 1200 v. Chr. lieferten

56 Im Schatten der Pharaonen

immerhin 21 Winzer 1200 Krüge Wein erster Güte, 50 mit Weingeist und 50 Krüge mäßigen Wein an den König. In Privatgräbern hoher und niederer Beamter wurden Scherben mit Inschriften gefunden, die genaue Angaben zum Jahr, zur Qualität, zur Art der Weinstöcke, ihrer Lage und zum Namen des Weingutes lieferten. Die heute von Verbrauchern häufig als zu kompliziert angesehene Klassifizierung ist also eine Erfindung der Antike. Dank dieser Angaben konnte eine nahezu präzise Karte der einstigen Weinbaugebiete in Ägypten erstellt werden. Ein einzigartiges Dokument, denn wegen der zunehmenden Austrocknung der Böden und religiöser Vorbehalte des Islam liegen die meisten der Anbauflächen längst brach.

Doch über Jahrtausende waren verschiedene Orte an den mittleren und östlichen Nilarmen im Delta berühmt für ihr Produkt. Auch in den steilen Kalksteinhängen Mittelägyptens wuchsen hervorragende Sorten heran. Die Griechen und Römer lobten besonders den leichten »mareotischen Wein«, der südwestlich von Alexandria geerntet wurde, aber auch den köstlichen Trank aus den Trauben, der in den Oasen der Westlichen Wüste im Überfluss gedieh. In Kharga, Dachla und Baharija lebten die Menschen hauptsächlich vom Weinanbau. Als wichtigstes Handelsgut bescherte er den Bewohnern Wohlstand und Anerkennung. Zur Berühmtheit brachte es der süße Dattelwein aus Baharija. Er war schon bei den Pharaonen äußerst beliebt, wie alte Siegel und Wandreliefs in Amarna, dem Regierungssitz Echnatons, belegen. Aber auch noch zur Römerzeit galten die Winzer der »Kleinen Oasen« als Meister ihres Fachs, die mit großer Kennerschaft weiße und rote Rebsorten verarbeiteten. Die

erste Lese eines Jahrgangs kelterten sie zur Spitzenqualität. Trauben der zweiten Ernte mischten die erfahrenen Bauern mit Wasser und drückten sie mit einem Holzdeckel durch eine Presse. Auf diese Art und Weise entstand ein einfacher Landwein für den täglichen Gebrauch. Eine Mischung aus Wasser und Saft, der aus Trester gewonnen wurde, ergab den schlechtesten Wein – ein Billigprodukt für Käufer mit kleinem Geldbeutel.

Inzwischen haben auch in Baharija exotische Früchte und Gemüseprodukte den Weinbau verdrängt. Vor allem das »New Valley Project« hat das Gesicht der »Paradiesinsel« entscheidend verändert. Asphaltierte Straßen, Eisenbahnverbindungen und nicht zuletzt das Fernsehen haben die Moderne in die Oase katapultiert und die Landflucht begünstigt.

Mit der Schulpflicht haben sich die Chancen der Jugendlichen auf einen gut bezahlten Job in der Hauptstadt oder einen Studienplatz erheblich erhöht. Einige von ihnen leben sogar im Ausland. Die neuen Möglichkeiten bergen jedoch auch ihre Schattenseiten. Es hat sich eine differenzierte Klassengesellschaft entwickelt, wie sie im Verständnis der alten Ägypter jahrtausendelang unvorstellbar war. Der neue Zeitgeist führt nicht nur zu einem verschärften Wettbewerb, sondern auch zu sozialen Spannungen.

Heute leben etwa 27 000 Einwohner in der Oase Baharija. Seit 1972 gehört sie zum Verwaltungsbezirk Gizeh. Dort bemüht sich die Oberste Antikenverwaltung unter der Leitung von Dr. Zahi Hawass seit langem, Geschichte und Altertümer des Landstrichs zu erforschen und zu bewahren – die Vergangenheit einer Bevölkerung, die über sich selber sagt, dass sie direkte Nachfahren der einst unabhängigen Wüstennomaden seien.

»Mr. X« reist nach Kairo

Da die Quellen über Leben und Sterben in der Westlichen Wüste nur lückenhafte Informationen liefern, sind die Wissenschaftler in Baharija auf der ständigen Jagd nach archäologischen Hinweisen. Das Augenmerk der Spezialisten richtet sich dabei besonders auf die Spätzeit, die den Wendepunkt der wechselvollen Pharaonengeschichte des Landes einleitet. Seit der Entdeckung im »Tal der Goldenen Mumien« stellen sich die Forscher immer wieder dieselben Fragen: Wie sah die Gemeinschaft in der Oase zwischen 600 v. Chr. bis etwa 400 n. Chr. aus? Und wie konnten sich die Ägypter unter der rigiden Herrschaft der Römer einen derartigen Totenprunk leisten? Anfang April 2001 sind etwa sechs Kilometer vom alten Fundort entfernt 22 neue Goldmumien entdeckt worden. Darunter findet sich auch der Leichnam von Prinzessin Naesa II., Gemahlin des Statthalters von Ahmose II. Ihren Körper schmücken annähernd hundert Goldamulette, in ihren Händen hält sie noch das Fährgeld für die Überfahrt ins Jenseits bereit. Mit modernen Analysemethoden wollen die Forscher der geheimnisvollen Geschichte von Baharija nun endlich auf die Spur kommen. Daher haben die Archäologen gut erhaltene Mumien ausgewählt und sie nach Kairo ins Labor des Mumienexperten Dr. Nasri Iskander geschickt. In einem Großprojekt sollen die »Körper für die Ewigkeit« dort nach allen Regeln der Wissenschaft bis in den letzten Winkel durchleuchtet werden.

Röntgentechnik und DNA-Analyse machen es möglich. Noch Ende des 19. Jahrhunderts gab es nur einen Weg, ein Mumienbündel zu untersuchen: Bandagen aufwickeln und an den sterblichen Überresten eine Autopsie durchführen – ein wenig sinnvolles Verfahren, denn der Leichnam wurde dabei unwiederbringlich zerstört. Erst die Erfindung der Röntgenstrahlen im Jahre 1895 eröffnete den Wissenschaftlern eine andere Vorgehensweise. Der Erste, der die Chancen des Röntgens für seine Arbeit erkannte, war der britische Ägyptologe William Flinders Petrie. Es dauerte jedoch noch Jahrzehnte, bis diese geniale Technik von Museen und Instituten eingesetzt wurde. Zu lange galt die Mumienforschung als Arbeit im Gruselkabinett, die niemanden interessierte. Inzwischen sind die Archäometrie und die Paläoarchäologie entstanden, die es sich zur Aufgabe gemacht haben, die traditionellen Methoden der Archäologie um naturwissenschaftliche Verfahrensweisen zu ergänzen.

Dazu gehört seit einigen Jahren nicht nur die Röntgenuntersuchung, sondern auch die Computertomographie. Mumien müssen nicht mehr beschädigt werden, um Antworten auf anthropologische Fragen oder ungeklärte Aspekte der Balsamierung zu finden. Die Hightechgeräte durchdringen vorhandene Materie – das heißt Gewebe, Eingeweide und Knochen – und rekonstruieren den Körper im Bild. So können sich die Spezialisten in Kairo relativ schnell einen Überblick über Zustand und Geschlecht der verhüllten Leichname verschaffen. In den meisten Fällen genügt eine genaue Diagnose der Beckenform und der Knochensubstanz, um Aufschluss über das Geschlecht zu erhalten. Aber auch innere Organe und Gewebereste tragen zur Bestimmung bei. Die Röntgenstrahlen haben auch schon für das Projekt im »Tal der Mumien« gute Arbeit geleistet. So hat sich die Vermutung bewahrheitet, dass auf dem römi-

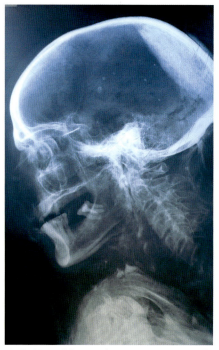

Nackt bis auf die Knochen: erste Röntgenaufnahme von »Mr. X«

schen Friedhof auch Bauarbeiter begraben liegen. Die Gelenke der untersuchten Skelette zeigen schwere Verformungen auf, vor allem im Bereich der Lendenwirbel und der Knie: ein charakteristischer Befund bei Personen, die harte körperliche Arbeit verrichten.

Pathologische Erkenntnisse bringt auch der Computertomograph, kurz CT, ans Licht. Anzeichen für Krankheiten oder Verletzungen sind zwar selten, können aber möglicherweise etwas über die Lebensumstände der betreffenden Person aussagen. Gerade in jüngster Zeit hat die Spekulation des Amerikaners Bob Brier, der Kindkönig Tutenchamun sei ermordet worden, für weltweites Aufsehen gesorgt. Seither wartet ein japanisches Expertenteam auf eine Genehmigung der ägyptischen Behörden, um den Beweis für diese These antreten zu dürfen. Auch das Alter eines Verstorbenen interessiert die Fachleute. Besonders dann, wenn sie feststellen möchten, inwieweit das Mumienporträt mit dem tatsächlichen Aussehen übereinstimmt oder wie hoch die Lebenserwartung von Menschen zu einer bestimmten Zeit in einer bestimmten Gegend war. Zu den großen Vorteilen der hochkomplizierten CT-Aufnahmetechnik gehört, dass die gewonnenen Daten dreidimensional dargestellt werden können. Dies hat in der Vergangenheit zu einem sehr ungewöhnlichen Experiment geführt: Wissenschaftler wollten herausfinden, wie das Gesicht einer bestimmten Toten hinter ihrer Maske aussieht.

Ohne die Leinenwicklung zu öffnen, ließen sie mithilfe der CT im Abstand von einem Millimeter Aufnahmen vom gesamten Schädel machen. Ein eigens entwickeltes Computerprogramm setzte die Daten anschließend in ein 3D-Bild um. In einem nächsten Schritt kombinierten die Forscher im Computer den Schädel mit dem Modell eines Frauengesichtes, das dem ägyptischen Frauentypus von damals in etwa entsprach. Anhand von 54 Referenzpunkten veränderten sie das Gesicht der Frau so lange, bis es zum darunter liegenden Schädel passte. Zum Abschluss legten sie noch eine digitalisierte Version der Totenmaske darüber und stellten den Vergleich an. Obwohl der Versuch nicht als Beweis dafür gelten darf, wie die Verstorbene zu ihren Lebzeiten ausgesehen hat, so erlaubt er doch wenigstens die Erkenntnis, dass zwischen Mumienporträt und dem Schädel unter den Leinentüchern eine hohe Ähnlichkeit bei der Kopfform besteht.

Weniger exotisch, aber umso wertvoller für Archäologen sind Hinweise über die Balsamierungstechnik im Altertum. Sie werden ebenfalls aus den Daten des Computertomographen ermittelt. Die Ergebnisse benötigen die Experten, um relevante rituelle Veränderungen feststellen und später historisch einordnen zu können. Problematisch werden die Untersuchungen immer dann, wenn die Skelette der Mumien stark zerstört sind. In diesem Fall greifen Archäologen gern auf eine Methode aus der Molekularbiologie zurück – die DNA-Analyse. Die Desoxyribonukleinsäure oder kurz DNA (DNA = Abkürzung der englischen Bezeichnung für Desoxyribonukleinsäure: desoxyribonucleic acid) ist Träger wichtiger Erbinformationen. Kennt man sie, so lassen sich daraus zahlreiche Eigenschaften des betreffenden Organismus ableiten. Im Prinzip genügt eine einzige intakte Informationseinheit, um über Geschlecht, Alter, Krankheit oder verwandtschaftliche Beziehungen eine Aussage treffen zu können. Gewonnen wird der genetische Fingerabdruck aus Haaren, Knochen, Zähnen, Geweberesten oder auch aus Stofffasern.

Eine Besonderheit bietet das so genannte DNA-Typing. Dank dieser Methode sind die Forscher in der Lage, vereinzelte Skelettelemente aus den Massengräbern in Baharija einander zuzuordnen. Aus der DNA von Mumien können also eine enorme Fülle von Daten herausgelesen werden, die Aufschluss geben über die Lebensumstände eines Einzelnen oder einer Dorfgemeinschaft. Die Schwierigkeit der molekularbiologischen Analyse liegt eher darin, die richtige DNA zu finden. Seit Wochen arbeitet Dr. Iskander an einigen Exemplaren der Goldtal-Mumien und hat dabei schon einige Rück-schläge hinnehmen müssen. Fremde Informationsträger wie die von Hühnern oder jungen Pflanzen haben sich zur DNA der balsamierten Körper gesellt. Der Grund dafür ließ sich rasch aufdecken – die betreffenden Mumien wurden zur Zwischenlagerung auf einem Heuwagen deponiert.

Einer der interessantesten Leichname stammt aus Grab Nr. 55. Das braun verfärbte Leinen ist in einer kunstvollen Bandagetechnik eng um den langen Körper des Toten gewickelt. Da keine Gesichtsmaske den wohlgeformten Kopf bedeckt, glaubt das Team um Dr. Hawass, dass der Verstorbene relativ arm gewesen ist. Da niemand vor Ort wusste, wer sich hinter den Tüchern verbirgt, die Mumie aber für ihre Reise ins Labor einen Namen brauchte, tauften die Forscher den stummen Zeugen »Mr. X«. Und sie sollten Recht behalten. Die Untersuchung in Kairo ist zwar noch nicht abgeschlossen, aber der erste Steckbrief des Unbekannten steht bereits: Geschlecht: männlich. Alter zum Zeitpunkt des Todes: 35–40 Jahre. Pathologischer Befund: negativ. Name: Mr. X. Welche Geschichten er von sich und Baharija, der kleinen Paradiesinsel mitten in der Wüste, noch preisgibt, wird erst die Zukunft zeigen.

Michael Engler

Fata Morgana

Naturwunder und Zauberspuk

Einem Zauberspuk auf der Spur

Fast jeder hat das Wunder schon einmal gesehen oder zumindest davon gehört: In der flirrenden Hitze des Hochsommers wabern Asphaltstraßen vor den Augen wie silbrig glänzende Wasserflächen. In der Wüste lockt plötzlich ein riesiger See – zum Greifen nah und doch unerreichbar. Die Fata Morgana – eine Illusion der Sinne? Ein Reiseführer unserer Tage klärt auf, aber falsch: »In der Sahara zu beobachten, aber nicht zu fotografieren, weil der optische Spuk keine Spur auf dem Film hinterlässt.« Viele glauben an einen Trugschluss des Verstandes – eine Täuschung, die sich nur im Kopf abspielt. Andere kennen die verlockende Vision allein als Ausdruck für unerfüllte Wünsche. Und für die meisten gehört sie ausschließlich ins Reich der Fabeln und Märchen.

Kein Wunder, dass die Menschen früherer Zeiten in den Luftbildern übernatürliche Erscheinungen gesehen haben. Damals wie heute verführt die Fantasie zu allerlei Deutungen: Von Traumschlössern, Monstern und UFOs ist schnell die Rede, wenn Objekte – bis zur Unkenntlichkeit verfremdet – am fernen Horizont schweben. Doch wie kam die Fata Morgana zu ihrem Namen? Was bedeutet er? Welche Legenden oder gar historische Gestalten verbergen sich hinter dem melodisch klingenden Namen?

Beginnen wir die Spurensuche in Sizilien am Ätna, der am Ende der Geschichte noch für eine Überraschung sorgen

Vorhergehende Doppelseite:
Trugbilder der Natur – Fata Morgana im Norden Deutschlands

wird. Und folgen wir dem Jesuitenpater Athanasius Kircher (1602–1680). Im Frühjahr 1638 sucht der berühmte Forscher Bestätigung für die damals viel diskutierte These einer unterirdischen Verbindung der italienischen Vulkane Ätna, Stromboli und Vesuv – die in jener Zeit alle aktiv sind. So wie sich einst der römische Historiker Plinius der Ältere (23/24–79 n. Chr.) nicht davon abhalten ließ, den Ausbruch des Vesuvs am 24. August 79 n. Chr. an Ort und Stelle zu beobachten. Er reiste dem alles verheerenden Lavastrom entgegen und kam einen Tag später um – ein tragischer Tod im Dienst der Wissenschaft.

Auch Kircher ignoriert alle Gefahren. Ihn drängt es hinauf zum Höllen-Schauspiel des Ätna. Mal bringt ihn ein Führer mitten in der Nacht auf äußerst schwierigen Pfaden bis zum brodelnden Feuerschlund, ein anderes Mal lässt sich das tollkühne Genie gar an einem Seil in den heißen Krater hinab. Als Totenreich, als Behausung böser Geister deuteten die Menschen damals die schaurige Szenerie. Aber auch als »Anderswelt«, als jenseitige Welt, in der sogar berühmte Könige auf ihre Wiederkehr warten – wie Legenden erzählen.

»Wie eine Welle, die andere treibt, umfluten beständig mich die gedrängten Wogen meiner verschiedenen Beschäftigungen«, beschrieb Kircher seinen Forschungsdrang. Kein Gebiet des menschlichen Wissens hat er unberührt gelassen, lobten ihn seine Zeitgenossen. »Alles verbinden«, war die Devise des besessenen Universalgelehrten. Er arbeitete an der Entzifferung ägyptischer Hieroglyphen und erforschte die Stimmen der Tiere. Er beschäftigte sich mit den Problemen von Raumperspektive und Spiegelungen oder schlug Musik als Therapie gegen Krank-

Die Straße von Messina – die Meerenge zwischen Sizilien und Kalabrien. Im Vordergrund Messina, auf der gegenüberliegenden Seite Reggio di Calabria. Von dort aus wurde die Fata Morgana am häufigsten beobachtet.

heit vor. Mythologien und Fabeln früherer Kulturen inspirierten ihn, seine berühmten Experimente auszuführen. Keinen Tag seines Lebens ließ Kircher ungenutzt verstreichen.

Bevor er im Frühjahr 1638 den Vulkan in Angriff nahm, machte er sich daran, in Syrakus einer spannenden Frage auf den Grund zu gehen: Der geniale griechische Mathematiker und Physiker Archimedes (285–212 v. Chr.) soll bei der Belagerung der Stadt (212–214 v. Chr.) der Überlieferung nach mit großen Brennspiegeln die römische Flotte in Brand gesetzt haben. Wie konnte das möglich sein? Kircher fand heraus, dass die Behauptung durchaus nicht aus der Luft gegriffen ist. Der Grieche hätte die Galeeren mit elliptisch geschliffenen Linsen tatsächlich entzünden können. Doch ihre gefährliche Brennkraft reicht nicht weiter als 30 Schritt. Die Schiffe hätten also ganz dicht an die Festung heranfahren müssen, um in Flammen aufzugehen.

Während der Expedition zum Ätna, die seine Theorie vom feuerflüssigen Zustand des Erdinnern bestärkt, hört Kircher von einem weiteren Naturphänomen, das es noch aufzuklären gilt. Die Einheimischen erzählen ihm von einer seltsamen Erscheinung, die sie Fata Morgana nennen und die in der Straße von Messina zwischen Sizilien und Kalabrien an seltenen Sommertagen über dem Wasser schöne Paläste und andere Bilder mehrfach in die Lüfte spiegele. Schon im Altertum war das merkwürdige Phänomen bekannt: »Wir sehen dann in der Meerenge, wenn leichter Südwind weht und die Luft in zarten Wölkchen sich zu verdichten scheint, in den Letzteren wie in einem Spiegel ferne Bilder von Lagern, Bergen, Pferden, marschierenden Heerzügen und andere Dinge mehr, die dahineilen oder unter sich kämpfen – bis die Wölkchen wieder verschwinden.«

Die Schilderung muss den Wissenschaftler fasziniert haben, denn er macht

64 Fata Morgana

sich auf den Weg nach Messina. Doch er hat kein Glück. Die geheimnisvolle Fata Morgana sieht er nicht. Aber Berichte von Augenzeugen bringen ihn auf eine Idee: Er nimmt Gestein und Sand mit nach Rom, wo er als Professor Mathematik, Physik und orientalische Sprachen an der Jesuitenuniversität, dem Collegium Romanum, lehrt. Dort verblüfft der findige Tüftler seine Kollegen mit einer einzigartigen Vorstellung. Er lässt eine Wanne in Form der Straße von Messina biegen und erwärmt darin die aus Süditalien mitgebrachten Bodenproben. Kircher vermutet, der schlauchartige Zuschnitt der Meerenge sei eine der Ursachen für das Wunder. Das Übrige tue die natürliche Erwärmung der Erde: Denn dadurch steigen winzige glasartige Teilchen auf und bilden einen Nebel aus Spiegelflächen. Um seine These zu demonstrieren, setzt der Deutsche über der erhitzten Wanne kleine Zinnfiguren ein, die er wie Marionetten ständig bewegt. Tatsächlich spiegeln sie sich schon bald in den verschiedenen Flächen der Luft und erzeugen vor den Augen der erstaunten Betrachter vervielfältigte, diffuse Bilder. Dass die Vorführung gelang, lag allein an den unterschiedlich erwärmten Luftschichten, die an den seitlichen Wänden der U-förmigen Wanne Spiegelflächen bildeten, und nicht an den glasartigen Teilchen der Erdkrumen – wie der Forscher glaubte.

Der Jesuitenpater Giardina, der ebenfalls zu dem Spektakel geladen war, berichtet vom ersten Versuch der Weltgeschichte, eine Fata Morgana unter Laborbedingungen zu simulieren: »Da die römischen Kardinäle und Herrschaften weder an die Wirklichkeit noch an die natürliche Erklärbarkeit der Fata Morgana glaubten, versprach er, ihnen dieselbe vorzuführen und zu erklären. Am anbe-

raumten Tage kamen sie dann in hellen Haufen in den Vortragssaal, um, wie sie sagten, den Zauber Kirchers anzuschauen. Bei ihrem Eintritt in den Saal sahen nun diese Herren in der Luft zwei Heere, welche wütend mit blankem Säbel aufeinander eindrangen. Diese verschwanden und es erschienen schwarze Gestalten von schrecklichem Aussehen und andere derartige Bilder, die geeignet waren, selbst starke Geister stutzig zu machen. Es fehlte nicht viel und die weniger Mutigen wären, erschreckt durch den Gedanken, wirklichem Zauber beizuwohnen, davongelaufen.«

Athanasius Kircher hat die Wirkung des Experiments auf das Publikum sicherlich gut gefallen. Vielleicht erinnerte er sich dabei an seine Auftritte in Deutschland, als er, ein junger Gelehrter noch, in Heiligenstadt zu besonderem Anlass Spielszenen aufführte, die im Detail in den historischen Texten leider nicht genau beschrieben sind. Die Wirkung aber, die der begabte Wundermann erzielte, spricht durch die Zeilen:»Den Zuschauern wurden nun solch seltsame Dinge vor Augen geführt, dass die Bewunderung, das Erstaunen allgemein die höchste Zufriedenheit bezeugte. Man meinte sogar hier und da, dass es dabei nicht mit rechten Dingen zugegangen sei. Um sich von dem Verdacht der Magie zu reinigen, musste sich der Akteur dazu verstehen, den Gesandten alle bei der Darstellung angewandten Mittel vorzuführen und deren Wirkung zu erklären. Das gelang ihm auch so vollständig, dass diese ihn mit großer Zuneigung behandelten und sich kaum von ihm trennen mochten. Sie waren von seiner mathematischen und physikalischen Wissenschaft ganz eingenommen.«

Genauso verfährt er auch in Rom. Er beruhigt die aufgebrachten Herren und erklärt ihnen alles sehr ausführlich, wie der Augenzeuge des Weiteren berichtet: »Es geschieht hier nichts, was Sie besonders in Erstaunen oder Erschrecken zu versetzen geeignet wäre. Sie sehen hier an der entgegengesetzten Wand zwei Figuren, die gezückten Schwerter in der Hand; wenn ich mithilfe dieser zwei Fäden bewirke, dass sie sich gegeneinander bewegen, so erzeugen die von ihnen ausgehenden Strahlen durch die Spiegelung an den verschiedenen Flächen dieses Luftspiegels in ihren Augen zwei kämpfende Heere. Die große Schar Schwarzer sind diese zwei Figuren, die auf dieselbe Weise vervielfältigt, von Ihnen so zahlreich und Schauder erregend gesehen wurden.«

Wenn manche Passagen der Darstellung auch als zu schön ausgemalt wirken, so scheint es doch, dass Kircher das Experiment im Wesentlichen gelang. So zumindest beurteilen die Wiener Professoren F. M. Exner und J. M. Pernter den Versuch in ihrem 1909 erschienen Standardwerk *Meteorologische Optik*.

Ein Streif erlogener Meere

In der Natur braucht eine Fata Morgana die gleichen Bedingungen wie bei Kirchers Experiment. Unterschiedlich temperierte Luftmassen müssen aufeinander treffen – wie zum Beispiel in der Wüste. Wenn dort starke Sonneneinstrahlung den Boden erhitzt, bildet sich schon nach kurzer Zeit eine Luftschicht, die wärmer ist als die darüber liegende. Die dünnere Warmluft bricht Lichtstrahlen in einem anderen Winkel als die dichtere Kaltluft. Wo die beiden Schichten aufeinander treffen, werden ferne Objekte und der Himmel reflektiert – so, als lägen dort spiegelnde Glasflächen.

Marco Polo erlebte Ende des 13. Jahrhunderts auf seinem Weg nach China Luftspiegelungen in der Wüste Gobi. Er glaubte, am Horizont wohnten böse Geister, die Täuschungen hervorriefen, um die Wanderer in die Irre zu führen. Andere Reisende hörten von den Nomaden,

Eine Karawane scheint wie über eine Wasserfläche zu schreiten. Die Kamele und ihre Begleiter spiegeln sich in der Luft zu Doppelbildern, die an die filigranen Ornamente der islamischen Welt denken lassen.

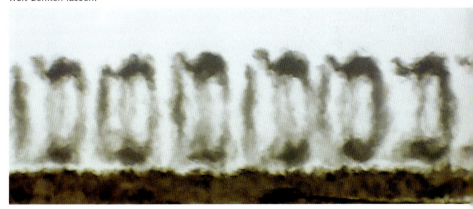

dies sei das Schattenreich des Todes und dass die Menschen genau dort gestorben seien, wo sie sich jetzt wie Gespenster zu gewisser Zeit des Tages in den Lüften zeigen. Auch Städte, so glaubten die Söhne der Sandmeere, seien dort untergegangen, wo sie heute manchmal mit ihren mächtigen Mauern über dem Land flimmern. Genau wie im Norden Europas, wo an seltenen Tagen Geisterbilder von Häusern über dem Meer schweben und die Geschichte versunkener Ortschaften wieder aufleben lassen.

Die bekannteste Fata Morgana ist die von den vermeintlichen Wasserflächen in der Wüste. Mitunter präsentieren sich manche so echt, »dass man die Brandung zu hören meint«. Weiter stellt der französische Mathematiker Gaspard Monge bei Napoleons Äyptenfeldzug 1798 staunend fest: »Ganz Unterägypten ist eine fast rein horizontale Ebene, ähnlich der Oberfläche des Meeres ... Abends und morgens bietet die Gegend den normalen Anblick; man sieht dann zwischen sich und den Dörfern nichts als die Landfläche. Sobald aber die Bodenfläche durch die Sonnenstrahlen genügend erwärmt ist, ... sieht man alles wie von einer allgemeinen Überschwemmung betroffen. Die Dörfer, welche mehr als eine Meile entfernt sind, erscheinen als Inseln inmitten eines großen Sees. Unter jedem Dorfe sieht man sein verkehrtes Bild, wie man es sehen würde, wenn man tatsächlich eine spiegelnde Wasserfläche vor sich hätte.«

Besonders das trügerische Spiel mit der Entfernung hat den Franzosen fasziniert. Ein Spiel auf Leben und Tod, das nicht nur in Abenteuergeschichten den Helden zum Verhängnis wurde: »Nähert man sich ... weicht das Ufer des scheinbaren Wassers zurück, der Meeresarm ... schrumpft zusammen, und endlich verschwindet die Erscheinung ganz, um sich sofort in entsprechender Entfernung zu wiederholen. So wirkt alles zusammen, um eine Täuschung vollkommen zu gestalten, welche besonders in der Wüste zuweilen grausam ist; denn sie gaukelt uns das Trugbild des Wassers vor, zu einer Zeit, wo man das höchste Bedürfnis nach demselben empfindet.«

Europäer, denen glühende Hitze und wahnsinniger Durst in der lebensfeindlichen Landschaft fast den Verstand geraubt hatten, erlagen immer wieder diesem optischen Trick. Das geschieht auch heute noch. Für die Araber ist die Erscheinung ein alltägliches Bild, das Mohammed in einer Sure festhielt: »Die Werke der Ungläubigen gleichen der Luftspiegelung in einer Ebene, die der Dürstende für Wasser hält, bis er zu ihr kommt und nichts findet.«

Ein Streif erlogener Meere

Von Fairbanks in Alaska lassen sich in den Wintermonaten Luftspiegelungen nach oben beobachten: Die Hügel vor dem Gebirgsmassiv Alaska Range steigen in die Höhe und nehmen immer neue Formen an.

Das Phänomen der vorgetäuschten Wasserflächen hat wohl keiner so auf den Punkt gebracht wie Goethe, der sie als »einen Streif erlogener Meere« beschrieb. Er selbst sah sie nie – ebenso wenig wie den Zauber der Fata Morgana in der Straße von Messina. In jedem Fall hat er davon gehört und es muss ihn sehr beeindruckt haben. Denn er setzte den Begriff in seiner Dichtung ein – für alles, wonach Menschen streben, was sie aber nie erreichen werden.

Die orientalische Fata Morgana reizte noch viele andere Schriftsteller zum Fabulieren. In ihrer Fantasie projizierten sie Oasen, Städte und Paläste sogar an den Himmel empor. Doch selbst das ist kein Hirngespinst. Luftspiegelungen nach oben gibt es tatsächlich – wenn auch nicht in der Wüste, sondern viele tausend Kilometer weiter nördlich, hoch oben am Polarkreis, zum Beispiel in Alaska. In der Welt aus Eis und Schnee entstehen Inversionsschichten, vor allem in den Morgenstunden bei Sonnenaufgang. Dann liegen im Unterschied zur Wüste wärmere Luftmassen über klirrend kalten Bodentemperaturen. Sie bilden hoch gelegene Reflexionsflächen und spiegeln Objekte nach oben. Niedrige Hügel wachsen um ein Vielfaches ihrer natürlichen Größe. Auch Bergspitzen gewinnen an Höhe und nehmen immer neue Gestalt an. »Die Berge tanzen« – sagen die Einheimischen.

Von Geisterschiffen und anderen Täuschungen

So lassen sich auch die Meeresungeheuer erklären, die Seefahrer früher in Atem hielten. Wenn bei gleicher Inversionslage kleine Objekte über ruhigem Wasser auftauchen, können sie, nach oben gespiegelt, zu riesigen Bestien werden. In mittelalterlichen Schriften heißt es: »Dieses Monster ist schlank, von großer Figur und steigt senkrecht aus dem Wasser auf. Es hat Schultern, aber keine Hände. Und niemand hat je gesehen, wie das untere Ende geformt ist oder ob der Körper Schuppen hat wie ein Fisch oder Haut wie ein Mensch.« Vielleicht ist auch das berühmte Monster im schottischen Loch Ness, das jährlich Forscher und Spinner gleichermaßen anzieht, nichts anderes als ein Zauberspiel der Luft.

An einem heißen Augusttag 1788 hat der britische Geistliche und Naturforscher Samuel Vince an der englischen Kanalküste plötzlich etwas Erstaunliches vor Augen: »Als ich mein Fernrohr aufs Geratewohl herumdrehte, um Gegenstände, die gerade in Sicht waren, zu untersuchen, sah ich über dem Seehorizonte die Mastspitzen eines Schiffes hervorragen. Gleichzeitig entdeckte ich im Gesichtsfelde zwei vollkommene Bilder des Schiffes... in der Luft: Das eine verkehrt, das andere aufrecht, mit dem Schiffsrumpf zusammenstoßend. Die Erscheinung war so ungewöhnlich, dass ich einen gerade Anwesenden bat, in das Fernrohr zu blicken und zu suchen, was da zu sehen sei; er beschrieb sofort die beiden Luftbilder so, wie ich sie beobachtet hatte.«

Spiegelungen am Himmel zaubern auch all jene Geisterschiffe herbei, die mal hier, mal dort über die Wellen gleiten, auf Signale keine Anwort geben und nur für kurze Zeit im Blickfeld bleiben. Die Schimären des Meeres gingen in die Sage vom »Fliegenden Holländer« ein. Die Geschichte eines frevelhaften Kapitäns, der dazu verdammt ist, auf ewig den stürmischen Ozean zu durchkreuzen, kursierte seit 1600 in verschiedenen

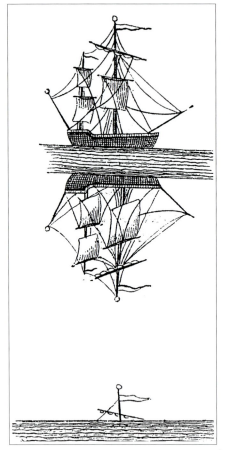

Die Zeichnungen stellen dar, was der Forscher Samuel Vince an einem heißen Augusttag über dem Ärmelkanal sah.

Fassungen bei seefahrenden Völkern. Sie knüpft an historische Gestalten an. Dem holländischen Schiffsführer Van der Decken soll der Schwur, das Kap der Guten Hoffnung zu umsegeln, zum Fluch geworden sein. Sein Kollege und Landsmann Barend Fokke, der mit der ganzen Mannschaft verschollen blieb, schloss gar einen Pakt mit dem Teufel und war daher für immer verloren, heißt es.

Das Auftauchen des »Fliegenden Holländers« flößte den Seeleuten Furcht und Schrecken ein. Denn nach der völligen Windstille, die bei Himmelsspiegelungen herrschen muss, tobte häufig ein heftiger Orkan, der so manches Schiff versenkte. Nur wenige überlebten den Anblick des gespenstischen Holländers. Aber auch viele UFOs – die Geisterschiffe unserer Tage – müssen als Fata Morgana gedeutet werden: durch Spiegelungen der Luft bis zur Unkenntlichkeit verfremdete Objekte, die in kein gängiges Erfahrungsmuster passen und deshalb die Sinne der Betrachter überreizen.

Der britische Wissenschaftler William Scoresby (1789–1857) meldet 1820 an die Royal Society in Edingburgh eine weitere spektakuläre Variante: Unterwegs auf See sah er in der Luft ein auf dem Kopf stehendes Schiff, auf dem Wasser aber keine Spur davon. Das Spiegelbild war so deutlich und klar, dass er das Walfangschiff seines Vaters erkannte. Im späteren Vergleich der Positionen stellte sich heraus, dass Scoresby zur fraglichen Zeit 28 Seemeilen entfernt vom väterlichen Schiff auf dem Meer schipperte.

Viele der vermeintlichen UFOs sind nichts anderes als bizarre Objekte bekannter Herkunft. Hier hat die Fata Morgana eine Bergsilhouette so stark verformt, dass sie wie ein überdimensionales Raumschiff von einem fernen Planeten aussieht.

70 Fata Morgana

Schiffe an der Elbmündung. Über den weiten Sandbänken, die bei Ebbe trocken fallen, entstehen schnell wärmere Luftschichten, die zu den kälteren Massen Spiegelflächen bilden. Dann lässt die Fata Morgana nur noch Teile des Schiffs erscheinen, während sie andere widerspiegelt.

Von Geisterschiffen und anderen Täuschungen 71

Das unglaubliche Ereignis belegt die Theorie, nach der eine Fata Morgana den Wikingern den Weg nach Westen gewiesen haben soll. Denn die »Spiegelungen nach oben« kündigen Landmassen an, die noch hinter der Erdkrümmung verborgen sind. Die wagemutigen Seefahrer könnten die Küste Grönlands bereits in einer Entfernung von über 200 Seemeilen am Himmel gesehen haben. Eine Vision, die in Sommermonaten auf dieser Route wiederholt beobachtet wurde.

Doch der Zauberspuk zeigt sich nicht nur in extremen Klimazonen. Perfekte Täuschungen lassen sich auch an den Küsten Europas beobachten, wenn Schiffe ihre Gestalt verändern und zu »unbekannten Flugobjekten, Raumschiffen oder Mondfähren« werden. Manchmal ziehen sie – in Einzelteile zerlegt – am Horizont dahin oder präsentieren sich ohne Bootskörper. Nur ihre Aufbauten oder Segel gleiten über milchigen Grund – wie an der Mündung der Elbe in die Nordsee. Für diese Trugbilder gelten dieselben Gesetze wie in der Wüste: Die bodennahe Luftschicht muss wärmer sein als die darüber liegende. Genauso verhält es sich bei dem allseits bekannten Schauspiel imaginärer Wasserflächen auf heißen Straßen an Hochsommertagen.

Neben besonderen meteorologischen Verhältnissen verdankt die Fata Morgana ihre vielfältigen Formen einer bestimmten topografischen Situation – so wie sie auch die endlose Ebene der amphibischen Welt zwischen Eiderstedt und Sylt bietet, zwischen den Deichen am Festland und den Sandbänken weit draußen im Meer. Bis dorthin weicht die Nordsee bei Ebbe zurück. Über Watt und Wiesen bilden sich bei kräftigem Sonnenschein schnell unterschiedlich temperierte Luftmassen. Wenn der Wind die bodennahen

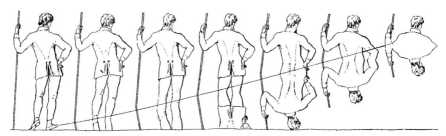

Das Phänomen des Einhüllens. Die Zeichnung stellt einen Versuch des Wissenschaftlers Biot dar. »Zu der Zeit, da sich die Luftspiegelung zeigte, wurde ein Mann mit Messlatte beordert, gegen den Horizont hinzuschreiten und auf Befehl stillzustehen. Es wurde dann von Stelle zu Stelle die Höhe der Knickung der Messlatte abgelesen und das aufrechte und verkehrte Bild gezeichnet, wie es erschien. Daraus konnte die Lage der Einhüllenden festgelegt werden, die alle Gegenstände, die unter ihr lagen, unsichtbar machte«, beschreibt Pernter diesen Versuch.

Schichten nicht rasch zerreißt, tanzen nicht nur Gebäude und Landschaften am Horizont, sondern spiegeln sich zusätzlich auf der unteren Luftschicht als fantastische Doppelgestalten wider. Bei intensiver Beobachtung merkt der Betrachter, dass sich auch Dinge spiegeln, die am Horizont gar nicht mehr zu sehen sind. Eine Warft, ein zum Schutz vor den Fluten aufgeworfener Erdhügel, zeigt sich kopfüber und sieht dann aus wie ein Schiff. Das Halligland darunter ist gelöscht – ebenso weggezaubert wie alles, was dahinter liegt.

An besonders warmen Tagen steigert sich das Auslöschen realer Objekte zum faszinierenden Phänomen des Einhüllens: Je weiter sich beispielsweise eine Menschengruppe entfernt, desto höher reichen die reflektierenden Schichten, und die Personen sind bald nur noch halb zu erkennen. Mit weggespiegelten Beinen schweben sie in weißlich zitterndem Dunst. Die Oberkörper verlieren in der flirrenden Luft ihre scharfen Konturen. Bevor sie ganz verschwinden, verschmelzen Kopf und Schulterpartien zu immer neuen Abstraktionen.

»In dem spiegelnden Geflimmer der erhitzten Luft sah man sie zuerst auftauchen als eine geballte Masse, wie frei schwebend in dem vibrierenden Dunst.

Eine Warft über dem Watt. Der zum Schutz vor den Fluten aufgeworfene Erdhügel spiegelt sich nach unten.

Dann, im Näherkommen, löste sich der Klumpen in einzelne Gruppen, die hin und her glitten, sich voneinander trennten und wieder zusammenflossen. Zuletzt, als sie dicht heran waren, konnte man die einzelnen Reiter unterscheiden, gleichsam wie große, schwimmende Wasservögel in dem silbrigen Dunst über dem Boden.« So beschreibt Thomas Edward Lawrence (1888–1935), während des Ersten Weltkriegs Anführer des Arabischen Aufstands, eine vergleichbare Situation in der Wüste. Oft wünschte sich der Brite, selbst mit seiner Beduinentruppe von den Luftspiegelungen eingehüllt und damit für die feindlichen Türken unsichtbar zu werden. »Nach kaum vier Meilen gewahrte ich vor mir wiederum etwas dunkel Schattenhaftes, das in der Luftspiegelung auf und ab tanzte, sich dann in drei Teile spaltete und größer wurde.« Lawrence überlegt, »ob es vielleicht Feinde wären, als einen Augenblick später der Dunstvorhang mit traumhafter Plötzlichkeit verflog«, und er drei seiner Leute erkannte, die ausgeritten waren, ihn zu suchen. Ab und an mussten damals selbst Kampfhandlungen eingestellt werden – wegen zu starker Luftspiegelungen.

Auf der Jagd nach der Fata Morgana

Eine Fata Morgana auf Film zu bannen, heißt, fast Unmögliches zu versuchen. Nicht nur gehört eine Kamera mit meterlangen Objektiven zu der Herausforderung, sondern vor allem Ausdauer, Geduld, Erfahrung und die Kenntnis, wann und wo eine Fata Morgana ihr verwirrendes Spiel treibt. Voraussetzung dafür sind Objekte, die sich in einer weiten, ebenen Landschaft deutlich am Horizont abheben: Bäume und Häuser, Oasen und

74 Fata Morgana

Karawanen, Leuchttürme und Schiffe. Denn aus dem Nichts entstehen keine Spiegelbilder. Jede Fata Morgana braucht einen realen Gegenstand, den sie verzaubern kann – auch wenn er hinter dem Horizont liegt.

Die Jagd nach den fremden Bildwelten beginnt mit dem Gefühl für das richtige Wetter. Ein echtes Vabanquespiel bei der Häufigkeit falscher Vorhersagen. Und ein hohes Risiko für jede Planung. So blieb manche Reise, obwohl gründlich vorbereitet, ohne Erfolg. Nicht ein Bild konnten wir einfangen. Aber es gab auch positive Überraschungen – allerdings nur selten. Einmal sagten Meteorologen in Hamburg voraus, dass im finnischen Schärengebiet fünf Tage später ideale Bedingungen für Luftspiegelungen herrschen sollten. Ein Kollege, der uns vor Ort begleiten wollte, riet dringend von der Fahrt ab. Doch wir wagten es trotzdem. Der Mann hörte ständig die lokalen Berichte ab, ohne uns Mut machen zu können. Am fünften Tag jedoch schlug das Wetter plötzlich um. Am Horizont spiegelten sich Inseln kopfüber am Himmel wider. Ein seltenes Glück war uns widerfahren.

An die Grenzen des Machbaren stießen wir auch bei den Filmaufnahmen selbst. Die Kamera war mit einem Teleobjektiv bestückt, das – umgerechnet auf das bekannte Kleinbildformat – mehr als drei Meter Brennweite hatte. Das hoch empfindliche Gerät musste vor allen Vibrationen geschützt werden. Schon der leiseste Windhauch oder ein Husten löste Erschütterungen aus, die das mehrere Kilometer entfernte Objekt verwackelt und damit unbrauchbar gemacht hätten. Mal halfen Schirme vor den Böen, mal zeltartige Aufbauten. Ein gewählter Standpunkt kann aber bis zum Abschluss der Zeit raubenden Vorbereitung schon wie-

der falsch sein. Denn Augenblicke später sind hundert Meter weiter nach vorn oder zurück die richtige Entfernung zu den sich ständig verändernden Luftspiegelungen am Horizont.

Als gefährliches Abenteuer gestaltete sich die Filmexpedition an Deutschlands Nordseeküste. Kilometerweit mussten wir das schwere Equipment bei Ebbe ins Watt schleppen – für die von den Gezeiten begrenzten Dreharbeiten. Der täglich zweimalige Wechsel von Meer zu Land schafft die günstigsten Voraussetzungen für eine Fata Morgana. Doch viel Zeit, das atmosphärische Spiel zu filmen, bleibt nie. Denn wir standen auf dem Meeresboden und durften uns nicht in Versuchung führen lassen, zu lange zu verweilen. Trotz aller Vorsicht überraschte uns einmal die auflaufende Flut. Kurz vor dem Festland war ein Priel bereits zum reißenden Strom angeschwollen. Bis zum Bauch im Wasser, Kamera, Stative und Zubehör auf Schultern und über den Köpfen tragend, überqueren wir in letzter Minute den schnell ansteigenden Fluss.

Auch im Labor lässt sich eine Fata Morgana mit der Kamera einfangen. Um die in der Natur sehr seltenen Spiegelungen nach oben zu simulieren, bedarf es lediglich eines Glasbehälters mit normalem Leitungswasser, in den vorsichtig eine gesättigte Salzlösung gefüllt wird. Sie sinkt auf den Boden und übernimmt im Experiment die Rolle der dichteren Kaltluft, das reine Wasser darüber die der dünneren Warmluft. Werden nun winzige, zum Beispiel ein bis zwei Zentimeter große Schiffsmodelle hinter das Glas gehalten, und zwar etwas unterhalb der Höhe, auf der beide Schichten zusammentreffen, spiegelt sich das Objekt nach oben. Im Idealfall erscheint sogar ein dreifaches Bild: unten das reale

Schiff, darüber auf dem Kopf stehend sein Spiegelbild. Und weiter höher noch einmal ein aufrechtes Schiff – so wie es der britische Forscher Samuel Vince an einem heißen Augusttag über dem Ärmelkanal beobachtet hat.

Die Fee aus dem Norden

Wie kommt das einzigartige Spektakel, das überall auf der Erde die Sinne der Menschen narrt und Trugbilder an den Horizont zaubert, zu einer festen Adresse in der Straße von Messina – dem Wasserweg zwischen Sizilien und Kalabrien, den schon die Seeleute des Altertums fürchteten? Denn auf den ersten Blick erwartet dort niemand ihr Erscheinen. Warum hat sie ausgerechnet in der Meerenge, wo sie nur an seltenen Tagen mit ihren Palästen über dem Wasser auftaucht, den Namen erhalten, der noch heute fast überall auf der Welt verstanden wird – Fata Morgana?

Die Suche nach dem Ursprung führt zunächst in den Orient. Lexika weisen den Weg. »Margan«, das arabische Wort für »Koralle«, Zeichen für ein wertvolles Kleinod, basiert auf dem griechischen »Margaron« – die Perle. Irgendwann entwickelte sich aus beiden Begriffen der Frauenname Morgane, italienisch: Morgana. Und es ist »Fata«, die »Fee« Morgane, die vor den Augen der Menschen schimmernde Perlen auf eine Schnur zieht.

Doch die historischen Wurzeln der Fata Morgana liegen hoch oben im Norden. Ihre Geschichte beginnt vor vielen hundert Jahren im meerumschlungenen Britannien, im Reich der Kelten. Bis auf den heutigen Tag konnten Forscher nicht alle Geheimnisse des rätselhaften Volkes auf-

decken. In Bergen und Höhlen, in Quellen und Bäumen sahen die Kelten heilige Plätze und machten sie zu kultischen Stätten. Die Verehrung der Natur und der Fruchtbarkeitskult bildeten die Basis ihrer Religion. Eine wichtige Rolle spielten dabei weibliche Gottheiten, Wesen mit menschlichen Charakterzügen, die sich in Liebe und Leid verzehrten – wie die Muttergöttin Morrigain. Sie trat in verschiedenen Gestalten auf. Das Schreckliche und das Schöne, das Todbringende und das Heilende sind ihr zu Eigen. Die Kelten in Irland nannten sie Morrigan, die Göttin des Krieges und des Winters. In Wales war sie als Morgan eine große Heilerin – eine Figur, wie für das Feenreich geschaffen.

Da die Kelten keine schriftlichen Zeugnisse hinterlassen haben, bleiben neben archäologischen Funden nur verwässerte Überlieferungen. Sie finden sich in Werken römischer Schriftsteller, in spätkeltischen Dichtungen aus Irland, Schottland und Wales sowie in Märchen und Sagen. In ihnen leben die heidnischen Gottheiten bis in die Gegenwart als kundige Magier, Seher und Feen.

Morrigain, die »Große Königin«

Die Riesin Morgain oder Morrigain, ein blutrünstiges, kraftstrotzendes, mannstolles Weib, brachten die Menschen der Vorzeit vor allem mit den dunklen Aspekten des Lebens in Verbindung: mit Winter, Krieg und Tod. Die andere, hellere Seite der Göttin zeigt eine lebensfrohe, sinnliche, selbstbewusste und hilfreiche Herrin der Tiere und Menschen – die Inkarnation von Liebe und Fruchtbarkeit.

Der Name Morrigain bedeutet »Große Königin«. Oft tritt sie in dreifacher Gestalt auf. Anhänger vieler Religionen verehren im Prinzip der Dreiheit das Vollkommene – von den »Tres Matres« der Kelten, den drei Parzen der Griechen bis hin zur Dreieinigkeit im christlichen Glauben. Aller guten Dinge sind drei, heißt es im Sprichwort. Darin drückt sich die Erfahrung aus, dass es einer vermittelnden Kraft bedarf, um zwei einander logisch ausschließende Gegensätze wie Tag und Nacht oder Leben und Tod zu versöhnen und letztendlich als Einheit zu sehen.

Solch eine ganzheitliche Sicht der Dinge kennzeichnet die neolithische Kultur, die sich ab etwa 4000 v. Chr. von der Bretagne bis nach Südengland und Irland ausbreitet. Ihre heiligen Stätten und Gräber, die aus riesigen Steinen errichtet wurden und gewaltige Ausmaße erreichten, trugen ihr den Namen Megalith-, das heißt Großstein-Kultur ein. Vielleicht hängt es mit dem Staunen vor den gewaltigen Monumenten zusammen, dass die keltische Mythologie sowohl die Ureinwohner der eroberten Gebiete als auch ihre archaischen Gottheiten so oft als Riesen schildert. Im Zentrum der neolithischen Religion steht die »Große Mutter«. In fast allen Teilen der Welt wurden ähnliche Gottheiten verehrt. Nirgends ist die Allgewaltige ergreifender beschrieben worden als in einem Gesang der Kagaba-Indianer Kolumbiens:

»Die Mutter der Gesänge,
die Mutter unseres ganzen Samens,
gebar uns im Anfang.
Sie ist die Mutter aller Arten von Menschen und ist die Mutter
von allen Stämmen.
Sie ist die Mutter der Donner,
die Mutter der Flüsse,

die Mutter der Bäume
und aller Arten von Dingen.
Sie ist die Mutter der Gesänge und
Tänze.
Sie ist die Mutter der Welt
und der älteren Brüder Steine ...,
die einzige Mutter, die wir haben.
Sie ist die Mutter der Tiere, die Einzige,
die Mutter der Milchstraße ...«

Die Göttin ist Anfang und Ende alles Lebendigen. Menschen und Tiere, Bäume, Blumen, Steine, Sonne, Mond und Sterne, Blitz und Donner, Wind und Regen, Flüsse, Seen und Meere – alles hat in ihr seinen Ursprung. Und alles kehrt in sie zurück, um von ihr aufs Neue geboren zu werden. Zu den ältesten Darstellungen der »Großen Mutter« gehören Urnen und große Gefäße aus Ton, die einerseits ihren nährenden, andererseits aber auch den verschlingenden Aspekt symbolisieren sollen. Die Kessel – manchmal mit Augen versehen, manchmal mit Brüsten und gelegentlich auch mit Andeutungen eines Nabels oder Genitals – mögen im Alltag dem Wasserholen, Kochen oder Aufbewahren von Speisen gedient haben. Doch im Begräbnisritual wurden sie zu Särgen, in denen die Toten in embryonaler Haltung wie in einer Gebärmutter die letzte Ruhe fanden. Auch in den Grabkammern und Hügelgräbern sowie in den Rundformen der Tempel und unterirdischen Heiligtümer scheinen die Umrisse eines bergenden mütterlichen Leibes erkennbar zu sein und den Gedanken der Wiedergeburt aus dem Schoß der Erde auszudrücken.

In der Mythologie der Kelten spielten die Kessel später als Zeichen der Verwandlung und des Überflusses eine wichtige Rolle. Aus den Kochtöpfen, den »Marmites«, schöpften sie Leben und

Morrigain, die »Große Königin« 77

Die mythischen Orte der keltischen Sagenwelt

Labyrinth – Sinnbild für den Kreislauf des ewigen Lebens. Beispiel eines kultischen Zeichens, das bis in die Bronzezeit zurückreicht. Auch Spirale und Schlange, Symbole der Erdmutter, stehen in enger Verbindung zum Labyrinth.

Tod, Inspiration und Weisheit. Dagda, der Gott der Unterwelt, war stolzer Besitzer eines berühmten Wundergefäßes. Nie, so heißt es, sei eine Gästeschar ungesättigt von ihm geschieden. Der Riese Bran konnte in seinem Kessel sogar tote Krieger wieder zum Leben erwecken. Kopfüber warf er sie hinein und ließ sie darin schmoren. Am nächsten Morgen sprangen die Männer kampfbereit hoch und stürzten sich auf die Feinde: stark, aber stumm, denn ihre Stimme hatten sie bei der Prozedur für immer verloren.

Ob die »Große Mutter«, die einst als Totengöttin in den Grabhügeln hauste, schon den Namen Morrigain trug, ist unbekannt. Ebenso, ob Bran, dessen Name »der Rabe« bedeutet, irgendwann jenen Aspekt der Göttin eingenommen hat, der sie als Krähe oder Kranich ausweist. Aber es ist überliefert, dass sich Morrigain nicht nur in einen der schwarzen Vögel, sondern in ganze Schwärme von ihnen verwandeln konnte. Nach blutigen Kämpfen zogen sie über den Schlachtfeldern ihre Kreise. Und es heißt, immer wieder seien Krieger bei ihrem Anblick in Panik geraten oder tot umgefallen. Denn sie wussten, dass sich die »weird sisters«, die drei Schicksalsgöttinnen Macha, Nemainn und Badb, die alle als Erscheinungsformen der Morrigain gelten, über die Köpfe der Gefallenen hermachten, wenn die Waffen ruhten.

Ähnlich furios trat Morrigain auf, wenn nicht Blutdurst, sondern Liebesverlangen sie trieb. So soll sie sich dem Urzeithelden CuChullain, der ihre Leidenschaft verschmähte, erst in Gestalt eines Aales, dann als graue Wölfin und schließlich als weiße Kuh mit roten Ohren entgegengeworfen haben. Doch sie musste sich unverrichteter Dinge in den »Feenhügel« von Cruachan in Connacht zurückziehen. Geblieben ist ihr von diesem und anderen Abenteuern der Ruf einer unersättlichen Nymphomanin – ein durch und durch zweideutiger Ruf, der Angst, aber auch Bewunderung auslöste.

Von Kelten und Druiden

Sowohl das Kerngebiet der Kelten als auch ihre Kulte waren schon in der Antike im Mittelmeerraum bekannt. Vor 2500 Jahren schreibt ein griechischer Chronist ausführlich über das damalige Britannien und seine Bewohner. Er nennt sie Hyperboreer: die, die über dem Nordwind wohnen. Ihre Handelsbeziehungen reichten bis in die Ägäis hinunter. Jahrhundertelang war Zinn der Exportschlager, ein begehrter Rohstoff für die Herstellung von Bronze. In seiner *Bibliotheke*, einer Weltgeschichte in 40 Büchern, erwähnt der griechische Historiker Diodorus Siculus im 1. Jahrhundert v. Chr. die kornischen Zinnberge: »In der Gegend des Vorgebirges von Britannien, welches Belerium [Cornwall] heißt, sind die Einwohner gegen Fremde sehr gefällig und haben mit dem Verkehr mit fremden Kaufleuten mildere Sitten angenommen. Diese sind es, die das Zinn bereiten ... Sie bilden daraus regelmäßig gewürfelte Stücke und bringen sie auf eine Insel namens Ilktis.« Auf einer Felsenfestung im Meer, zu der bei Ebbe auch schwere Lasten auf Wagen zu transportieren waren, lag einer der Hauptumschlagplätze – auf dem später das Kloster St. Michaels Mount errichtet wurde.

Doch schon lange vor den Aufzeichnungen des aus Sizilien stammenden Diodor verschifften die Einheimischen das kostbare Metall in südliche Länder. So gelangten phönikische, babylonische und ägyptische Einflüsse in den Norden. Und mit den Händlern Nachrichten »über die Barbaren« zu den Griechen und anderen Völkern. Sie interessierten sich offenbar für die fremden Priester, die ihr Wissen über die keltische Götterwelt über Generationen mündlich weitergaben. Denn über die Männer des »großes Wissens« schreibt Diodorus Siculus: »Ferner gibt es Philosophen, die der Götterlehre kundig sind und in sehr hohem Ansehen stehen; man nennt sie Druiden. Auch hat man Wahrsager, denen man ebenfalls viel Ehre erweist. Sie sagen aus dem Vogelflug und aus der Opferschau die Zukunft voraus und haben das ganze Volk in ihrer Gewalt.« Die Druiden waren Priester und Magier, Seher und Dichter, Richter und Ärzte. Den Herrschenden, die ohne sie nichts entschieden, standen sie als Ratgeber zur Seite. Ihre Macht reichte über die Stammesgrenzen. Sie konnten sich zwischen feindliche Heere stellen und sogar Schlachten verhindern.

Die Ausbildung umfasste ein langes Studium. Ein Novize musste zwanzig Jahre lang – abseits von der Gemeinschaft in heiligen Höhlen und wilden Waldheiligtümern – eine unglaubliche Menge an mündlich überliefertem Wissen und Sagengut erlernen. Denn »die Druiden halten es für eine Sünde, ihre Lehren schriftlich niederzulegen«, weiß Gajus Julius Cäsar. »Dies scheinen sie mir aus zwei Gründen eingeführt zu haben: Sie wollen nicht, dass die Lehre unter der Menge verbreitet werde, noch dass die Schüler, sich auf das Geschriebene verlassend, das Gedächtnis weniger übten.«

80 Fata Morgana

Die Druiden töteten für ihre Götter Tiere – aber auch Menschen. »Die Kelten sind in hohem Maße religiös«, behauptet Cäsar. »Aus diesem Grund opfern die, welche von schweren Krankheiten befallen sind und in Kampf und Gefahr schweben, anstelle der Opfertiere Menschen oder geloben deren Opfer.« Die Kelten glaubten nämlich, für die Gefährdung eines Menschen sei der Zorn der Götter verantwortlich. Um ihren Grimm zu besänftigen, gab es nur den Ausweg, ein anderes Leben zu opfern. Bevorzugt mussten Verbrecher dafür herhalten, aber auch viele Unschuldige. Die antiken Autoren schildern verschiedene Methoden, die grausigste überliefert Cäsar: »Andere Stämme haben ein Gebilde von ungeheurer Größe, deren aus Ruten zusammengeflochtene Glieder sie mit lebenden Menschen füllen; sie werden dann von unten angezündet, und die von den Flammen Eingeschlossenen erleiden den Tod.« Der römische Feldherr soll das entsetzliche Ritual nur deshalb besonders hervorgehoben haben, weil er sich für sein brutales Vorgehen gegen keltische Stämme rechtfertigen wollte.

Griechische und römische Chronisten berichten zudem, dass die Druiden die Kultstätten früherer Völker und Religionen nicht nur achteten, sondern selbst weiter nutzten – wie die uralten Tempel von Stonehenge und Avebury. Wie mögen die heiligen Männer, die erst um 1000 v. Chr. mit ihrem Volk nach Britannien kamen, die steinzeitlichen Monumente gedeutet haben? Es ist durchaus denkbar, dass sie Stonehenge nicht nur als einen Kultbau betrachteten, dessen Konstruktion und Ausrichtung von hohem astronomischem Wissen zeugt. Vermutlich erkannten sie ihnen vertraute Symbole in den Megalithen, die in Ring- und Kreisform aufgestellt sind. Sahen die Druiden in der Hufeisenform der Trilithen, bei denen jeweils drei Steingiganten die Form eines »U« bilden, das Sinnbild ihrer Muttergöttin Morrigain? Denn die keltischen Götter traten häufig als Gehörnte auf, als Herren der Tiere und des Wachstums. Das Geweih spielte eine herausragende Rolle: Die gefäßartige U-Form deutete das weibliche, die abstehenden Sprossen das männliche Prinzip an – ein vollendetes Symbol für Fruchtbarkeit.

Ganz ähnlich wie Stonehenge könnten die Kelten Avebury wahrgenommen haben, ein noch älteres und viel größeres Heiligtum aus der Vorzeit. Neben dem Hauptsteinkreis mit seinem Wall- und Grabensystem, in dem heute ein Teil des Dorfes Avebury Platz findet, gehören noch Steinalleen, Erdaufschüttungen und der Silbury Hill zu dem Ensemble. Einige Forscher interpretieren die Anordnung der Kultbauten als eine sich windende Schlange, das Zeichen der Erdmutter. Der Silbury Hill, der größte von Menschenhand geschaffene Erdhügel mit einer Höhe von annähernd 39 Metern erinnert an frühe Stufenpyramiden. Einst könnten die Druiden in langen Prozessionen zum Gipfel hinaufgestiegen sein – zu einem Sonnentempel auf der abgeflachten Kuppe.

Der Volksmund sagt, tief im Hügel sei König Sil bestattet, ein Herrscher, den kein Historiker kennt. Im Grab soll die Statue eines Pferdes mit einem Reiter aus massivem Gold stehen. Andere behaupten, im Inneren des künstlichen Berges sei nur eine Ladung Erde zu finden, die der Teufel eigentlich über die nahe Ortschaft Marlborough abwerfen wollte. Und nur dank der Gebete der Priester von Avebury habe er sie nicht länger festhalten können. Archäologische Untersu-

Ein Trilith aus dem Steinkreis von Stonehenge. Könnten die Druiden darin eine ihnen bekannte Symbolsprache wiedergefunden haben? Meist wird allein die astronomische Bedeutung des uralten Tempelbaus in den Vordergrund gestellt. Einige Wissenschaftler vermuten, dass alle denkbaren Konstellationen von Sonne und Mond mithilfe der legendären Anlage berechnet werden konnten.

chungen geben bis heute keinen eindeutigen Aufschluss. Fest steht nur: Den Silbury Hill stützen innen sorgfältig angelegte Schichten und Wände aus Kreidefels. Vieles spricht dafür, in Avebury eine Komposition aus heiligen Stätten für die Anbetung der Erdgöttin, der Großen Mutter, zu sehen.

Die Römer und ein historischer Blackout

Wo immer die Kelten siedelten, schützten sie sich mit gewaltigen, bis zu 20 Meter hohen Wallanlagen vor ihren Feinden. Doch nur in Krisenzeiten suchte die Bevölkerung dort Zuflucht. In bestimmten Monaten des Jahres dienten die ausgebauten Orte als Zentrum der Gemeinschaft, zum Lagern von Getreide oder als Hort für das Vieh. Zu den größten und stärksten britannischen Hügelfestungen zählt Maiden Castle im Südwesten Englands. Das Plateau – mit einer Fläche von 18 Hektar – bot den Einheimischen fast 500 Jahre lang sicheren Unterschlupf. Der Bau erforderte eine organisatorische Meisterleistung und einen ungeheuren Arbeitsaufwand. Die große Anzahl mächtiger Verteidigungsanlagen deutet auf ständige Spannungen unter den verschiedenen Stämmen hin. Sie lebten zwar alle nebeneinander, doch viele waren verfeindet. Die Kelten galten als kriegerisch,

schufen aber nirgendwo – weder in Britannien noch auf dem europäischen Festland – ein zusammenhängendes Reich. Der deutsche Historiker Theodor Mommsen schrieb in seiner *Römischen Geschichte* etwas abwertend: »Solche Eigenschaften guter Soldaten und schlechter Bürger erklären die Tatsache, dass die Kelten alle Staaten erschüttert und keine gegründet haben.«

Als die Römer im 1. Jahrhundert n. Chr. die britannische Insel eroberten, stellte sich ihnen deshalb auch kein vereintes Heer aller Kelten entgegen. Nur einzelne Stämme leisteten erbitterten Widerstand. Im Jahr 43 wurde das Fort Maiden Castle vom römischen Feldherrn Vespasian gestürmt. Er musste noch 20 weitere Hügelfestungen einnehmen, ehe sich der große Stamm der Durobrigen unterwarf. Erst nach und nach konnten die Römer mit ihren 40 000 Soldaten die Einheimischen bezwingen. Britannien wird nun zu einer weiteren römischen Provinz. Doch die Kelten müssen ihre Sitten und Bräuche nicht aufgeben. Schon bald werden sie enge Verbündete der Herren vom Tiber und genießen eine Sonderstellung. Selbst die Priester dürfen die heiligen Rituale ungestört ausüben. So lebte der Glaube an die eigenen Götter noch viele Jahrhunderte weiter. Wie sonst hätte auch die Große Mutter, die göttliche Morrigain, in die Sagenwelt des Mittelalters hinübergerettet werden können?

Die britannischen Kelten besaßen die volle römische Staatsbürgerschaft. Sie lernten nicht nur die militärische Protek-

Die römischen Bäder im heutigen Bath. Schon die Kelten verehrten die heiligen Quellen. Die Römer zerstörten ihre Kultstätte und bauten einen Tempel darüber. Schließlich errichteten die Christen eine Kathedrale an dem geweihten Ort.

tion, sondern auch die kulturellen Errungenschaften ihrer Besatzer schätzen. Die Römer bauten im heutigen England die ersten Straßen, Kastelle und Städte. Ihre luxuriösen Paläste statteten sie mit atmosphärischen Innenhöfen, großzügigen Arkaden, raffinierten Wasserspielen und Bädern aus. Um 125 n. Chr. ließ der ruhmreiche Kaiser Hadrian einen 113 Kilometer langen Wall im Norden des Landes errichten – zum Schutz seines Außenpostens Britannia gegen Angriffe feindlicher Stämme. Die von Küste zu Küste reichende Mauer, die sich noch heute zwischen England und Schottland erstreckt, sollte die Präsenz der römischen Militärmacht demonstrieren und die nicht eroberten Gebiete abgrenzen. Mit der steinernen Verschanzung gestanden die Römer zugleich ein, dass ihnen die völlige Unterwerfung der Insel nicht gelungen war.

367 n. Chr. fielen die drei gefährlichsten Gegner ins Land ein: Vom Westen drangen die Iren, vom Norden die Pikten und vom Osten die Sachsen vor – ihr erster Erfolg in gemeinsamer Aktion. Die Römer konnten zwar noch einmal den Frieden und damit ihre Oberhoheit sichern, doch ein Verfall ihrer Macht war nicht mehr aufzuhalten. Im Jahr 410 n. Chr. verabschieden sie sich endgültig von ihrer nördlichsten Provinz. Rom ist am Ende. Das Riesenreich zerfällt. Plötzlich bricht die jahrhundertealte Ordnung zusammen. Eine Welt geht unter – auch für die Kelten. Ohne Unterstützung durch römische Truppen sehen sie sich ihren Feinden hilflos ausgeliefert. Angst und Schrecken machen sich breit.

Aus dem Jahr 446 ist eine Bittschrift erhalten, die eine Gruppe keltischer Anführer an den römischen General und Konsul Aetius richtet: »Die Barbaren drängen uns ans Meer zurück, das Meer drängt uns zu den Barbaren zurück; eine der beiden Todesarten, das Ertrinken oder das Erschlagenwerden, wird uns ereilen.« Doch Aetius kann nicht mehr helfen. Horden plündernder Sachsen dringen bis zum Meer im Westen Englands vor.

In einem Dokument aus dieser Zeit heißt es:»Ein Feuer, das von der Hand der Gottlosen aus dem Osten angehäuft und genährt wurde, dehnte sich von Meer zu Meer. Es verwüstete Stadt und Land ringsumher, und wenn es einmal brannte, verlöschte es nicht, bevor es nicht die ganze Oberfläche der Insel verbrannt hatte und mit seiner wilden roten Zunge den Ozean im Westen leckte ... Alle größeren Städte wurden vernichtet; vernichtet wurden auch alle Einwohner – Kirchenführer, Priester sowie das Volk. Es war ein trauriger Anblick. Inmitten der Plätze die Grundsteine der hohen Mauern und Türme, die von ihrem stolzen Sockel gerissen worden waren und aussahen, als seien sie in eine schreckliche Weinpresse geraten ...«

Was wirklich geschah, wird wohl niemals eindeutig geklärt werden können. Die »Dark Ages« sind angebrochen. Das »Dunkle Zeitalter« des 5. und 6. Jahrhunderts gleicht einem historischen Blackout in der Geschichte Britanniens. Wie nie zuvor sehnen die unglückseligen Kelten einen starken Helden herbei, der die übermächtigen Feinde vertreibt, ihre Heimat rettet und die alte Ordnung wiederherstellt. Diesen Mann muss es gegeben haben. Spätestens zu Beginn des 6. Jahrhunderts betritt er die Bühne der Geschichte. Denn für ein knappes Menschenalter kehren noch einmal Frieden und Gerechtigkeit, Sicherheit und Ordnung in Britannien ein – so viel wenigstens können Historiker berichten.

König Arthur und die Fee Morgane

Der Retter heißt König Arthur. Er kommt dem bedrängten Land zu Hilfe, eint die zerstrittenen selbst ernannten Kleinkönige, formiert den Widerstand gegen die Eindringlinge und erreicht die Befriedung des gesamten Gebietes. Die Geschichte des Helden schreibt der walisische Mönch Geoffrey of Monmouth 600 Jahre später zum ersten Mal nieder. 1135 vollendet er sein Werk *Historia Regum Britanniae – Die Geschichte der Könige Britanniens*. In die Zeit der »Dark Ages« fügt er die Legende von König Arthur ein, die beim Volk die Jahrhunderte über beliebt geblieben war. Er komponiert sie aus den spärlichen historischen Fakten und Motiven der keltischen Sagen- und Götterwelt. Sie bildet den Grundstein zu allen späteren Erzählungen, die König Arthur und seine Ritterlichkeit verherrlichen.

Schon der erste Schauplatz ist umwoben von mythischem Zauber. König Uther, eine geschichtlich belegte Gestalt mit Namen Uther Pendragon, was auf keltisch-walisisch so viel heißen soll wie »schreckliches Drachenhaupt«, will die schönste Frau Britanniens, die verheiratete Ygerna, unbedingt besitzen, wenn nötig mit Gewalt. Ihr Gemahl Gorlois, Herzog von Cornwall, verschanzt sich vor dem heranrückenden Heer Uthers. Seine Frau bringt er auf die uneinnehmbare Burg Tintagel, einen zur Festung ausgebauten Inselfelsen vor der Nordküste Cornwalls. Dort wähnt Gorlois seine Gemahlin in Sicherheit.

»Ich bin bis zur Verzweiflung in Ygerna verliebt«, gesteht Uther einem Vertrauten. »Wenn ich sie nicht bekommen kann, werde ich, davon bin ich überzeugt, völ-

König Arthur und die Fee Morgane 85

lig zusammenbrechen. Sag mir, wie ich mein Verlangen stillen kann, sonst tötet mich die Leidenschaft, die mich überfiel.« Der Freund erkennt die aussichtslose Situation, weiß aber am Ende doch eine Lösung: »Wer könnte uns da schon einen nützlichen Rat geben, wo doch keine Macht der Erde uns befähigen kann, zu Ygerna in die Festung Tintagel zu gelangen? Die Burg liegt hoch über dem Meer, das es von allen Seiten umgibt, und kein Zugang zu ihr ist möglich außer dem über eine schmale Landzunge aus Fels. Drei Bewaffnete reichen aus, sie zu verteidigen, selbst wenn du mit dem ganzen Königreich von Britannien davor stündest. Nur wenn der Weissager Merlin sich der Sache annimmt, könntest du mit seiner Hilfe erreichen, was du wünschst.«

Und Merlin, eine bedeutende Figur in der keltischen Götterwelt, kommt dem liebestollen Uther zur Hilfe. Dem Magier, der in die Zukunft sehen kann, passt die Verschwörung gut in seine Pläne. Er verwandelt Uther in Gorlois. So kann er die Burg Tintagel betreten und Ygerna »beiwohnen«. In dieser Nacht wird Arthur gezeugt, während zur gleichen Stunde Uthers Truppen Herzog Gorlois und sein Heer niedermetzeln. Merlin wird als Dank für seine listige Tat Einfluss auf den jungen Arthur gewährt, dem er auch den Namen geben darf. Wie es bei Helden und Halbgöttern üblich ist, wird Arthur aus Furcht vor einem Anschlag fern der Heimat an einem sicheren Ort aufgezogen. Seine Ausbildung überwacht Merlin, der noch Großes mit ihm vorhat.

Als zweite keltische Sagenfigur – der »Anderswelt« zugehörig – steht die Fee Morgane an Arthurs Seite. Sie tritt als seine Halbschwester auf. Eine Zauberin mit heilenden Händen, von ihresgleichen auserwählt, um über die Taten des Jüng-

lings zu wachen. »Neun Schwestern herrschen auf der Insel Avalon, der Insel der Apfelbäume«, heißt es in der Geschichte über die Könige Britanniens. »Unter ihnen ist eine, die alle anderen an Schönheit und Macht übertrifft. Morgane ist ihr Name und sie lehrt den Gebrauch der Kräuter und die Kunst, Krankheiten zu heilen. Sie beherrscht die Fertigkeit, das Aussehen eines Gesichts zu verändern und durch die Lüfte zu fliegen wie Dädalus mithilfe von Federn.«

Doch bevor Morgane ihre bedeutende Rolle übernimmt, greift zunächst noch einmal Merlin in das Schicksal der Britannier ein. Er rät dem Erzbischof von Canterbury, alle Großen des Landes nach London zu berufen, wo sich durch ein Wunder zeigen werde, wer ihre Geschicke lenken solle. Dort befand sich auf dem Kirchplatz ein verwitterter Stein, in den ein prächtiges Schwert tief hineingestoßen worden war. In goldenen Buchstaben glänzte eine Inschrift: »Wer dieses Schwert aus dem Stein herauszieht, ist der rechtmäßige König von ganz Britannien.« Aber keinem gelang es, die Waffe auch nur zu bewegen. Bis eines Tages ein junger Mann von 15 Jahren des Weges kam. Zum Erstaunen aller schaffte er, was zuvor nicht einmal die Stärksten unter ihnen vermocht hatten. Die Menschen feierten ihn als ihren König. Sein Name: Arthur oder Artus.

Nun endlich wendet sich das Blatt. Der neue Gebieter ruft zum Kampf. Überall im Land sammelt er die Ritter und stellt sie zu einer schlagkräftigen Truppe auf – in allen Fragen gut beraten vom Magier Merlin. Doch noch besitzt Arthur nicht sein Zauberschwert Excalibur. Eines Tages führt ihn Merlin an einen See. Ein Arm, umhüllt von weißem Brokat, ragt aus dem Wasser und hält Excalibur in die

Höhe. Er gehört der Dame vom See, die im Feenreich eine Schlüsselrolle spielt. Häufig nimmt sie in den frühen Fassungen der Heldensage die Gestalt der Fee Morgane an. Arthur erhält von ihr die Wunderwaffe und Merlin fragt ihn: »Was gefällt Euch besser, das Schwert oder die Scheide?« »Das Schwert«, entgegnet der junge König vorschnell. »Ihr seid sehr töricht«, tadelt Merlin, »die Scheide ist zehn Schwerter wert; denn so lange Ihr die Scheide an Euch tragt, werdet Ihr kein Blut verlieren, und wenn Ihr noch so schwer verwundet seid.« Morgane hatte nämlich die Hülle mit kultischen Symbolen reich verziert, um ihren Halbbruder im Kampf zu beschützen.

König Arthur zieht von Sieg zu Sieg. Er schlägt die Gegner und vertreibt sie. Das Zauberschwert Excalibur, das im Feenreich auf der Insel Avalon geschmiedet wurde, macht ihn unverwundbar. Zwölf Schlachten entscheidet Arthur für sich, bis die letzte am Mount Badon den Feind endgültig in die Knie zwingt. »In ihr fielen 960 Männer an einem einzigen Tag unter seinem Ansturm und keiner warf sie nieder als nur er allein. Aus all diesen Schlachten trat er als Sieger hervor«, notiert der walisische Historiker Nennius in seiner Neubearbeitung der *Historia Brittonum – Geschichte der Britannier.* Die Originalsammlung historischer, geografischer und genealogischer Fakten entstand bereits 672. Ihr geschichtlicher Wert ist gering, nur die Sagen sind für die Forschung von Bedeutung.

Der Eroberungsmarsch der Sachsen ist gestoppt, auch die Grenzen zu den feindlichen Nachbarregionen können gesichert werden. Dies zumindest behaupten historische Quellen. Dem königlichen Helden gelingt es, die Zivilisation, die einst mit den Straßen, Villen, Bädern,

Handelszentren und Wasserleitungen der Römer ins Land gekommen ist, noch einmal zur Blüte zu bringen. Er selbst baut sich eine Burg – das legendäre Camelot.

Die Ritter der Tafelrunde

Die Jahre des Friedens haben es den mittelalterlichen Fabulierern ganz besonders angetan. Da historische Fakten und Hintergründe über das Leben am Hof nicht bekannt sind, bietet sich die Chance, das »Dunkle Zeitalter« mit eigenen Fantasien und den jeweiligen Vorstellungen ihrer Zeit auszuschmücken. Schon Geoffrey of Monmouth erzählt die Geschichte, als trüge sie sich in seiner Gegenwart, dem 12. Jahrhundert, zu. Auch spätere Autoren schildern ein 6. Jahrhundert nach dem Bild ihrer Epoche: Turniere, Ritterkämpfe und Minnesang bestimmen das Geschehen.

Bereits zwanzig Jahre nach der ersten Niederschrift des Mönches Geoffrey überträgt der auf der Insel Jersey geborene Dichter Robert Wace die Artus-Geschichte aus der lateinischen Prosa in französische Verse. Als neues Element fügt er die Tafelrunde ein. Das Motiv gehört seitdem fest zu König Arthur, auch wenn es vermutlich aus einem Sagenkreis bretonischer Herkunft stammt. Tafelrunden mit Turnieren, Gelagen und Tänzen wurden nun überall in Europa Mode. An manchen Höfen traten die Teilnehmer – als Artus-Ritter verkleidet – auf und gaben sich deren Namen. Die erste nachgeahmte Zeremonie der Artus-Tafelrunde fand 1223 zur Feier eines Ritterschlags auf Zypern statt. Im englischen Winchester wurde zur gleichen Zeit ein riesiger Eichenholztisch hergestellt. Die Kopie war so gut, dass viele sie für das Original hielten. Erst in jüngster Zeit bewiesen C-14-Untersuchungen, dass der Tisch aus dem 13. Jahrhundert stammt. 1446 ließ der Graf von Anjou für eine Feier mit seinen Mannen sogar eine eigene Artus-Burg errichten.

Doch nicht nur der Adel frönte dem Trend. In den Hansestädten an der Ostsee etablierten sich so genannte Artus-Höfe – große Tafelrunden, bei denen sich geachtete Kaufleute versammelten. Sie sahen sich als edle Herren einer neuen Zeit dem Ehrenkodex der Ritter verpflichtet. Der Artus-Hof von Danzig, dem heutigen Gdansk, wurde von 1477 bis 1481 errichtet. Unter einem kunstvoll gestalteten gotischen Deckengewölbe, umgeben von allegorischen Darstellungen an den Wänden, trafen sich regelmäßig die reichsten Handelsmänner der Stadt. Erst 1742 ging die Tradition verloren. Der Artus-Hof wurde zur Börse.

Die Zusammenkünfte beherrschte das starke Geschlecht – ganz anders als an Arthurs Hof. Da ging es keltisch zu. Das heißt, die Frauen spielten eine wichtige und selbstständige Rolle als schöne und kluge, manchmal aber auch intrigante Gefährtinnen. So gehören die Verführungen der Fee Morgane und ihre Rache an den Männern, die sie verschmähten, zum Alltag auf Camelot, ebenso wie ihre Hassliebe zu ihrem Halbbruder.

Heilerin und Hexe – das sind die beiden Gesichter der Fee. Ob sie auch Arthurs Geliebte war und mit ihm einen Sohn namens Mordred hatte, lässt sich aus den vielen widersprüchlichen Fassungen der Heldengeschichte nicht eindeutig herauslesen. Es gibt jedoch Stimmen, die das behaupten – aber auch Versionen, in denen Mordred als Neffe und

Adoptivsohn Arthurs auftritt. Und während Morgane einerseits wie Morrigain als Furcht erregende Furie geschildert wird, gleicht sie anderen Quellen zufolge einer zwar vielseitig begabten, aber eher harmlosen »Schönheitskönigin«.

Ein höfischer Roman des 12. Jahrhunderts preist ihre Vorzüge in den allerhöchsten Tönen: »Sie war heiter, höchst verspielt und hatte die allerlieblichste Stimme im Gesang, edel bronzefarben war ihr Gesicht, ansonsten stand sie gut im Fleisch, das meint: weder zu mager noch zu fett, sie hatte zierliche Hände, vollendete Schultern, eine Haut noch zarter als Seide, und allerfeinste Manieren; ihr Körper war schlank und rank und grad gewachsen – kurzum: Sie war bis ans Wunderbare grenzend verführerisch, die heißeste und ausschweifendste Frau von ganz Britannien.«

Ganz im Gegensatz zu ihrem oft beschworenen Liebreiz fällt Morgane in der Artus-Sage fast ausschließlich als missgünstige Widersacherin ihres Halbbruders auf. Natürlich ist es nicht ganz auszuschließen, dass sie sich auch hinter Gestalten wie Eviene, Niviene, Nimue oder Viviane verbirgt, die dem König hilfreich zur Seite stehen. Doch wann immer es um Intrigen oder Mordanschläge geht – Morgane zettelt sie an.

So stiehlt sie Arthur sein Zauberschwert Excalibur und übergibt es ihrem heimlichen Geliebten, Sir Accolon von Gallien. Er soll den König damit im Zweikampf töten. Ein schlimmer Plan, der im letzten Moment doch noch vereitelt werden kann. Oder sie schickt ihrem Halbbruder als Zeichen der Reue einen kostbaren, mit Perlen und Edelsteinen besetzten Mantel. Aber das Gewand ist verzaubert und wird ihn zu Asche verbrennen, wenn er es anzieht.

Das legendäre Camelot

Wo aber lag das legendäre Camelot, die königliche Burg mit der Tafelrunde, zu der die edelsten und mutigsten Ritter geladen wurden und wo Morgane ihr zwielichtiges Spiel trieb?

Mehr als ein Dutzend Orte kommen infrage oder erheben Anspruch darauf. In der ursprünglichen Artus-Niederschrift nennt Geoffrey of Monmouth den Ort Caerleon-on-Usk als Hauptresidenz, eine römische Legionärsstadt im Südosten von Wales mit eindrucksvollem Amphitheater. Bis zu 6000 Zuschauer ließen sich einst in dem Prachtbau von Zirkusspielen und festlichen Aufführungen unterhalten. Heute stehen nur noch die Grundsockel der Tribünen. Sie bilden einen Kreis und wirken wie Sitzbänke für Riesen, die sich dort bequem zu einem Gelage niederlassen könnten. Kein Wunder, dass auch das Amphitheater als Ort für Arthurs Tafelrunde im Gespräch ist.

Die wahrscheinlichste Theorie führt nach Cadbury. Am Rande der kleinen Ortschaft umschließt ein starker Mehrfach-Ringwall ein beträchtliches Areal – an sich nichts Besonderes im Südwesten Englands. Topographen aus dem 16. Jahrhundert haben Cadbury Castle in Zusammenhang mit Artus gebracht und dabei auf lokale Legenden verwiesen. Eine erzählt, Arthur schlafe im Inneren der Festung in einer Höhle, die von eisernen und goldenen Toren verschlossen sei. Eine andere wiederum berichtet vom König und seinen Geisterreitern, die in Vollmondnächten als Wiedergänger um den Hügel spuken. Oder von einem Weg, Arthurs Pfad genannt, auf dem in manchen Nächten die Hufschläge galoppierender Reiter zu hören sind.

»Ach Herre, Gott, welche und wie viele zutiefste Gräben findet man allhier? Wie viele Thäler fürwar in die Erde geteuffet? Welch dräuende Steyllheit? Und in kürtze scheynet mir dasselbig wahrlich ein miraculum, ingleychen der Kunst als wie der Natur«, schwärmt John Leland, selbst ernannter Antiquar König Heinrichs VIII. Er war der Erste, der 1542 die Hügelfestung mit den vielen Ringwällen als Camelot identifizierte. Und weiter: »Vil Goldes, Silbers und Kupffers ward angefunden dortselbst, welchselbes die Pflugk Schaar auffgedegket ... und weihsz keyner, denn dahsz vermeldt worden, Arture habe alldorten offt geweylet zu Camalat.«

Die Spekulationen um die angebliche Königsresidenz lebten in unserer Zeit wieder auf, als Mitte der Fünfzigerjahre des vorigen Jahrhunderts auf dem 7,3 Hektar großen Plateau zwar nicht Gold und Silber, aber eine Fülle von Keramik aus der Artus-Zeit ans Licht kam. Der Grund für die sich plötzlich häufenden Funde lag in der agrarwirtschaftlichen Umwandlung des Geländes innerhalb der Wälle: aus Weideflächen wurde Ackerland. Die Pflugschar brachte Scherben aus dem Boden, ehemals feine Ware aus dem Mittelmeerraum, die auf einen hochgestellten Burgherrn schließen ließ. Fachleute sagen, die kleine Sammlung beweise eine Besiedelung des Ortes im 5. und 6. Jahrhundert. Damit fand die These von der Gleichsetzung Cadburys mit Camelot neue Bekräftigung.

»Gab es je einen Ort wie Camelot oder einen Menschen wie den König Arthur der Legenden und Lieder? Im Falle Camelots liegen die Dinge einfach. Hier lässt sich rundheraus konstatieren: Von einer historischen Authentizität kann überhaupt keine Rede sein. Einen Ort Camelot gab es nie.« So beurteilt der britische Ar-

Das legendäre Camelot

Das Burgplateau von Cadbury Castle. Auf der Anhöhe links die Ebene, auf der die eigentliche Burg stand – mit der großen Halle, die Archäologen hier fanden. War Cadbury Castle das legendäre und viel gesuchte Camelot?

chäologe Leslie Alcock die Chance, die Burg König Arthurs zu finden. Woher kommt dann die Vorstellung von der Königsfestung? Der Name taucht erstmals in den Manuskripten des französischen Dichters Chrétien de Troyes auf, verfasst am Ende des 12. Jahrhunderts. Auch das sieht Alcock nüchtern: »Mit dem für das Mittelalter charakteristischen Anachronismus schilderten Chrétien und seine Nachfolger Arthur als einen mittelalterlichen Monarchen. Also musste er einen Hof haben, musste mit einer Burg, einem Fürstensitz, ausgestattet werden, und da kein Name irgendeines Ortes überliefert war, der dafür infrage kam, erfand man Camelot. Vielleicht ist dieses Wort aus dem britisch-römischen Camalodunum, dem römerzeitlichen Namen des heutigen Colchester, zusammengezogen worden. Auch wenn niemand weiß, wo die rätselhafte Burg stand, ist doch der Gedanke nicht ganz abwegig, dass der historische Arthur eine Hauptfestung besaß, einen Stützpunkt, eine militärische Basis ... Und es liegt daher durchaus nicht außerhalb des Bereichs vernünftiger Erwartungen, wenn man sich vorstellt, dass eines Tages der archäologische Nachweis geführt werden könnte: Eine derartige Festung hat in der Tat existiert! Doch da die ältesten, die frühesten Quellen schweigen, kennen wir weder die Lage noch den ursprünglichen Namen der fraglichen Festung. Unter diesen Umständen ist es durchaus zulässig, Camelot als den Namen dieser Artus-Burg einzusetzen, die es vielleicht tatsächlich gab. Freilich bedeutet dies nichts anderes, als dass man eine poetische Fiktion nachträglich mit historischem Inhalt füllt.«

Von 1966–1970 führte der Archäologe jedenfalls eine umfangreiche Grabung in Cadbury durch, die viele neue Erkenntnisse brachte. Auf dem 75 Meter hohen Plateau wies er Schicht um Schicht eine nahezu durchgehende Besiedlung von der Jungsteinzeit bis ins Mittelalter nach.

In der keltischen Epoche war der Ort vom Stamm der Durotrigen bewohnt. Wie in Maiden Castle wurde ihre Burg 43 n. Chr. von den Römern zerstört. Leichenteile am freigelegten Südwesttor belegen das Gemetzel: Männer, Frauen und Kinder haben die Eroberer brutal abgeschlachtet. Die Menschen, die nicht unter den Schwertern und Speeren der Feinde ihr Leben ließen, wurden vertrieben, die Wehranlagen geschliffen, die Torbauten niedergebrannt.

Münzen aus den Jahren 393–402 weisen auf einen römisch-keltischen Tempel hin. Bald darauf wurden die letzten heidnischen Kultstätten aufgegeben, das Christentum hielt als Staatsreligion Einzug in Britannien. Um das Jahr 500 zeigt sich Cadbury wieder als befestigter Ort. Alcocks Team grub Wehranlagen und Tore aus. Die Sensation war perfekt, als die Wissenschaftler Reste einer großen, aus Holz errichteten Halle fanden, das zentrale Bauwerk innerhalb der Festung. Der Rittersaal der legendären Tafelrunde? Zehntausende von begeisterten Artus-Fans und Schaulustigen verfolgten die Arbeiten vor Ort mit Spannung, die Spekulationen schossen ins Kraut.

Alcock beschreibt den Glückstreffer: »Das Bauwerk erhebt sich in beherrschender Position der Gesamtanlage. Schon dies allein veranlasst uns anzunehmen, dass wir es hier mit dem Hauptgebäude der artuszeitlichen Festung zu tun haben. Und zweitens entspricht diese Halle bereits allein durch ihre Maße von 19,20 Meter Länge und 10,40 Meter Breite den Größenverhältnissen mittelalterlicher Hallen. Das gibt allen Grund zu der Annahme, dass es sich hier in der Tat um die Festhalle eines Königs oder Heerführers der Artus-Zeit handeln könnte.« Auch der Umfang der Gesamtanlage deckt sich mit der Vorstellung von einer zentralen Festung. Cadbury war durchaus geeignet, einer Truppe von tausend Mann als Operationsbasis zu dienen – ungefähr die Größenordnung, die für ein Artus-Heer veranschlagt wird. Natürlich ist in Cadbury nichts gefunden worden, »was eindeutig den Stempel der Hinterlassenschaft Arthurs trägt«, sagte der Grabungsleiter. Das hat er als nüchterner Forscher auch nicht erwartet.

Zwei Jahrzehnte später kommt Alcock zu dem Resultat, dass nirgendwo in England oder Wales ähnliche Festungsbauten existieren. Alle anderen nachrömischen Wallanlagen sind schlichter gehalten. Nur in Cadbury kombinierten die Architekten Steinquader mit Holz für die Mauern und Türme – Material, das sich ein einfacher Heerführer kaum leisten konnte. Der Archäologe vertritt die Auffassung, dass es sich um ein ganz besonderes Bollwerk handelt: nicht um das Hauptquartier eines Oberkommandierenden, sondern um einen Herrschersitz, um die Residenz eines Königs.

»Cadbury Castle war die Zitadelle eines Königs, der über eine Gefolgschaft verfügte, die im Britannien seiner Zeit ohnegleichen war«, vermutet auch der Sekretär des Camelot-Komitees, Geoffrey Ashe. Er bricht eine Lanze für John Leland, den Erstentdecker von Cadbury-Camelot: »Man hat ihm vorgeworfen, bloß eine Vermutung auszusprechen oder örtlichen Tratsch wiederzugeben, der kaum fundiert sei. Aber die Anhöhe, von der Leland sprach, hat sich als der einzige bekannt gewordene Ort in Britannien erwiesen, der die richtigen Merkmale besitzt.« Von den verschiedenen Herrschern aus der Vergangenheit Britanniens ist Arthur der Einzige, der mit Cadbury in Verbindung gebracht wird. Hier laufen wohl doch die beiden Spuren zusammen, vermutet Ashe.

Den König selbst verklären die mittelalterlichen Schreiber zu einer Heilsgestalt. Er verkörpert alle Eigenschaften, die sich Untertanen von ihren Herrschern nur wünschen können: absolute Gerechtigkeit, kluge Politik, Güte, Fairness und anderes mehr aus dem Ehrenkodex der Ritter. Es mag auch sein, dass mancher Autor seiner Zeit einen Spiegel vorhalten wollte, indem er auf Vergangenes hinwies, das besser erschien als die eigene Gegenwart – ein Gedanke, der auch unserer Zeit nicht fremd ist.

In den USA sind Arthur und sein Camelot feste Begriffe. Viele patriotische Amerikaner sahen in John F. Kennedys Washington ein wieder erstandenes Camelot und in dem jungen Präsidenten einen neuen Arthur. Zwanzig Jahre nach seiner Ermordung griff ein Gedenkartikel im Magazin *Newsweek* diese Vorstellung auf und kommentierte, dass alle Präsidentschaftskandidaten seit 1960, seit der Ära Kennedy, »gegen den Mythos von Camelot ankämpfen müssten«.

Excalibur, die Wunderwaffe aus dem Feenreich

Wie alle große Sagenhelden, so erwartet auch Arthur ein Ende durch Verrat und Intrige. Der König ist mit einem Heer aufs Festland gezogen, um den keltischen Bretonen im Kampf gegen die Westgoten zu helfen. Während seiner Abwesenheit vertraut er seinem Neffen Mordred, den er wie einen Sohn und Nachfolger bei sich aufgenommen hat, das Land an und setzt ihn als Vizekönig ein. Zusammen mit Arthurs Gemahlin Genevère, soll er die Geschicke Britanniens lenken.

Mordred nutzt seine Chance. Er macht Stimmung gegen seinen Förderer und zieht immer mehr Ritter und Kleinfürsten auf seine Seite: »Ihr Engländer alle, seht ihr, was das für ein Unglück war? Mit Arthur, dem besten Ritter und edelsten König, den die Welt je gesehen hat, dem Herrn über die vornehmsten Ritter, der allen Schutz und Hort bot, mit ihm waren diese Engländer plötzlich nicht mehr zufrieden«, empört sich der mittelalterliche Erzähler Sir Thomas Malory. »Ach, das ist unser großer Fehler, dass wir niemals mit einer Sache lange zufrieden sind.«

Ob sich auch die Königin an dem Verrat beteiligt, darüber kursieren wie immer unterschiedliche Versionen: Einmal verweigert sie sich Mordred und geht in ein Kloster oder verschanzt sich im Londoner Tower – der aber erst ab 1078 existierte. Ein anderes Mal geht sie nur zu gern auf sein Verlangen ein und gebiert ihm sogar einen Nachfolger. Als Arthur von der verwerflichen Verschwörung erfährt, kehrt er mit seinem Heer nach Britannien zurück und stellt den Widersacher am Fluss Camel in Cornwall. Eine Brücke in der Region heißt seit Menschengedenken »Slaughter (= Gemetzel) Bridge«. Archäologen fanden dort 1540 Skelette – inmitten von Waffenresten. Doch die Wissenschaftler entzauberten die Legende. Denn sie datierten die Schlacht, die dort stattgefunden haben muss, auf 300 Jahre später und behaupteten, sie habe nichts mit König Arthur zu tun. Sie sei zwischen den keltischen Cornen und dem Sachsenfürsten Edgar im Jahr 823 ausgetragen worden. Die frühen Schriften benennen dagegen hauptsächlich die Region um die »Gemetzelbrücke« als Austragungsort des Kampfes zwischen Arthur und Mordred.

Sir Thomas Malory zeigt sich erschüttert: »Niemals hat es je in einem christlichen Land eine derart blutige Schlacht gegeben. Alles fiel grimmig übereinander her, focht und schlug um sich; es wurde so mancher tödliche Hieb geführt und zornige Worte flogen hin- und herüber.« Die beiden Heere werden fast vollständig vernichtet, die meisten der edlen Ritter getötet. Arthur ersticht mit letzter Kraft den Verräter Mordred mit einer Lanze. Dennoch bleibt die Geschichte ohne Happyend, denn der König selbst wird schwer verwundet. Als er auf dem Schlachtfeld mit dem Tode ringt, bittet er noch darum, seine Wunderwaffe Excalibur, die Quelle seiner Macht, dem heiligen See zurückzugeben, damit sie so für immer allen Sterblichen entzogen sei. Sein Getreuer Bedivere übernimmt es, das Schwert zu versenken. Doch zwei Mal kann er es nicht über sich bringen, die mit Edelsteinen besetzte Waffe, die in der Hand seines Königs so große Taten vollbracht hat, einfach ins Wasser zu werfen. Er versteckt sie. Als er zurückkehrt, will Arthur von ihm wissen, was er gesehen habe, als Excalibur die Wasseroberfläche berührte. »Nur Wellen und Wind«, so die verlegene Antwort Bediveres. Da schimpft ihn der König einen Dieb und Lügner. Erst beim dritten Mal wirft der Getreue das Schwert mit kräftigem Schwung bis in die Mitte des Sees. Noch ehe Excalibur das Wasser berührt, reckt sich ein riesenhafter Arm aus den Fluten, fängt das Schwert auf, schwingt es drei Mal wie zum Abschiedsgruß und verschwindet damit für immer in der Tiefe des Sees.

Die Geschichte soll sich am Dozmary Pool zugetragen haben, einem See mit

heilenden Quellen im Bodmin Moor, wie Einheimische behaupten. Das Motiv wird auch als Erinnerung an eine kultische Handlung gedeutet, die schon in der Eisenzeit praktiziert wurde und später auch bei Angeln und Sachsen weit verbreitet war: Kunstvolle Metallarbeiten und Waffen opferten die Menschen in Flüssen und Teichen. Im Thorsberger Moor bei Flensburg im Norden Schleswig-Holsteins, dem einstigen Kernland der Angeln, liegt eine der größten Weihestätten. Bis zu ihrer Auswanderung nach England versenkte der Volksstamm dort Unmengen an Kostbarkeiten: zunächst nur Gebrauchsgegenstände aus dem täglichen Leben wie Ton- und Holzgefäße oder Teile von Wagen; dann aber auch prächtige Schmuckstücke, Waffen und Reiterausrüstungen, darunter bemerkenswert viele Objekte aus dem Römischen Reich. Helme und silberne Gesichtsmasken, die entweder durch Handel oder als Kriegsbeute in den Norden gelangten, galten als besonders wertvoll. Die Waffen allerdings wurden vor der Opferung – anders als das Zauberschwert Excalibur – absichtlich zerschlagen.

Die Nebel von Avalon

Am Ende der Artus-Sage spielt die Fee Morgane ihre wichtigste Rolle: Sie ist wieder Heilerin. Und sie ist es, die den sterbenden König auf die Insel Avalon bringt, die Apfelinsel in der paradiesischen »Anderswelt«, wo Leid und Gebrechen im Nu verfliegen. Arthur kann jederzeit zu den Lebenden zurückkehren, sobald Morgane ihn gesund gepflegt hat und es zulässt. Die Kelten stellten sich ihr Jenseits nicht als fernes Reich vor, sondern als kaum von der realen Welt getrenntes Wunderland. Höhlen und Seen dienen als Eingang. Oft genügt ein Windhauch, ein Nebel oder eine Wasserfläche – und schon geht die eine Welt in die andere über.

Avalon, die gläserne Insel über dem Meer – nur ein Fantasieprodukt, eine Fata Morgana, oder gab es sie wirklich? Ist es eine der prähistorischen Toteninseln oder ein kultischer Ort wie die »Fraueninseln«, von denen verschiedene Autoren der griechischen und römischen Antike berichten? So heißt es zum Beispiel bei Pomponius Mela, einem römischen Geografen aus der Zeit des Kaisers Claudius: »Gegenüber den keltischen Küsten ragt eine Gruppe von Inseln auf, die den Namen Cassiterides trägt, da sie reich an Zinnvorkommen sind. Die Insel Sena – sie liegt im Mare britannicum [Ärmelkanal] gegenüber der Küste der Osismi [Finistère-Nord] – ist berühmt wegen eines gallischen Orakels, dessen Priesterinnen neun zu ewiger Jungfräulichkeit verpflichtete Frauen sind. Sie werden ›Gallicenes‹ genannt und man schreibt ihnen die übernatürliche Macht zu, durch ihre magischen Kräfte Winde und Gewitterstürme zu entfesseln, sich je nach Belieben in dieses oder jenes Tier zu verwandeln, als unheilbar geltende Leiden zu kurieren und schließlich, die Zukunft voraussagen zu können.«

Auch dicht vor der Loire-Mündung soll es eine Fraueninsel gegeben haben, von der Strabon, der berühmte griechische Geograf und Historiker, um die Zeitenwende Folgendes schreibt: »Im Ozean, nicht weit draußen auf dem offenen Meer, sondern dicht vor der Loire-Mündung liegt eine Insel von geringer Ausdehnung, auf der sich selbst so nennenden ›Frauen der Namnetes‹ wohnen. Diese vom bacchischen Furor besessenen Weiber suchen durch Mysterien und andere sakrale Zeremonien den Gott, der in ihnen wütet, zu besänftigen und zu entwaffnen. Niemals setzt ein Mann den Fuß auf diese Insel, sondern die Frauen begeben sich selbst aufs Festland, wann immer es sie gelüstet, mit ihren Männern Verkehr zu haben.«

Die »Namnetes«, deren Name möglicherweise in der Stadt Nantes weiterlebt, werden als Mänaden beschrieben, die in Griechenland genauso wie die Nymphen zum Gefolge des Gottes Dionysos gehörten und berühmt-berüchtigt für ihre orgiastischen Riten waren. Andere Autoren bieten noch eine ganze Reihe weiterer »Avalons« an – von der Insel Abalum in der östlichen Ostsee, heute Ösel, über Aval vor der Nordküste der Bretagne, bis zu einer Gruppe namenloser und öder Inseln im äußersten Norden der Welt, von der die sagenhaften Tuatha Dé Danaan stammen sollen, die in grauer Vorzeit über Irland herrschten. Auch Burgund wird genannt, Sizilien und immer wieder Glastonbury, die ehemals von Sümpfen und Wasser umgebene Stadt in Somerset. Dorthin pilgern Arthur-Verehrer aus aller Welt, weil sie an dem sagenumwobenen Ort nicht nur sein Grab, sondern auch den Heiligen Gral vermuten.

Tatsächlich stammt der Name Glastonbury vom keltischen »Ynys Witrin – Insel aus Glas«. Und »Glastonbury Tor«, der markante, »Heilige Berg« in der weiten Niederung, lag vermutlich einmal mitten in einem großen See. Eine ideale Landschaft, wie geschaffen für Spiegelbilder der Luft. Aus unpassierbaren Sümpfen und flachem Wasser ragten spitzkegelige Berge empor – wie Inseln, die sich in flimmernder Luft leicht als Reich der Fee Morgane deuten ließen. Die Hügel konnten – nach oben an den Himmel gespiegelt wie die Schiffe der Seefahrer – leicht als Verbindung zu einer anderen Welt angesehen werden.

Der »Glastonbury Tor« galt seit jeher als magischer Ort. Er war dem keltischen Herrn der Toten geweiht, Gwynn ap Nudd, der die »Große Mutter« des Neolithikums abgelöst haben muss. Die Menschen glaubten, hier liege der Eingang in die Unterwelt. Das könnte mit dem uralten Weg zusammenhängen, der sich in Spiralen, dem Symbol der Erdschlange und Urform des archaischem Labyrinths, bis zum Gipfel windet. Später errichteten die Druiden auf dem Kultplatz des Totengottes ein Sonnenheiligtum, das zugleich als Beobachtungsstation für den Lauf der Gestirne gedient haben soll. Heute steht dort der zerfallene Turm einer normannischen Wallfahrtskirche. Sie war dem heiligen Michael geweiht, der die heidnischen Sonnengötter ablöste. Nicht weit davon zeugen die imposanten Ruinen der Glastonbury Abbey aus dem 16. Jahrhundert von der ungebrochenen Anziehungskraft eines Ortes, die sich rational kaum erklären lässt.

Am Fuß des Berges, der auf den ersten Blick an Silbury Hill erinnert, vermuten Archäologen ein keltisches Brunnenheiligtum. Dort wurde jene Muttergöttin verehrt, die sich im Laufe der Jahrtausende in die Zauberin Morgane verwandelt hat. Auch der Name »Apfelinsel« für Avalon weist auf Glastonbury hin, das nach der Trockenlegung der Sümpfe ein ideales Gelände für Apfelplantagen war. Es wird sogar erzählt, dass Morgane die Früchte nutzte, um Wunden und Krankheiten zu heilen – ein volksmedizinisches Rezept, das ein englisches Sprichwort bis heute bewahrt hat: »An apple a day keeps the doctor away. – Ein Apfel am Tag spart den Doktor.«

Esoteriker sind davon überzeugt, dass sich in Glastonbury die wichtigsten Kraftlinien Südenglands schneiden, auf denen auch Avebury, Stonehenge und Tintagel liegen, sodass die »Leylines« der Geomanten den vermeintlichen Geburtsort

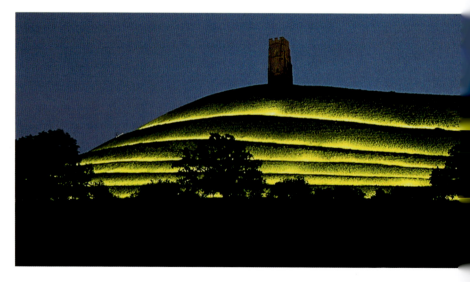

Im Land der Tafelrunde

Arthurs mit seiner letzten Ruhestätte verbinden. Ob es tatsächlich das Grab des Königs war, das Mönche der Glastonbury-Abtei im Jahr 1189 auf dem alten Friedhof fanden, bleibt umstritten. Das Bleikreuz mit der Inschrift »Hier liegt der berühmte König Artus auf der Insel Avalon begraben« ist seit dem 17. Jahrhundert verschollen. Auch die Gebeine, die einst in fünf Meter Tiefe in einem kanuförmig ausgehöhlten Baumstamm gefunden und in einen Marmorsarg umgebettet wurden, sind nicht mehr vorhanden. Aber die keltische Sage, nach der im Berg von Glastonbury der Eingang zu jenem gläsernen Palast liegt, in dem König Arthur auf seine Wiederkehr wartet, hat sich in vielen Variationen die Jahrhunderte hindurch erhalten. Allein auf den Britischen Inseln gibt es mindestens fünfzehn Orte, die sich rühmen, dass unter ihren Hügeln der König im Kreis seiner Ritter schlafe, bis er eines Tages als Retter des Vaterlandes sein Volk zu neuer Macht und Herrlichkeit führen werde.

Die Geschichte von König Arthur und der Fee Morgane wird zum Bestseller des Mittelalters, zu einer höfischen »Soapopera«, die sich schnell über ganz Europa verbreitet – angereichert mit immer weiteren Heldensagen und Feengeschichten und immer neuen Schauplätzen für Avalon. So die Bretagne im Westen Frankreichs: eine Landschaft wie das Spiegelbild Cornwalls. Zerklüftete Steilküsten aus bizarren Granitfelsen und ausladende Meeresbuchten mit kleinen vorgelagerten Inseln beschwören hier wie dort Legenden herauf. Von versunkenen Eilanden ist die Rede, von Geschichten, die sich vermutlich aus uraltem Wissen speisen – aus Zeiten, als der Meeresspiegel mächtig anstieg und manche Insel überspülte, die noch lange danach bei Ebbe wieder auftauchte.

Auch der St. Michaels Mount, das Handelszentrum vor der Südküste Cornwalls, von dem aus die Kelten das kornische Zinn bis in den Mittelmeerraum verschifft haben, hat seine Entsprechung vor der bretonischen Küste in dem berühmten Felsen Mont St. Michel. Wie auf seinem englischen Gegenstück haben sich in späterer Zeit Mönche ihr Kloster auf dem Gipfel erbaut. Beide Felsen sind heute noch bei Niedrigwasser zu Fuß zu erreichen.

Aber nicht nur die Landschaften sind verwandt, auch die Bewohner leben mit einer ähnlichen Kultur und Sagenwelt.

Glastonbury Tor – der Kulthügel sieht aus wie von Menschenhand geschaffen, doch nur der uralte Spiralweg, der hinauf in die keltische Jenseitswelt führt, ist künstlich angelegt. Der zeremonielle Pfad versinnbildlicht die Erdkräfte, die von diesem Ort ausgehen.

Britannier, die im 5. und 6. Jahrhundert vor den sich immer weiter ausbreitenden Angelsachsen flohen, gaben ihrer neuen Heimat auf dem gallischen Festland den Namen. Mit ihnen lebte die Legende von Arthur und der Fee Morgane weiter. Die Bretagne wird zu einem zweiten Hauptschauplatz der Artus-Sage. Heute laden bunt bedruckte Broschüren Touristen ein »ins Land der Tafelrunde«. Historiker nehmen an, dass der legendäre König mit einem Heer nach Frankreich kam, mehrere Schlachten erfolgreich schlug und schließlich vor dem Ort Avalon in Burgund schwer verwundet wurde.

Der Artus-Forscher Geoffrey Ashe kommt zu dem Schluss, dass sich der legendäre König mit einiger Wahrscheinlichkeit in der historisch belegten Gestalt des Feldherrn Riothamus wiederfinden lasse. Eine Ansicht, die bereits der Historiker Sharon Turner 1799 vertrat. Er schrieb über das 5. und 6. Jahrhundert, »dass die Briten genau zu dieser Zeit so kriegerisch waren, dass 12 000 von ihnen auf Ersuchen des Kaisers nach Gallien gingen, um die dortige Bevölkerung gegen die Westgoten zu unterstützen, angeführt von Riothamus. Entweder war dieser Riothamus Arthur – oder Geoffrey Monmouth und die bretonischen Barden bezogen von dieser Expedition die Idee für die Artus-Schlachten in Gallien.«

Ashe nimmt an, dass es gut 400 Jahre später zu einer Neuentdeckung der Artus-Geschichten in England kam. William der Eroberer, Herzog der Normandie, übernahm 1066 die Macht auf der Insel. Mit den Normannen, die zur neuen Herrscher- und Landbesitzerkaste wurden, wanderten auch viele Bretonen zurück ins Land ihrer Vorfahren. Unter ihnen waren Minnesänger, die Geschichten über Arthur mitbrachten und ihre Versionen mit denen aus Cornwall und Wales verglichen. Sie verbreiteten auch die Prophezeiung von seiner Wiederkehr und trugen damit entscheidend zu einer neuen Blüte der Arthur-Legende bei. Die Angelsachsen, die das Land nach seiner Zeit beherrschten, hatten nie ein Interesse an ihm, da er von ihrem Standpunkt aus ihr Feind war. Wo immer sie die Macht ausübten, verblasste die Erinnerung an den sagenhaften König. Jetzt strömte sie aus dem keltischen Randbereich wieder nach England zurück.

Im Tal ohne Wiederkehr

Da die Bretonen offensichtlich die Geschichten um Arthur in England neu belebt haben, überrascht es kaum, auch in der Bretagne selbst auf zahlreiche Spuren Morganes zu stoßen. Im Märchenwald von Brocéliande liegt – umgeben von Feenteichen – das »Tal ohne Wiederkehr«, wo die anmutige Frau zur gefährlichen Verführerin geworden sein soll. Ein älterer Reiseführer stimmt den Besucher ein: »Der Spaziergänger folgt vielleicht dem kleinen gewundenen Wasserlauf, der sich zwischen Schieferblöcken, Buschwerk, Bäumen und Sträuchern durch eine stille unwirkliche Landschaft schlängelt. Ab und zu ertönt ein Vogelruf. Man entfernt sich vom Bach und steigt langsam eine kleine Anhöhe hinauf, von wo aus der Blick auf das dunkle Auge eines kleinen Sees fällt, an dessen Ufer sich schweigend und grün der Wald erhebt, der hier besonders dicht zu wachsen scheint.«

Das Bild hat sich geändert: Die alten Bäume, die einst den Zauber des Ortes ausgemacht haben, sind einem Großfeu-

Der Felsen der falschen Liebhaber im »Tal ohne Wiederkehr«. Hier soll Morganes von Flammen umloderte Burg gestanden haben.

er zum Opfer gefallen. Ein Mahnmal weist auf die ökologische Tragödie hin. Dennoch hat der Märchenwald nichts von seiner Anziehungskraft verloren. Viele Wanderer suchen die Schauplätze der Artus-Sage im »Tal ohne Wiederkehr« auf. Am Mahnmal vorbei führt der Weg hinauf zu den »Felsen der falschen Liebhaber«. Hier soll Morganes von Flammen umloderte Burg gestanden haben. Ihre Zauberkraft – nach französischen Legenden – zwang Ritter in Bann, die ihre Frauen hintergingen. In nur 13 Jahren lockte Morgane 353 untreue Edelmänner in die Festung und hielt sie dort gefangen. Die Fee galt als Schutzherrin eines Minnereiches, das nicht durch Betrug entweiht werden durfte. Womöglich hatte ihr Handeln seine Wurzeln in matriarchaler Vorzeit. War sie nicht einst die keltische Göttin der Schönheit und Liebe?

In einem altbretonischen Lied heißt es:

»Jäger, Jäger, sag mir! Als es Mitternacht war im Wald,
wer war das Mädchen mit dem schwarzen Haar,
das zum Grunde des Tales so leichtfüßig hinabstieg?
Das war Morgana, die Fee,
die zum Grund ihres Tales hinabschritt,
dem Tal ohne Wiederkehr.
Sie rief ihre Getreuen zum Zauberspiel herbei,
aber es antworteten ihr nur die Vögel der Nacht.
Jäger, Jäger, sag mir, warum zittert deine Stimme,
wenn du von Morgana sprichst ?
Ich zittere, denn Morganas Augen gleichen der Glut des Feuers. Wenn sie mich sähe, dann fräßen mich alle Feuer der Hölle,
so wie sie einst die verirrten Ritter verbrannt haben,
deren Seelen noch immer im Tal ohne Wiederkehr gefangen sind.«

Das Lied deutet schon an, wie sich in späteren Zeiten das Bild der Zauberfee gewandelt hat. Die Burg wird zur Liebesfalle und Morgane unersättlich in ihren Verführungen. Ritter, die ihr nicht zu

Willen sind, betäubt sie mit einem Liebestrank. Gemeinsam mit ihren Gespielinnen entführt sie die Wehrlosen in ihre Gemächer zu orgiastischen Festgelagen – ganz nach ihrer Lust und Laune. So stellen es mittelalterliche Erzähler und Illustratoren dar. Morganes Appetit auf starke, schöne Männer ist sprichwörtlich. So wird ein Ritter, auf den sie ein Auge geworfen hat, vor ihr gewarnt. Ängstlich, aber entschieden seine Antwort: »O Jesus, schütze mich vor ihrer Lust, denn lieber würde ich mir die Hoden abschneiden als ihr solche Lust bereiten.«

Ob sich in der Darstellung Morganes als Erotomanin die Hassliebe eines späteren Jahrhunderts zur höfischen Dichtung ausdrückt, in der die Minne noch einen Wert an sich darstellte, ohne durch kirchliche Moralvorstellungen diskriminiert zu werden, lässt sich kaum schlüssig beweisen. Es ist ebenso denkbar, dass sich plötzlich das negative Element der Großen Mutter enthüllt, das sich schon im Charakter der keltischen Morrigain offenbart. Und dass unter dem Einfluss der christlichen Kirche die Schattenseite der heidnischen Göttin zum wahren Wesen der Fee Morgane hochstilisiert wurde.

Was wünschen Frauen am meisten?

Die Geschichte ist aber auch aus einem anderen Blickwinkel zu betrachten: Die edlen, hochgestellten Damen der Artus-Sage sind ungewöhnlich emanzipiert. Ein Gedicht von unbekannter Hand aus dem 13. Jahrhundert gibt Auskunft über die Rolle der Frauen in jener Zeit. Dabei geht es um ein Ratespiel, das an Arthurs Hof sehr beliebt war. Wenn der Gefragte die Antwort schuldig bleibt, folgt die Herausforderung zu einem Kampf auf Leben und Tod. Einmal erscheint eine Furcht erregende Gestalt, ein Hexenmeister aus der Anderswelt, vor dem König und stellt ihm die knifflige Frage, die innerhalb eines Jahres beantwortet werden muss: »Was wünschen Frauen am meisten?« Niemand weiß es. So schickt Arthur einen seiner treuen Ritter in die weite Welt, auf dass er die richtige Lösung herausbekomme. Kurz vor Ablauf der Frist kehrt der Edelmann mit einer Antwort zurück, die den mittelalterlichen Leser erstaunt haben mag. Sie lautet:»Frauen lieben Unabhängigkeit und wollen den Mann, ihren Mann, beherrschen.«

Auf die meisten Damen der Artus-Sage trifft das tatsächlich zu. Angestiftet zu dem gefährlichen Ratespiel, das dem König den Tod hätte bringen können, hat den Hexenmeister natürlich die Fee Morgane. Wer sonst? Die Halbschwester Arthurs – in der Urfassung von Geoffrey of Monmouth noch eine Heilerin – verwandelt sich durch den zunehmenden Einfluss der christlichen Ethik in eine heimtückische Hexe, die Ritter in die Falle lockt und bei Hofe Unheil stiftet. Als Zauberin und ursprünglich heidnische Göttin durfte Morgane einfach nicht gut sein. Experten glauben, dass die Geschichten auf realen Strukturen der keltischen Gesellschaft basieren, mit denen die Menschen des Mittelalters nichts mehr anzufangen wussten. Eine keltische Königin konnte sich frei und gleichberechtigt Liebhaber nehmen. Im 12. Jahrhundert, als die Artus-Sage niedergeschrieben wurde, war eine solch emanzipierte, souveräne Frau gar nicht mehr vorstellbar. Ein männlicher Romanschreiber konnte sie allenfalls noch als untreu, flatterhaft und herrschsüchtig diskriminieren.

Ein Vollblutweib in der Dorfkirche

Am Rande des Märchenwaldes von Brocéliande treffen keltische Mythen und christliche Überlieferung anschaulich aufeinander. In der granitgrauen Dorfkirche von Tréhorenteuc, nicht weit entfernt vom »Tal ohne Wiederkehr«, versuchte der zuständige Abbé Henri Gillard die Gegensätze zu vereinen. Dafür schien ihm die Artus-Legende besonders geeignet. Auch die berüchtigte Fee sollte nicht zu kurz kommen. Grund für die Aktion war die kahle Kirche des unkonventionellen Geistlichen. Kein Bild schmückte die Wände, nicht einmal mit bunten Glasfenstern konnte das Gotteshaus aufwarten. Es fehlte in jenen Jahren, den letzten des Zweiten Weltkriegs, natürlich am nötigen Geld, um Künstlern entsprechende Aufträge zu erteilen.

Damals waren deutsche Kriegsgefangene des Lagers Rennes zum Straßenbau in der Region eingesetzt – unter ihnen auch zwei Schildermaler. Das brachte den Pfarrer auf die Idee, die beiden für die Ausgestaltung seiner Kirche zu rekrutieren. Da sie nur nach Modell arbeiten konnten, schlug der Abbé die Dorflehrerin als Vorbild für die Fee Morgane vor. Die junge Frau aus Lorient von der Nordküste der Bretagne hatte ihre erste Lehrerstelle in Tréhorenteuc angenommen. Sie sprach nicht den örtlichen Dialekt, ihr Auftreten und ihre Stellung machten sie zu etwas Besonderem, ja sogar zu einem Fremdkörper in der kleinen Gemeinde. Als Außenseiterin schien sie dem Pastor genau richtig für die keltische Fee zu sein. Die Dorfbewohner hatten zwar anfangs wenig Verständnis für die Vorstellungen des frommen Mannes, standen dann aber für die Gestaltung der Passionsgeschichte ebenso stolz Modell wie einige der deutschen Kriegsgefangenen.

Erst 1961 – 14 Jahre später – kam es zum Eklat. In der Radiosendung *Bonjour la France* berichtete ein Reporter über die Kirche in Tréhorenteuc. Die Darstellung der Fee Morgane als biblische Sünderin Maria Magdalena, als Vollblutweib im durchsichtigen Kleid, sehr körperbetont und herausfordernd an der Seite des leidenden Jesus, machte den Skandal perfekt. Mit einem Mal war die kleine Kirche eine landesweite Attraktion. Viele Neugierige kamen, beim zuständigen Bi-

Die Fee Morgane als Maria Magdalena auf einem Wandgemälde in der Dorfkirche von Tréhorenteuc

schof hagelte es etliche Beschwerden. Die provozierenden Bilder der Dame mit den üppigen Reizen hatten zur Folge, dass dem Abbé sogar ein Verhältnis mit der schönen Dorflehrerin nachgesagt wurde, zumal sie ihn jahrelang als Haushälterin betreut hatte.

Doch der mutige Mann, der aus seiner Vorliebe für heidnisch-christliche Legenden, keltische Mythen und die Gralssuche nie einen Hehl gemacht hatte, setzte sich durch. Die verführerische Morgane blieb ebenso in seiner Kirche wie die Glasfenster, auf denen er Arthurs Tafelrunde und den Heiligen Gral abbilden ließ. Auch das große Wandgemälde auf der Stirnseite seines Kirchenschiffs erregte die Gemüter. Darauf ist der Zauberer Merlin aus der Artus-Sage zu sehen. Die mythologische Szene zeigt ihn als keltischen Gott Cernunnos in Gestalt eines strahlend weißen Hirsches. Seinen Hals ziert eine goldene Kette mit einem Kreuz. Für die Kelten symbolisierte der Geweihträger in Weiß die Wiedergeburt.

Selbst wenn Morgane als Maria Magdalena, die aus Liebe zu einem Mann, zu Jesus Christus, von der Hure zur frommen Frau wurde, heute noch manch einen schockiert, so hat die Betonung weiblicher Attribute in der bildenden Kunst Tradition. In Europa reicht sie bis ins Mittelalter zurück. An den Dachfirsten romanischer Kirchen in der Bretagne taucht neben anderen Frauenfiguren auch die Fee auf – zur Abwehr von Dämonen, Geistern und bösen Blicken und damit zum Schutz des sakralen Raums. In den Ortschaften Sizun und in Lannedern weist jeder Passant auf die Frage nach Morgane dem Fremden den Weg zum Gotteshaus und zeigt auf die Gestalten mit bloßem Oberkörper und fischschwänzigem Unterleib. Im Bewusstsein der Einheimischen spielt das Zauberwesen – auch losgelöst von der Artus-Sage – bis in unsere Tage noch eine große Rolle.

Von Nymphen und Morganen

Bretonische Fischer erzählen: Morgane ist eine ewig junge Fee, eine Verführerin, deren Leidenschaft nie gestillt werden kann. Ihr Aufenthaltsort liegt unter dem Meer, dort besitzt sie ein schönes Schloss mit Gold und Edelsteinen. Umgeben von anderen Feen, deren Königin sie ist, steigt sie zur Wasseroberfläche und zeigt sich den Fischern nackt. Sie seufzt im Mondlicht, während sie ihr Haar mit einem goldenen Kamm kämmt. Dann singt sie eine klagende, verlockende Melodie. Seeleute, die sie hören, müssen ihr folgen. Aber die magische Anziehungskraft führt die Männer in Vernichtung und Tod. Ihre Schiffe zerschellen an Riffen, sie stürzen in die See und Morgane stößt einen Freudenschrei aus.

Die Märchen der Bretagne, in denen alle Wassernymphen »Morganes« heißen, lassen erkennen, dass die Göttin Morrigain darin als Nymphe weiterlebt: ein junges, anmutiges und betörendes Wesen, als Elementargeist halb dieser Welt und halb dem Jenseits zugehörig. Das entspricht ziemlich genau der Bedeutung des griechischen Wortes »Nymphe«, mit dem einerseits ein heiratsfähiges Mädchen oder eine Braut bezeichnet wurde und andererseits – im mythologischen Kontext – die Gespielin eines Gottes oder göttlichen Helden.

Nymphen sind die »Seele« einer Quelle, eines Teiches, eines Brunnens oder eines Baumes. Es gibt ihrer so viele, wie es

Quellen, Teiche, Brunnen und Bäume gibt
– nicht zu vergessen die Hügel, Höhlen
und Grotten, Wiesen und Gärten, in denen sie ursprünglich gehaust haben sollen. Es ist also schwer zu entscheiden, ob
sie der Erde oder dem Wasser zugeordnet
werden müssen. Vielleicht kommt es darauf auch gar nicht an. Denn beide gelten,
im Gegensatz zu Feuer und Luft, als aus-
gesprochen weibliche Elemente, in denen
sich Leben und Tod nicht bekämpfen,
sondern als sich ergänzende Seinsweisen
harmonisch ineinander aufgehen.

Nymphen und Morganen wachen nicht
nur über die ihnen jeweils zugehörigen
Bezirke, sondern auch über die Fruchtbarkeit von Mensch und Tier. Sie treten
als Geburtshelferinnen und Ammen auf,
sie heilen, inspirieren und sagen die Zukunft voraus. Sie beweinen die Toten und
helfen den Lebenden. Und doch kommt
es vor, dass sie – durch Tabubrüche ge-
reizt oder aus einer unerklärlichen Laune
heraus – plötzlich in Raserei verfallen
und sich wie Furien aufführen.

So schildern auch die ersten Ritterro-
mane, die dabei noch Feenwelten aus
Wasser und Luft ins Spiel bringen, Morganes Auftritte. 1194 beschreibt Ullrich von
Zatzikhoven aus dem Thurgau, wie die
Fee in plötzlicher Laune den edlen Ritter
Lancelot in ihr nasses Reich entführt – in
eine »Anderswelt« tief unter den Wellen.
Zwanzig Jahre später nimmt ein anonym
gebliebener Autor dieses Motiv auf. Das
ätherische Wesen taucht mit Lancelot
hinab in einen Zaubersee. Die Szene
interpretiert die Schriftstellerin Ruth
Schirmer in ihrer Nacherzählung *Lancelot und Genevra, ein Liebesroman am
Artushof* ganz eindeutig als Luftspiegelung. Chrétiens Lancelot dagegen gelingt
es nach hartem Kampf, einen Ritter vom
Liebeszauber Morganes zu befreien. Sie

hatte ihn durch eine Wand aus Luft jahrelang gefangen gehalten.

Das Wissen um Morgane und ihr gefährliches Treiben beschränkte sich
schon bald nicht mehr nur auf Britannien, Frankreich und die angrenzenden
Länder. Noch bevor die meisten der be-
deutenderen Artus-Werke geschrieben
wurden, rühmt ein Text aus dem Jahr
1170 die rasche Verbreitung der Legende:
»Welchen Ort gibt es innerhalb der
Grenzen des Reiches der Christenheit, an
den die geflügelte Lobpreisung Arthurs,
des Britanniers, noch nicht gedrungen
ist? ... Wer ist da, frage ich, der nicht von
Arthur, dem Britannier, spricht, nachdem
er den Völkern Asiens kaum weniger bekannt ist als den Bretonen, wie wir von
unseren Wallfahrern hören, die aus den
Ländern des Ostens zurückkehren? Die
östlichen Völker sprechen genauso von
ihm wie die westlichen, obwohl sie durch
die ganze Breite der Erde voneinander
getrennt sind. Ägypten spricht von ihm
und auch der Bosporus schweigt nicht.
Rom, die Königin der Städte, besingt seine Taten und seine Kriege sind auch ihrer
ehemaligen Rivalin Karthago nicht unbekannt. Antiochia, Armenien und Palästina
feiern seine Handlungen.«

Ein Sagenheld geht auf Reisen

Ein besonderer eindrucksvoller Beleg für
die Verbreitung der Artus-Sage findet
sich im Norden Italiens. In Modena, in
der Poebene, erbauten die Normannen
eine Kathedrale, die zu den Hauptwerken
romanischer Kunst gehört. Das Nordpor-
tal, die »Porta della Peschiera«, schmückt
eine in Stein gemeißelte Artus-Geschich-

König Arthur auf einem Ziegenbock reitend. Szene aus dem berühmten Bodenmosaik von Otranto, dem alten Kreuzfahrerhafen in Süditalien

te. Der halbkreisförmige Fries zeigt Ritter, die gerade im Begriff sind, eine Burg zu erstürmen. Auch die Namen der Helden sind fein herausgearbeitet. Allen voran reitet der bewaffnete »Artus de Britani«. Er versucht, den Furcht erregenden Riesen Caradoc zu bezwingen, der auf seiner Festung die Gemahlin des Königs, Genevère, gefangen hält.

Doch noch spannender als die Bildsequenz selbst ist deren Entstehungszeit: Kunsthistoriker datieren sie auf den Zeitraum zwischen 1110 und 1130. Demnach kannten die Auftraggeber die Artus-Geschichte mindestens fünf Jahre vor der ersten Aufzeichnung durch Geoffrey of Monmouth. Sie muss also lange vor ihrer schriftlichen Fixierung wie ein Lauffeuer die Runde gemacht und durch mündliche Weitergabe Norditalien erreicht haben. Vermutlich haben bretonische Ritter, die den Normannen auf den Kreuzzügen gefolgt sind, die Erfolgsstory ins Land gebracht. Und mit ihr das Wissen um die zwielichtige Fee Morgane, die Halbschwester König Arthurs.

Auch im Süden der Apenninenhalbinsel ist der Sagenheld verewigt. Im Dom von Otranto in Apulien beteten die Kreuzfahrer, bevor sie vom Hafen ins Heilige Land aufbrachen. Umrahmt von Blattwerk, Dämonen und Engeln – gleich neben dem Sündenfall Adams und Evas –, präsentiert sich auf dem weltbekannten Bodenmosaik König Arthur. »Rex Arturus« steht neben dem rätselhaften Reiterbild aus dem 12. Jahrhundert. Es zeigt den Herrscher huldvoll winkend auf einem ziegenbockartigen Wesen. In einem Umfeld perfekt gesetzter kleinster Steine wirkt die Szene etwas verzerrt und erinnert an eine Kinderzeichnung. Auch lässt die Darstellung des einfältig dreinblickenden Arthur im ersten Moment den Gedanken an eine Karikatur aufkommen.

Zwei Deutungen bieten sich an. Die Theorie, die der mythischen Rolle der Ziege folgt, setzt sich von Anfang an über einen sehr entscheidenden »kleinen Unterschied« hinweg: Das dargestellte Tier ist ganz eindeutig männlich – ein Ziegenbock! Der Ritt auf einer Ziege – so der Artus-Forscher Franz Baumer – weist Arthur als ein übernatürliches Wesen oder einen Feenkönig aus. Das Tier ist ein uraltes Symbol im Mythos verschiedener Kulturen. Ziegen ernährten nicht nur den griechischen Göttervater Zeus, sondern stehen auch mit den keltischen Göttinnen Blodeuwedd, Rhiannon und Danu sowie der kretischen Erdmutter Rhea in Verbindung. Das alles sind nichts anderes als unterschiedliche Namen für die Große Mutter, die Fruchtbarkeitsgöttin aus grauer Vorzeit. In einen Ziegenbock schließlich verwandelt sich Dionysos, der Gott des Rausches und des Weines. Ohne den meckernden Hornträger ist auch kein ausgelassenes Treiben in der Walpurgisnacht denkbar. Vermutlich enthalten die Hexentänze noch Elemente sehr alter Wiedergeburtsriten. Und der auf dem Ziegenbock reitende König Artus kann in der Vorstellung der Menschen durchaus ein unterirdisches, magisches Reich bewohnt haben.

Eine zweite Deutung folgt dem »ganz unangemessenen Reittier Arthurs, dem Geißbock. Für die Menschen des 12. Jahrhunderts war dieses Tier vor allem Sinnbild der Geilheit, der Wollust, ja des Teufels schlechthin. Andererseits kann das Reiten auf einem dämonischen Tier auch positiv gewertet werden, nämlich als Sieg über das Böse, als Überwindung teuflischer Versuchungen und als Zähmung sündhafter Begierden.« Der Kunsthistoriker Carl Arnold Willemsen nimmt in seinem Buch *Das Rätsel von Otranto* an, dass die Szene auf dem Ziegenbock nachträglich in das Bild eingesetzt wurde. Welche Bedeutung und welchen Bekannt-

heitsgrad muss die Sage auch in Apulien gehabt haben, wenn ein so meisterhaft komponiertes Kunstwerk wie das Bodenmosaik eigens für König Arthur verändert wurde?

Ein Kelte im Ätna

Die Normannen beenden die Herrschaft der Byzantiner in Unteritalien und bezwingen die Araber auf Sizilien. Im Jahr 1061 erobern sie Messina und elf Jahre später Palermo. Roger II. vereinigt die Insel mit Kalabrien und Apulien zu einem süditalienischen Normannenreich und macht Palermo zu seiner Hauptstadt. So erreicht die Artus-Legende schließlich Sizilien. Der Ätna wird zur Jenseitswelt, zum sizilianischen Avalon, in dem König Arthur auf seine Wiederkehr wartet. Vor dem brodelnden Vulkan wacht die keltische Fee Morgane, die Herrin der Anderswelt, als Fata Morgana in der Straße von Messina. Ihre geheimnisvollen Luftbilder weisen wie selbstverständlich auf die Nebel von Avalon hin. Und der bekannte Frauenname Morgane erleichtert die sprachliche Verbindung zu der keltischen Fee.

Gervasius von Tilbury beendet 1214 sein Werk *Otia imperialia – Mußestunden des Kaisers.* Darin berichtet er, wie ein Diener des Bischofs von Catania auf der Suche nach einem entlaufenen Pferd einen Blick ins Innere des Ätna werfen konnte und dort König Arthur »mit frischen Wunden« auf einem Ruhebett liegen sah. Nun gehen die Ansichten darüber, ob der Aufenthalt in einem Feuer speienden Berg der Himmel oder die Hölle sei, weit auseinander, ohne dass daraus verbindliche Schlüsse zu ziehen

Ausbruch des Ätna. Die schaurige Szenerie deuteten die Menschen in früheren Zeiten als Behausung böser Geister. Der Legende nach wartet König Arthur im brodelnden Krater auf seine Wiederkehr.

sind. Vergleiche mit den Sagen anderer Kulturen legen aber die Vermutung nahe, dass in alten Zeiten das Feuer auch als mütterliches, belebendes und wiederbelebendes Element betrachtet worden ist.

Mit den Flammen ist auch der Ziegenbock symbolisch verknüpft, auf dem Arthur in Otranto reitet. Die Ziege gilt als Gewittertier, das dem Donnergott Donar geweiht ist – aber auch Wotan, dem Herrn des Krieges, der als »Wilder Jäger« im Gewittersturm durch die Lüfte braust. Mit dem Anführer des »Wütenden Heeres« ziehen Böcke als Reittiere mit, wenn nicht sogar der »Nachtjäger« selbst auf einem kopflosen, feurigen Bock reitet. Britannische Waldhüter sehen Arthur als »Wilden Jäger«, das heißt, als »Herrn der Toten«, die in der Unterwelt auf ihre Wiedergeburt warten.

Der Gedanke, dass die Toten nicht unwiderruflich tot sind, sondern ins Leben zurückkehren, wenn sie nur dringend genug gerufen werden, hat etwas Ermutigendes – und hat die Menschheit durch die Jahrtausende begleitet. Alle Vorstellungen von einer Wiedergeburt entspringen diesem tröstlichen Traum, der vielleicht nur ausdrückt, was jeder Einzelne im Lauf seiner Entwicklung erfährt: Die »Urzeit«, die er als Embryo wunschlos glücklich im Mutterleib verbracht hat, und alle späteren Zeiten des Anfangs tragen paradiesische Züge. Auch der Schlaf, der Bruder des Todes, ist eine Phase der Erholung, der Erneuerung vitaler Kräfte. Und die Idee, dass einer wieder jung und gesund werden könne, wenn er im Schoß der Großen Mutter einem neuen Leben entgegendämmere, strahlte seit jeher verführerische Suggestionskraft aus. Das zeigt nicht nur der Mythos von Avalon oder dem Jenseitsreich im Ätna. Auch die deutschen Sagen, in denen Kaiser Karl der Große, Friedrich Barbarossa oder der Wendenfürst Ziszibor in Bergen schlafen, bis ihre Zeit von Neuem beginnt, gründen auf der gleichen Hoffnung.

Ende des 13. Jahrhunderts erobert der König von Aragón die Insel Sizilien. So wandert der Artus-Mythos ins spanische Katalonien. Im 14. Jahrhundert nennt der mallorquinische Poet Guillem de Toroella zum ersten Mal den Namen Fata Morgana, als er in seinem Gedicht *La Faula – Die Fabel*, in katalanischem Dialekt einen Traum erzählt: Als Toroella einen Papagei verfolgt, wird er an einem Sommermorgen unvermutet auf dem Rücken eines Wals von Soller auf Mallorca hunderte von Meilen ostwärts davongetragen. Er landet in der Dunkelheit auf einer Insel. Eine Schlange erklärt ihm in einem Französisch, das des Dichters Ohr erfreut, dies sei die Insel der Fata Morgana und König Arthurs.

In der Morgendämmerung gelangt der Poet zu einem prächtigen Palast. Eine 16-jährige Schönheit empfängt ihn. Es ist Morgana selbst. Mit ihrem Gast betritt sie das Schloss. Toroella erkennt in der Versammlung viele Ritter der Tafelrunde: Tristan, Lancelot, Iwein, Erec und Parzival. Auf einem Bett sieht er einen jungen Mann liegen, am Fußende sitzen zwei schwarz gekleidete, edle Frauen. Fata Morgana stellt ihm die drei Personen vor: Arthur, Liebe und Tapferkeit. Der jugend-liche Invalide hält eine pessimistische Rede an sein Schwert Excalibur. Von Morgana erfährt Toroella, dass er eigens zu dem Zweck hergebracht worden sei, um zwischen Artur und der Welt zu vermitteln. Des Königs Melancholie werde durch das verursacht, was er auf seinem Schwert sehe.

Toroella findet darauf die allegorische Darstellung einer bitteren Erkenntnis: Die Aggressiven gedeihen und die Wertvollen sind so gebunden, dass sie nichts bewirken können. Schließlich entlässt ihn Morgana wieder nach Mallorca – mit dem Auftrag, der Menschheit diese Botschaft zu verkünden. Der Dichter ist der Erste, der den italienischen Namen der Fee überliefert: Fata Morgana. Auf diesem Weg findet ein natürliches Ereignis – nämlich die Luftspiegelung – Eingang in die Literatur. Das gottgleiche Wesen selbst wird zum Trugbild. Und somit zum Synonym für ferne Lockungen und Täuschungen, für unerfüllte Wünsche und Sehnsüchte.

Spektakel und Spekulationen

Die seltenen Erscheinungen des atmosphärischen Spuks in der Straße von Messina erlebten im Laufe der Jahrhunderte nur wenige Menschen. Kaum ein Dutzend Augenzeugen schrieben ihre Eindrücke nieder. Und nur einer hielt das Spektakel im Bild fest. Rund 150 Jahre nach dem Laborversuch von Athanasius Kircher bestaunt der Dominikanerpater Antonio Minasi tatsächlich einen glänzenden Auftritt der Fee.

Mit seiner *Dissertation über verschiedene weniger klare Tatsachen aus der*

106 Fata Morgana

Der Kupferstich, den Minasi nach seinen Beobachtungen zeichnen ließ, ist die bis heute einzige bildliche Darstellung der Mehrfachspiegelungen von Messina.

Spektakel und Spekulationen 107

...CHESSA DI MADDALONE, ED ORA PRINCIPESSA DI CARAMANICO
A CON LA VAGA VEDUTA DELLA FATA MORGANA
rchiginnasio Romano detto la Sapienza

...RA	10. Il Convento di PP. Agostiniani	13. Fata Morgana marina p. 9. c. v.	16. La Cittadella con la Lanterna v. di Messina, riflesso in aria,
	11. Il Fortino di Lemos al Mezzodi	14. Fata Morgana marina aerea p. 48. c. vi.	e dal pio e letterato amico Sig. Can. Barilla tra'l sudetto canale,
	12. P. di Calamizzi	15. Fata Morgana fregiata d'Iride p. 60. c. vii.	osservato. Tutto il rimanente è gia descritto nella nota Dissertazione

108 Fata Morgana

Naturgeschichte lieferte Minasi im Jahr 1774 die berühmteste Beschreibung der Fata Morgana von Messina: Bei einem Strahlungswinkel der Sonne von 45 Grad sah er von Reggio di Calabria über der spiegelglatten Wasserfläche »plötzlich eine Reihe von ungezählten Pfeilern, Bögen und Schlössern, alle rein gezeichnet, großartige Türme, prächtige Paläste ..., Kriegsheere von Fußgängern und Reitern und viele andere seltsame Bilder, in ihren natürlichen Farben und ihren eigenen Bewegungen, die in rascher Abwechslung über die Meeresflächen hinziehen und jedes nur kurze Zeit andauert« – bis alles im Nichts zerfloss und bei einem leichten Wind das Meer wieder zum Meer geworden war.

Der begeisterte Pater ließ sein Erlebnis in einem Kupferstich verewigen. Bis heute blieb er die einzige Darstellung der seltenen Variante: Denn nicht nur das andere Ufer schien näher gerückt – wie sonst beim Auftauchen der Fee. Minasi sah die Spiegelungen in mehrfacher Ausführung. Nach unten und zur Seite vervielfältigt huschten sie dahin. Die Wissenschaft erklärt diese Fata Morgana als besonders komplizierte Strahlenbrechungen, wenn Luftschichten unterschiedlicher Dichte nicht nur – wie gewöhnlich – horizontal zur Erdoberfläche liegen, sondern auch vertikal oder sogar gekrümmt und wellenförmig verlaufen. Von den gewundenen Reflexionsflächen gelangen die Lichtstrahlen auf vielen Wegen vor die Augen des Beobachters und bringen immer wieder neue Abstraktionen und Vervielfältigungen hervor. Ähnliches passiert bei einem Blick im Dunkeln von einer Brücke auf ein still dahinfließendes Wasser, in dem sich eine Laterne spiegelt. Solange der Strom ruhig dahinzieht, sieht der Beobachter ein einfaches Abbild.

Kräuselt aber ein leichter Wind die Wasserfläche, spiegelt sich die Laterne in jeder einzelnen Welle.

So könnte das Wunder von Messina funktioniert haben, glauben die Fachleute heute. Das Thema ist für sie eigentlich abgeschlossen. Allein die übersinnlichen Deutungen beschäftigen noch manchen Forscher. Könnte es nicht sein, fragt sich der amerikanische Professor Alistair Fraser, dass auch der rätselhafte Zug der Israeliten durch das Rote Meer auf Luftspiegelungen zurückzuführen ist? Zusammen mit anderen Wissenschaftlern nimmt Fraser an, dass Moses sein Volk auf einer Route nördlich des Roten Meeres führte – zwischen den Lagunen und Seen des östlichen Nildeltas in Richtung Sinai-Halbinsel.

Eine ideale Strecke für die optischen Tricks der Natur, besonders wenn nach der Mittagshitze die Spiegelungen nicht nur in einer Richtung auftreten, sondern ringsum erscheinen. Dann könnten die aus Ägypten geflohenen Israeliten tatsächlich trockenen Fußes durch das zur Rechten und Linken vorgetäuschte Wasser gezogen sein, während das »Meer« vor ihnen zurückwich und sich hinter ihnen wieder schloss. Mit dem Phänomen des Einhüllens, das vor allem bewegte Objekte aus dem Blickfeld löscht, ließe sich auch erklären, wie »das Wasser zurückflutete und den Pharao mit seinen Wagen und Reitern verschlang«.

Auch Jesu Wandeln über den See Genezareth führt Fraser auf eine ähnliche Sinnestäuschung zurück: Die Jünger konnten von ihrem Boot aus den Eindruck gewinnen, als schwebe ihr Meister, der am Strand entlangging, über dem Wasser. Denn zu seinen Füßen bildeten sich in einer Luftspiegelung nach unten scheinbare Wasserflächen, die mit der tatsächlichen Fläche des Sees zu einem Gesamtbild verschmolzen.

Der deutsche Physiker Helmut Tributsch geht noch einen Schritt weiter und glaubt an einen weltweiten Fata-Morgana-Kult. In spiegelbildlich angeordneten Symbolen und Doppeldarstellungen von Menschen, Tieren und Gegenständen aus frühgeschichtlicher Zeit sieht Tributsch Fata-Morgana-Phänomene. Er weist nach, dass viele alte Kultstätten in Gebieten liegen, in denen sich solche Erscheinungen häufig beobachten lassen. Seien es die Steinmonumente der Bretagne, die Tempelanlagen Mesopotamiens, die Pyramiden Ägyptens oder das Megalith-Heiligtum Stonehenge in der ebenen Landschaft bei Salisbury. Möglich, dass die heiligen Bauwerke sogar ab und an durch eine »Luftspiegelung nach oben« als umgekehrtes Bild am Himmel erschienen. Das Wunder konnten die Priester mühelos als Verbindung zum Jenseits deuten.

Das Märchen von Messina

An beiden Ufern der belebten Straße von Messina ist die Fata Morgana heute jedem geläufig. Doch kaum jemand hat sie gesehen. Auch wissenschaftliche Institutionen in Reggio oder die Universität in Catania bestätigen die frühen Aufzeichnungen. Doch in den letzten Jahrzehnten gingen keine Meldungen mehr ein. Die Wissenschaftler verweisen auf Vorkommen, bei denen das gegenüberliegende Ufer zum Greifen nah ist. Dafür gibt es auch einige Augenzeugen in Reggio, die das einfache Auftreten der Fata Morgana einmal in ihrem Leben gesehen haben:

Auf einer leichten Nebelwand, die sich über dem Wasser erhob, erschien ihnen Messina wie eine Projektion. Darüber erblickten sie die echte Skyline der Stadt. Das hatte die Wirkung, als sei das andere Ufer näher gerückt. Meist dauerte das Schauspiel nur wenige Minuten.

Die raffinierte Variante aber, die einst Minasi sah, ist nur noch Legende. Das kann verschiedene Ursachen haben. Für die komplizierte Form des Trugbildes müssen viele Faktoren zusammentreffen: Höhe und Gestalt der Objekte, die gespiegelt werden, spielen eine entscheidende Rolle. Die Silhouette von Messina ist schon lange nicht mehr dieselbe. Die alten Häuser wurden 1908 durch ein verheerendes Erdbeben und meterhohe Flutwellen zerstört. 60 000 Menschen kamen dabei um. Kaum wieder aufgebaut, wurde die Hafenstadt im Zweiten Weltkrieg zerbombt. Die filigranen Fassaden der ehemaligen Gebäude sind durch eintönige Großbauten ersetzt, die keine Formenvielfalt bei Spiegelungen erzeugen können und dafür auch zu hoch sind. So wird vor allem die Veränderung des Stadtbildes ebenso zum Ausbleiben der Mehrfachbilder beigetragen haben wie der Klimaumbruch und die Luftverschmutzung. Hinzu kommt noch, dass sich auch das gegenüberliegende Ufer von Reggio gewandelt hat. Von den in historischen Berichten genannten Standorten der Betrachter ist heute der Blick auf die Meerenge verbaut. Ein weiterer Aspekt, der nicht nur für die Fata Morgana in der Straße von Messina gilt, betrifft das Beobachten des Horizonts selbst. Die Menschen nehmen sich nur noch wenig Zeit dafür. Zudem ist es auch für sie nicht mehr so lebenswichtig wie einst, rechtzeitig zu erkennen, was in der Ferne geschieht oder auf sie zukommt.

Auch wenn kaum einer der Einheimischen in seinem Leben eine Fata Morgana gesehen hat, ist die berühmte Fee in Süditalien doch überall gegenwärtig. In Messina führt die breite Via Fata Morgana direkt zur Anlegestelle im Hafen. Von dort aus starten die Fährschiffe, die Sizilien in ständigem Pendelverkehr mit dem Festland verbinden. Im pittoresken Reggio di Calabria legen sie an. Auch hier heißt nicht nur eine Straße Fata Morgana. Ihren Namen tragen Schiffe, Restaurants, Vereine, Gesellschaften und Hotels. Im großen Sitzungssaal der Provinzregierung haben ihr die Stadtväter ein Denkmal gesetzt. Ein riesiges Bild an der Decke zeigt Fata Morgana auf einem Triumphwagen, gezogen von weißen Pferden. Hinter ihr das Naturwunder von Messina: in der Luft dreifach gespiegelte Häuser und Paläste. Das 150 Jahre alte Gemälde ist eine Hommage an ein italienisches Märchen. Es erzählt vom Normannenfürsten Roger II., der sich durch das unwegsame Kalabrien bis zur Meerenge vorkämpft:

»Graf Roger reitet durch Kalabrien. Eines Nachts erreicht er die Anhöhen von Reggio. Der Mond scheint und der Südwind trägt ihm den Duft der Orangen und Zedern in Blüte herbei, den Klang eines Kriegstanzes und das Lamento eines Sklavenliedes. Er fragt einen Eremiten: ›Was sind das für ein Duft, für ein Tanz und was für ein Klagelied?‹ – ›Dort, auf der anderen Seite des Meeres blühen die Gärten, dort gegenüber auf Sizilien, da weinen die Christen in Ketten und tanzen die Sarazenen‹. – ›Sind es viele Sarazenen?‹ – ›So viele wie die Ameisen. Sie wissen anzubauen und zu segeln, zu kämpfen und zu siegen; in den Fahnen haben sie nicht das Kreuz, sondern den Halbmond, der einer Sichel gleicht.‹ Da geht die Sonne auf und der Graf sieht in der Ferne eine große Anzahl von Pferden und Kamelen, die zu Tränken geführt werden. Er wendet sich an seinen Schildknappen: ›Es ist eine Sünde, zehntausend Krieger, aber keine Schiffe zu haben! Das Meer können wir nicht im Sattel überqueren. Ich will Sizilien, und wenn ich zwanzig Jahre kämpfen muss. Hier beginnt mein Kreuzzug.‹

Die Fata Morgana, in ihrem Palast am Grunde des Meeres, hört seine Worte und erscheint ihm daraufhin auf ihrem Zauberwagen, von sieben weißen Pferden gezogen. Schön ist der Graf und jung die Fee. Ihr Gesicht gleicht einer Lilie, rosa Wangen, schwarzes Haar und Augen, die brennen wie zwei Feuer nachts im Wald. ›Wenn du willst, bringe ich dich auf meinem Wagen nach Sizilien. Sieh es dir an.‹ Roger antwortet: ›Ich ziehe auf meinem Pferd in den Krieg und auf meinen Schiffen, nicht aber auf einem verzauberten Wagen.‹ Alsdann schlägt die Fee drei Mal mit der Peitsche in die Luft. ›Schau‹, sagt sie. Der Graf sieht ein Wunder. Die Insel nähert sich ihm mit all ihren Bergen, mit den Städten und Häfen, den Flüssen, Gärten und Feldern; Messina, die Spitze des Ätna, die ganze Insel ein dreieckiger Edelstein im Meere: Olivenbäume, Wälder, Felder voller Halme, Straßen von Kamelen wimmelnd und Ochsen, und hinter den Gärten, hinter Springbrunnen erblickt er Palermo mit seinen Palästen, die sich nicht zählen lassen, und mit tausend Schiffen im Hafen.

›Steig auf meinen Wagen‹, sagt die Fee. ›Du wirst König von Sizilien sein.‹ Aber er lehnt ab: ›Sizilien wird mir Christus geben und nicht eine Fee.‹ Kaum hat der Graf diese Worte gesprochen, verschwindet die Fee und kehrt in ihren Palast zurück, verschwinden die Berge, die Städte, Flüsse und Felder im Meer, und das wah-

Das Märchen von Messina 111

Die Fata Morgana auf einem Wagen, von weißen Pferden gezogen. Das Gemälde ist eine Hommage an das sizilianische Märchen vom Normannenfürsten Roger II., der einst Sizilien von den Sarazenen befreite. Mit ihm und seinem Gefolge kam 1061 auch die Legende von der Fee Morgane ins Land.

re Sizilien erscheint da, wo es immer war – weit weg. Als dann der Graf seine Schiffe bekommen hatte, stieg er ein, ließ die Trompeten erklingen, stellte sich mit der Standarte mit dem Kreuz an den Bug und gewann hundert Schlachten.«

Einige Fischer in Reggio haben die im Märchen beschriebene Erscheinung schon mit eigenen Augen selbst gesehen. Das andere Ufer war ganz nah gerückt und es kam ihnen vor, als ob sie sich die Hand reichen und begrüßen könnten – Sizilianer und Kalabresen.

Heute erinnert die Fata Morgana die Menschen nur noch an seltenen Tagen an die alte bretonische Sage, die sie als Herrin der »Anderswelt« beschreibt. Doch noch immer wacht sie vor dem Ätna, dem sizilianischen Avalon, wo König Arthur seit Jahrhunderten auf seine Wiederkehr wartet. Viele kennen die Legende nicht mehr. Erhalten geblieben aber ist der Name: Fata Morgana. Ihren magischen Momenten können sich selbst nüchterne Zeitgenossen nicht entziehen, wenn die schöne Fee für Augenblicke Luftschlösser der Fantasie an den Horizont zaubert, die ohne Beispiel in der Natur sind und immer neue Überraschungen bescheren.

So schließt sich der Kreis um Avalon, die gläserne Insel, die alles und nichts gewesen sein kann – Wasser, Feuer, Luft oder Erde; ein Glanz, ein Nebelstreif, eine über- oder unterirdische Spiegelwelt, seitenverkehrt oder auf den Kopf gestellt, erschreckend und verheißungsvoll – wie die keltische Fee, deren Name für alle Zeiten mit einem Naturwunder verbunden bleibt: Fata Morgana.

Richard Andrews

Lawrence von Arabien

Archäologe in geheimer Mission

Aus dem Englischen von Georg Graffe

Viel Lärm um Lawrence

Als ich neun Jahre alt war, arbeitete mein Vater für die britische Armee im Norden Borneos. Damals schickte er mich zu meinen Großeltern nach England, weil die asiatische Insel von einem blutigen Aufstand kommunistischer Rebellen erschüttert wurde. Es waren die Sechzigerjahre des vergangenen Jahrhunderts – eine Zeit des Umbruchs, in der eine aufmüpfige Jugend nicht nur im Vereinigten Königreich scheinbar unerschütterliche Wertvorstellungen über den Haufen warf.

Eines Tages sah sich unser anglo-irischer Haushalt mit einer noch größeren Provokation als der Rock'n'Roll-Musik konfrontiert – und zwar in Gestalt eines viel diskutierten Kinofilms. Nach vergeblichen Anläufen war es gelungen, das Leben von T. E. Lawrence auf die Leinwand zu bringen, eines wahrlich unkonventionellen Briten irischer Abstammung. Seit seinem frühen Tod 1935 im Alter von 46 Jahren war der rätselhafte Mann unangefochtener Lieblingsheld englischer Schuljungen. Ich machte da überhaupt keine Ausnahme und strapazierte deshalb die Nerven meiner Großeltern bis zum Äußersten, weil ich darauf bestand, den Film zu sehen – einen Film, von dem man raunte, er enthalte eine anrüchige Sexszene.

Nach einer hitzigen Debatte der Erwachsenen, von der ich nur verstand, dass sie um den düster geheimnisvollen Namen »Dera« kreiste, wurde das Urteil gesprochen. Meine Großmutter wollte

mit mir ins Kino gehen, aber nur unter einer Bedingung: Wenn sie sich entschied, den Saal zu verlassen, hätte ich ohne Widerstand zu folgen. Wir blieben bis zum Schluss. Ein Beweis für die Zurückhaltung, mit der David Lean, der Regisseur, jene Episode aus dem Leben von Lawrence behandelt hatte, die meine Großeltern als so skandalös empfanden. Das fast vierstündige Epos *Lawrence von Arabien* schildert die Abenteuer des jungen Engländers während des Arabischen Aufstands im Ersten Weltkrieg. Schweigend verließ das Publikum den Saal – ergriffen von einem wahren Meisterwerk intelligenter Filmkunst.

In dem spektakulären Werk wird das Wort »Archäologe« erwähnt, wenn auch nur ein einziges Mal. Seit ich lesen konnte, begeisterten mich Geschichten über archäologische Entdeckungen. Deshalb blieb mir die seltsame Verbindung zwischen meinem Hobby und meinem Helden im Gedächtnis. Der Gedanke, eines Tages dem Leben des Idols aus der Kindheit nachzuspüren, verließ mich nie. 1970 ging ich nach Israel, um in einem Kibbuz im Jordan-Tal zu arbeiten. Mein erster Job bestand darin, mit einem Traktor und einer dicken Kette die Gleise einer außer Dienst gestellten Bahnlinie herauszureißen. Auf den Schwellen aus Gusseisen stand die Jahreszahl 1909. Mein Chef erzählte, dass sie von den Türken stammten. Der Schienenweg führte einst nach Haifa – eine Seitenstrecke der berühmten Hedschasbahn. Es sei ganz in Ordnung, fügte er hinzu, dass ein Engländer die Arbeit zu Ende bringe, die Lawrence 1917 mit Dynamit begonnen habe. In der Altstadt von Jerusalem konnte ich später feststellen, dass »El Orence« – so nannten ihn die Araber – immer noch ein bekannter Name bei den

Vorhergehende Doppelseite:
Im Glutofen der Arabischen Wüste –
ein Archäologe als Spion

Einheimischen war. Wo auch immer ich im Orient hinkam, überall schien er Spuren hinterlassen zu haben.

1973, im Jom-Kippur-Krieg, machte ich aus erster Hand die Erfahrung, was militärische Auseinandersetzungen in dieser Region bedeuten. Zwei Jahre später suchte ich im Auftrag einer italienischen Firma als Taucher im Suezkanal nach Granaten und Bomben. Damals lernte ich, mit Sprengstoff umzugehen. Die Gespräche zwischen mir und meinen italienischen Kollegen wanderten oft zu den Ereignissen, die den Nahen Osten über ein halbes Jahrhundert zuvor verwandelt hatten. Die Geschichte von Lawrence war nicht nur ein britisch-arabisches Thema, sondern eine Heldenlegende mit internationaler Verbreitung, allerdings gespickt mit verfälschten Details. Während der Achtziger- und Neunzigerjahre des vergangenen Jahrhunderts erschienen unzählige Publikationen, die alle die gleichen »Fakten« kolportierten:

Erstens: Lawrence hat als einziger Brite in den Arabischen Aufstand eingegriffen. Zweitens: Lawrence war homosexuell und hat aus diesem Grund nie geheiratet. Drittens: Lawrence kam durch eine Verschwörung ums Leben. Deshalb blieb sein Nachlass in der Bodleian Library in Oxford so lange unter Verschluss, bis alle Zeugen verstorben waren.

1998 – 36 Jahre nach der ersten Aufführung des Films von David Lean – hatte ich endlich genügend Material zusammengetragen, um die Geschichte des Briten historisch korrekt zu präsentieren. Nicht alle Tatsachen, auf die ich stieß, rückten ihn in ein günstiges Licht. Wenn es einen modernen Janus gibt – den römischen Gott der zwei Gesichter –, dann ist es T. E. Lawrence. Doch die Recherche zeigte, dass eine ganze Reihe der populä-

ren Ansichten über ihn nicht der Wahrheit entsprechen:

Erstens: Lawrence war nur als einer von vielen Spionen und Soldaten in die arabische Revolte gegen die Türken verwickelt. Mehr noch: Er hätte gar nichts erreicht, wären da nicht die immensen Geldmengen gewesen, die das britische Oberkommando zur Verfügung stellte, um die Loyalität der Beduinen zu kaufen.

Zweitens: Obwohl behauptet wurde, dass sich Lawrence von einem Mann gegen Bezahlung auspeitschen ließ, gibt es keinen Beweis, dass er homosexuell war. Fest steht dagegen: Seiner Jugendfreundin Janet Laurie machte er 1914 einen Heiratsantrag.

Drittens: Nur eine unglückliche Verkettung von Zufällen löste den Motorradunfall aus, bei dem er starb. Ironie des Schicksals: Eine Hand voll Sand auf einer englischen Landstraße brachte Lawrence von Arabien den Tod.

Noch überraschender ist, dass die Archäologie der Schlüssel für seine Karriere war. Anders ausgedrückt: Ohne Archäologie hätte es keinen Lawrence von Arabien gegeben. Der junge Mann aus Oxford zog in den Orient, um die Vergangenheit zu studieren, und hat damit zugleich die Gegenwart verändert.

Der Bastard aus Oxford

Thomas Edward Lawrence wurde am 16. August 1888 in Tremadoc, Wales, geboren. Als er acht Jahre alt war, zogen seine Eltern nach Oxford – in die Polstead Road Nummer 2. Das Haus stand im wohlhabenden Nordwesten der Stadt, etwa einen Kilometer entfernt vom Zentrum mit seinen elitären Colleges und

Der achtjährige Thomas (ganz links) im Kreis seiner Brüder

dem 1683 gegründeten »Ashmolean«, einem der traditionsreichsten Museen der Welt.

Thomas war der zweitälteste von fünf Brüdern. Zwei von ihnen sollten im Ersten Weltkrieg fallen. Bis zum 18. Lebensjahr besuchte er die »Oxford High School«, ein Knabengymnasium. Der Jugendliche fand nicht nur dadurch Beachtung, dass er enorme Berge von Büchern verschlang. Als er sich bei einer Rangelei auf dem Schulhof sein Bein verletzte, ging er anschließend in den Unterricht zurück. Am Abend musste er im Rollstuhl nach Hause gebracht werden, weil er nicht mehr laufen konnte. Wie sich herausstellte, war sein Fußgelenk gebrochen. Diese Episode ist ein frühes Beispiel für einen Stoizismus, der sein Leben beherrschen wird. »Er war nicht wie andere Jungs seines Alters«, erinnerte sich ein Lehrer, »er besaß eine offenkundige Gleichgültigkeit gegenüber Vergnügen oder Schmerz.«

Während er ans Bett gefesselt war, las er den Bericht eines englischen Forschers über die Ausgrabung der legendären Stadt Ninive im Zweistromland, eine Lektüre, die seine Fantasie entzündete und sein Interesse auf die Archäologie lenkte. Wollte er seiner neuen Leidenschaft frönen, musste er gar nicht weit reisen. Im ersten Jahrzehnt des 20. Jahrhunderts wurde Oxford regelrecht auf den Kopf gestellt, um eine moderne Infrastruktur zu schaffen. Die gesamte City war damals eine einzige Baustelle. Überall förderten die Arbeiter Überbleibsel aus dem Mittelalter zutage. Für ein paar Pennies konnte jeder wunderbare Objekte erstehen. Thomas entwickelte sich zu einem besessenen Stöberer nach Antiquitäten – eine Passion, die ihn nie mehr losließ.

Seine Sammelwut eröffnete ihm die geheimnisvolle Welt der Wissenschaft. Damals war das Ashmolean-Museum in Oxford eine weithin bekannte Institution, die eine der größten Antikensammlungen ganz Englands besaß. Namhafte Forscher gingen dort ein und aus. Auch der Junge mit seiner Beute aus den Baugruben war bald eine gewohnte Erscheinung. Denn Thomas belieferte das Museum regelmä-

Der Bastard aus Oxford 117

ßig mit seinen schönsten Fundstücken. Aus dieser Zeit datiert seine Bekanntschaft mit dem einflussreichen Leiter des ehrwürdigen Hauses, dem Archäologen David Hogarth, der im Leben des Abenteurers noch eine bedeutende Rolle spielen sollte.

Aber das Zusammentragen von Gegenständen allein reichte Lawrence nicht. Die englischen Künstler jener Jahre hatte eine romantische Begeisterung für das Mittelalter ergriffen. Der prominente Maler William Morris galt als Vorreiter der »neogotischen« Bewegung. Auch Thomas war von dem Fieber gepackt. Unermüdlich verschlang er die Geschichten über König Artus und seine Ritter von der Tafelrunde. Doch dann begann er, sich für die Realität hinter den fantastischen Gestalten zu interessieren. In vielen Kirchen der Umgebung konnte er sie finden. Denn dort hatten Grabplatten englischer Helden und ihrer Damen die Zeiten seit dem Mittelalter überdauert.

In Begleitung seines besten Freundes machte sich Thomas mit dem Fahrrad auf den Weg, bewaffnet mit Papier und Wachsmalstiften. Fasziniert standen die Jungen vor den flachen Bronzereliefs auf den Kirchenböden. Das waren reale Abbilder ihrer Favoriten: Gesichter von Menschen, die 800 Jahre vor ihnen gelebt hatten. Thomas gab nicht auf, bis er eine ideale Technik gefunden hatte, um die Darstellungen abzupausen. Das Verfahren bestand darin, Papier auf dem Relief auszubreiten und mit einem Wachsstift darüber zu streichen. Dadurch drückten sich die erhabenen Partien ab. So erhielt er eine Art Kopie des Originals. Die Konturen zog er peinlich genau mit Tusche nach. Thomas entwickelte einen verbissenen Ehrgeiz, seine Werke vollkommen zu gestalten. Das Ashmolean-Museum

hütet noch einige seiner Bilder. Eines durften wir für die Dreharbeiten entfalten, datiert auf Mai 1906: das fragile Zeugnis eines glücklichen Tages im Leben des jungen Lawrence.

Seine Familienverhältnisse jedoch stellten sich als weniger idyllisch heraus. Der Vater verfügte zwar über ein ausreichendes Vermögen, sodass er keinem Broterwerb nachgehen musste. Ein Gentleman, ganz im Stil der Viktorianischen Epoche. Doch hinter der ehrbaren Fassade verbarg sich ein gesellschaftlicher Skandal ersten Ranges – zumindest für die Moralvorstellungen der Zeit: Die Eltern von Thomas waren nicht verheiratet. Sein Vater hatte Ehefrau, Kinder und Besitztümer in Irland zurückgelassen und war mit dem Hausmädchen der Familie, das ein Kind von ihm erwartete, durchgebrannt. Erst nach jahrelanger Odyssee durch Wales und Frankreich ließ sich das Paar in Oxford nieder – ohne Trauschein und unter falschem Namen. Mit zwölf Jahren kam Thomas hinter das Geheimnis. Er war ein Bastard, ein »Kind der Sünde« – in der damaligen Gesellschaft ein unauslöschlicher Makel. Eigentlich hätte er »Chapman« heißen müssen. Immerhin hat ihn der unrechtmäßige Familienname »Lawrence« – als sei es quasi sein Vorname – in Arabien und rund um den Globus berühmt gemacht.

Für Thomas brach die Welt zusammen. Seine Familie war auf einer Lüge aufgebaut. Ständig geriet er mit der Mutter aneinander. Sie führte im Haus ein strenges Regiment, dem sich der Jugendliche nicht beugen wollte. 1905 riss er aus und trat der Armee bei. Sein Vater fand den Siebzehnjährigen und kaufte ihn frei. Es sollte nicht das letzte Mal sein, dass Lawrence in einer Lebenskrise Zuflucht bei den Uniformierten suchte.

Zurück bei den Eltern, sah sich der junge Mann nach anderen Fluchtmöglichkeiten um. Noch immer fesselte ihn das Mittelalter. Seine Fahrradreisen auf den Spuren der Ritter dehnte er jetzt aus. Und schon bald hatte er die Möglichkeiten, die England ihm bot, ausgeschöpft. Er überquerte den Kanal. Nach seiner Abschlussprüfung an der Schule unternahm er eine ganz »persönliche Tour de France« zu den Burgen des Nachbarlandes, das ihm nicht unbekannt war. Denn 1894, während des Aufenthalts seiner Familie in der Normandie, hatte Lawrence dort sogar eine Jesuitenschule besucht, obwohl seine Mutter eine strenge Protestantin war. Sie pflanzte ihrem Sohn Wertvorstellungen ein, die er nie mehr los wurde – trotz aller Konflikte mit ihr. In einem Brief nach Hause beschrieb er die Bewohner der Stadt Dinard als »dumm, priesterhörig« und »dem Trunk hingegeben«. Dies markiert den Beginn einer lebenslangen Abneigung gegen alles Französische. Die Vorurteile hielten ihn aber nicht davon ab, seinen Interessen nachzugehen. Zwischen August und September 1906 besuchte der eifrige Hobbyforscher dutzende von Burgen, zeichnete, fotografierte und legte dabei im Durchschnitt täglich noch 60 Kilometer auf dem Fahrrad zurück.

Als Thomas Edward Lawrence im Herbst nach Hause kam, warteten gute Neuigkeiten auf ihn. Er hatte das Abitur bestanden. In den Fächern Englisch, Geschichte und Religion konnte er sogar glänzen. Er gewann ein Stipendium, das ihm ab Januar 1907 das Studium der Geschichte am berühmten Jesus-College in Oxford ermöglichte. Und noch dazu unter äußerst komfortablen Bedingungen – gerade zehn Fußminuten vom Elternhaus entfernt.

Lawrence zeigte sich bald als ein durchaus untypischer Student. Der »Mönch«, wie ihn die Kommilitonen spöttisch nannten, verbrachte ganze Tage und Nächte in selbst auferlegter Askese ohne Nahrung oder Schlaf. »Das Evangelium der Bedürfnislosigkeit ist schön«, schrieb er später einmal. Ihn hungerte nach anderer Nahrung: Erlebnisse und Abenteuer wollte er haben. Aber in dieser Hinsicht hatte das langweilige Oxford wenig zu bieten. Die einzige Möglichkeit, der Eintönigkeit des akademischen Lebens zu entfliehen, war der Trill Mill Stream – ein Mühlbach, der noch heute die Stadt durchquert und seit dem Mittelalter überbaut ist. Anfang des Jahrhun-

Mit Begeisterung kopierte der junge Lawrence Bronzereliefs von Rittern (Original vom Mai 1906, heute im Ashmolean-Museum in Oxford).

derts fanden Arbeiter dort einen Kahn mit den Leichen eines jungen Paars, erstarrt in letzter Umarmung. Offenbar waren sie in der steinernen Röhre stecken geblieben und erstickt. Ein gruselig-romantischer Ort, ganz nach dem Geschmack von Lawrence. In einem Kanu machte er sich auf den Weg. Um den Ausflug noch spannender zu gestalten, nahm der kleine Draufgänger einen Revolver mit. Er hatte den tolldreisten Einfall, die Waffe unter den Kanaldeckeln der Hauptstraße abzufeuern – mit dem Erfolg, dass Kutschpferde durchgingen und Passanten zu Tode erschraken.

Noch heute – fast hundert Jahre später – bietet die Kahnfahrt einige Schwierigkeiten. Denn der Kanal windet sich teilweise in engen Kurven unter der Stadt. Und es besteht tatsächlich die Gefahr, mit dem Boot stecken zu bleiben. Zudem sind alle Einstiegslöcher aus Straßen und Hauskellern längst vermauert. Wahrscheinlich wollte die Stadtverwaltung dafür sorgen, dass dem Unfug im Oxforder Untergrund ein für alle Mal ein Riegel vorgeschoben bleibt.

Im Alter von zwanzig Jahren hatte Lawrence alles ausprobiert, was seine unmittelbare Umgebung an aufregenden Exkursionen bot. Er schaute wieder in die Ferne. Trotz seiner Abneigung gegen die Franzosen zog es ihn 1908 erneut aufs europäische Festland.

Auf den Spuren der französischen Ritter

Es sollte seine längste Reise durch Frankreich werden. Von Juli bis August legte er die gesamte Strecke von Le Havre bis in die Camargue auf dem Fahrrad zurück

und besuchte unterwegs alle bedeutenden Burgen. Er füllte ein Skizzenbuch mit Plänen und Ansichten und machte dutzende von Fotografien. Von dieser Reise datiert ein Brief an seine Mutter. Ein Zeugnis für die Inspirationen, die der neugierige junge Mann in der Fremde empfing. Er versuchte sich sogar als Dichter:

»Ich liebe alle leeren
und einsamen Plätze; wo wir nähren
den Glauben, dass alles, was wir schau'n,
grenzenlos sei wie uns'rer Seele Raum.«

Aber es war nicht nur romantisches Empfinden, das Thomas ergriffen hatte – angeregt durch die Einsamkeit der Camargue. Damals geschah etwas mit ihm, das sein ganzes weiteres Leben prägen wird. Er beendete seinen Brief mit der geradezu feierlichen Erklärung: »Endlich hatte ich den Weg zum Süden und dem ruhmreichen Osten gefunden: Griechenland, Karthago, Ägypten, Tyrus, Syrien, Italien, Spanien, Sizilien, Kreta … Da waren sie alle in meiner Reichweite. Ach, ich muss hier noch einmal herkommen – und noch viel weiter! Wirklich, diese Ankunft am Meer hat mein seelisches Gleichgewicht durcheinander gebracht: ich würde auf der Stelle eine Fahrkarte nach Griechenland kaufen …«

Im September traf Lawrence wieder in England ein. Er hatte mehr als 2400 Kilometer hinter sich gebracht und war bis an die Grenze seiner physischen Belastbarkeit gegangen – allein unterwegs, nur mit dem Nötigsten ausgerüstet. Spartanisch ernährte er sich von Brot und Obst, trank niemals Alkohol. Ein moderner Eremit, ganz im Geist der mittelalterlichen Ordensritter – jener Mischung aus Mönch und Krieger, die typisch für die Epoche der Kreuzzüge war. Am berühmtesten wurde der Orden der Templer. 1120 in Jerusalem gegründet, übernahmen die Eingeweihten die Klosterregel der Zisterzienser und gelobten Armut, Keuschheit und Gehorsam. Ideale, denen Lawrence ein Leben lang folgte. Die einzige Ausnahme bildet das dritte Gelübde. Sich unterzuordnen wird ihm immer Probleme bereiten.

Aufbruch in den Orient

Als Lawrence das neue Semester im Jesus College begann, fand er veränderte Bestimmungen vor, die ihn höchst erfreuten. Die Professoren verkündeten, dass die Abschlussarbeiten für das Fach Geschichte in Zukunft auch Feldforschungen enthalten sollten. Der Student erkannte seine Chance. Im Nahen Osten gab es dutzende von Kreuzfahrerburgen. Wissenschaftliche Untersuchungen zu dem Thema waren rar, meist nur zufällige Beobachtungen von weltreisenden Amateuren. C. F. Bell, einer der Kuratoren des Ashmolean-Museums, schlug dem vielversprechenden Aspiranten ein anspruchsvolles Thema vor: »Ist die Kreuzfahrer-Architektur von der arabischen Baukunst inspiriert oder eine eigenständige europäische Leistung?« Der betreuende Professor akzeptierte die Idee.

Unter den wohlwollenden Augen seiner Mentoren verbrachte Lawrence den Rest des akademischen Jahres mit Vorbereitungen. Der Vater hatte seinem sensiblen und verschlossenen Sohn einen kleinen Bungalow im Garten gebaut, wo er – ungestört von den Geschwistern – seinen immensen Lesehunger stillen konnte. Er lernte Arabisch und verschlang unendlich viele Bücher über den Nahen Osten. Einer der Bände, die ihm der aufmerksame Vater aus den Bibliotheken der Stadt heranschleppte, trug den Titel *Travels in Arabia Deserta*. Sein Verfasser Charles Doughty war ein bekannter Orientalist. Lawrence zögerte nicht, ihm einen Brief zu schreiben und seine Meinung über die geplante Arbeit einzuholen. Der weit gereiste Mann zeigte sich skeptisch – nicht anders als der Direktor des Ashmolean, David Hogarth, ebenso ein exzellenter Orientkenner: Es sei dort viel zu heiß im Juli. Außerdem vertrat er den snobistischen Standpunkt eines britischen Gentleman jener Epoche: »Man geht als Europäer nicht zu Fuß in Syrien.« Allerdings hatte er nicht mit dem rebellischen Temperament des jungen Mannes gerechnet. Thomas hörte sich die Ratschläge seines väterlichen Freundes an, dankte artig und antwortete mit der gewissen Herablassung, die noch manchen zur Raserei treiben wird: »Gut, ich werde es also machen.«

Im Juni war er reisefertig. Zuvor absolvierte er wochenlang ein eigentümliches Training. Auf seinen Reisen durch Frankreich hatte er bemerkt, dass die Männer, die sich mit einem Maßband an Burgen zu schaffen machen, das Misstrauen der Polizei erregen. Um in Zukunft Komplikationen und Ärger zu vermeiden, übte er in seiner kleinen Klause stundenlang Schritte von genau einem Meter Länge. Bei großen Gebäudekomplexen spart dieses Verfahren eine Menge Zeit – so seine simple Idee.

Der besorgte Vater kaufte dem Sohn eine Pistole aus deutscher Produktion, die als besonders zuverlässig angesehen wurde. Krönung der Ausrüstung war der Fotoapparat – ein teures Gerät mit einem

Das Osmanische Reich 121

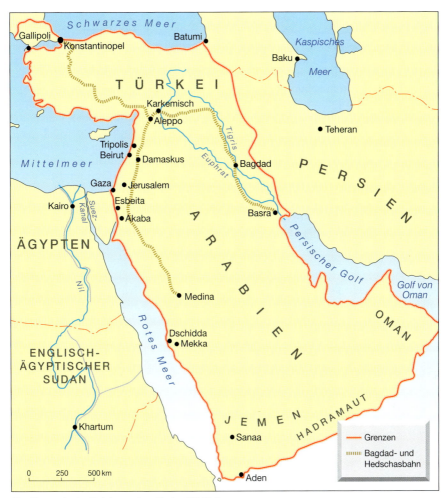

Das Osmanische Reich vor dem Ersten Weltkrieg

Spezialobjektiv für Architekturaufnahmen. Am 18. Juni 1909 kletterte Thomas im Überseehafen von Southampton die Gangway des Passagierdampfers *SS Mongolia* hoch – auf dem Kopf trug er einen Tropenhelm, auf den Schultern einen Rucksack mit einigen wenigen Dingen. Mr. Lawrence »ging wandern«.

Das Osmanische Reich

Das Land, dem sich Lawrence in jenem Sommer näherte, hatte sich seit den Zeiten der Kreuzritter nur wenig verändert. 1291 war es den Mamelucken aus Ägypten gelungen, die letzten christlichen Krieger zu vertreiben. 1516 ging die

122 Lawrence von Arabien

Herrschaft über Syrien und Palästina an die Türken über. Die osmanischen Regenten vom Bosporus machten Konstantinopel zur Hauptstadt. In den folgenden Jahrhunderten dehnten sie ihre Macht immer weiter aus und schufen ein Weltreich, das die Arabische Halbinsel, Teile von Nordafrika, den gesamten Nahen Osten und den Balkan umfasste.

Zwar verloren sie im Lauf des 19. Jahrhunderts die afrikanischen und den größten Teil ihrer europäischen Besitztümer wieder, aber das von den Osmanen kontrollierte Gebiet war noch immer eines der größten Imperien vor dem Ersten Weltkrieg. Ein Militärregime, dessen Stärke auf der Schlagkraft seiner Armee beruhte. Doch hinter der Fassade brodelte es. Vier Jahrhunderte türkischer Herrschaft hatten dem Orient keine Vorteile gebracht. Die Länder blieben wirtschaftlich rückständig, ohne moderne Infrastruktur, von korrupten Gouverneuren ausgebeutet und mit einer schwerfälligen, zentralistischen Bürokratie belastet. Unter den 72 Völkern – offiziell Untertanen des Sultans – regte sich Widerstand. Doch jedes nationalistische Aufbegehren wurde brutal unterdrückt. Öffentliche Auspeitschungen und Hinrichtungen waren an der Tagesordnung. Anfang des 20. Jahrhunderts schien es nur noch eine Frage der Zeit zu sein, bis sich die Geknechteten gegen ihre Peiniger erheben würden. Außerdem drohten auch von außen Gefahren, vor allem von den europäischen Mächten, die sich in der Nachbarschaft gefährlich breit machten.

1880, während eines Aufstands gegen die osmanische Besatzung in Ägypten und im Sudan, intervenierten die Briten zugunsten der einheimischen Bevölkerung und vertrieben die Türken vom Nil und aus dem Sinai. Das englische Eingreifen war freilich kein Akt der Menschenfreundlichkeit. Das Empire hatte handfeste eigene Interessen, an erster Stelle die Kontrolle über den Suezkanal. Die 1867 vollendete Wasserstraße, die das Mittelmeer mit dem Roten Meer verbindet, verkürzte den Seeweg von Europa zur britischen Kronkolonie Indien um mehr als drei Wochen. Denn der lange Seeweg um Afrika herum blieb den Schiffen erspart. Der Kanalbau hatte unter französischer Federführung begonnen, war aber vor der Vollendung in finanzielle Schwierigkeiten geraten. Mithilfe eines Kredits der Londoner Rothschild-Bank konnte der englische Premierminister Benjamin Disraeli den Franzosen aus der Patsche helfen. Kein uneigennütziges Geschäft, denn nun hielten die Engländer die Aktienmehrheit an der Betreibergesellschaft des Kanals.

Die wirtschaftliche Kontrolle war freilich nicht genug. Denn der strategisch wichtige Wasserweg lag nur zwei Tagesmärsche entfernt von der türkischen Grenze im nördlichen Sinai. Eine ständige Bedrohung. Jede Bewegung osmanischer Truppen rief sofort größte Besorgnis im Londoner Kriegsministerium hervor. Deshalb operierten seit Ende des 19. Jahrhunderts britische Spione auf dem Sinai, der bald zu einem ihrer Haupteinsatzorte werden sollte.

Als der Dampfer mit Thomas Edward Lawrence einen Zwischenstopp in Port Said – an der Mündung des Suezkanals ins Mittelmeer – macht, ahnt der junge Mann freilich noch nicht, wie tief er einmal in die politischen Wirren der Region hineingezogen werden wird. Vorerst brennt er nur darauf, endlich ans Ziel zu

Als Student erforschte T. E. Lawrence die Kreuzfahrerburgen des Vorderen Orients.

Das Osmanische Reich 123

kommen. Am 8. Juli 1909 ist es so weit. Im Hafen von Beirut betritt Lawrence zum ersten Mal den Boden des Osmanischen Reiches.

Burgen im Morgenland

Der Geschichtsstudent hat sich eine enorme Forschungsreise vorgenommen. Die erste Etappe sollte ihn von Beirut aus ins nördliche Palästina zur Mittelmeerküste bei Athlit führen. Von dort aus wollte er zurück nach Beirut und weiter nach Norden wandern. An der Strecke entlang des Litani-Flusses nach Galiläa hinein liegt eine ganze Reihe bedeutender Burgen, die einst das Rückgrat für die Verteidigung des christlichen Königreiches Jerusalem bildeten. 1099, beim ersten Kreuzzug, hatten die europäischen Ritter die Heilige Stadt erobert und einen Großteil der muslimischen Bevölkerung abgeschlachtet. 88 Jahre lang herrschten die Christen über Jerusalem, Palästina, Teile des heutigen Libanon, Syrien und Jordanien. Dann begann ihr Reich unter dem Ansturm islamischer Heere zu bröckeln. 1299 war es auf einen winzigen Brückenkopf zusammengeschmolzen: die Burg Athlit, deren Ruine immer noch auf einem seeumtosten Felsvorsprung an der Küste des heutigen Israel thront – etwa auf halbem Weg zwischen Tel Aviv und Haifa. Die Festung hatte bis zuletzt den Anstürmen der Sarazenen getrotzt. Doch nach dem Verlust aller wichtigen Städte und Häfen ringsum brachte auch die einzige noch gehaltene Bastion den Kreuzrittern keinen Nutzen mehr. 1299 bestieg die Besatzung der Burg ein Schiff und verließ Palästina für immer. Mit ihnen schwand die Hoffnung, das Heilige Land noch einmal zurückzuerobern. Zwar unternahmen die Könige Europas in späterer Zeit weitere Kreuzzüge, doch sie endeten alle im militärischen Desaster.

Athlit – eine besondere Burg, wie er weiß – steht ganz oben auf dem Besichtigungsprogramm des Oxforder Studenten. Nicht nur als architektonisches Erbe der Tempelritter zieht sie ihn an. Da sie am längsten der Belagerung standgehalten hat, hofft Lawrence, das Geheimnis

Die Kreuzfahrer-Burg »Craque des Chevaliers« im heutigen Syrien

der Anlage zu ergründen. Noch am Tag seiner Ankunft marschiert er von Beirut fast 50 Kilometer bis nach Sidon. Zehn Tage später steht er bereits am Ufer des Sees Genezareth. Am 20. Juli endlich erreicht er Athlit und macht sich sofort an die Arbeit: messen, skizzieren, fotografieren. Er muss in kürzester Zeit so viele Daten wie möglich sammeln – Material, das er später in Oxford auswerten will. Thomas stößt auf eine mächtige Mauer, die den Felsen von Athlit gegen Angriffe von der Landseite her sicherte. Darauf, so schließt er, beruhte der Verteidigungserfolg der Templer. Ausgrabungen in den Dreißigerjahren des 20. Jahrhunderts klärten seinen Irrtum auf. Die Wehranlage schützten mehrere äußere Ringwälle, die noch unentdeckt im Boden liegen, als er das Gelände untersucht.

Lawrence setzt seine Reise in Richtung Norden fort. Die trostlose Landschaft Palästinas enttäuscht ihn. Er hat sich einen imposanteren Hintergrund für die dramatische Geschichte der Kreuzzüge ausgemalt. Die bewaldeten Gebirge Syriens beeindrucken ihn mehr. Im August erreicht er den »Craque des Cevaliers«, eine der gewaltigsten Wehranlagen, die je gebaut worden sind. Überwältigt rühmt

126 Lawrence von Arabien

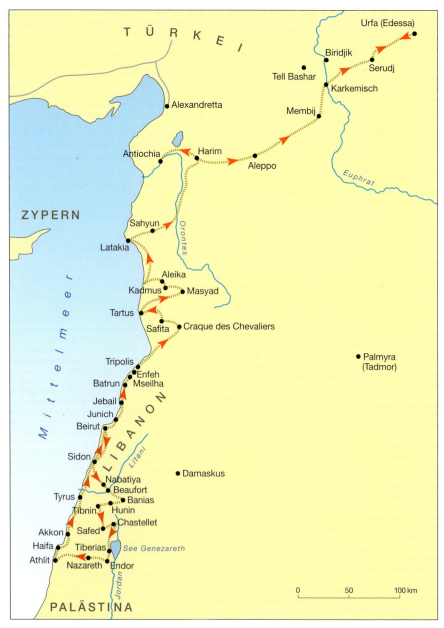

Lawrence' Fußwanderung zu den Kreuzritterburgen 1909

er die imposante Ruine: »Es ist ohne Zweifel die beste Burg der Welt. Sicherlich die schönste, die ich je gesehen habe – ganz und gar großartig.«

Die ausgeprägte Schwärmerei des jungen Engländers kann noch heute jeder Besucher nachempfinden. Die kolossale Festung lieferte ihm die Antwort auf die wissenschaftliche Fragestellung seiner Abschlussarbeit: Den Bauplan für die monumentale Architektur hatten die Kreuzfahrer aus ihrer Heimat mitgebracht und weiterentwickelt. Und nicht, wie die Gelehrten seiner Zeit glaubten, arabische oder byzantinische Vorbilder kopiert. Denn nirgendwo im Orient fanden sich vor der Epoche der europäischen Ritter vergleichbare Bauten.

Trotz der erfolgreichen Recherche sieht Lawrence sein Unternehmen gefährdet. Denn die Zeit läuft ihm davon. Obwohl er einmal in fünf Tagen über 200 Kilometer zu Fuß zurücklegt, muss er einsehen, dass sein Ehrgeiz, die gesamte Strecke zu laufen, ein Wunschtraum bleiben wird. Deshalb mietet er in Aleppo einen Karren mit zwei Pferden an, um den Rest der Route zu bewältigen. Weitere Widrigkeiten stellen sich ein. Der Nahe Osten jener Tage ist kein ungefährliches Land. Ein Wegelagerer betrachtet den Briten offenbar als lohnende Beute, doch Lawrence kann ihn zum Glück mit seiner automatischen Pistole in die Flucht schlagen. Bei anderer Gelegenheit wird der Fremde von einem Räuber mit Steinen attackiert und in die Hand gebissen.

Weiter geht es Richtung Norden nach Urfa, dem heutigen Edessa in der Türkei. Unterwegs überquert Lawrence den Euphrat. Die Region ist reich an Schätzen der Vergangenheit und inzwischen ein begehrtes Feld für Archäologen. Einst blühten dort die Städte der Hethiter, einer bedeutenden Zivilisation im Alten Orient. Über einen langen Zeitraum hinweg wussten die Forscher wenig von diesem rätselhaften Volk. Doch Fundstücke, die Reisende nach Europa mitbrachten, zeugten von einer hoch entwickelten Kultur. David Hogarth hatte seinem Zögling einen kleinen Nebenauftrag mit auf den Weg gegeben. Er sollte sich bei den einheimischen Grabräubern nach hethitischen Siegeln umsehen. Weil damals noch keine größere archäologische Mission in dem Gebiet tätig war, hatten die gravierten Steine von etwa zwei Zentimeter Durchmesser als Studienobjekte unschätzbaren Wert. Lawrence konnte seinem Mentor zu Diensten sein und tatsächlich einige Siegel auf dem Schwarzmarkt erstehen.

Ende September traf Thomas wieder in Beirut ein. Er hatte den größten Teil seines Programms erfolgreich absolviert. Nur einige der Burgen im heutigen Jordanien musste er wegen Zeitmangels auslassen. Er freute sich auf die 14-tägige Schiffsreise, auf der sich seine geschundenen Füße endlich erholen konnten. Immerhin hatten sie ihn fast 3000 Kilometer weit getragen.

Zukunftspläne

Der Heimkehrer vergrub sich mit der Schreibmaschine in sein Gartenhaus und tauchte erst einige Wochen später wieder auf. Das Ergebnis seiner intensiven Arbeit: ein wissenschaftliches Werk mit dem schwergewichtigen Titel *Der Einfluss der Kreuzzüge auf die Militärarchitektur Europas bis zum Ende des Zwölften Jahrhunderts.* Bevor er die Seiten den Professoren aushändigte, fügte er noch eine

Reihe handschriftlicher Randnotizen hinzu. Ganz am Anfang steht die Bemerkung: »Entschuldigung für Langweiligkeit«. Die akademischen Gutachter kamen aber zu einer völlig anderen Meinung. Seine Gründlichkeit ging weit über die Anforderungen an eine Examensarbeit hinaus. Lawrence beendete sein Studium mit der Bestnote. Die Professoren ehrten ihn sogar mit einem feierlichen Abendessen im College – einer Auszeichnung, die nach dem strengen akademischen Kodex von Oxford nur ganz wenigen zuteil wurde.

Lawrence hatte einen wichtigen Abschnitt seiner Ausbildung abgeschlossen. Ein Anlass, in die Zukunft zu schauen, auch in ganz privater Hinsicht. Janet Laurie war eine Freundin aus Kindertagen. Nach dem Tod ihres Vaters wuchs sie praktisch im Haushalt der Lawrence-Familie auf. Fotografien zeigen sie als hübsches junges Mädchen. Thomas schien schon lange Gefühle für sie zu hegen und fasste sich schließlich im Frühjahr 1910 ein Herz. Als der Rest der Familie nach dem Diner den Raum verlassen hatte, schloss er die Tür ab und machte ihr einen formellen Heiratsantrag. Die Angebetete lehnte ab – ein niederschmetterndes Ereignis, das Lawrence ein Leben lang verschwieg. Erst nach seinem Tod gab Janet Laurie die Geschichte preis. Die private Schmach beeinflusste seine beruflichen Pläne nicht. Lawrence strebte eine Universitätskarriere als Historiker an. Ein zukünftiger Forschungsgegenstand war auch bald gefunden: »Mittelalterliche Bleiglasurkeramik vom 11. bis zum 16. Jahrhundert«. Ausgestattet mit einem Stipendium, das auch Reisekosten abdeckte, machte er sich wieder in Richtung Frankreich auf den Weg. Für seine neue Arbeit musste er eine Reihe von Museen auf dem Kontinent besuchen. Doch es sollte ein kurzer Ausflug bleiben. Denn sein langjähriger Förderer unterbreitete Lawrence ein Angebot, das er nicht ablehnen konnte. David Hogarth war soeben aus der Türkei zurückgekehrt und sein Entschluss stand fest: Er wollte Karkemisch ausgraben, die Stadt der Hethiter am Ufer des Euphrat. Der große Archäologe forderte seinen Schützling auf mitzukommen – als Fotograf und Keramikexperte. Das war für Lawrence eine Gelegenheit, die seine kühnsten Träume übertraf. Er durfte wieder in den geliebten Orient! »Mr. Hogarth geht graben und ich gehe mit ihm nach Syrien – in 14 Tagen«, ließ Thomas seine Familie in einem Brief von Rouen aus wissen. Und so geschah es.

Seiner Majestät Eisenbahn nach Bagdad

Karkemisch war kein unbekannter Ort. Schon 1872 hatten Forscher den Hügel am Ufer des Euphrat als eine der Metropolen des Hethiterreiches identifiziert. Angehörige des Britischen Museums unternahmen in der Folgezeit mehrere Anstrengungen, die Stadt freizulegen. Doch wegen des schwierigen Geländes waren sie erfolglos. Der letzte Versuch wurde 1881 abgebrochen. Karkemisch lockte die Archäologen als besonders lohnendes Ziel, weil die Stadt im antiken Grenzgebiet zwischen Hethitern und Assyrern lag. Die Fachleute hofften, vor Ort eine zweisprachige Texttafel zu finden. Da die Keilschrift der Assyrer bereits lesbar war, sollte sie helfen, die noch unbekannten Zeichen der Hethiter zu entschlüsseln – ähnlich wie der drei-

Der Hügel von Karkemisch (im Hintergrund) mit der Brücke der Bagdadbahn

sprachige Text auf dem Stein von Rosette die Entzifferung der ägyptischen Hieroglyphen ermöglicht hatte.

Hogarth war schon im Frühjahr 1908 auf Erkundungstour nach Syrien gegangen und hatte die Gelegenheit genutzt, eine neue Grabungsgenehmigung bei den Behörden in Konstantinopel zu beantragen. Sie wurde ihm unter der Bedingung gewährt, dass alle Fundstücke Eigentum der osmanischen Regierung blieben. Hogarth sagte großzügig zu – im Namen des Britischen Museums. Insgeheim hatte der Leiter des Ashmolean natürlich die Vergrößerung seiner eigenen Oxforder Sammlung im Sinn. Das erforderte diskretes Vorgehen und größte Vorsicht. Eine delikate Aufgabe, für die ihm Lawrence der richtige Mann zu sein schien.

Doch es gab noch ein ganz anderes Motiv für das außerordentliche Interesse der Engländer an Karkemisch. In der Umgebung der antiken Stätte arbeiteten deutsche Ingenieure an einer Eisenbahnlinie. Wenn auch nicht der ausschlaggebende Grund, so war die Ausgrabung doch eine gute Gelegenheit, ganz nebenbei den Deutschen ein wenig auf die Finger zu schauen.

Bis in die entlegenen Winkel Kleinasiens machte sich damals der Konkurrenzkampf zwischen der alten Weltmacht des Britischen Empire und dem jungen, aufstrebenden Deutschen Reich bemerkbar. Sicher spielten dabei auch ganz persönliche Motive Kaiser Wilhelms II. mit. Er ließ keine Gelegenheit aus, die Engländer zu provozieren. Denn er hasste Britannien, was umso seltsamer war, weil er mütterlicherseits von Queen Victoria abstammte und sein Cousin Edward in London regierte. Als der Preuße einmal während eines Manövers Nasenbluten bekam, bot ihm einer der umstehenden Offiziere ein Taschentuch an. Seine Majestät bedankte sich und fügte die Bemerkung hinzu, er sei ganz froh, etwas von dem »verdammten englischen Blut« loszuwerden. Wie auch immer dieser eigenartige Hass begründet war, er hatte politische Folgen.

Der Kaiser setzte auf eine Allianz zwischen Deutschland, dem Habsburgerreich und der Türkei. England, Russland und Frankreich standen auf der anderen politischen Seite. In diesem Machtspiel kam dem Nahen Osten eine besondere Bedeutung zu. Denn seine geopolitische Lage ließ das Osmanische Reich zum natürlichen Bundesgenossen Deutschlands werden. Die Türken konnten im Ernstfall nicht nur die wichtigen Schwarzmeerhäfen Russlands abriegeln, sie bedrohten auch den Suezkanal, die Lebensader des Britischen Empire.

Deshalb lag es im Interesse der kaiserlichen Politik, den wichtigen Verbündeten zu stärken. 1889, nur wenige Monate nach seinem Regierungsantritt, besuchte Wilhelm II. zum ersten Mal den Sultan am Bosporus. Elf Jahre später reiste der Kaiser wieder in den Nahen Osten. Diesmal führte ihn die Staatsvisite von Konstantinopel aus über mehrere Stationen bis nach Jerusalem. In Damaskus stiftete Seine Majestät ein neues Grab für den berühmten arabischen Feldherrn Saladin, der den englischen Kreuzfahrer Richard Löwenherz aus dem Heiligen Land vertrieben hatte. Eine Geste, die in London richtig verstanden wurde. Noch deutlicher waren die Worte des Kaisers:»Mögen der Sultan und die 300 Millionen Mohammedaner versichert sein, dass der Deutsche Kaiser zu allen Zeiten ihr Freund sein wird.« Der Appell richtete sich nicht zuletzt an die muslimischen Untertanen in den englischen und französischen Kolonien.

Es blieb nicht bei Drohgebärden. Seit der Jahrhundertwende bauten deutsche Ingenieure an einer Eisenbahnlinie, die Konstantinopel mit dem Persischen Golf verbinden sollte. Die so genannte Bagdadbahn stellte für die Engländer eine politische Provokation ersten Ranges dar, denn in den Jahren vor dem Ersten Weltkrieg war die Eisenbahn das modernste und effektivste Verkehrsmittel. Schnelle Heerestransporte – so die Pläne – könnten die Schlagkraft der türkischen Armee vervielfachen. Wilhelm II. gab dem ehrgeizigen Projekt seinen kaiserlichen Segen. Die Finanzierung leistete die Deutsche Bank mit der Aussicht auf künftige satte Gewinne aus dem Zugbetrieb.

Ein Unternehmen mit gigantischen Dimensionen: Die Trasse führte mehrere tausend Kilometer quer durch Wüsten und endlos lange Strecken durch Gebirge und über schwindelnde Abgründe. Von Aleppo im heutigen Syrien aus zweigte eine Nebenlinie ab. Sie verlief östlich des Toten Meeres und des Golfs von Akaba in Richtung Mekka, dem geistigen Zentrum des Islam. Nach offizieller Version des Osmanischen Reiches sollte die Bahn die Pilgerfahrt zu den Heiligen Stätten der Muslime erleichtern. Die britischen Militärstrategen ließen sich allerdings nicht darüber hinwegtäuschen, dass die Angelegenheit von größter Bedeutung war. Denn auf der Hedschasbahn, wie die Verbindung hieß, konnten die Türken in Windeseile riesige Truppenkontingente an ihre südliche Grenze werfen. Eine zusätzliche Bedrohung für das englisch besetzte Ägypten und den Suezkanal.

»Grenzfall« Karkemisch

Als Lawrence sich im Dezember 1910 auf den Weg nach Karkemisch macht, steuern die Mächte Europas geradewegs auf einen Krieg zu. Säbelrasseln ist an der Tagesordnung. Im östlichen Mittelmeer halten deutsche, englische und russische

Flottenverbände regelmäßig Manöver ab und belauern sich gegenseitig. Nebenbei sind die Kriegsschiffe auch für ein anderes Konkurrenzgeschäft nützlich – den heimlichen Abtransport von Altertümern aus dem Nahen Osten.

Karkemisch – ein etwa hundert Meter hoher Hügel, der auf seiner östlichen Seite zum Euphrat hin abfällt – lag damals im Herzen des Osmanischen Reiches. Doch nach dem Ersten Weltkrieg wurden völlig neue Grenzen gezogen. Deshalb ist es heute schwierig, zu dem ehemaligen Ausgrabungsgelände der Engländer vorzudringen. Mitten durch die antike Stätte verläuft die Demarkationslinie zwischen Syrien und der Türkei. Die politische Lage zwischen beiden Ländern ist gespannt. Die Regierung in Damaskus zeigt sich verärgert über den Bau eines Staudamms in der Türkei. Er entzieht dem Euphrat Wasser, das die Syrer dringend brauchen. Der Konflikt, den eine demonstrative Militärpräsenz auf beiden Seiten anheizt, schwelt seit Jahren.

Deshalb sind Kamerateams dort nicht gern gesehen. Das wussten wir schon von früher. Bereits einige Jahre zuvor war ein Versuch, in der Ruinenstadt zu filmen, an der Tagespolitik gescheitert. Unsere Reise endete nur einen Kilometer vom Ziel entfernt an einem Kontrollpunkt der türkischen Armee. Während wir beim Dienst habenden Offizier auf telefonische Anweisungen aus dem Hauptquartier in Ankara warteten, wurden wir mit Tee bewirtet. Ralf, unser Kameramann, vertrieb sich die stundenlange Wartezeit damit, die Maschinenpistole eines Soldaten auseinander zu nehmen

T. E. Lawrence (links) und Leonard Woolley neben einem hethitischen Wandrelief in Karkemisch

und fachgerecht wieder zusammenzusetzen. Das hatte er bei der Bundeswehr gelernt. So entspannt und freundlich es auch zuging, zuletzt mussten wir unverrichteter Dinge umkehren, ohne Karkemisch auch nur aus der Ferne gesehen zu haben. Die Militärs in Ankara hatten »Nein« gesagt.

Diesmal wollten wir es von syrischer Seite aus probieren. Die zuständigen Behörden erteilten uns sogar eine Drehgenehmigung. Allerdings konnte uns vor Antritt der Reise niemand verraten, was wir vor Ort antreffen würden. Wir waren also gespannt. Nach eintägiger Autofahrt von Damaskus aus näherten wir uns dem heiklen Ort. In der sonnenverbrannten Steppenlandschaft kündigt sich schon von weitem der Euphrat durch einen breiten Grünstreifen an. Wir erreichten eine altertümliche, mit Eisenbahnschwellen belegte Pontonbrücke, über die der Wagen nur mühsam vorwärts holperte. Etwa von der Mitte aus konnten wir endlich einen Blick auf den Ort werfen, für den wir die lange Fahrt unternommen hatten. Die Enttäuschung hätte nicht größer sein können. Hässliche Grenzanlagen der Türken – das ist alles, was von der legendären Hethiterstadt heute noch zu sehen ist. Darum also hatten uns die Behörden in Ankara seinerzeit verboten, das Gelände zu betreten. Es gleicht einer kleinen Festung mit Bunkern und Wachtürmen, die – umgeben von Stacheldrahtverhauen und Minenfeldern – auf der Spitze eines Hügels thront, der höchsten Erhebung weit und breit. Ein strategisch bedeutender Punkt, der deshalb schon in der Antike besiedelt war. Immerhin konnten wir mit dem Teleobjektiv ein paar Aufnahmen der Stätte machen, die vor 90 Jahren die britischen Archäologen so gefesselt hat.

Kalter Krieg am Euphrat

Die Grabungen begannen im März 1911. Hogarth' erstes Ziel: eine Sondierung des Geländes und das Wiederauffinden von Objekten, die eine englische Expedition 30 Jahre zuvor entdeckt und zum Schutz vor Räubern wieder zugeschüttet hatte. Als Unterkunft diente den Forschern eine umgebaute Lakritzfabrik im nahe gelegenen Dorf Dscherablus. Dort heuerten sie auch die Mannschaft an – etwa hundert arabische Hilfsarbeiter, die mit einfachen Schaufeln und Hacken dem Hügel zu Leibe rückten. Hogarth musste im April nach Oxford zurückkehren und übergab die Leitung in die Hände des Keilschriftexperten Campbell Thompson. Doch der Gelehrte, der unter den primitiven Lebensumständen litt, zog sich immer mehr zurück und überließ Lawrence zunehmend das Feld. Der war in seinem Element. Er unterhielt ausgezeichnete Beziehungen zu den Arbeitern. Seine guten Arabischkenntnisse, seine Schlagfertigkeit und seine Späße machten ihn bei den Einheimischen beliebt. Im Mai bekamen die beiden Engländer Besuch von Gertrude Bell, einer berühmten Orientalistin und Weltreisenden. Die mutige, unkonventionelle Dame und der junge Archäologe wurden Freunde. Sie nannte ihn »mein kleiner Schlingel«.

In England hatte Hogarth mittlerweile erfahren, dass das Britische Museum die Ausgrabung, die noch keine besonderen Erfolge aufzuweisen hatte, aus Geldmangel für das laufende Jahr einstellen wollte. Das war ein äußerst ungünstiger Zeitpunkt für eine Unterbrechung, denn die deutsche Eisenbahntrasse rückte immer näher an Karkemisch heran. Ursprünglich sollte sie ein ganzes Stück weiter im

Norden verlaufen. Doch plötzlich hatten die Ingenieure beschlossen, die notwendige Brücke über den Euphrat direkt neben dem Grabungsplatz zu errichten. Hogarth war alarmiert. Er ahnte den Hintergedanken der Deutschen. Laut Vertrag mit dem Osmanischen Reich durften sie einen zehn Kilometer breiten Streifen links und rechts der Bahn zum Abtransport von Baumaterial benutzen. Das ausgedehnte Euphrat-Tal war arm an Gestein, das für die Fundamente und den Bahndamm herangeschafft werden musste. Da kam den Ingenieuren der antike Schutthügel gerade recht. Von Hogarth aufgescheucht, schaltete sich die britische Diplomatie ein. Immerhin gelang es, der Regierung in Konstantinopel die Zusicherung abzuringen, Karkemisch nicht anzutasten. Eine Verlegung der Trasse konnte aber nicht ausgehandelt werden. Die englischen Archäologen mussten sich mit der engen Nachbarschaft zu den deutschen Ingenieuren abfinden.

Im Juli machte sich Lawrence auf einen Fußmarsch in Richtung Südwesten, um einige der Burgen aufzusuchen, die er zwei Jahre zuvor auf seiner ersten Orientreise besichtigt hatte. Er trug sich mit dem Gedanken, seine Abhandlung über die Architektur der Kreuzfahrer wieder aufzugreifen und zu einem umfangreichen Buch auszuweiten, da mit der ungewissen Zukunft der Ausgrabung von Karkemisch auch seine Archäologenkarriere auf dem Spiel stand. Im August kehrte er zunächst nach England zurück, um sich von einer schweren Magen-Darm-Erkrankung zu erholen. Er genoss die Ruhepause in der Heimat. Mittlerweile hatte die *Times* einen Brief von ihm publiziert, der für großes Aufsehen sorgte. Das Schreiben trug die Überschrift »Vandalismus in Syrien und Mesopota-

mien«. Der Verfasser nahm die Deutsche Eisenbahngesellschaft und ihre angeblichen Pläne, Karkemisch zu plündern, heftig unter Beschuss. Der Zeitungsartikel provozierte einen offiziellen Protest des deutschen Konsuls. Die erste Berührung des britischen Wissenschaftlers mit der internationalen Diplomatie hatte einen lautstarken Auftakt.

Lawrence genoss den Ruf, sich unter schwierigen Umständen hervorragend bewährt zu haben. Das sicherte ihm eine erneute Anstellung bei der Fortsetzung der Grabungsarbeiten, die das Britische Museum für das kommende Jahr in Aussicht stellte. Allerdings unter neuer Leitung: Der 30-jährige Archäologe Leonard Woolley, Hogarth' Assistent am Ashmolean-Museum, sollte der Vorgesetzte werden. Eine Entscheidung, die zwei bemerkenswerte Persönlichkeiten zusammenführte. Hogarth dachte sich, dass das romantische Draufgängertum Woolleys und die Eigenwilligkeit von Lawrence gut harmonieren könnten. Doch auch er ahnte nicht, welch erstaunliche Konsequenzen sein Entschluss haben sollte, die beiden in die syrische Einöde zu schicken.

Ein unerfreulicher Ausflug

Im Herbst 1911 machte sich Lawrence wieder auf den Weg nach Dscherablus. Das Londoner Außenministerium hatte Nachrichten erhalten, dass die Bahnlinie mittlerweile bis Karkemisch vorangetrieben sei. Deshalb musste der Engländer zuerst die Lage vor Ort sondieren. Die schlimmste Gefahr schien abgewendet. Die Deutschen arbeiteten zwar nur einen Steinwurf von der Hethiterstadt entfernt,

134 Lawrence von Arabien

führten aber die Trasse in einem Bogen südlich um das Grabungsgelände herum, ohne es anzutasten. Beruhigt konnte Lawrence nach Ägypten aufbrechen – zu einer Exkursion, die er schon von England aus geplant hatte. Bei Kafr Ammar, etwa 50 Kilometer nördlich von Kairo, leitete der weltberühmte britische Archäologe Flinders Petrie eine umfangreiche Grabung. Lawrence unterschrieb einen Vertrag als Hilfskraft für einen Monat. Ein übereilter Entschluss, wie sich bald herausstellte. Denn er hasste die Arbeit, die ihm aufgetragen wurde. Daran änderte auch die Bewunderung für den großen Wissenschaftler nichts. Thomas musste auf dem Boden eines Grabes Keramik katalogisieren – in unangenehmer Nähe von Mumien, die sich, wie er schrieb »in verschiedenen Stadien der Verwesung befanden«. Auch über die lebenden Bewohner des Landes fand Lawrence wenig Freundliches zu berichten. Die Fellachen hätten Läuse und Flöhe, die sich jeder sofort einfinge, der sich ihnen nähere. Und überhaupt seien sie ein »lärmender, zänkischer, falscher und schmeichlerischer Haufen«.

Lawrence war froh, nach vier Wochen Ägypten wieder verlassen zu können. Auch ein großzügiges Angebot von Petrie, für die damals stolze Summe von 700 Pfund im Jahr an seinem nächsten Projekt in Bahrein mitzuarbeiten, konnte ihn nicht halten. Der angesehene Forscher vertrat die Theorie, dass die frühen Dynastien vom Nil ihren Ursprung am Arabischen Golf haben. Er traute seinem jüngeren Landsmann die Erfahrung zu, bei der wichtigen Grabung eine leitende Funktion zu überzunehmen. Doch Lawrence wollte zurück nach Syrien. Er hatte das Land und seine Menschen lieben gelernt. Zudem barg der rätselhafte Hügel der Hethiter noch viele Geheimnisse.

Forscher, Schmuggler und Spione

Woolley und Lawrence trafen sich im März 1912 wieder in Karkemisch. Ärger lag in der Luft. Trotz der offiziellen Genehmigung aus Konstantinopel hinderten die Behörden die Engländer an der Arbeit. Bei ihrer Ankunft starrten sie in die Gewehrläufe türkischer Soldaten. Der örtliche Gouverneur, so wurde den überraschten Ausländern mitgeteilt, habe ihnen die Ausgrabung bis auf weiteres untersagt. Er verweigerte den Wissenschaftlern auch den Bau eines neuen Hauses anstelle der halb zerfallenen Lakritzfabrik, die ihnen bisher als Unterkunft gedient hatte. Der osmanische Beamte wusste allerdings nicht, mit welch streitlustigen Abenteurern er es zu tun hatte.

Lawrence und Woolley leisteten sich einen Auftritt, der jedem Western zur Ehre gereicht hätte. Unangemeldet ritten sie zum Amtssitz des Gouverneurs in der nahe gelegenen Provinzstadt und zwangen den zu Tode erschrockenen Mann mit vorgehaltener Waffe, seine Anordnungen zurückzunehmen. Wie routinierte Banditen bestiegen die Archäologen anschließend ihre Pferde, schossen ein paar Mal in die Luft und machten sich auf den Heimweg. Das Husarenstück sicherte den weiteren Fortgang der Arbeiten. Woolley konnte am nächsten Tag wieder über seine 120 Hilfskräfte verfügen.

Das Jahr 1912, das durch den Untergang der *Titanic* in die Geschichtsbücher einging, wurde für die beiden Briten besonders erfolgreich. Sie entdeckten die Fundamente eines hethitischen Tempels, der – wie Woolley bemerkte – erstaunliche Ähnlichkeit mit dem berühmten Haus Jahwes, dem Bau König Salomons

Forscher, Schmuggler und Spione   135

in Jerusalem, aufwies. Auch für Lawrence hatte die zweite Grabungskampagne in Karkemisch große Bedeutung. Er fand Geschmack an dem abenteuerlich freien Leben und freundete sich mehr und mehr mit den Arabern an. Eine Fotografie vom Beginn der Grabung zeigt ihn zusammen mit Einheimischen. In seinem gestreiften Oxforder College-Blazer wirkt er noch merkwürdig deplatziert. Doch mit der Zeit passte er sich mehr und mehr den Erfordernissen von Klima und Umgebung an. »Vater der kurzen Hosen« nannten ihn die Männer bald scherzhaft. Ein Spitzname, der ausgesprochene Sympathie für den jungen Engländer ausdrückte. Lawrence strahlte eine natürliche Autorität aus, die Araber und Türken gleichermaßen respektierten.

Der düpierte Provinzgouverneur versuchte noch immer, den Briten Schwierigkeiten zu machen. Bald erhob er den völlig aus der Luft gegriffenen Vorwurf, die Engländer verkauften heimlich Fundstücke an die Deutschen. Eine sehr ernste Anschuldigung, denn laut Vertrag gehörte die gesamte Ausbeute dem Osmanischen Reich. Die turbulente Verhandlung am Gericht der Provinzhauptstadt endete mit einem Triumph für Lawrence, der alle angeblichen Beweise entkräften konnte und sogar mit einer türkischen Ehrengarde den Saal verließ.

Im Mai machte sich Hogarth auf den Weg in den Nahen Osten. Er sorgte sich nach wie vor wegen der deutschen Aktivitäten in der Nachbarschaft von Karkemisch. Hatten die Ingenieure am Ende gar vor, die bedeutenden Plastiken und Reliefs, die dort mittlerweile ans Licht kamen, in einer Grabungspause heimlich nach Berlin zu schaffen? Der gewiefte Brite nutzte die Reise zu einer Visite beim deutschen Kaiser, der sich gerade auf seiner Jacht im Mittelmeer aufhielt. Wilhelm II. hatte ein großes persönliches Interesse an der Erforschung des Alten Orients. Seit Jahren steuerte er sogar zur Großgrabung des Deutschen Robert Koldewey in der legendenumwobenen Metropole Babylon erkleckliche Summen aus seiner Privatschatulle bei. Neugierig empfing der Monarch den bekannten Archäologen, der ihm Fotos von den Entdeckungen in der Hethiterstadt präsentierte. Hogarth freilich hatte noch einen Hintergedanken. Er versuchte, den Kaiser in ein Gespräch zu verwickeln und ihm einige Bemerkungen zu seinen Eisenbahnplänen zu entlocken – was allerdings nicht gelang.

Hogarth' Blitzbesuch in Karkemisch hatte vor allem einen Zweck: die Organisation eines Schwarzhandels mit Antiquitäten. Als er sich wieder in Richtung England aufmachte, hatte er vier Holzkisten im Gepäck, die ihm Lawrence gefüllt hatte. Der Direktor des Ashmolean-Museums brach damit nicht nur Gesetze des Osmanischen Reiches, die den Export von Kunstschätzen verboten, er betrog auch gleichzeitig seinen Auftraggeber, das Britische Museum. Denn laut Absprache waren alle Objekte aus der Grabung, die – wie auch immer – aus dem Land geschafft werden konnten, Eigentum der Londoner Institution. Aber Hogarth, der um jeden Preis den Glanz seines eigenen Hauses mehren wollte, dachte nicht daran, etwas von seiner Beute abzugeben. Er hinterließ Lawrence sogar ein beträchtliches Budget für den Ankauf wertvoller Fundstücke von den Grabräubern. Die Hehlerware sollte auf dem Postweg verschickt werden, adressiert an Frau Hogarth in Oxford.

Lawrence enttäuschte seinen Chef nicht. Im Herbst 1912 unternahm er eine ausgedehnte Reise in die Umgebung von Dscherablus. Seine guten Arabischkenntnisse erleichterten den Kontakt zu jenen Männern, die sich durch die Plünderung antiker Stätten ein Zubrot verdienten. So gelang es Lawrence, der in Landestracht unterwegs war, dutzende von Objekten zu erstehen. Bis zum heutigen Tag sind sie in den Vitrinen des Ashmolean-Museums zu bewundern.

Im Dezember kehrte er nach England zurück. Wieder einmal stand die Zukunft der Grabung aus Kostengründen auf dem Spiel. Doch Hogarth konnte dem Britischen Museum aus der Klemme helfen und die beträchtliche Spende eines anonymen Wohltäters in die Waagschale werfen. Damit war eine weitere Kampagne für 1913 durch eine geheime Geldquelle gesichert. Lawrence verlor keine Zeit und fuhr nach Syrien. Die sechs Wochen bis zu Woolleys Eintreffen verbrachte er im Haus des britischen Konsuls Raff Fontana in Aleppo.

Im Osmanischen Reich herrschte Unruhe. Thomas wusste um die Stimmung unter den Kurden und Armeniern, die in der Umgebung von Dscherablus lebten. Eine Revolte lag in der Luft. Einer der kurdischen Rebellenführer hatte den Engländer sogar aufgefordert, mit ihm gegen die Türken zu reiten. Im Februar 1913 machten in Aleppo Gerüchte über einen unmittelbar bevorstehenden Aufstand die Runde. Die Bewohner stellten sich sogar auf die Plünderung der Stadt ein. Fontana fürchtete für die Sicherheit der kleinen britischen Gemeinde. Im Ernstfall sollten sich seine Schutzbefohlenen wenigstens verteidigen können. Lawrence bot ihm seine Dienste an und schmuggelte mit einer Maultierkarawane Gewehre, die er im Hafen von Beirut heimlich von einem englischen Kriegsschiff übernom-

Hethitischer Löwe, ausgegraben in der Nähe von Karkemisch

men hatte, in das Konsulat von Aleppo. Als Zeichen des Dankes schenkte ihm Fontana einen Karabiner, mit dem Lawrence Zielschießen auf Ölkanister übte. Raue Zeiten waren angebrochen.

Der kurze Ausflug ins Waffengeschäft hatte auch Folgen für den illegalen Antiquitätenhandel der Briten. Denn Lawrence war auf einen viel günstigeren Weg gestoßen, die heiße Ware außer Landes zu schaffen. In Zukunft sollte Fontana wertvolle Stücke wie Siegel, Schmuck und Münzen einfach in seinem Diplomatengepäck verstecken. Von Port Said aus wurde das Diebesgut dann auf sicherem Weg mit der britischen Post ans Ashmolean-Museum geschickt.

Der König von Karkemisch

Die Frühjahrssaison in Karkemisch hatte am 21. März 1913 begonnen. Woolley und Lawrence machten große Fortschritte bei der Arbeit. Sie entdeckten den Königspalast, dessen Wände von einzigartigen Steinreliefs flankiert wurden. Um sie freizulegen, mussten die Arbeiter zuerst eine eisenharte Schicht aus römischem Beton abtragen, der allen Hacken und Schaufeln trotzte. Lawrence löste das Problem mit Dynamit und bereicherte so seine Talente um eine weitere Fertigkeit, die ihm in Zukunft noch sehr zugute kommen sollte.

Die Nachbarschaft zur Bagdadbahn hatte für die Engländer noch eine andere unangenehme Konsequenz. Auf der fer-

Der König von Karkemisch 137

tig gestellten Linie trafen plötzlich Besucher aus aller Welt ein und verwandelten den gottverlassenen Platz in einen Wallfahrtsort für Archäologietouristen. Lawrence beklagte sich in einem Brief in die Heimat, dass er den Gastgeber für die »Langweiler« spielen musste. Viele waren freilich keineswegs langweilig. Karkemisch lag auf dem Weg nach Mesopotamien, wo damals viele große wissenschaftliche Projekte im Gang waren. Nach Gertrude Bell trafen Agatha Christie und Baron Max von Oppenheim ein. Der Deutsche, der während des Krieges die militärische Spionage im Nahen Osten übernehmen sollte, leitete weiter nördlich bei Tell Halaf eine Grabung. Er besuchte Lawrence mehrfach und verwickelte ihn in Gespräche über Politik.

Hogarth' großer persönlicher Einsatz für den Fortgang der Arbeiten trug jetzt Früchte. Neben dem erfolgreichen Antiquitätenschmuggel konnten Lawrence und Woolley mit immer interessanteren Forschungsergebnissen aufwarten. Sie fanden hethitische Inschriften in beträchtlicher Anzahl. Die Entdeckung eines Reliefs mit einer königlichen Familie in zeremonieller Prozession und eines Wasserbehälters, der zwischen Stierfiguren ruhte, ließen den Schluss zu, dass eine Parallele zwischen dem jüdischen Kult zur Zeit des Alten Testaments und dem der Hethiter bestand.

Mit großem Beifall wurden die beiden im Sommer 1913 in England begrüßt. Hogarth nannte ihre Entdeckungen »die besten archäologischen Funde seit vielen Jahren«. Auch Sir Frederic Kenyon, der Chef des Britischen Museums, zeigte sich entzückt. Lawrence erregte noch aus einem anderen Grund Aufsehen. Er hatte seinen arabischen Freund Dahoum und seinen Vorarbeiter Hammoudi mitgebracht. Jeder bestaunte die beiden Männer in exotischen Gewändern, die hinter Thomas auf Fahrrädern durch Oxford fuhren. Daheim in der Polstead Road waren die Wasserhähne, die kostbares Nass in unbegrenzter Menge aus der Wand förderten, Gegenstände anhaltender Faszination für die Wüstensöhne. Hammoudi taxierte nach arabischer Tradition den Wert der Damen, die ihm im Haus begegneten. Die eher hagere Mutter von Thomas könnte aber – wie er seinem Gastgeber diskret zu verstehen gab – nicht mehr als eine Kuh einbringen.

Ende August kehrte Lawrence mit seinem Anhang nach Dscherablus zurück und nutzte die Zeit bis zum Eintreffen Woolleys, mit Dahoum die Umgebung nach Antiquitäten zu durchstöbern. Diesmal machten sie eine sehr unangenehme Bekanntschaft mit einer Patrouille der türkischen Armee auf der Suche nach Deserteuren. Lawrence und sein arabischer Begleiter schienen verdächtig, wurden kurzerhand in ein Verließ eingesperrt und ausgepeitscht. Das Geld, das die beiden für die geplanten Ankäufe bei sich trugen, rettete ihre Köpfe. Sie bestachen damit die Wärter und konnten so am nächsten Tag entkommen.

Wegen der zunehmenden Spannungen hatte das Britische Museum nur sehr zögerlich einer Fortsetzung der Ausgrabung zugestimmt. Doch Woolley, der überzeugt davon war, an der Schwelle zu einer großen Entdeckung zu stehen, konnte die Auftraggeber überzeugen. Und tatsächlich sollte die Saison, die Mitte September 1913 begann, die erfolgreichste von allen werden.

Denn die Forscher hatten begriffen, dass der Hügel von Karkemisch nur einen Palast und den Tempel barg. Am Fuß der Erhebung dehnte sich noch eine ganze Siedlung aus, die lediglich von römischen Ruinen überlagert wurde. Die Stadt der Hethiter war einst weit größer und bedeutender gewesen, als die Fachwelt bisher angenommen hatte.

Die Grabung wurde zu einem Meilenstein in der Geschichte der Archäologie. Für Lawrence persönlich markierte sie darüber hinaus den Beginn seiner Verwandlung zum »Lawrence von Arabien«. Drei Jahre Arbeit und ausgedehnte Reisen durch das Osmanische Reich hatten aus dem Oxforder Intellektuellen von einst einen Orientkenner ersten Ranges gemacht. Sein jüngerer Bruder Will, der ihn einmal besucht hatte, bemerkte, dass »sein Beduinenbruder ein großer Mann am Ort« sei.

Lawrence avancierte zum »König von Karkemisch«. Der erste Schritt auf dem Weg, der ihn zum Anführer einer arabischen Armee und zum »ungekrönten Helden Arabiens« machen sollte. Ein Mythos, der noch heute, fast neunzig Jahre später, in Dscherablus lebt. Während der Dreharbeiten machten wir die Bekanntschaft eines alten Mannes. Wie sich schnell herausstellte, ist er ein Enkel Dahoums, des langjährigen Freundes von Thomas. Der Araber wusste vom Hörensagen, dass der junge Engländer überall großes Ansehen genoss. Und aus den Erzählungen seines Großvaters hatte er noch etwas behalten: dass die Briten damals nur nach Karkemisch gekommen sind, um das deutsche Eisenbahnprojekt auszuspionieren. So hart ausgedrückt stimmt es zwar nicht, enthält aber doch einen wahren Kern. Denn am Vorabend des Ersten Weltkrieges waren die Archäologen im potenziellen Feindesland ein wertvolles Faustpfand der englischen Militärs. Das musste auch Lawrence bald begreifen.

Der wilde Sinai

Woolley hatte die Fertigkeit seines Kollegen Lawrence bei der Rekonstruktion von Keramiken aus kleinsten Bruchstücken bemerkt. Deshalb machte er ihm den Vorschlag, an den vielen hundert Fragmenten hethitischer Inschriften, die inzwischen angefallen waren, zu arbeiten. Lawrence begrüßte die Idee begeistert, denn das bedeutete für ihn, dass er den Winter in Dscherablus verbringen konnte. Aber aus dem Plan wurde nichts, denn im Dezember traf ein Brief aus England mit einem merkwürdigen Eilauftrag ein: Die beiden Forscher sollten auf der Stelle aufbrechen, um eine archäologische Bestandsaufnahme des nördlichen Sinai und des Negev durchzuführen. Der »Palestine Exploration Fund« in London übernahm die Verantwortung für das Unternehmen. Die 1866 gegründete Stiftung hatte sich zum Ziel gesetzt, Informationen über das Heilige Land zu sammeln und die Lebensbedingungen für die Menschen in der Region zu verbessern. Aber das Gebiet, das der »PEF« im Winter 1913 im Auge hatte, war damals als Pufferzone zwischen dem osmanischen Heer in Palästina und den britischen Truppen am Suezkanal ein hoch sensibles Terrain. Die Engländer zeigten sich zudem durch die Information beunruhigt, dass die Türken eine Seitenlinie der Hedschasbahn bis nach Akaba führen wollten. Das hätte eine unmittelbare Bedrohung der Kanalzone bedeutet. Lawrence und Woolley erkannten bald, dass ihre archäologische Mission nur als Deckmantel diente. Denn sie erlaubte einer Gruppe britischer Pioniere, die ihnen als Begleitmannschaft zugeteilt war, unauffällig militärische Spionage zu betreiben.

Die »Wildnis von Sin« – so der biblische Name des nördlichen Sinai – ist seit alters her eine Grenzregion von enormer strategischer Bedeutung. Heute stoßen dort Israel und Ägypten aneinander. Bis in die jüngste Geschichte war das Gebiet immer wieder Kriegsschauplatz. Als die Briten 1882 das Nilland besetzten, vereinnahmten sie nicht nur den Suezkanal, sondern erhoben auch Anspruch auf große Teile der östlich gelegenen Halbinsel. Als Demarkationslinie zum Osmanischen Reich betrachteten sie die uralte Karawanenroute, die von Gaza zum Golf von Akaba verlief. Nach einer Reihe von Zwischenfällen und zähen Verhandlungen mussten die Türken die Grenze schließlich anerkennen. Die Briten scheuten nicht die große Mühe, ein paar hundert Pfähle in der menschenleeren Wildnis aufzustellen und auf diese Weise ihr Territorium zu markieren.

Am 10. Januar 1914 treffen Lawrence und Woolley in Beersheba – im heutigen Israel – mit dem Vorgesetzten der britischen Pioniere zusammen. Captain Ste-

wart Newcombe ist erleichtert, zwei junge Draufgänger vor sich zu haben – statt der umständlichen Wissenschaftler, die er erwartet hat. So kann sich das vorgebliche Schutzpersonal ganz seiner wahren Aufgabe widmen. Denn die beiden Archäologen werden sich ohne weiteres alleine durchschlagen und lediglich darauf achten, türkischen Patrouillen aus dem Weg zu gehen.

Lawrence und Woolley machen sich an die Arbeit. Das Gebiet ist reich an Zeugnissen der Vergangenheit. Überall gediehen während der byzantinischen Herrschaft vom 4. bis zum 7. Jahrhundert n. Chr. kleine und – für die damaligen Verhältnisse – alle große Städte. Sie lagen entlang der alten Karawanenstraße zwischen dem Mittelmeer und dem Golf von Akaba. Die Bewohner lebten vom regen Handelsverkehr. Darüber hinaus setzte die biblische Überlieferung dem Sinai ein ewiges Denkmal. Nach dem Alten Testament verbrachten die Israeliten nach dem Auszug aus Ägypten auf dem Weg ins »Gelobte Land« 40 Jahre in der Wüste.

Schon Reisende des 19. Jahrhunderts bestaunten die Ruinen in dem öden Landstrich. Doch die beiden Briten nehmen als Erste eine systematische Untersuchung in Angriff. Die Londoner Auftraggeber interessiert in erster Linie jede Spur, die den Bericht der Bibel wissenschaftlich untermauern könnte. Die Forscher geben sich zwar nicht der Illusion hin, in den wenigen Wochen, die ihnen zur Verfügung stehen, das gewünschte Ergebnis zu erbringen. Aber dennoch gehen sie mit Elan ans Werk.

Tonscherben als Schlüssel der Erkenntnis

Umfangreiche Grabungen kommen nicht infrage. Woolley und Lawrence müssen sich mit einer Inspektion der Oberfläche begnügen. Bei der Analyse von Keramik kann Thomas mit seiner inzwischen gesammelten Erfahrung glänzen. Von allem archäologisch interessantem Material ge-

Die byzantinische Ruinenstadt Esbeita im Negev

ben einfache Tonscherben den Wissenschaftlern am besten Aufschluss. Denn selbst kleine Fragmente von Gefäßen, die Jahrtausende überdauert haben, werden zum Schlüssel für die Datierung einer Siedlung. Jede Epoche der Vergangenheit ist geprägt von einem typischen Keramikstil, der bestimmten Herstellungsstätten zugeordnet werden kann. So gewinnt Lawrence aus tausenden von Bruchstücken, die überall herumliegen, allmählich ein Bild der kulturellen und wirtschaftlichen Verhältnisse der Region in der Antike.

Er kommt zu einem erstaunlichen Ergebnis: Mit Ausnahme einiger unbedeutender römischer Reste, stammen alle bekannten Siedlungen aus byzantinischer Zeit – mit einem Höhepunkt im 6. Jahrhundert n. Chr. Niemals zuvor und nie wieder danach waren Negev und Nordsinai so dicht bevölkert. Ende Januar hat sich die kleine Expeditionsgruppe bis Esbeita durchgearbeitet. Noch im Stadium des Verfalls beeindruckt die ehemalige »Großstadt« die britischen Forscher.

Wie hatten es die christlichen Byzantiner fertig gebracht, ihren erstaunlichen Lebensstandard einem so trockenen und extrem heißen Gebiet abzuringen? Sie verstanden es, in dem ungünstigen Klima Getreide und Wein anzubauen. Ausgrabungen aus den Neunzigerjahren des 20. Jahrhunderts förderten viele Kornspeicher und Traubenpressen zutage. Obwohl Lawrence und Woolley solche Beweise nicht zur Verfügung stehen, kommen sie anhand der offensichtlich importierten Keramik zu einem verblüffenden Schluss: Die Byzantiner waren nicht nur in der Lage, sich selbst zu versorgen, sondern erwirtschafteten auf ihren Feldern und Anbauterrassen sogar Überschüsse für den Tauschhandel.

Auch die raffinierten Lösungen, mit denen die Bauern das Problem ständigen Wassermangels lösten, fallen den Archäologen ins Auge. Mit ergiebigen Regenfällen ist die Sinai-Halbinsel durchschnittlich nur einmal im Jahr gesegnet. Das Wasser sickert in die ausgedörrte Erde nicht ein, sondern fließt schnell ab und läuft an den tiefst gelegenen Stellen des Geländes zusammen. Kluge Architekten verwandelten praktisch die gesamte Umgebung der Städte in ein gewaltiges Sammelsystem: Sie konstruierten viele hundert Kilometer lange steinerne Rinnen und leiteten so das kostbare Nass entweder direkt auf die Felder oder in unzählige kleine Zisternen. In großen Tonkrügen, deren Scherben heute noch die Landschaft übersäen, schafften es die Menschen in ihre Häuser. Die geniale Technik basiert auf dem Know-how der Nabatäer, den Karawanenhändlern aus den Wüsten Arabiens, die schon lange vor der Zeitenwende den öden Landstrich in einen blühenden Garten verwandelt hatten.

Als der »Palestine Exploration Fund« noch im gleichen Jahr die Ergebnisse von Woolley und Lawrence in dem Band *The Wilderness of Zin* publizierte, erhoben sich viele kritische Stimmen. Erst in jüngster Zeit haben moderne Archäologen erkannt, welch bemerkenswert exakte Ergebnisse die beiden vor fast 90 Jahren abgeliefert haben. Innerhalb kürzester Zeit ist es ihnen gelungen, ein genaues Bild vom Leben in den Siedlungen zu zeichnen, ohne auf irgendeine frühere Untersuchung zurückgreifen zu können. Bestimmung der Keramik, genaue Beobachtung und fachlicher Instinkt – nur damit haben sie die Ruinen des Negev in ihren richtigen historischen und ökonomischen Zusammenhang gestellt. Sie fanden sogar heraus, dass sich das Klima in der Region seit der byzantinischen Epoche nicht verändert hat. Eine Behauptung, der damals heftig widersprochen wurde, die aber heute durch moderne Untersuchungsmethoden bewiesen ist.

Das Ende der blühenden Kultur in der Wüste begann mit dem Aufstieg des Islam. Im Jahr 638 eroberten muslimische Heere Jerusalem. Danach geriet auch die Sinai-Halbinsel unter arabische Herrschaft. Die Unsicherheit der politischen Verhältnisse und eine Reihe von verheerenden Erdbeben führten dazu, dass die Bewohner ihre Siedlungen gegen Ende des 7. Jahrhunderts aufgaben. Die prächtigen Kirchen und soliden Häuser verfielen. Nur noch den Karawanen auf dem Weg zwischen dem Golf von Akaba und dem Mittelmeer dienten sie als Unterschlupf. Schließlich machte sich die Wüste wieder breit. Nur große Steinhaufen blieben zurück, wo einst tausende von Menschen gelebt hatten.

Aufgrund der Veröffentlichung von Woolley und Lawrence rüstete in den Zwanzigerjahren des vergangenen Jahrhunderts H. Dunscombe Colt, der Sohn des berühmten Waffenerfinders Samuel Colt, eine Expedition nach Esbeita aus. Doch als ein Feuer sein Grabungshaus vernichtet hatte, gab er auf. Die Archäologin Tali Gini, die antike Stätten im Negev überwacht, legte vor kurzem die Reste des Gebäudes frei. Sie entdeckte zahlreiche wertvolle Objekte, die ihr Vorgänger im Schutt zurückgelassen hatte. Der heutige Aufseher von Esbeita wohnt neben den Ruinen von Colts Haus. Im Jahr 2000 brachte seine Frau eine Tochter zur Welt. Die Kleine ist vermutlich der erste Mensch, der seit dem 7. Jahrhundert in Esbeita geboren wurde.

Nur ein paar Kilometer südlich der Byzantinerstadt liegt Kadesh Barnea. Ein bedeutender Platz für die Bibelforschung: Denn dort sollen die Israeliten 40 Jahre lang gesiedelt haben, bevor sie nach Norden ins »Gelobte Land« weiterzogen. Lawrence fand an dem viel gerühmten Ort zwar Keramikstücke aus der entsprechenden Epoche um 1200 v. Chr. Aber damit hielt er noch lange nicht den eindeutigen Beweis für die historische Wahrheit vom biblischen Exodus in Händen, den sich der »Palestine Exploration Fund« so sehr erhofft hatte.

Zwischen den Fronten

In Kadesh Barnea trennten sich die Wege der beiden Briten. Während sich Woolley nach Norden aufmachte, reiste Lawrence weiter nach Süden zum Golf von Akaba. Er nahm seinen treuen Diener Dahoum mit, der die Archäologen die ganze Zeit über begleitet hatte. Der Plan sah vor, die Wege durch die Sinai-Halbinsel nach Akaba zu erkunden und anschließend entlang der Hedschasbahn nach Karkemisch zurückzukehren.

In Akaba stießen die beiden erneut mit der türkischen Obrigkeit zusammen. Lawrence wollte die Ruinen auf der so genannten Pharaoneninsel im Roten Meer fotografieren. Aber die Türken verweigerten die Genehmigung und untersagten ihnen, die örtliche Fähre zu benutzen. Entschlossen, den bizarren Felsen unweit des Ufers trotzdem zu erreichen, baute das erfinderische Duo ein Floß aus leeren Ölkanistern, die am Strand herumlagen. Lawrence nahm samt Kameraausrüstung darauf Platz und Dahoum lenkte schwimmend die wackelige Konstruktion durch das von Haien wimmelnde Wasser. Thomas machte in aller Ruhe seine Bilder von den spärlichen Resten einer Kreuzfahrerburg. Dafür hatte er schließlich die ganze Anstrengung auf sich genommen, aber er fand die Anlage enttäuschend.

Nach dem verbotenen Ausflug mussten sie sich schleunigst aus dem Staub machen, um einer Inhaftierung zu entgehen. Sie flohen zu Fuß. Erst nach einem Tag hatten sie einen Türkentrupp abgeschüttelt, der versuchte, ihnen auf Kamelen zu folgen. Die Flüchtlinge verschwanden in dem zerklüfteten, für die Tiere unzugänglichen Gebirge. Damals machte Lawrence eine Entdeckung, die ein paar Jahre später für ihn von großer Bedeutung sein wird: »Wir hatten Glück, denn wir fanden die beiden großen Pässe durch die Hügel von Arabah, die von modernen Räuberbanden benutzt werden, um in den Sinai zu gelangen, und die früher schon den Israeliten gedient hatten ... Wir waren ziemlich wahnsinnig, ohne einen Führer dort herumzuwandern ... Aber wir haben es geschafft.«

Am 8. März 1914 trafen Thomas und Dahoum wieder in Karkemisch ein. Neben seiner erfolgreichen archäologischen Mission hatte der Engländer unwissentlich Informationen aus erster Hand gesammelt: Kenntnisse über ein Gebiet, das bald Schlachtfeld eines Guerillakrieges sein würde. Die neue Grabungssaison überschattete ein Vorfall, der die ganze Region in Aufruhr versetzte. Der örtliche Bauunternehmer, verantwortlich für die Konstruktion der Brücke über den Euphrat, hatte Bankrott gemacht. Deshalb mussten die deutschen Ingenieure die Löhne an die Arbeiter auszahlen. Die Hilfskräfte, größtenteils Kurden, gerieten mit ihren neuen Chefs in Streit über die Höhe der Bezahlung. Die Auseinandersetzung artete bald in einen regelrechten Kleinkrieg aus. Die Deutschen griffen zu ihren Gewehren. Schüsse fielen. Die Kurden flohen in den Schutz des englischen Grabungsgeländes, nachdem einer von ihnen getötet worden war. Lawrence und Woolley fanden sich plötzlich zwischen den Fronten. Es bedurfte ihrer ganzen Überredungskünste, die 300 Kurden daran zu hindern, die Deutschen erneut anzugreifen und zu lynchen. Sie erreichten einen labilen Waffenstillstand, der bis zum Eintreffen türkischer und deutscher Offizieller am nächsten Tag hielt. Lawrence führte die Verhandlungen im Sinne der Einheimischen: Die Vorarbeiter der Deutschen, die zur nationalen Minderheit der Tscherkessen gehörten und allgemein verhasst waren, werden entlassen. Der Tod des Kurden muss durch Zahlung eines Blutgeldes gesühnt werden. Nachdem die Bedingungen erfüllt worden waren, kehrte wieder Friede ein.

Die Engländer bekamen Besuch von Captain Stewart Newcombe, den sie in Beercheba kennen gelernt hatten. Der militärische Leiter ihrer Sinai-Expedition wollte sich mit eigenen Augen ein Bild vom Fortschritt der Bagdadbahn machen. Er nutzte die Gelegenheit, die Archäologen für eine weitere Spionageaktion einzuspannen: Sie sollten ihre bevorstehende Heimreise nach England so gestalten, dass sie unterwegs unauffällig die Streckenführung des Zuges durch das Taurusgebirge in Augenschein nehmen könnten. Am 2. Juni brachen Lawrence und Woolley von Karkemisch auf. Noch wissen sie nicht, dass sie nie wieder gemeinsam dort arbeiten können. Mit Newcombes Auftrag hatten sie allerdings unerwartetes Glück. Unterwegs trafen sie auf einen italienischen Ingenieur, der sich mit seinen deutschen Kollegen überworfen hatte und gefeuert worden war. Er versorgte die Engländer bereitwillig mit allen Informationen, die sie brauchten.

Ende Juni saß Thomas wieder in seinem kleinen Gartenhaus in Oxford und arbeitete an der Vollendung des Bandes *The Wilderness of Zin*, der bald erscheinen sollte. Es war das letzte Mal, dass er den Geheimnissen der Toten nachspürte. Zwölf Tage vor seinem 26. Geburtstag, am 4. August 1914, erklärte Großbritannien dem Deutschen Reich den Krieg. Von jetzt an musste sich der junge Archäologe mit den Geheimnissen der Lebenden befassen.

Das »Arab Bureau« in Kairo

Lord Horatio Herbert Kitchener, der englische Kriegsminister, setzte alles daran, das Osmanische Reich, das sich noch neutral verhielt, nicht herauszufordern. Deshalb erteilte er Lawrence und Woolley die Anweisung, ihrem Buch über die Sinai-Expedition einen streng akademischen Anstrich zu geben. So reinigten die Autoren das Manuskript *The Wilderness of Zin* von allen Hinweisen, die den Argwohn der Türken erregt hätten. Weder Captain Newcombes Pioniere noch die Eskapaden in Akaba fanden Erwähnung.

Die beiden Archäologen bewarben sich um einen Posten beim Hauptquartier der britischen Streitkräfte in Ägypten, was ihnen durch die Fürsprache des Captains gewährt wurde. Das Osmanische Reich trat kurz darauf auf der Seite Deutschlands in den Krieg ein. Die Dienste der Forscher, die den Orient besser kannten als jeder britische Offizier, waren höchst willkommen.

Lawrence und Newcombe trafen am 15. Dezember 1914 in Kairo ein. Woolley kam ein paar Tage später in Begleitung von George Lloyd und Aubrey Herbert, ehemaligen Diplomaten, die vor dem Krieg in Konstantinopel stationiert waren. Die fünf Männer sollten das britische Spionagenetz im Osmanischen Reich aufbauen. Lawrence fiel die Aufgabe zu, Landkarten zu bearbeiten. Er musste bald feststellen, dass die britischen Militärs das Gelände, das sie zu erobern gedachten, überhaupt nicht kannten. Selbst die Sinai-Vermessung hatte teilweise recht merkwürdige Resultate hervorgebracht. Zwar stimmten die Angaben zur geografischen Länge, aber viele Orte trugen übereinstimmend die arabische Bezeichnung »musharef«. Die Pioniere waren einem kuriosen Missverständnis aufgesessen. Denn »musharef« heißt »ich weiß nicht«. Die Engländer hatten sich bei den Einheimischen durchgefragt und – in Unkenntnis der Landessprache – die negativen Auskünfte als Namen gedeutet. Lawrence machte sich daran, die Fehler zu beseitigen. Aus seiner Erinnerung an den Sinai-Trip konnte er vieles richtig stellen, aber in einigen Fällen musste auch seine Fantasie herhalten.

In den nächsten sechs Monaten beschäftigte ihn außerdem das Verfassen von Dossiers über Syrien und Palästina und die Befragung von türkischen Gefangenen und Flüchtlingen. Das hohe Maß an Erfahrung, das die Berichte der ehemaligen Archäologen auszeichnete, ließ Lawrence und Woolley zu einflussreichen Beratern des britischen Militärs im Nahen Osten aufsteigen. Das Leben der Agenten Ihrer Majestät gestaltete sich als durchaus komfortabel. Sie logierten in Zimmern des luxuriösen »Continental Hotels« in Kairo. Täglich fuhren sie mit dem

Lawrence (links) mit David Hogarth vor dem »Arab Bureau«

Fahrrad zu ihren Büros im Hauptquartier. Obwohl er die Routine ziemlich lästig fand, konnte Lawrence die Zeit mehr oder weniger genießen.

Aus Europa trafen dagegen schlimme Nachrichten ein. Am 9. Mai 1915 fiel sein Bruder Frank an der Westfront. Nur ein halbes Jahr später wurde Will, ein zweiter Bruder, als vermisst gemeldet. Thomas gab seine Gefühle nicht preis. Die einzigen Zeugnisse aus diesem Lebensabschnitt sind die tröstenden Worte, die er an seine Mutter schrieb.

Auch mit seinem alten Mentor Hogarth stand er immer noch in Kontakt. In einer ganzen Reihe von Briefen entwickelte Lawrence seine Vorstellungen vom Fortgang des Krieges. Er wusste aus eigener Ortskenntnis, dass der Sinai vor allem im Frühling kein Hindernis für einen türkischen Großangriff auf Ägypten darstellen würde. Und er vertraute seinem väterlichen Freund an, von welchem persönlichen Fernziel er träumte: »Ich möchte alle (Araber) vereinen und Syrien ... aufrollen. Wir könnten bis Damaskus vorstoßen und damit den Franzosen alle Hoffnung auf Syrien nehmen. Ein großes Spiel, das aber den Einsatz wert ist. Reden Sie jetzt noch nicht darüber.«

Damals war es ein offenes Geheimnis, dass die mit den Briten verbündeten Franzosen – im Fall eines Sieges über das Osmanische Reich – Syrien als Kolonie beanspruchen wollten. In seinem Brief an Hogarth offenbart Lawrence den wahren Ursprung seiner politischen Vision: die seit Jugendjahren gewachsene Antipathie gegen Frankreich. Seiner Meinung nach konnte nur ein starkes Arabien in Zukunft verhindern, dass sich die verhasste Nation im Nahen Osten breit machte. Eine erstaunliche Härte angesichts der Tatsache, dass England und Frankreich im bis dahin mörderischsten Krieg der Weltgeschichte Seite an Seite kämpften.

Zunächst musste das Britische Oberkommando einige katastrophale Niederlagen hinnehmen. 1915 hatten die Engländer über 50 000 Mann bei dem Versuch verloren, die Dardanellen zu besetzen. Im März 1916 stand ein Expeditionsheer in Mesopotamien – ausweglos von Türken umzingelt. Lawrence begleitete eine geheime Delegation, die den Oberbefehlshaber der osmanischen Truppen zu bestechen versuchte. Er sollte die am Euphrat eingeschlossenen Engländer ziehen lassen. Doch der Feind wies die angebotenen zwei Millionen Pfund Sterling zurück. 12 000 Soldaten gerieten in Gefangenschaft. Viele starben an Krankheiten oder an Hunger.

Das Frühjahr 1916 brachte entscheidende Veränderungen im Kairoer Hauptquartier. Die Abteilung, der Lawrence und Woolley angehörten, wurde aus der militärischen Abwehr ausgegliedert und hieß von da an »Arab Bureau«. Im April traf ihr neu ernannter Leiter in Ägypten ein. Es war ein alter Bekannter: David Hogarth. Jetzt unterstanden die Agenten nicht mehr dem Militär, sondern dem Außenministerium, was zu ständigen Kompetenzstreitigkeiten führte. Aber der Gang der Ereignisse sollte bald beweisen, welche enorme Bedeutung dem »Arab Bureau« für den weiteren Verlauf des Krieges zukam.

Im Juni rief Sherif Hussein von Mekka, das geistliche Oberhaupt aller Muslime, die Araber zum Krieg gegen die Türken auf. Die Revolte veränderte die militärische Situation im Nahen Osten grundlegend: Das Osmanische Reich hatte nun einen Gegner im eigenen Land, die Briten aber einen frischen Bundesgenossen, den sie begrüßten und unterstützten. Aber er durfte im Hinblick auf ihre zukünftigen Interessen nicht zu mächtig werden.

Kaum ein General hatte genaue Informationen über die neuen Alliierten, die Völker der Arabischen Halbinsel. Eine englische Gesandtschaft suchte Hussein auf und sagte ihm eine Lieferung von Gewehren und Munition zu. Doch der Sherif verlangte stattdessen Artillerie und Geld. Die Briten schreckten vor der Idee zurück, den unerfahrenen Beduinen schwere Kanonen in die Hand zu geben. Über Geld ließen sie mit sich reden. Und sie waren nicht kleinlich. Die Loyalität des arabischen Anführers kauften sie mit der atemberaubenden Summe von 120 000 Pfund Sterling pro Monat – nach heutigem Wert eine Millionensumme. Eine Abmachung, die noch über 1918 hinaus eingehalten wurde.

Der Aufstand kam jedoch bald zum Erliegen, da es den Arabern an Erfahrung in moderner Kriegsführung mangelte. Ihre mit fanatischer Begeisterung vorgetragenen Angriffe brachen im Maschinengewehrfeuer der türkischen Abteilungen zusammen. Die Verantwortlichen in Kairo erkannten bald, dass die Revolte dringend personelle Unterstützung durch britische Offiziere nötig hatte. Lawrence war wieder einmal der ideale Mann. Er sollte Kontakte zu den Sheiks verschiedener Stämme knüpfen. Am 12. Oktober macht er sich auf Befehl von Hogarth bereit. Die Legende des »Lawrence von Arabien« spinnt sich weiter.

Der letzte Kreuzritter im Gewand des Sherifen

Als der Brite auf der Arabischen Halbinsel eintraf, stand die Sache auf der Kippe. Die traditionell verfeindeten Beduinensippen hatten zwar über dem gemeinsamen Hass gegen die Türken ihre Differenzen vorübergehend begraben. Doch nach den ständigen Misserfolgen brachen die alten Rivalitäten wieder auf. Der Aufstand brauchte einen Anführer, der genügend Ausstrahlung und Autorität besaß, um alle Clans hinter sich zu bringen – kurz, einen Mann, »der in der Lage wäre, die Wüste in Brand zu stecken«, wie Lawrence schrieb.

Er findet ihn in einem Lager, tief in der Wüste. Eine Begegnung, die Geschichte

machte. Feisal, der Sohn von Hussein – des Emirs von Mekka –, ist die Persönlichkeit, der Lawrence zutraut, die Sache der Araber in die Hand zu nehmen. »Das war der Mann, den ich gesucht hatte. Groß, geschmeidig und kraftvoll, eine königliche Erscheinung«, schwärmt der junge Engländer.

Nach dem folgenschweren Treffen in Feisals Zelt gibt es für den Intellektuellen aus Oxford kein Zurück mehr. Von jetzt an tauscht er Spaten und Schreibmaschine gegen Gewehr und Dynamit. Auch eine äußere Verwandlung geht mit ihm vor. Die Muslime schenken dem Christen den weißen Umhang eines Sherifen. Das Kleidungsstück dürfen eigentlich nur leibliche Nachkommen des Propheten Mohammed tragen. Damit zeigt Feisal seinem neuen Verbündeten seine Freundschaft und erweist ihm gleichzeitig die höchste Ehre. Für Lawrence bedeutet die großzügige Gabe mehr als Maskerade. Er legt das Gewand an – als Zeichen seiner großen Idee, die er auch dem ehrgeizigen Wüstensohn eingepflanzt hat: der Vision von einem befreiten Arabien mit Damaskus als Hauptstadt.

Noch war der Weg dorthin nicht frei. Die Türken hielten den strategisch bedeutenden Hafen Akaba und hatten ihn mit Batterien von schwerer Artillerie gesichert. Die Festung am Roten Meer hemmte auch die britischen Aktionen. General Edmund Allenby, Oberbefehlshaber der englischen Streitkräfte im Nahen Osten, zögerte, die Türken von Ägypten aus anzugreifen. Denn der Weg von der Suezkanallinie durch den Sinai war zu lang und führte durch schwieriges Terrain. Die Türken hätten jederzeit den Vormarsch

Thomas Edward Lawrence im Gewand eines arabischen Sherifen

bedrohen können. Die einzige Alternative war ein Überfall von der Seeseite her. Aber nach der Katastrophe von Gallipoli fürchteten die Verantwortlichen ein neues Debakel.

Lawrence sah in Akaba ein wichtiges Faustpfand für die Araber. Wenn sie den Hafen eroberten, wären sie ein gleichwertiger Verbündeter und könnten bei Verhandlungen über die politische Zukunft der Region nicht mehr übersehen werden. Thomas gab sich von Anfang an keinen Illusionen hin. Er wusste genau, dass bei allen Nachkriegsregelungen letztlich nur das Recht des Stärkeren zählen wird.

Lawrence entwickelte einen waghalsigen Plan, der auf den Erfahrungen seiner archäologischen Reisen beruhte. Militärhistoriker bewerten ihn bis heute als klassisches Vorbild eines Guerillaunternehmens. Da die Türken in Akaba mit einem Angriff von See her rechneten, hatten sie ihre Geschütze nach Süden ausgerichtet. Eine Attacke aus der nördlichen Richtung jedoch könnte den Gegner am schwächsten Punkt seiner Verteidigung treffen. Das bedeutete aber einen riesigen Umweg, einen wochenlangen Marsch durch die Nefud-Wüste, die sogar die Beduinen für unpassierbar hielten. Am 9. Mai 1917 verließ Lawrence in Begleitung des legendären Sheiks Auda Abu Tayi und 45 seiner Kämpfer die Küstenregion von Wedsch am Roten Meer und tauchte in den Glutofen des Hinterlandes ein. In seinem Gepäck führte er 20 000 britische Sovereigns in Gold mit, um damit die Beduinen nördlich der Nefud zu rekrutieren.

Der Gewaltmarsch brachte Thomas nicht nur an die Grenzen seiner physischen Belastbarkeit. Er führte von nun an ein Leben in extremer emotionaler Vereinsamung. Er war der einzige Fremde

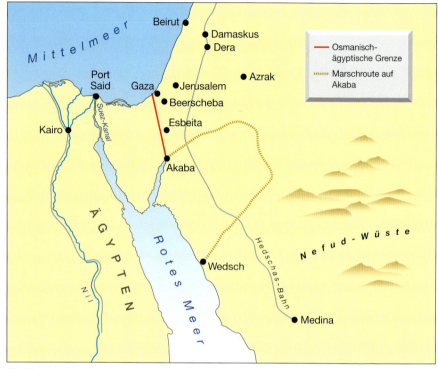

Die Marschroute der Beduinenarmee auf Akaba

unter den Arabern und trug zudem die gesamte Verantwortung für den ungewissen Ausgang der lebensgefährlichen Aktion. In dieser Rolle sah er sich eines Tages gezwungen, einen Mann zu erschießen. Nach einem Streit unter den Beduinen hatte es einen Toten gegeben. Eine Blutfehde drohte. Sie hätte das Ende des Feldzugs bedeutet. Lawrence nahm es auf sich, den Mörder zu exekutieren, um Frieden zwischen den verfeindeten Parteien herzustellen. Der Brite hatte die zivilisierte Welt Großbritanniens endgültig hinter sich gelassen und sich buchstäblich mit Haut und Haaren seiner Vision verschrieben. Er ging sogar so weit, einem der Stammesfürsten sein eigenes Leben zu verpfänden – für den Fall, dass die Engländer nach dem Krieg ihre politischen Versprechen nicht einhielten.

Im Juni 1917 hatte Lawrence die Wüste durchquert und eine Streitmacht gesammelt, mit der er den Angriff auf Akaba wagen konnte. Nach einigen Guerilla-Attacken auf die Hedschasbahn marschierte das Beduinenheer gegen die Festung an der Küste. Die völlig überraschten Türken kapitulierten nach kurzer Gegenwehr. Das geniale Konzept war aufgegangen. Der Sieger hatte es eilig, den Triumph im britischen Hauptquartier zu vermelden. Trotz der mörderischen Hochsom-

Lawrence exekutiert einen Araber.

merhitze jagte er in wenigen Tagen durch die Sinai-Halbinsel. Am 10. Juli meldete er sich in Kairo. Die Nachricht von der Eroberung Akabas schlug ein wie eine Bombe.

Das erfolgreiche Abenteuer, das keiner seiner Vorgesetzten gebilligt hätte, veränderte schlagartig die militärische Lage der Engländer. Jetzt stand ihrem Großangriff auf Palästina nichts mehr im Weg. Die rechte Flanke des Vormarschs war gesichert und obendrein mit Akaba ein Hafen für den Nachschub gewonnen. Der mutige Feldherr wurde für das Victoria-Kreuz, den höchsten britischen Orden, vorgeschlagen. Die Verleihung scheiterte aber an einer bürokratischen Hürde: Kein englischer Offizier konnte seine Heldentat bezeugen. Außerdem wollte die Regierung in London offenbar das Ausmaß der arabischen Erfolge vor den Franzosen geheim halten. Einen angebotenen Ersatzorden lehnte Lawrence angewidert ab.

Auf sein Bitten hin gewährte General Allenby dem Arabischen Aufstand großzügige Unterstützung. Die Beduinenarmee war nun Teil der britischen Pläne und sollte den rechten Flügel der alliierten Offensive gegen Palästina bilden. Lawrence kehrte mit Geld und 2000 Kamelen nach Akaba zurück. Die Ausrüstung wurde durch gepanzerte Rolls-Royce-Wagen, schwere Maschinengewehre sowie eine Abteilung englischer Artilleristen und Pioniere ergänzt. Die Soldaten und Offiziere – Experten in Logistik und fachgerechter Zerstörung – standen Lawrence von nun an zur Seite. Von Leutnant Peake lernte er eine effiziente Methode, die türkische Eisenbahntrasse dauerhaft zu schädigen. Seine Männer platzierten an ausgesuchten Stellen kleine Sprengladungen unter einer Reihe gusseiserner Schwellen, die dann durch die Wucht der Explosion nach oben

Der letzte Kreuzritter im Gewand des Sherifen 153

Lawrence wird von den Türken verhört.

gedrückt wurden. Dabei verbogen sich die Schienen so sehr, dass Züge sie nicht mehr passieren konnten. Die effiziente Methode trug den Decknamen »Tulpe«.

Während Allenby Gaza eroberte, befehligte Lawrence den Vorstoß in Richtung Damaskus. Je weiter er nach Norden vorrückte, desto besser kannte er das Terrain. Er richtete sein Hauptquartier in Azrak ein, der Ruine einer islamischen Burg im heutigen Jordanien. Doch die militärischen Erfolge wurden überschattet von Nachrichten aus Europa. Engländer und Franzosen hatten sich in einem geheimen Abkommen darauf verständigt, den Nahen Osten nach der Niederlage der Türken unter sich aufzuteilen. Der

Das ehemalige türkische Fort in Akaba

als »Sykes-Picot-Abkommen« in die Geschichte eingegangene Vertrag machte alle Träume von einem vereinigten, freien Arabien zunichte. Das Einzige, was Lawrence für seine Freunde noch herauszuschlagen hoffte, war eine günstige Ausgangsposition bei den zukünftigen Verhandlungen. Deshalb setzte er alles daran, Feisal und seine arabischen Truppen vor den Engländern nach Damaskus zu bringen.

Im November 1917 schlich er sich von Azrak aus mit zwei Gefährten hinter die türkischen Linien in die kleine Stadt Dera, um die Verteidigungsanlagen des Gegners auszuspionieren. Er wurde aufgegriffen. Die Türken hatten auf den gefürchteten »El Orence« eine Belohnung von 20 000 Pfund Sterling ausgesetzt. Aber sie hielten den Mann, den sie da ge-

Beduinenarmee auf dem Marsch nach Akaba

schnappt hatten, für einen Deserteur und merkten nicht, welcher Fang ihnen wirklich ins Netz gegangen war. Die Landestracht, die Lawrence immer trug, und vor allem seine guten Arabischkenntnisse verhinderten seine Enttarnung. Dennoch geriet der Vorfall zum schlimmsten Albtraum seines Lebens. Weil er nicht auf die sexuellen Avancen des Kommandeurs einging, wurde er ausgepeitscht und anschließend von türkischen Soldaten vergewaltigt. Einer der Männer, der vermutlich einer nationalen Minderheit angehörte und gegen seinen Willen in der türkischen Armee dienen musste, hatte Mitleid mit ihm. Als der geschundene Gefangene in einen Verschlag geworfen wurde, ließ der mutige Retter die Tür offen. So konnte Lawrence seinen Peinigern entkommen. Er kehrte nach Azrak zurück, körperlich und seelisch gebrochen. Die Ereignisse von Dera verfolgten ihn für den Rest seines Lebens. Fortan vermied er strikt, andere Menschen zu berühren.

Am 9. Dezember 1917 fiel Jerusalem in die Hände der alliierten Truppen. Allenby lud Lawrence ein, an der feierlichen Siegeszeremonie teilzunehmen. Der ehemalige Archäologe und Historiker erlebte diesen Moment als Höhepunkt des Krieges. Tatsächlich war ein Teil seines Traumes, den er in den Briefen an Hogarth entwickelt hatte, Wirklichkeit geworden. Zum ersten Mal seit dem Jahr 1099 marschierte eine christliche Armee als Eroberer durch die Tore der Heiligen Stadt. Vor allem aber waren es nicht französische, sondern britische Truppen, die den lang ersehnten Triumph feierten.

Der Motor des Krieges

Die zweite Phase des Feldzugs sollte die bitterste werden. Lawrence musste alle Überredungskünste aufwenden, um seine Araber für den Angriff auf Damaskus zusammenzuhalten. Ende Januar 1918 waren sie zum Weitermarsch bereit. Inzwischen hatten die Briten eine befestigte Straße von Akaba bis Amman gebaut, auf der die endlosen Nachschubkolonnen nach Norden rollten. Der Bedarf an Geld war höher denn je. Lawrence erhielt zwei Millionen Gold-Sovereigns. Nur damit konnte er die Beduinen weiterhin bei der Stange halten.

Das Gold wurde in Akaba an Land geschafft und in einem kleinen Schuppen hinter dem Hauptquartier gehortet. Jeder englische Offizier hatte den Befehl, 1000 Sovereigns bei sich zu führen, um im Ernstfall durch Bestechung Schwierigkeiten aus dem Weg räumen zu können. Der Sprengstoffexperte Peake erinnert sich in seinen Memoiren an die Hütte, in der sich die Kisten mit dem immensen Vermögen bis an die Decke stapelten:»Ich hatte niemals zuvor den Motor des Krieges so unverhohlen auf dem Präsentierteller gesehen.« Autos transportierten die kostbare Fracht nach Norden. Obwohl sicher manch eine Beduinengruppe in Versuchung kam, wurde doch nie einer der Wagen überfallen. Denn alle wussten, welchem Zweck die Ladung diente.

Am 24. Januar war Lawrence in die einzige konventionelle Schlacht seiner Karriere verwickelt. Er selbst richtete die Maschinengewehre ein, in deren Geschosshagel die türkische Infanterie zugrunde ging. Der arabischen Armee fielen die schweren Kanonen des Gegners in die Hände. Damit gewann sie erhöhte Schlagkraft. Bittere Kämpfe füllten die nächsten Monate aus. Während Peake viele Abschnitte der Eisenbahnstrecke zerstörte, organisierte Lawrence Überfälle auf die Bahnhöfe, die die türkischen Mannschaften bewachten.

Thomas wurde immer wieder verwundet – doch niemals ernsthaft. Eine schützende Aura schien ihn zu umgeben. Um bei den Kämpfen einer Gefangennahme zu entgehen, hatte er eine Truppe von Leibwächtern rekrutiert. 60 Männer verloren im Verlauf des Krieges bei diesem Job ihr Leben. Im September 1918 war die türkische Armee überall auf dem Rückzug. Am 1. Oktober fuhr der Engländer im Auto in Damaskus ein. Kurz zuvor hatte ihn eine Abteilung seiner eigenen Landsleute versehentlich verhaftet. Doch jetzt war er am Ziel: Er konnte die Stadt, die seit vielen Jahrhunderten als »Perle des Ostens« gerühmt wurde, in die Hände der Wüstensöhne zurückgegeben. Siegestrunken riefen sie Sherif Hussein von Mekka zum »König von Arabien« aus.

Doch im Augenblick des Freudentaumels begann für Thomas Edward Lawrence die persönliche Niederlage. Schon zwei Tage später erschien Allenby auf der Bildfläche und diktierte Feisal die Bedingungen. Lawrence nahm als Übersetzer an der Unterredung teil. Der britische General verkündete seinem arabischen

Lawrence auf dem Balkon des Arabischen Hauptquartiers in Damaskus

Verbündeten kühl, Frankreich werde in Zukunft als Schutzmacht über Syrien und den Libanon herrschen. Außerdem sollten den Arabern keinerlei politische Hoheit über Palästina gewährt werden. Feisal war wie vom Schlag getroffen und stellte Lawrence zur Rede. Der Moment war gekommen, den der Engländer seit Monaten gefürchtet hatte. Jetzt wurde offenbar, dass die europäischen Alliierten ihre arabischen Freunde nur ausgenutzt hatten. Und dass Lawrence – wenn auch schweren Herzens – bei diesem Betrug mitgemacht hatte.

Der Traum war ausgeträumt. Das »Damaskus-Erlebnis« hatte einschneidende politische und persönliche Konsequenzen: das Ende der Vision vom freien Arabien und das Ende einer Freundschaft. Dokumente aus den beiden folgenden Jahren belegen, dass die Beziehung zwischen Lawrence und Feisal zunehmend schlechter wurde. Schon einen Tag nach Allenbys harschem Auftritt in Damaskus – am 4. Oktober 1918 – tritt Lawrence von seinem Posten in der arabischen Armee zurück. Während er vom Balkon ihres Hauptquartiers einen letzten Blick über die Stadt wirft, die bald von Franzosen besetzt sein wird, klickt ein Fotoapparat und hält seinen tragischen »Abschied für immer« fest.

Das Ende eines Traums

Lawrence kehrte verbittert nach England zurück. Wie viele Soldaten gab er sich keinen Illusionen über den Sinn des Ganzen hin und machte daraus auch keinen Hehl. König George V. wollte seinen

Kriegshelden mit hohen Verdienstmedaillen dekorieren und lud ihn in den Buckingham-Palast ein. Doch der stolze Untertan weigerte sich, die Orden anzunehmen. Sein Ehrentitel als Emir verbiete ihm das, weil er die für Arabien verheerenden Folgen des Sykes-Picot-Abkommens nicht gutheißen könne. Außerdem erklärte Lawrence seinem Monarchen freimütig, dass er das britische Kabinett für »eine Clique von Betrügern« halte.

Ein solches Benehmen machte ihn nicht unbedingt beliebt bei den hochrangigen Politikern, die sich 1919 zur Friedenskonferenz in Versailles versammelten. Er nahm als Feisals Berater und Übersetzer an den Verhandlungen teil. Und wieder spielte Lawrence eine zwielichtige Rolle, wie Nachforschungen in Archiven ergeben haben.

Er wusste von Anfang an, dass Feisals Gesandtschaft erfolglos bleiben musste. Zahllose Delegationen standen Schlange, um ihre Sache vorzutragen. Aber militärische und wirtschaftliche Interessen überwogen bei weitem alle moralischen Verpflichtungen, die Engländer und Franzosen den Arabern gegenüber vielleicht empfanden. Obwohl Lawrence als loyaler Mitarbeiter Feisals auftrat, lieferte er gleichzeitig Berichte an britische Regierungsstellen und traf sogar heimlich französische Offizielle. Ende April reiste Feisal ab. Er war zu stolz, in der politischen Schmierenkomödie weiter mitzuspielen. Ganz im Stil des arabischen She-

Feisal (vorn) auf der Versailler Konferenz (rechts hinter ihm Lawrence)

rifen gab er seinem alten Kampfgefähr-ten noch einen letzten Auftrag: Er solle jedem der gekrönten Häupter Europas ein teures Rassepferd zuführen. Eine noble Geste, die Lawrence schlagartig aber auch beschämend klar machte, dass Feisal in ihm immer nur seinen Handlanger gesehen hatte.

Der Brite teilte seine Zeit in Versailles zwischen Diplomatie und Schreiben auf. Er hatte sich entschlossen, seine Erlebnisse während des Arabischen Aufstands zu Papier zu bringen. Am 15. Mai reiste er noch einmal in den Nahen Osten. Um ein Haar wäre er nie angekommen, denn der Bomber der Royal Air Force stürzte in der Nähe von Rom ab. Die beiden Piloten starben, Lawrence kroch mit gebrochenem Schlüsselbein aus den Trümmern der Maschine. Nach einem kurzen Aufenthalt in Kreta traf er schließlich am 28. Juni in Kairo ein. Während in England Gerüchte die Runde machten, er arbeite wieder als Archäologe, durchforstete der Engländer eilig die Akten des »Arab Bureau«, um Fakten für sein Buch zu überprüfen, wie er sagte. Wahrscheinlicher ist, dass er Dokumente aus dem Weg schaffen wollte, die ihn in ein ungünstiges Licht rücken konnten. Insgeheim strickte der ungekrönte König der Wüste bereits an seiner eigenen Legende.

Seine kurze und steile Karriere als Kriegsheld und Politiker war zu Ende. Thomas Edward Lawrence lebte fortan wieder bei seiner Mutter in Oxford. Dort saß er stundenlang und starrte ausdruckslos ins Leere. Er sah sich von allem isoliert, was in seinem Leben Bedeutung gehabt hatte – ein Fremder in der Heimat und »Persona non grata« im Ausland. Die düstere Perspektive, aus der er sein eigenes Schicksal betrachtete, stand dabei in völligem Gegensatz zur öffent-lichen Meinung. Denn ein amerikanischer Journalist war gerade dabei, den von Selbstzweifeln gequälten jungen Mann zum ersten Superstar des 20. Jahrhunderts zu stilisieren.

Lawrence Superstar

Lowell Thomas hatte Lawrence bereits im Jahr 1917 in Akaba getroffen. Der Amerikaner begleitete als Kriegsberichterstatter einige der Guerilla-Aktionen – immer auf der Suche nach einer spektakulären Geschichte. Der britische Held erlaubte ihm, die Fotografien, Filme und Berichte zu veröffentlichen. Der Amerikaner formulierte äußerst werbewirksam dramatische Anekdoten »vom Archäologen, der zum Weltmeister der Eisenbahnzerstörer wurde«.

Nach dem Krieg zog Lowell Thomas mit »seiner Story« durch englische Kinos und verzauberte die Zuschauer mit Filmaufnahmen und Dias, die er live kommentierte. Über Nacht wurde »Lawrence von Arabien« zum Liebling der Nation. Hunderte von Heiratsanträgen flatterten Lawrence daraufhin ins Haus. Doch eine Ehe – so sagte er – sei schlimmer als der Tod. Abgesehen davon, dass er »das Geschäft der Zeugung« ekelhaft fand, wollte er niemals Verantwortung für Kinder übernehmen, da er die Seelenqualen seiner eigenen Jugend nie vergessen hatte.

Die ungeheure Popularität des neuen Idols verbesserte seine beruflichen Chancen keineswegs. Während des Krieges hatte Feisal Lawrence das Angebot gemacht, auf der Arabischen Halbinsel zu graben. Aber diese Tür war jetzt verschlossen. Zwar kehrte Woolley nach Karkemisch zurück, um zu prüfen, was die

Türken von der antiken Stätte übrig gelassen hatten. Doch er wollte seinen ehemaligen Kollegen nicht dabeihaben. Er fürchtete Komplikationen. Denn im Orient galt Thomas mittlerweile als berüchtigter Verräter. Ein Angebot, als Direktor des archäologischen Instituts nach Zypern zu gehen, lehnte er ab, weil der Posten mit gesellschaftlichen Verpflichtungen verbunden war. Und nichts hasste er mehr.

Notgedrungen akzeptierte er eine Stelle ohne große Verantwortung im Kolonialministerium, das damals Winston Churchill leitete. 1921 nahm Lawrence an der Jerusalemer und Kairoer Konferenz teil, in der die politische Zukunft der Araber abschließend geregelt werden sollte. Wieder wurde er schmerzlich mit seiner Vergangenheit konfrontiert. Vollkommen niedergeschlagen musste sich der Orientexperte eingestehen, dass er für seine alten Freunde nichts erreichen konnte. Engländer und Franzosen teilten den Nahen Osten unter sich auf. Zwar setzten sie Feisal als Monarchen im Irak ein, aber nur als Marionette der Engländer. Ibn Saud etablierte 1924 das Königreich Saudi-Arabien und vertrieb Sherif Hussein aus Mekka. Der Kopf des Arabischen Aufstands starb sieben Jahre später im Exil.

In England arbeitete der gescheiterte Thomas Edward Lawrence derweil an der Fertigstellung seines Buchs. Er gab ihm den Titel *Die Sieben Säulen der Weisheit* – nach einem Bibelzitat aus den Sprüchen Salomons. Es wurde ein Klassiker der englischen Literatur des 20. Jahrhunderts. Aber sein Verfasser suchte noch immer nach einem Broterwerb. Schließlich gaben die Militärs seinem Antrag statt, in die Royal Air Force einzutreten – ohne Dienstrang und mit Pseudonym. Er hieß jetzt »Luftwaffenangehöriger Ross/Nummer 35 20 87«.

Die Namensänderung war ja schon Tradition in seiner Familie. Seinem Vater hatte sie genützt, aber ihm half sie nicht weiter. Journalisten stöberten den Prominenten bald auf und belästigten ihn ständig. Im Januar 1923 wurde er für die Royal Air Force unhaltbar. Der berühmte Mann, der während des Krieges als hoher Offizier und jetzt als einfacher Soldat diente, war eine ständige Peinlichkeit für seine Vorgesetzten. Sie legten ihm nahe, den Dienst zu quittieren. Seine exzellenten Kontakte ermöglichten einen Wechsel in die Armee – diesmal als »Gefreiter Thomas Edward Shaw«. Er kam in die Kaserne von Bovington, einem Ort in Dorset. Ganz in der Nähe erwarb er »Cloud's Hill«, eine kleine Hütte, die ihm fortan als Versteck vor neugierigen Journalisten dienen sollte.

Lawrence fügte sich in den Armeealltag, der ihm nicht viel abverlangte. Nebenbei frönte er seinen schriftstellerischen Ambitionen durch die Übersetzung von Meisterwerken der klassischen Literatur. Er fühlte sich als Fremdkörper im Kreis seiner ungebildeten Kameraden, die ihm täglich die Sinnlosigkeit der romantischen Ideale seiner Jugend bewusst machten. Was sie Liebe nannten, war in seinen Augen nur unverhohlener Trieb, für den er seit jeher nur Verachtung empfunden hatte.

Aus jenen Jahren stammt die Behauptung eines Kameraden, Lawrence habe sich von ihm gegen Bezahlung auspeitschen lassen. Der Wahrheitsgehalt dieser Aussage lässt sich heute nicht mehr überprüfen. Mag sein, dass der asketische Mann wie ein mittelalterlicher Mönch Erlösung in freiwilliger Bestrafung suchte. Ist es als späte Reaktion auf den Horror von Dera zu deuten? Oder war Lawrence homosexuell? Berichte anderer

Kameraden sprechen dafür, dass er sein selbst auferlegtes Keuschheitsgelübde nie gebrochen hat. Vivyan Richards, der seinen Freund aus Kindertagen für die Idee begeistert hatte, gemeinsam eine Druckerei zu gründen, hegte zweifellos mehr als nur platonische Gefühle für ihn. Auch er bezeugte allerdings, dass Lawrence ihn nie erhört hatte.

Die Sexualität des weltbekannten Stars ist seit mehr als 40 Jahren ein immer wieder leidenschaftlich diskutiertes Thema. Selbst ernannte Experten haben es in vielen Publikationen breitgetreten. Der Betroffene hat dazu freilich selbst einen Anlass geliefert: Und zwar die mysteriöse Widmung seines Buches *Die sieben Säulen der Weisheit.*

Das Geheimnis von S. A.

»Für S. A.
Ich liebte dich, also zog ich Menschengezeiten in meine Hände und schrieb meinen Willen in Sternen an den Himmel ... Die Liebe tastete nach deinem Körper. Ein schmaler Lohn für uns, ein Augenblick, bevor der Erde sanfte Hände dein Antlitz erforschten.«

Diese Widmung ist die einzige Liebeserklärung, die Lawrence hinterlassen hat. Die meisten Biografen gehen davon aus, dass sich hinter den Initialen »S. A.« Selim Achmed verbirgt. So hieß Dahoum, sein enger Freund aus Karkemisch, mit Vornamen. Der treue Gefährte des Archäologen starb in jungen Jahren. Vielleicht wusste der Schriftsteller Robert Graves, der in engem Kontakt zu Lawrence stand und an seiner offiziellen Biografie arbeitete, Genaueres. Doch nach dem plötz-

lichen Tod von Lawrence hielt sein Bruder den Briefwechsel zwischen den beiden unter Verschluss. So blieb der viel versprechende Weg, das Geheimnis zu lüften, lange versperrt.

Erst im Januar 2000 änderte sich die Situation. Die Dokumente, die in der Oxforder Bodleian Library ruhen, wurden der Öffentlichkeit zugänglich gemacht. Auf den ersten Blick enttäuschten sie. Graves' Bemerkungen zum Thema »S. A.« waren alles andere als erhellend. Und es schien, als habe Lawrence seinen Biografen in der für ihn typischen Art an der Nase herumgeführt. Auf die Frage, was die beiden rätselhaften Buchstaben bedeuten, bekam Graves die verschlüsselte Antwort: »Einer steht für einen Ort, der andere für eine Person.« Zufällig untersuchte ich damals die Verbindungen zwischen dem »Arab Bureau« und einem jüdischen Spionagering. Das führte auf eine Spur: Aaron Aaronsohn, ein namhafter jüdischer Wissenschaftler, leitete den mysteriösen Agentenring. Die Bedeutung seiner Aktionen während des Ersten Weltkriegs würdigte später General Allenby. Er gab zu, die Informationen der Agenten hätten das Leben von mindestens 30 000 englischen Soldaten gerettet.

1906 hatte Aaronsohn den »Mutterweizen« entdeckt, die genetische Urform, aus der seither alle modernen, krankheitsresistenten Weizenarten gezüchtet werden. Der Erfolg brachte Aaronsohn ausreichend Mittel ein, um in der Nähe von Athlit, an der Mittelmeerküste des heutigen Israel, eine agrartechnische Forschungsstation aufzubauen. 1914 stieg er zum landwirtschaftlichen Berater des Osmanischen Reichs auf. Das erlaubte ihm, sich ungehindert im Land zu bewegen. In Wahrheit verfolgte er einen ehrgeizigen politischen Plan: die Schaffung eines jüdischen Staats auf dem Boden Palästinas unter der schützenden Hand der Briten. Doch dazu mussten zuerst die Türken verschwinden. 1916 reiste der Spion nach Kairo, wo er Verbindung zum »Arab Bureau« aufnahm und die Dienste seiner Leute anbot. Sie operierten unter dem Decknamen NILI.

In der Folgezeit versorgten die jüdischen Agenten das britische Hauptquartier mit Informationen über türkische und deutsche Truppenbewegungen. Über eine geheime Schiffsverbindung von Port Said aus belieferten die Engländer die Juden mit Waffen und Geld. Aaron hatte eine Schwester mit Namen Sarah, die in vorderster Front in die Aktivitäten der Gruppe verwickelt war. Das sollte ihr zum Verhängnis werden.

Die Türken fingen eine Brieftaube mit verräterischen Nachrichten ab. NILI flog auf. Sarah wurde gefangen genommen und gefoltert. Um weiteren Verhören zu entgehen, beging sie Selbstmord. Es heißt, dass die Briten ein Schiff nach Athlit schickten. Sie wollten Sarah und andere Inhaftierte befreien. Aber in den Akten findet sich kein Hinweis mehr. Das Logbuch verzeichnet zwar peinlich genau jeden einzelnen Tag zwischen 1914 und 1919. Nur für die fragliche Zeit im Oktober 1917 weist es eine Lücke auf. Ein arabischer Agent, der für die Juden arbeitete, hat ausgesagt, Lawrence bei einem vertraulichen Meeting in der Station von Aaronsohn bei Athlit gesehen zu haben. So viel ist sicher. Hat der englische Kriegsheld dort Sarah getroffen, sich in sie verliebt und ihr später mit der Widmung seines Buches ein Denkmal gesetzt? Und warum machte er ein solches Geheimnis daraus?

Sarah war Zionistin. Wenn Lawrence wirklich Gefühle für die junge Frau heg-te, musste er tunlichst darauf bedacht sein, sie zu verbergen. Denn das hätte ihn als Anführer des Arabischen Aufstands kompromittiert. War das vielleicht der Grund für seinen Blitzbesuch im »Arab Bureau« im Jahr 1919? Hat er die Seiten des Logbuchs zusammen mit anderen Dokumenten, die sich auf NILI bezogen, verschwinden lassen? Fest steht jedenfalls, dass er während des Kriegs mit Aaron Aaronsohn mehrfach in Kairo im selben Hotel wohnte. 1917 verbrachte auch Sarah mehrere Monate in der ägyptischen Metropole. Sie könnte Lawrence also getroffen haben. In den Papieren der Bodleian Library hat Robert Graves festgehalten, dass Lawrence Sarah tatsächlich begegnet ist. Das kann der Schriftsteller eigentlich nur von Lawrence selbst erfahren haben. Darüber hinaus existiert die noch brisantere Aussage eines Zeitzeugen in einem Interview. Der Mann versichert, Lawrence persönlich habe ihm bei einem zufälligen Zusammentreffen bestätigt, sein Buch der jüdischen Spionin gewidmet zu haben – eine Information, die sich heute nicht mehr überprüfen lässt. Die Verbindung des Briten zur Familie Aaronsohn könnte sogar auf die Zeit seiner ersten Orientreise zurückgehen. 1909 besuchte er als Student die Kreuzfahrerburg Athlit und in ihrer unmittelbaren Nähe lag die jüdische Forschungsstation.

Das Geheimnis um die wahre Identität von »S. A.« nahm Lawrence mit ins Grab. Im Epilog der *Sieben Säulen der Weisheit* teilt der Verfasser mit, dass die Person, die in der Widmung angesprochen wird, zum Zeitpunkt seines Einmarsches in Damaskus schon lange tot war. Das trifft sowohl auf Selim Ahmed Dahoum als auch auf Sarah zu: Beide starben im selben Monat des Jahres 1917.

Tödlicher Sand

Lawrence hatte in seinem jungen Leben viele Narben an Leib und Seele davongetragen. Erholung fand er in der Einsamkeit seiner entlegenen kleinen Hütte, wo er das spartanische Leben eines Einsiedlers führte und seine wenigen Freunde empfing. Nur einen Luxus gönnte er sich: Motorräder der Marke »Brough«, die stärksten ihrer Zeit. Der Rausch der Geschwindigkeit befreite ihn für kurze Zeit von den Fesseln des Alltags.

1925 gelang es ihm, wieder von der Royal Air Force übernommen zu werden. Zwei Jahre später schickten ihn seine Chefs nach Karachi in Indien. Und bald fand er sich auf einem gottverlassenen Außenposten der britischen Armee nahe der afghanischen Grenze. Doch selbst am Ende der Welt verfolgten ihn die Schatten der Vergangenheit. In der Presse tauchten Gerüchte auf, der berühmte Spion sei wieder aktiv. Die Sowjets mutmaßten sogar, er wolle die muslimischen Völker ihrer südlichen Republiken gegen die Regierung in Moskau aufwiegeln. Erneut musste er vor dem eigenen Ruhm fliehen. Er kehrte nach England zurück und suchte sich einen Posten, der weniger öffentliche Aufmerksamkeit erregte. Seiner Leidenschaft für Motoren verdankte er einen Job in Southampton, wo er an der Entwicklung von Schnellbooten der Marine mitwirken konnte. Es sollten seine glücklichsten Jahre werden. Mit der Archäologie und dem Orient hatte Lawrence notgedrungen abgeschlossen. Erfüllung fand er weiterhin im Übersetzen

Lawrence auf seiner »Brough Superior«

von Klassikern. Filmaufnahmen aus dieser Zeit zeigen ihn beim Picknick mit seinem Verleger Frank Doubleday – als gelösten Mann, der endlich seinen Seelenfrieden gefunden hat. Am 1. März 1935 trat Lawrence aus der Armee aus und machte sich auf nach Cloud's Hill, wo er sich endgültig niederlassen wollte.

Als er in seinem Refugium eintraf, fand er es von Reportern belagert vor. Schockiert floh er nach London und beschwerte sich bei den Zeitungsverlegern. Sie pfiffen die aufdringlichen Journalisten sofort zurück. Von da an durfte er unbehelligt seine Einsiedelei genießen. Trotz seiner Berühmtheit und seiner literarischen Erfolge waren die wirtschaftlichen Verhältnisse des Superstars äußerst bescheiden. Er fürchtete, in Zukunft sogar auf die geliebten Motorräder verzichten zu müssen. So plante er eine monatelange Reise durch England mit dem Fahrrad, da er sich das Benzin für die »Brough« nicht leisten konnte. Lawrence glaubte, »er habe eine Ruhepause verdient«, und nahm sich vor, für die Jahre, die er noch zu leben hatte, »die Wonnen der englischen Natur zu genießen«.

Die nächsten Wochen verbrachte er damit, das Schlafzimmer seiner Hütte herzurichten. Die Wände verkleidete er mit Aluminiumfolie aus Teekisten zum Schutz gegen eindringende Feuchtigkeit. Am 6. Mai bekam er einen Brief von Nancy Astor, dem ersten weiblichen Mitglied des Britischen Unterhauses. Die Politikerin teilte ihm mit, die Regierung biete Mr. Thomas Edward Lawrence einen Posten in der »Organisation der Nationalen Verteidigung« an. In seinem Antwortschreiben heißt es, dass er sich für ungeeignet halte: »Irgend etwas in meinem Mechanismus ist kaputt … Es ist mein Wille, fürchte ich.«

Der Sarkophag von Thomas Edward Lawrence in St. Martin's Chapel in Wareham

Am Morgen des 13. Mai 1935 fährt Lawrence auf dem Motorrad ins nahe gelegene Bovington, um dort ein Telegramm aufzugeben. Auf dem Rückweg tauchen plötzlich in einer Senke der Landstraße zwei Jungen auf Fahrrädern vor ihm auf. Er weicht noch aus, verliert aber die Kontrolle über seine »Brough«. Das Motorrad kommt ins Schlittern, der Fahrer bleibt vor einem Baum mit zertrümmertem Schädel liegen. Im Militärhospital von Bovington überlebt er die nächsten sechs Tage, ohne das Bewusstsein wiederzuerlangen. Am 19. Mai 1935 stirbt Thomas Edward Lawrence, der Freund Arabiens, im Alter von 46 Jahren.

Die Nation trauert um ihren Helden. Schon bald kursieren Gerüchte, er sei das Opfer eines Anschlags geworden. Bei der gerichtlichen Untersuchung sagt ein Korporal der Royal Air Force aus, er habe kurz vor dem Unglück einen schwarzen PKW auf der Straße gesehen. Doch die zwei Jungen, die einzigen Augenzeugen, bestätigen das nicht. Lawrence wird auf einem Dorffriedhof in der Nähe beerdigt. An der Spitze des Trauerzugs geht Winston Churchill.

Bei den Recherchen für TERRA X spürten wir Frank Chapman auf, einen der beiden Fahrradfahrer, die vor 65 Jahren das Desaster miterlebt hatten. Er begleitete uns an den Unfallort. Der alte Herr war nicht besonders begeistert, nach so langer Zeit immer noch die gleichen Fragen beantworten zu müssen. Er betonte ausdrücklich, er und sein Freund seien damals vorschriftsmäßig hintereinander geradelt. Das hatte er auch schon vor der Untersuchungskommission bekräftigt.

Doch die Sache blieb mysteriös. Warum hat Lawrence die Kontrolle über das Motorrad verloren? Die »Brough« wurde mit eingelegtem zweiten Gang gefunden. Er kann also nicht schneller als etwa 60 Stundenkilometer gefahren sein. Durch Zufall machten wir die Bekanntschaft von Ron Pattern, dessen Vater ein Kollege des Verstorbenen in der Kaserne von Bovington war. Ron wusste aus Erzählungen seines Vaters, dass damals nahe der Unfallstelle ein Wasserturm stand. Von dort transportierten täglich Pferdefuhrwerke abgefüllte Fässer in ein Armee-Camp auf der anderen Straßenseite. Hufe und Räder hinterließen immer eine Sandspur auf dem Asphalt. Das sei die Ursache, warum die Maschine ins Schlingern gekommen sei. Als Lawrence die Jungen auf den Rädern sah, bremste er ab und versuchte noch, die »Brough« zur Seite zu lenken. Aber auf dem losen Sand griffen die Reifen nicht. Er rutschte einfach weg. Ironie des Schicksals: Eine dünne Lage englischen Sands wurde Lawrence von Arabien zum Verhängnis – dem mutigen Mann, der die unendlichen Sandmeere des Orients unbeschadet durchquert hat.

Selbst als Toter blieb er ein gesellschaftlicher Außenseiter. Der Bildhauer Eric Kennington fertigte einen imposanten Sarkophag für seinen verstorbenen Freund. Aber der zuständige Bischof verweigerte die Aufstellung in seinem Gotteshaus. Schließlich fand das Kunstwerk in der kleinen Kirche Sankt Martin in Wareham, einer Gemeinde in Dorset, seinen Platz. Es zeigt Lawrence in der Haltung eines mittelalterlichen Ritters, gekleidet in die Gewänder eines arabischen Emirs – die Träume seines Lebens, in Marmor gehauen.

Er blieb ein Mann, an dem sich die Fantasie der Nachwelt entzündete. Nach dem Unfall schwor ein Bewohner von Bovington, er habe einen berittenen Araber beobachtet, der mit erhobenem Säbel dem Motorrad folgte. Der Fantast hatte wohl den rachedürstigen Geist jenes Nuri Shallan gesehen, dem Lawrence in der Wüste sein Leben verpfändete für den Fall, dass er die Araber betrüge.

1939 erschien ein Film mit dem Titel *Aufstand in Damaskus* in deutschen Kinos. Der Streifen, der den Beifall des Propagandaministers Joseph Goebbels fand, zeigt einen geheimnisvollen Fremden, der eine Revolution unter den muslimischen Bewohnern der Stadt anzettelt. Unter der arabischen Verkleidung steckte niemand anders als ein britischer Archäologe und Meisterspion: Thomas Edward Lawrence. Bizarre Kapriolen einer unendlichen Legende, an der ihr Held selbst am meisten Freude gehabt hätte.

Wolfgang Wegner

Das Amerika-Rätsel

Auf Geheimkurs in die Neue Welt

Aufbruch zu neuen Ufern

Schon in der Antike segelten griechische Händler mit winzigen Schiffen weit nach Norden in unbekannte Gewässer. Das Ziel der gefahrvollen Reisen hieß Thule. So nannten die Menschen damals eine geheimnisvolle Insel im Nordmeer. Der Erste, der sie erwähnte, war der griechische Seefahrer und Geograf Pytheas aus Massalia, dem heutigen Marseille. Um 325 v. Chr. unternahm der kühne Forscher von Südspanien aus eine Erkundungsfahrt nach Britannien, vielleicht auch darüber hinaus. Sein Werk *Über das Weltmeer* blieb nur in Fragmenten erhalten. Ob Pytheas selbst Thule erreicht hatte oder den Ort nur vom Hörensagen kannte, ist deshalb ebenso umstritten wie die Frage, welches Eiland er damit meinte. Nach der Diskussion über die Shetland-, die Färöer-Inseln und Island haben sich fast alle Experten inzwischen auf das mittelnorwegische Küstengebiet geeinigt.

Die frühen Seefahrer wollten zweierlei wissen: Gab es hinter dem Horizont neue Märkte? Und wie sah das Ende der Welt wohl aus? Dass es hoch oben im Norden lag, daran zweifelten sie nicht im Geringsten. Die mutigen Männer kämpften sich durch tobende Orkane, peitschenden Regen und turmhohe Wellen, die viel feindlicher waren als alles, was sie je in ihrem mediterranen Umfeld kennen gelernt hatten. Wenn die Griechen endlich wieder glücklich in ihren Heimathäfen vor Anker lagen, glaubte ihnen meist niemand ihre Geschichten.

Vorhergehende Doppelseite:
Unter vollen Segeln auf Entdeckungsreise in unbekannte Gewässer

Viele Jahrhunderte später ging es Marco Polo nicht viel anders. Auch er wurde belächelt, als er 1295 nach 24 Jahren im sagenumwobenen Asien nach Venedig zurückkehrte. Was er über die fremden Welten berichtete, löste zwar ungeheures Staunen aus, doch keiner nahm es für bare Münze. Die Schilderung seiner persönlichen Abenteuer rief Neider auf den Plan. Die Leute hielten ihn für einen maßlosen Aufschneider. Mit seinen Lügen und Fantastereien wolle er doch nur das gängige Weltbild zerstören und die Menschen unzufrieden machen, stichelten seine Zuhörer.

Aber spätestens im Zeitalter der Entdeckungen wendete sich das Blatt. Aus Spott wurde Bewunderung für all jene, die Horizonte überwanden. Tollkühne Schiffsführer waren leuchtende Vorbilder für Generationen von Abenteurern, die sich anschickten, im Namen der Katholischen Majestäten die engen Grenzen ihrer Welt zu sprengen und die Erde bis zum letzten Winkel zu erkunden. Die Sucht nach Ruhm und die Gier nach persönlichem Reichtum standen auf der gleichen Ebene wie der Anspruch der Könige, aus den fernen Ländern Gewinn zu ziehen und damit die leeren Staatskassen zu füllen. Nach außen verbrämten die hohen Herrschaften ihr Profitstreben mit der Verbreitung des Christentums unter den armen Heiden.

Es waren tatsächlich Besessene, die im 15. und 16. Jahrhundert die Dimensionen des Erdballs auskundschafteten – auf der ständigen Suche nach neuem Land hinter dem Horizont, nach Antworten auf uralte Fragen. Viele der Kapitäne vom Schlag eines Kolumbus verbrachten ihr Leben als Profi-Entdecker, die sich mal für diesen und mal für jenen Herrscher verdingten. Hauptsache, die vertrag-

Neue Länder hinter dem Horizont zu entdecken – so hieß der Auftrag der Seefahrer.

lichen Konditionen stimmten. Und das hieß: der Anteil an der Beute. Die Erforschung des Globus war zu allen Zeiten ein riskantes Abenteuer. Namen wie Vasco da Gama und Magellan, Cortés und Pizarro, Cook und Nansen haben bis heute nichts von ihrer Faszination verloren. Die Pioniere der Meere ernteten Lorbeeren und heimsten Adelstitel ein. Ihre Namen wurden unsterblich. Doch der wahre Superstar bleibt Christoph Kolumbus.

Kolumbus – nur einer von vielen?

Bis zum heutigen Tag feiert die Welt den Genuesen als einzigen Entdecker Amerikas. Auf den schwankenden Planken seiner Karavelle »Santa Maria« bewegte er sich so sicher wie auf den höfischen Parketts zwischen Venedig, Madrid und Lissabon. Er kannte die einflussreichen Männer in der Szene und sie kannten ihn. Sein Ohr hatte er immer am Markt, er war stets bestens im Bilde, wenn irgendwo irgendwer eine Expedition ausrüstete. Die Tatsache, dass schon lange vor ihm raue Gesellen aus dem Norden die Küsten des heutigen Kanada erkundet hatten und dort an Land gegangen waren, nahm die Weltöffentlichkeit zwar zur Kenntnis, der Ruhm des Christoph Kolumbus wurde dadurch dennoch nicht geschmälert. Er blieb die Nummer eins unter den Amerika-Entdeckern.

Der norwegische Archäologe Helge Ingstad grub 1965 in der Nähe des heutigen Ortes L'Anse aux Meadow an der Nordspitze Neufundlands die Vinland-Siedlung der Wikinger aus. Leif Ericsson und seine Mannen gründeten sie bereits um das Jahr 1000 – rund 500 Jahre vor Ko-

lumbus. Doch die spektakuläre Erkenntnis machte wenig Furore beim breiten Publikum. Die Welt hatte bereits ihren Amerika-Helden. Immerhin schätzten Wissenschaftler die Grabungsergebnisse als Sensation ein. Und die eingefleischten Wikinger-Fans triumphierten. Beide Amerika-Fahrer haben aber eines gemeinsam: Weder Leif Ericsson noch Christoph Kolumbus ahnten, wo sie gelandet waren.

Historiker in aller Welt gehen immer wieder der Frage nach, wer als Nächstes nach den Wikingern den Doppelkontinent erreichte. Waren es portugiesische, baskische, bretonische oder englische Seefahrer, die es durch Zufall an die unbekannte Küste verschlug? Oder tollkühne Kapitäne, die versuchten, die Handelsrouten auszudehnen, und sich weiter auf den unendlichen Ozean vorwagten als ihre Vorgänger? Machten sich Abenteurer auf, um die mythischen Inseln zu suchen, von denen berichtet wurde?

Jeder, der sich dem offenen Meer aussetzte, war auf sich selbst gestellt. Sobald das Land hinter dem Horizont verschwunden war, konnten Orkane und gefährliche Wasserströmungen die Schiffe

jederzeit vom Kurs abbringen. Fundierte Erfahrungen gab es seinerzeit nur in der Küstenschifffahrt. Der offene Atlantik hatte seine eigenen Gesetze. Besonders das unberechenbare Nordmeer gebärdete sich wenig einladend, ja feindselig. Zu allen Zeiten forderte es hohe Verluste an Menschen und Schiffen. Das Wenige, das die Kapitäne über den Furcht erregenden Ozean wussten, hatten sie von ihren Vätern gelernt. Von Generation zu Generation wurden die Informationen mündlich weitergegeben und in den Familien wie ein kostbarer Schatz gehütet. Denn

Die Küste Grönlands – hoch oben im Nordmeer – war Zwischenstation auf dem weiteren Weg nach Westen.

das Know-how war ein Kapital, das Gewinn bringen konnte.

So kam es nicht von ungefähr, dass irische Seefahrer den Weg nach Island kannten und die Wikinger mit ihren Drachenbooten von Skandinavien aus nach Grönland und noch weiter nach Westen vorstießen. Ihren Vorsprung in der Entdeckung der außereuropäischen Welt hielten sie jahrhundertelang geheim. Bretonen, Holländer, Basken und Portugiesen wussten alles über den Fischreichtum vor den Küsten der Neuen Welt, nur von der Neuen Welt wussten sie noch nichts. Und wer weiß, wie viele von ihnen es an unbekannte Ufer verschlagen hat, getrieben von ungünstigen Winden. Oder ob sie den Landstreifen am Horizont aus eigener Kraft ansteuerten, um ihre Frischwasservorräte aufzufüllen.

So gab es vermutlich lange vor den berühmt gwordenen Entdeckern und Ozeanbezwingern eine beachtliche Anzahl anonym gebliebener Seefahrer – nicht weniger talentiert, nicht weniger mutig, nicht weniger ehrgeizig –, die ohne königliche Gönner, ohne geheime Befehle, ohne umfassende Vorbereitung die Welt erkundeten, als das noch gar nicht auf der politischen Tagesordnung stand. Namen tauchten auf und wurden vergessen. Im Buch der Geschichte stehen nur wenige. Doch ab und an treten – sei es durch einen Zufallsfund oder dank der Hartnäckigkeit fleißiger Forscher – aus dem Dunkel der Vergangenheit plötzlich neue Figuren ans Licht, von denen niemand mehr etwas weiß.

Sofus Larsen, Direktor der Königlichen Universitätsbibliothek in Kopenhagen,

Der Deutsche Didrik Pining, Admiral des Königs von Dänemark

stöberte um 1920 in den gewaltigen Papierbergen des Archivs einzigartige Dokumente auf. Der Historiker hatte sich jahrelang mit den Nordlandexpeditionen skandinavischer und dänischer Seefahrer befasst. 1925 veröffentlichte er seine Ergebnisse in einem Buch mit dem provozierenden Titel: *The Discovery of North America Twenty Years before Columbus – Die Entdeckung Nordamerikas zwanzig Jahre vor Kolumbus*. Was der dänische Wissenschaftler da behauptete, klang einfach ungeheuerlich. Kein Wunder, dass er nicht nur Zustimmung erntete. Denn was nicht sein durfte, konnte nicht sein. War er etwa angetreten, um dem hehren Christoph Kolumbus seine Lorbeeren streitig zu machen?

In Deutschland wurde Larsens Werk nicht aufgelegt und fand daher kaum Beachtung. Doch dann schrieb der Historiker Heinrich Erkes in der Zeitschrift *Mitteilungen für Islandfreunde* kurz darauf einen Aufsatz, in dem er die spektakulären Thesen des Dänen vorstellte: »Ein Deutscher als Gouverneur auf Island und Mitentdecker Amerikas zwanzig Jahre vor Kolumbus«. Musste etwa die Geschichte umgeschrieben werden? In dem Artikel heißt es: Didrik Pining und Hans Pothorst, zwei aus Deutschland stammende Kapitäne, sollen zusammen mit dem norwegischen Steuermann John Skolp (oder Johannes Scolvus) im Sommer des Jahres 1472 (hier irrt der Autor, das Unternehmen fand 1473 statt) eine Expedition in die Gewässer des Nordatlantiks gemacht haben. Ihre Auftraggeber: der dänische König Christian I. und der portugiesische Monarch Alfons V. Als Ziel hatten die hohen Herren vorgegeben, neue Inseln und Länder zu entdecken

und vor allem, eine nordwestliche Passage nach Indien zu finden.
 Als Gesandter des Königs von Portugal soll der portugiesische Graf João Vaz Cortereal mit an Bord gewesen sein. Auch er ein erfahrener Seemann und Mitglied des berühmten Christusordens, der damals in Portugal eine umfassende Macht ausübte – ein Staat im Staat sozusagen, ohne den nichts ging, der alles kontrollierte und manipulierte. Unter anderem zeichneten die Christusritter dafür verantwortlich, der Welt das Christentum mit Feuer und Schwert näher zu bringen.
 Larsens sensationelle Veröffentlichung löste einen regelrechten Historikerstreit aus. International anerkannte Wissenschaftler führten über Jahre hinweg heiße Diskussionen. Verbissen verteidigten die unterschiedlichen Parteien ihre Argumente, zu einem einvernehmlichen Urteil kam es natürlich nicht. Als der Zweite Weltkrieg ausbrach, hatten die Menschen andere Sorgen. Das Thema verschwand in der Versenkung.

Der Portugiese João Vaz Cortereal, Ritter des Christusordens und treuer Gefolgsmann seines Königs Alfons V.

Lokaltermin in Hildesheim

Auch ins niedersächsische Hildesheim war die Kunde von Didrik Pining gedrungen. Professor Johannes Gebauer, der in den Zwanziger- und Dreißigerjahren des letzten Jahrhunderts das Stadtarchiv leitete, horchte auf. Denn der Name Pining kam in der alten Bischofsstadt häufig vor. Mehr noch: Er war schon im Mittelalter sehr verbreitet gewesen. Stammte also dieser Didrik Pining womöglich auch aus Hildesheim? Der Archivar durchforstete sein Reich. 1932 fand er ein Schriftstück, das mehr als 500 Jahre in den verstaubten Kellergewölben seines Hauses geschlummert hatte.

Heute leitet Dr. Herbert Reyer das Stadtarchiv. Den kostbaren Fund, der die Bombenangriffe des Zweiten Weltkriegs unbeschadet überstanden hat, präsentiert er wie eine Reliquie. Es ist die Originalabschrift eines Briefes aus dem Jahr 1492. Als Absender zeichnet der ehrenwerte Stadtrat, Adressat ist der dänische Königshof: »An Johann, König von Dänemark, Norwegen und Schweden. Durchlauchtiger, großmächtiger, hochgeborener Fürst und Herr, wir haben zutreffende Kunde, dass der Diener und Amtmann Euer Gnaden, der selige Dyderik Pyning, in Gott verstorben sei und einige Güter hinterlassen habe. Da nun die eheliche Hausfrau des Wolter von Verden die

174 Das Amerika-Rätsel

Pinings Schwester richtete einen Brief an den dänischen König, um das Erbe ihres Bruders anzutreten.

nächste Erbin von ihm ist«, heißt es in dem Amtsschreiben. Die Frau des Wolter von Verden war Pinings Schwester.

Wie sie vom Tod ihres Bruders, der vermutlich im Jahr 1491 starb, erfahren hat, bleibt ungeklärt. Doch über Pinings Stellung wusste sie offenbar Bescheid. Vielleicht hat er ihr bei einem Besuch selbst erzählt, dass er dem König von Dänemark diene. Ein Mann seines Ranges wird nicht unvermögend gestorben sein, mag sich seine engste Angehörige gedacht haben. Womöglich könnte sie sogar ein beträchtliches Erbe antreten. Und so wandte sich die ehrbare Frau, wie es damals üblich war, mit der Bitte an die Ratsherren, in der Nachlassangelegenheit ihres Bruders einen Brief an den dänischen König aufzusetzen.

Im 15. Jahrhundert führten die Städte so genannte Copialbücher, in die jeglicher Schriftverkehr eingetragen wurde – als handschriftliche Kopie des Originals.

Ein Glücksfall, denn das wertvolle Dokument ist eines der wenigen Zeugnisse, die über Didrik Pining Auskunft geben. So wurde ein unscheinbarer Brief aus dem Jahr 1492 zum mehrfachen Zeitzeugen. Einerseits beweist er eindeutig die Herkunft Pinings aus Hildesheim und die Existenz familiärer Bande zu seiner Heimatstadt. Zweitens geht aus dem Schreiben hervor, dass der Mann in Diensten des dänischen Königs stand, dass er vermutlich in einer hohen Position zu Ehren gekommen war und eine gewichtige Rolle im Umfeld des Monarchen gespielt hatte. Wäre er nur ein einfacher Seemann gewesen, hätte sich seine Schwester wohl kaum direkt an den Herrscher gewandt.

Hildesheim hat seinen Sohn, dem vielleicht nur ein Zufall den Weltruhm verwehrte, nicht vergessen. Eine Straße und eine Schule tragen inzwischen seinen Namen. Im Jahr 2000 weihten die Bürger einen Brunnen ein, der dem Kapitän gewidmet ist – die künstlerische Gestaltung eines Enterhakens, den Pining in seinem Wappen führte. Auch mehr als 500 Jahre nach seinem Tod kennen viele den Mann, der einst in ihren Mauern gelebt hat, bestätigt Dr. Reyer: »Didrik Pining ist hier in Hildesheim unter den historisch Interessierten ein bekannter Name. Wir verbinden damit eine Persönlichkeit, die in dänischen Diensten stand und der man zuschreibt, sie hätte Amerika entdeckt, und zwar vor Kolumbus.«

Pining wurde zu einem berühmten Admiral und hohen Beamten im Staate Dänemark. Über das Wie und Warum kann heute nur noch spekuliert werden. Denkbar, dass Familienprobleme Didrik dazu bewogen, sein Glück in der Fremde zu suchen. Wie das so genannte Schoßbuch der Stadt verzeichnet, starb sein verarmter Vater Tyle offenbar 1451, denn in jenem Jahr ist sein Name zum letzten Mal in den Steuerlisten aufgeführt. Die Angaben lassen vermuten, dass Tyle mit dem Stadtvogt aneinander geraten war, weil er beim Glücksspiel Pech gehabt und sein ganzes Geld verloren hatte. Kurzum: Der Name Pining galt nichts mehr in Hildesheim.

Der junge Mann voller Ambitionen sah düstere Wolken am Himmel heraufziehen und beschloss, alle Brücken hinter sich abzubrechen und Hildesheim für immer zu verlassen. Damals ergab sich in den Hansestädten an der Küste oder in Dänemark überall Gelegenheit, auf Schiffen anzuheuern. Die Seefahrt bot jungen Draufgängern wie ihm die Chance, das von der Welt zu sehen, was damals bekannt war. Und es winkten Freiheit und Abenteuer.

Einige hundert Kilometer nördlich von Hildesheim herrschte in Kopenhagen Christian I., ein Mann voller Ideen und Pläne. Um die dänische Vormachtstellung im Nordmeer auszubauen, setzte er auf eine starke Flotte. Bevor er im Jahr 1448 zum König von Dänemark gekrönt wurde, lebte er als Graf von Oldenburg in Schleswig-Holstein – damals ein dänisches Lehen. Vermutlich gehörten einige talentierte Deutsche zu seinem Gefolge – fähige Leute, die er in seinem Reich gut gebrauchen konnte. Er nahm sie mit nach Kopenhagen, als er sein Amt antrat. Ob Pining zu der Gruppe gehörte, weiß niemand. Die genauen Umstände, wie der Hildesheimer in den Dunstkreis des Herrschers kam, bleiben im Dunkel.

Fest steht allerdings, dass Pining am dänischen Hof eine atemberaubende Karriere machte: vom Schiffsjungen zum Kapitän. Vom Admiral der königlichen Flotte zum Statthalter von Island. Von einem Nobody in Hildesheim zu einem der Favoriten des Monarchen. Wie der unaufhaltsame Aufstieg vonstatten ging, ist nicht mehr nachzuvollziehen. Die wenigen Dokumente, die existieren, stammen aus der Zeit, als der Deutsche schon die obersten Sprossen auf der Erfolgsleiter erklommen hatte und bereits eine feste Größe im Königreich war.

Das Weltbild im späten 15. Jahrhundert

Im 15. Jahrhundert verabschiedete sich die Wissenschaft endgültig von der überkommenen Vorstellung der Erde als Scheibe. Bis zum Ende der Epoche waren sich alle namhaften Gelehrten darüber einig, dass sie eine Kugel sei. Vehement knüpften sie damit an Lehrmeinungen aus der Antike an, deren bedeutendste Verfechter neben Ptolemäus und Aristo-

176 Das Amerika-Rätsel

teles die Pythagoräer gewesen waren, die Anhänger der Philosophie des Pythagoras von Samos.

Die Pythagoräer bezweifelten die Vorrangstellung der Erde in der Mitte des Universums. Der Astronom Claudius Ptolemäus befasste sich im 2. nachchristlichen Jahrhundert als Erster mit mathematischer Astronomie. Er entwickelte die wissenschaftliche Grundlage für die Bestimmung von Längen- und Breitengraden. Sechs seiner Bücher bestehen aus entsprechenden Tabellen und Angaben von 8000 Orten der Welt. Für den Philosophen Aristoteles (382–336 v.Chr.) hingen Denken und Sein untrennbar miteinander zusammen. Das Ziel der Wissenschaft bestand für ihn nicht nur in der Sammlung und Ordnung von Fakten, sondern er suchte auch nach physikalischen Beweisen. In seiner Abhandlung *Über den Himmel* beschreibt er die Eigenschaften der Himmelskörper. Dass die Erde eine Kugel sei, begründet er mit der stets gleich bleibenden Kreisform des Erdschattens bei Mondfinsternissen.

Die Würdenträger der katholischen Kirche verdammten mit dem Heidentum der antiken Welt einen großen Teil des geistigen und künstlerischen Vermächtnisses aus dem Altertum. Dazu gehörte auch das geografische Wissen. Die Kardinäle verkündeten, es sei besser, sich mit dem wahren Glauben zu beschäftigen als mit der Erforschung der Natur. Die Theorie, dass die Erde rund sei, verwarfen sie als ketzerisch – ein Verbrechen wider Gott und die Kirche, das sogar die heilige Inquisition auf den Plan rief. Aber die Kugel, einmal ins Rollen gebracht, konnte

Portugal widmete seinen Entdeckern ein gigantisches Denkmal im Hafen von Lissabon.

auch vom Klerus nicht mehr angehalten werden.

Und so setzte sich die Lehre auf dem Umweg über die arabische Welt im späten Mittelalter in Europa endgültig fest. Die Texte der griechischen und römischen Gelehrten galten in Europa jahrhundertelang als verschollen, in arabischen Bibliotheken aber hatten sie die Zeit überdauert. In den maurischen Universitäten Spaniens verbreiteten die akademischen Lehrer die Erkenntnis von der Kugelgestalt der Erde bereits im 13. Jahrhundert. Wenn auch Einigkeit über die Form herrschte, zuverlässige Informationen über die Erdoberfläche fehlten.

Von Europa wussten die Menschen viel, vom Rest der Welt nur wenig. Über Asien herrschten äußerst vage Vorstellungen aus den Berichten einzelner Kaufleute. Afrikas Mittelmeerküste war schon lange bekannt. Von Amerika und Australien jedoch, von den Dimensionen der Kontinente und den Meeren, die sie trennten, ahnte noch niemand etwas. Nun galt es, die geheimnisvolle Kugel zu erforschen. Die Meinung der Gelehrten über die Beschaffenheit der Erde und den Umfang des Planeten waren geteilt, widersprachen sich erheblich. Das Zeitalter der Entdeckungen wurde eingeläutet. Der Wettlauf der Nationen zu den neuen Inseln und Kontinenten hatte begonnen.

Das Zeitalter der Entdeckungen

Prinz Heinrich von Portugal, genannt »Heinrich der Seefahrer«, obwohl er nie schwankende Schiffsplanken unter sich gespürt hatte, hatte die Vision von einem großen und mächtigen Portugal – unbesiegbar und unermesslich reich. Der geniale Denker glaubte, dass der Weg zu den Schätzen Asiens über die Weltmeere führe. Diese Schätze zu bergen machte er zu seiner Lebensaufgabe. Was er brauchte, waren die besten Kapitäne, Steuermänner und Besatzungen, die innerhalb und außerhalb seines Landes zur Verfügung standen. Hoch motiviert mussten sie sein, ehrgeizig und mutig. Und ihrem Regenten gegenüber loyal bis zur Selbstaufgabe.

Im äußersten Südwesten Portugals, in Sagres, gründete er um 1430 eine Navigationsschule. Bei den am höchsten renommierten Gelehrten des portugiesischen Reiches büffelten ambitionierte Seefahrer Astronomie und Navigation. Prinz Heinrich warb jeden Geeigneten an, auch wenn er in fremden Diensten stand. Er kaufte erfahrene Kommandeure aus bestehenden Verträgen mit fremden Herrschern frei. Seine Talentsucher schwärmten in ganz Europa aus, um hervorragende Offiziere zu suchen und anzuwerben. Ihnen bot der besessene Planer das Neueste, was die Welt an Schiffen zu bieten hatte: die Karavelle, einen schnittigen Bootstyp, der eigens dafür entwickelt wurde, die Ozeane zu erobern.

In Portugal lief das Unternehmen »Entdeckung der Welt« an. Bereits um 1460 hatten die Seefahrer einen beträchtlichen Teil der afrikanischen Küste erkundet. Aber immer wieder kehrten die Schiffe in ihre portugiesischen Heimathäfen zurück und die Kapitäne konnten der Admiralität in Lissabon nur Teilerfolge melden. Denn der Schwarze Kontinent erstreckte sich schier endlos nach Süden. Der Weg war länger, als die Experten berechnet hatten. Immerhin brachten die Mannschaften ständig neue Kenntnisse

über das geheimnisvolle Land mit nach Hause. Sie verhalfen Portugal zu ersten Einnahmen durch den beginnenden Überseehandel. Der kleine Staat am Rande Europas war auf dem besten Weg, sich eine Vormachtstellung bei der Erkundung der Welt zu erobern.

Aus zweierlei Gründen hatte der portugiesische König Afrika als bevorzugtes Ziel gewählt. Erstens waren sich die Gelehrten darüber einig, dass der Weg zu den Reichtümern Asiens um Afrika herum führte. Also musste der Kontinent umrundet werden. 1469 schloss der Kaufmann Fernão Gomez einen Vertrag mit der portugiesischen Krone. Er bekam das Monopol des Guinea-Handels. Als Gegenleistung musste er sich verpflichten, jedes Jahr die Erforschung der afrikanischen Küste um einen genau festgelegten Abschnitt voranzutreiben. Derweil ließ sich mit Pfeffer und Sklaven aus dem Schwarzen Kontinent in Europa viel Geld verdienen. Heinrich der Seefahrer sollte den Triumph nicht mehr erleben. Denn erst 1488 sah Bartholomäus Diaz die Weiten des Indischen Ozeans, als er das Kap der Guten Hoffnung umsegelte. Ein Orkan zwang ihn unglücklicherweise, die Fahrt abzubrechen. Doch der Seeweg nach Indien war geöffnet, bevor Kolumbus auf große Fahrt ging.

Bis dahin hatten sich die Afrika-Expeditionen der Portugiesen zum Bigbusiness entwickelt. Damit nichts nach außen drang, trafen die Verantwortlichen entsprechend strenge Sicherheitsmaßnahmen. Jedes Detail im Zusammenhang mit den Entdeckungsfahrten erklärten sie zur absoluten Geheimsache und hüteten ihr Wissen wie den Schatz der Krone. Informationen waren Mangelware und gleichzeitig so begehrt wie die Rezeptur für das ewige Leben. Überall und jederzeit

Das Zeitalter der Entdeckungen 179

drohte Gefahr von Spionen – von fremden Monarchen angesetzt auf die erfolgreichen Seefahrer.

Darin liegt einer der wichtigsten Gründe, warum so wenig über die frühen portugiesischen Entdeckungsfahrten, über die ersten Karten und Navigationsinstrumente bekannt ist. Die totale Nachrichtensperre sollte die führende Rolle Portugals bei der Erkundung der Meere auch für die Zukunft sichern. Es ging um Einfluss und um Gewinn. Die Wahrung des entscheidenden Vorsprungs war gleichbedeutend mit der Vormachtstellung in der Welt. Mehr als allen anderen Ländern gelang es Portugal im ausgehenden Mittelalter, diesen Platz zu behaupten und sogar noch auszubauen.

Die Gebiete im hohen Norden des Atlantiks betrachteten die skandinavischen Königreiche – allen voran Dänemark – als ihren Einflussbereich. Seit den Fahrten der Wikinger in der Zeit der Jahrtausendwende war das Nordmeer nicht mehr Terra incognita. Bis zum 15. Jahrhundert verlor sich das Interesse an diesem Teil der Welt jedoch weitgehend, weil sich vor allem die wirtschaftlichen Hoffnungen nicht erfüllt hatten. Die Verbindungen und damit die Handelsbeziehungen zur Insel Grönland brachen schließlich vollständig ab.

Während die skandinavischen Reiche, gebeutelt von innenpolitischen Problemen, auf dem Weg zur Bedeutungslosigkeit waren, verzeichnete Portugal einen Erfolg nach dem anderen. Die Erforschung der afrikanischen Küsten diente dabei nur als Mittel zum Zweck. Das eigentliche Ziel hieß Asien – seit den Reisebeschreibungen des Marco Polo das Reich unermesslicher Schätze, die nur darauf warteten, gehoben zu werden. Und um dieses Ziel zu erreichen, musste

der Schwarze Kontinent umrundet werden, koste es, was es wolle.

Damit aber stießen die portugiesischen Kapitäne vorerst noch an ihre Grenzen. Denn die riesige Festlandmasse hielt den Weg nach Indien versperrt. Die Strategen in Lissabon suchten verzweifelt nach einer Lösung. Wenn die Erde eine Kugel war, wenn es nach Osten kein Durchkommen gab, warum sollten es die Seefahrer nicht auf einer westlichen Route ausprobieren? Spekulationen und Theorien wurden entwickelt, verworfen und erneut heiß diskutiert.

Gerüchte, dass eine Westpassage möglich war, erfuhren durch ein geografisches Werk aus dem 14. Jahrhundert neue Nahrung. Der Autor hieß John Mandeville und er verfasste einen spätmittelalterlichen Bestseller, eine Mischung aus Reisebeschreibung und Sciencefiction. Alle – wenn auch spärlichen – Informationen der Zeit verarbeitete er mit Vermutungen und persönlichen Fantastereien. Auch Mandeville zeigte sich fasziniert von den märchenhaften Reichtümern Indiens – genauso wie all diejenigen seiner Zeitgenossen, die davon gehört hatten.

Als erster Europäer des Mittelalters beschrieb er die Möglichkeit einer Weltumsegelung. Sein Abenteuerroman handelt von einem Mann, der von England nach Norwegen reiste. Schließlich erreichte er Asien, nachdem es ihn von einem Land des Nordens ins nächste verschlagen hatte. Von Asien aus ging die Reise weiter. Nach vielen Jahren kam er auf einer Insel an, auf der seine Muttersprache gesprochen wurde. Am Ende löste Mandeville das Rätsel, das seine Leser nicht knacken konnten: Der Abenteurer hatte einmal die Erde umrundet.

Der Kartograf Claudius Clavus griff die Darstellung Mandevilles auf. In einem

Kommentar auf seiner Karte von 1427, die er von dem Gebiet um Island und Grönland gezeichnet hatte, vermerkte er: »Nec dixit mendacium nobilis Johannes Mandevil Anglicus, qui dixit se de seres Indie navigasse versus unam insulam Nouegiae. – Und der edle Engländer Johannes Mandeville log nicht, als er sagte, dass er von Asien nach einer Insel Norwegens gesegelt sei.«

Die Gerüchte, dass Indien auch von Westen aus zu erreichen war, wollten nicht verstummen. Also erhielten die Gelehrten am portugiesischen Hof und in der Navigationsschule von Sagres den Befehl, mit Hochdruck die alternative Route ins Land des Reichtums auszuarbeiten. Das aber stellte die »Junta dos mathematicos« vor schier unlösbare Probleme. Denn während die kundigen Männer über Afrikas Küsten bereits ein beträchtliches Wissen angesammelt hatten, war ihre Kenntnis über das Nordmeer auf dem Nullstand geblieben.

Die Geheimniskrämerei der Portugiesen

In seiner Navigationsschule in Sagres hatte Heinrich der Seefahrer jahrzehntelang alle Informationen zusammentragen und verarbeiten lassen, die seine Kapitäne von ihren Entdeckungsreisen mit nach Hause gebracht hatten: Angaben über Entfernungen, das Wetter, die Belastbarkeit der Schiffe oder besondere Beobachtungen. Die Daten der Kurse wurden gesammelt, Land- und Seemarken von einem großen Stab verschwiegener Experten in neue Karten eingetragen. Denn ohne sie konnten die Seefahrer keinen genauen Kurs zu einem Zielort planen.

Ebenso wenig hätten sie nach ihrer Rückkehr die geografische Lage ihrer Entdeckungen beschreiben können.

In dem Buch *Fata Morgana der Meere* des amerikanischen Journalisten Donald S. Johnson, der selbst bereits fünfmal den Atlantik in einem 27-Fuß-Schoner überquert hat, ist die Entwicklung der Kartografie zusammengefasst: »Die Karten des 15. und 16. Jahrhunderts fußten auf dem Prinzip des ptolemäischen Atlas. Der geniale Gelehrte hatte bereits ein erstes Gittersystem zur Aufzeichnung von geografischen Positionen geschaffen. Für seine Weltkarte entwickelte er sogar eine Kegelprojektion der Erdoberfläche, sodass Längen- und Breitengrade gekrümmt erschienen. Das einfache Gittersystem hatte den Nachteil, dass die Darstellungen der Meere und Länder verzerrt waren. Ab dem 12. Jahrhundert erfanden die Italiener einen neuen Typus: die Portolan-Karten. Sie beruhten auf empirischer Grundlage und sollten die praktischen Anforderungen beim Navigieren von einem Hafen in den anderen erfüllen. Der Name Portolan – nach porto, dem Hafen – bezeichnete ursprünglich Bücher mit Steuerkursen und Navigationshilfen für Seefahrer.

Gewöhnlich sind sie auf Pergament gezeichnet. Die Küstenlinien und Städte leuchten in bunten Farben. Jede Landspitze, jedes Kap und jeder Meeresarm – ja, alles, was einen topografischen Namen hatte, wurde sorgfältig eingetragen. Über das Gesamtbild zogen sich komplizierte Linienmuster, die strahlenförmig von einer oder mehreren Windrosen ausgingen. Dabei handelt es sich nicht wie beim heutigen Kompass um eine Aufteilung des Horizonts in Grade. Vielmehr stellen sie das antike Acht-Winde-System des Mittelmeers dar. Der Kapitän benutzte die von der Windrose ausgehenden Linien als Hilfsmittel zum Planen seines Kurses unter Berücksichtigung seines Zieles und der Richtung, aus der der Wind wehte. In den meisten Fällen hatten die Portolane – auch Windstrahlen- oder Kompasskarten genannt – kein Gittersystem für die geografische Länge und Breite. Es wurde auch keines benötigt: Um auf Kurs zu bleiben und zu seinem Ziel zu gelangen, brauchte ein Seefahrer nichts weiter als Lineal, Stechzirkel und Kompass.«

Vor nichts fürchteten sich Heinrich der Seefahrer und seine Nachfolger mehr als davor, dass Portugal seinen Vorsprung bei der Entdeckung neuer Länder verlieren könnte. Konkurrenten lauerten überall. Aus portugiesischer Sicht stellte jeder andere Staat, jeder fremde Seemann, jeder, der nicht portugiesisch sprach oder der nicht katholischen Glaubens war, eine Bedrohung für die nationale Sicherheit dar – und damit eine Gefahr für die Interessen des Königs. Alle Kaufleute, die in den gerade eben erschlossenen Gebieten Handel treiben wollten, mussten eng mit der Krone zusammenarbeiten, denn schließlich sollte auch noch ein satter Gewinn für die Regierung abfallen. Die Beamten des Hofes entwickelten einen Sicherheitsapparat, der die Welt auf einfache Weise in Gut und Böse teilte: Gut war alles Portugiesische, schlecht dagegen alles andere. Die Abschirmung funktionierte so erfolgreich, dass kaum einmal etwas nach draußen drang.

Gezielt gestreute Desinformationen sollten missliebige Konkurrenten in die Irre führen. Die Gegner versuchten es mit Bestechung, Diebstahl und Spionage: Das

Das Kreuz der Christusritter kündet von Portugals einst weltumspannender Macht.

beste Beispiel ist die Cantino-Karte. Sie wurde 1502 von dem Kartografen und Diplomaten Alberto Cantino gezeichnet und nach Italien geschmuggelt. Doch meistens hatte Lissabons Methode Erfolg. Wer auch nur den Versuch unternahm, sich in Portugals Unternehmen »Entdeckung der Welt« einzumischen, und erwischt wurde, hatte sein Leben verwirkt.

Nahezu alle portugiesischen Geheimnisträger gehörten dem mächtigen Orden der Christusritter an, der viele Entdeckungsfahrten finanzierte und dessen Großmeister Heinrich der Seefahrer war. Die Brüder des Ordens sahen sich als Mitglieder eines Geheimbundes zur Verteidigung des rechten Glaubens, als Ritter ihres Gottes und ihres Königs. Für Kirche und Herrscher waren sie jederzeit bereit, ihr Leben zu opfern.

Das erste Joint Venture der Seefahrt

Es waren unruhige Zeiten. In der zweiten Hälfte des 15. Jahrhunderts brach an vielen Orten Europas das Chaos aus. Die überkommene Ordnung geriet aus den Fugen. Rebellionen gegen Kirche und Staat kündigten eine neue Epoche an. Überall – auf dem Land nicht anders als auf See – gab es blutige Kämpfe. Auf dem Wasser tobte ein Kaperkrieg von nie dagewesenem Ausmaß. Darin verwickelt waren Portugiesen und Spanier, Engländer und Franzosen, Holländer, Hanseaten und Dänen. Ein Kapitän kämpfte gegen den anderen. Eigentlich waren alle nichts anderes als staatlich sanktionierte Seeräuber – ausgestattet mit dem Schutzbrief ihres jeweiligen Königs. Jeder nannte sich selbst einen »ehrbaren Kauf-

fahrteischiffer« oder »Königlichen Kaufmann«, bezichtigte aber gleichzeitig die andere Seite der Seeräuberei.

Es ging um Rohstoffquellen, um Handelsmärkte, es ging darum, dem anderen den Zugang zum Profit zu verwehren und sich gegenseitig die Schiffsladung abzujagen. Könige und Kapitäne waren gleichermaßen an der Beute beteiligt. Viele wichtige Unternehmen der Handelsschifffahrt finanzierten sich so von selbst. Auch Didrik Pining, der junge Mann, der aus Hildesheim weglief, hatte sich zum berüchtigten Kaperkapitän gemausert. In seinem Wappensiegel führte er stolz einen Enterhaken. Englische Seefahrer und die Kapitäne der Hanse fürchteten den Deutschen gleichermaßen.

Für Haudegen wie ihn hielten die Majestäten noch andere Aufgaben als das Kapern feindlicher Schiffe bereit. Männer, die sich als erfahrene Seeleute und unerschrockene Kämpfer durchsetzen konnten, die ein Gespür für alles Neue besaßen, die weder Tod noch Teufel fürchteten – solche Helden waren die Richtigen für heikle Missionen mit höchster Geheimhaltungsstufe. Das ganz große Geld ließ sich nicht mehr mit dem Aufbringen fremder Schiffe verdienen. Der wirkliche Reichtum lag darin, unbekannte Küsten zu erkunden und der Erste zu sein, der seinen Fuß auf fremden Boden setzte. Denn die Schätze der Welt warteten nur darauf, geborgen zu werden.

So gestalteten sich die Entdeckungsfahrten in den letzten Jahrzehnten des 15. Jahrhunderts als Wettrennen zwischen den Nationen. Was zählte, waren Geld, gute Schiffe, tüchtige Besatzungen, vor allem aber wagemutige Kapitäne. Seit die Portugiesen vor der westafrikanischen Küste aufgetaucht waren und auf dem Schwarzen Kontinent die ersten Erfolge verbuchen konnten, hatte die Seefahrerstaaten ein wahres Fieber ergriffen. Es war wie ein Rausch. Jeder suchte in uralten Dokumenten den Stein der Weisen zu finden. Gerüchte um geheime Karten raubten den Beteiligten den Schlaf. Jeder hatte Angst, zu spät zu kommen. Vielleicht stießen portugiesische Gelehrte im Auftrag ihres Königs auf die wohl deutlichste Erwähnung Amerikas vor seiner offiziellen Entdeckung.

In seiner *Großen Geschichte der Hamburger Kirche* hatte Adam von Bremen bereits Jahrhunderte zuvor das sagenumwobene Vinland erwähnt. Aber Portugal wollte mehr erobern als eine unbekannte Landmasse irgendwo im Westen. Für den Weg nach Indien war es bereit, jeden Preis zu zahlen. Je niederschmetternder die Nachrichten von immer weiteren Misserfolgen bei der Umrundung Afrikas klangen, desto fieberhafter arbeiteten die Eingeweihten am Hof in Lissabon an einer Alternative. Schließlich kamen sie zu dem Schluss, der westliche Kurs nach Asien müsse kürzer sein, dafür aber auch gefährlicher, denn er führte durch das unberechenbare Nordmeer.

Da die Portugiesen keine Erfahrung auf diesem Teil des Atlantiks hatten, machten sie sich auf die Suche nach einem geeigneten Partner. König Alfons V. von Portugal fand ihn in seinem dänischen Verwandten Christian I. Die beiden Herrscherhäuser beschlossen, den Aufbruch ins Ungewisse gemeinsam zu wagen. Als dänisch-portugiesische Expedition von 1473 ging das Unternehmen in die Geschichte der Entdeckungen ein. Die Lastenverteilung war ganz einfach. Das erste Joint Venture der Seefahrt startete unter dänischer Flagge. Christian I. stellte Schiff und Besatzung, Portugal griff in die Schatulle und finanzierte das Ganze.

Portugal hatte sich für Dänemark entschieden, weil das skandinavische Land den Standortvorteil besaß und auch über die Schiffe verfügte, die für die große Reise erforderlich waren. Die eigenen Karavellen dagegen blieben vorläufig an der westafrikanischen Küste gebunden. Einen geradezu legendären Ruf genossen die in dänischen Diensten stehenden Kapitäne aufgrund ihrer großen Erfahrung auf den nördlichen Meeren. Dänemark, das seine grönländischen Siedlungen aus innenpolitischen Gründen vernachlässigt hatte, wollte die gekappten Verbindungen zu der Insel im Eismeer wieder herstellen, um den eingeschlafenen Handel aufs Neue in Schwung zu bringen. Um selbst eine Expedition dieser Größenordnung auszurichten, fehlten Christian I. die finanziellen Mittel. Die beiden Länder verabredeten den ungewöhnlichen Pakt und jede Seite versprach sich große Vorteile davon.

Der königliche Auftrag

Im Frühling des Jahres 1473 beorderte König Christian I. fünf Männer zu einer Geheimaudienz nach Kopenhagen: neben den beiden Deutschen Didrik Pining und Hans Pothorst den Steuermann Johannes Scolvus sowie zwei Beauftragte des Herrschers von Portugal: den Grafen João Vaz Cortereal und seinen Partner Alvaro Martins Homems. Die Männer, die Christian I. an jenem denkwürdigen Tag im Palast empfing, um sie in die delikate und nicht ungefährliche Mission einzuweihen, hatten sich allesamt als verwegene und fähige Seeleute einen Namen gemacht. Ihren jeweiligen Monarchen dienten sie seit langer Zeit in treuer Ergebung.

184 Das Amerika-Rätsel

König Christian erwählte Didrik Pining zum Kommandanten der Expeditionsflotte. Der erfahrene Praktiker hatte sich in den vorangegangenen Jahren als Admiral der Flotte im Seekrieg gegen England glänzend bewährt. Und zudem als mutiger und dennoch besonnener Anführer des königlich-dänischen Kapergeschwaders große Verdienste erworben. Er war hart gegen die Mannschaft und sich selbst, gehorsam seinem König. Im Klartext hieß das: Kapitäne erschienen in den Augen ihrer Regenten immer dann besonders tüchtig, wenn sie möglichst viele ausländische Schiffe kaperten und demzufolge reicher Gewinn in die königlichen Kassen floss. Die einstige Landratte Pining hatte sich in der Hierarchie der dänischen Marine innerhalb von zwanzig Jahren vom einfachen Matrosen zum geschätzten Admiral hochgedient.

Hans Pothorst, seinen langjährigen Weggefährten und Mitstreiter aus unzähligen Schlachten, schlug Pining als weiteren Kapitän seiner Mini-Flotte vor. Dass der alte Kumpan mit von der Partie war, belegen Dokumente, die auch auf den ungefähren Beginn der Reise schließen lassen. Denn bevor er beim König von Dänemark anheuerte, kämpfte Pothorst auf dem Kriegsschiff »Bastian« für die Hansestadt Hamburg gegen England. Im Hamburger Staatsarchiv ist im Kämmereibuch des Senats noch das Original der Schlussabrechnung zwischen Hans Pothorst und der Stadt einzusehen – ausgestellt am 1. Juli 1473. Nach diesem Datum kann Pothorst also nicht mehr für die Hanseaten tätig gewesen sein.

Christian I. schärfte seinen Untergebenen ein, von ihrem Vorhaben dürfe kein einziges Wort nach außen dringen. Wie immer fürchtete Lissabon, andere Nationen könnten Wind von diesen Plänen be-

kommen und sie zunichte machen. Und die spektakuläre Expedition nach Westen stand nun ganz oben auf der Geheimhaltungsliste. Der klare Auftrag für die Crew lautete, neue Länder und Inseln jenseits des Atlantiks zu finden. Und Wunsch Nummer eins war für Alfons V. natürlich die Westpassage nach Indien – als Alternative für den langen Weg um Afrika herum, der ja immer noch nicht gefunden worden war.

Der dänische Herrscher machte den Befehl seines Verwandten zu seinem eigenen, als er den Kommandanten Pining aufforderte:»Sucht neue Inseln und entdeckt neue Länder!« Für Christian selbst war es nur wichtig, den Kontakt mit den Wikingern auf der Insel Grönland wieder aufzunehmen. Und dazu bot das Joint Venture die einmalige Gelegenheit. Die neuen Gebiete auf der anderen Seite des Ozeans interessierten ihn dagegen weniger. Alfons V. wiederum hatte mit Grönland nichts im Sinn. Er kaufte sich lediglich nordisches Know-how für die größte Sensation in der Geschichte der Entdeckungen, wie er im Stillen erhoffte. Und für den höchsten Gewinn – zum Ruhm seines Landes.

Noch nie war eine Suchfahrt mit so weit gesteckten Zielen von Westen aus über den großen Ozean gestartet. Berichte über die Expedition liegen nicht vor. Es blieben auch keine Logbücher erhalten. Kaum vorstellbar, dass für ein solches Unternehmen keine Daten gesammelt wurden, die späteren portugiesischen Seefahrern den Weg hätten weisen können. Wenn es sie gab, verschwanden die Notizen zunächst in Lissabons Geheimarchiven und gingen vielleicht später verloren. Auch persönliche Aufzeichnungen hat keiner der Männer, die an Bord waren, hinterlassen.

In den frühen Tagen der Seefahrt wurde an Deck gekocht.

Anders als zu Zeiten der Forschungsreisen eines Christoph Kolumbus begleiteten das dänisch-portugiesische Abenteuer von 1473 keine Chronisten, die penibel jeden Streckenabschnitt dokumentiert hätten. Da es sich um eine Geheimfahrt handelte, ist aber anzunehmen, dass Pining und Pothorst einerseits und die Portugiesen andererseits ihren Königen vertrauliche Berichte zugestellt haben. Die Nachwelt hat sie bislang nicht gefunden. Vielleicht müsste sonst die Geschichte der Entdeckung Amerikas endgültig umgeschrieben werden.

Unter vollen Segeln

Im norwegischen Hafen Bergen nahmen zu jener Zeit die meisten Fahrten ins Nordmeer – vorwiegend nach Island – ihren Anfang. Wahrscheinlich ist also auch die große Expedition von 1473 dort ausgerüstet worden. König Christian I. ließ eine kleine Flotte zusammenstellen. Die genaue Anzahl der Schiffe ist unbekannt, vermutlich waren es für eine solch gefahrvolle Reise aber mindestens drei nagelneue Modelle. Sofort nach dem Geheimtreffen in Kopenhagen liefen die Vorbereitungen an, die einige Monate in Anspruch nahmen.

Der Kommandant persönlich heuerte die Mannschaft an. In der Regel nahm er Matrosen, die er bereits kannte und die sich auf vorherigen Reisen als brauchbar und zuverlässig erwiesen hatten. Jeder Seemann hatte seinem Kapitän Treue und Gehorsam zu schwören. Er bekam ein Handgeld und durfte nun nicht mehr auf ein anderes Schiff wechseln. Sein spärliches privates Gepäck bestand nur aus der Kleidung, einem Kochgeschirr und einer Waffe, meistens einem Dolch oder einem Kurzschwert – zur Verteidigung bei

186 Das Amerika-Rätsel

einem der ständig drohenden Piraten-
überfälle. Denkbar, dass daher auch Kanonen an Bord waren, zumal Pining und
der Portugiese Cortereal nicht wussten,
was sie in den fremden Ländern erwartete, die sie entdecken sollten.

Unter den wachsamen Augen des Pro-
viantmeisters wurden Vorräte für einige
Monate gebunkert: Fässer mit gepökel-
tem Fleisch und gesalzenem Fisch, Sauer-
kraut und Essiggurken, Säcke voller Erb-
sen, Linsen und Bohnen, kistenweise
Schiffszwieback, Fässer mit Trinkwasser
und leichtem Bier. Außerdem getrockne-
ter Dorsch, so genannter Stockfisch, den
die Seeleute des 15. Jahrhunderts wegen
seiner schier unbegrenzten Haltbarkeit
besonders schätzten. Für die ersten Tage
standen frisches Obst, Gemüse und Brot
auf dem Speiseplan.

Spätestens Ende Juli 1473 ertönte das
Kommando:»Alles klar zum Auslaufen!
Hisst die Segel!« Das große Abenteuer –
eine Atlantikfahrt von unbestimmter
Dauer – konnte beginnen. Und damit
auch das harte Leben an Bord – zumindest für die Mannschaft. Auf engstem
Raum war die Besatzung zusammenge-
pfercht. Zum Schlafen mussten sich die
Männer einen Platz im Unterdeck, im
tiefsten Bauch des Schiffes, suchen. Oft
teilten sie ihr Quartier mit Ratten und anderem Ungeziefer. Eine eigene Kajüte
stand nur dem Kapitän zu. Auch eine
Kombüse gab es auf mittelalterlichen
Schiffen noch nicht. Gekocht wurde an
Deck in einer mit Sand gefüllten Kiste.
Bei starkem Wind fiel die warme Mahlzeit
wegen zu hoher Brandgefahr aus.

Viele Schiffe hatten im Heckbereich
eine Art Toilette – einen einfachen Holz-
kasten mit kreisrundem Loch. Doch nur
der Kapitän und der Bootsmann durften
die Einrichtung benutzen. Die Mann-

schaft musste im Unterdeck mit einem
kleinen Fass vorlieb nehmen. Wollten sie
dem bestialischen Gestank entgehen,
werden die meisten Seeleute es vermutlich vorgezogen haben, der Natur unter
freiem Himmel ihren Lauf zu lassen.

Welchen Schiffstyp der dänische Herrscher zur Verfügung gestellt hat, lässt
sich nicht mehr nachweisen. Vielleicht
handelte es sich um das späte Modell der
Hansekogge, das zu jener Zeit vor allem
in den nordeuropäischen Ländern als Fa-
vorit galt. Die Konstruktion ähnelte den
mittelalterlichen Vorläufern des 13. und
14. Jahrhunderts, hatte aber auch Einflüsse aus dem Mittelmeerraum aufgenommen. Die Koggen – in der Regel Dreimas-
ter – trugen am hinteren Mast ein drei-
eckiges Lateinersegel und an den beiden
vorderen je ein trapezförmiges Rahsegel.
Ein Schiff, das sich im Nordmeer bewegte, musste stürmischer See und leichtem
Eisgang – also arktischen Bedingungen –
gewachsen sein.

Vielleicht haben sich aber auch die Portugiesen bei der für sie so bedeutenden
Expeditionsfahrt mit der Karavelle durchgesetzt, dem Segler, der damals in Süd-
europa hoch im Kurs stand. Sie war zwar
nicht so robust wie die Kogge, dafür aber
schnittiger und schneller. Auch die Karavelle hatte drei Masten. Zwei waren mit
quadratischen Segeln bestückt, nur der
hintere trug ein Lateinersegel. Die neuar-
tige Takelung beseitigte das große Handi-
kap aller Vorläufer: Der elegante Segler
konnte härter an den Wind gehen und
schneller wenden. Seine Länge über alles
betrug 20 Meter. Der schmale Rumpf hatte keinen Kiel. Mit ihrem geringen Tief-
gang von nur 1,80 Meter ließ sich die
Karavelle daher auch in flachen Küsten-
gewässern manövrieren. Das machte sie
lange Zeit bei der Erkundung fremder Re-

Unter vollen Segeln 187

gionen unschlagbar. Heinrich der Seefahrer sandte Karavellen aus, um den Ruhm seines Landes zu mehren. Für die Seefahrernation Portugal wäre das Zeitalter der Entdeckungen ohne diesen Schiffstyp kaum denkbar gewesen. Auch Christoph Kolumbus wählte Karavellen für seine Expeditionen. Der venezianische Kapitän Aloys Cadamosto schwärmte:»Ich sehe keinen Grund, warum diese Schiffe nicht überallhin fahren sollten. Denn ich glaube, dass sie die besten Segelschiffe sind, die je das offene Meer befuhren.«

Ob auf einer Kogge oder Karavelle – für die Besatzung war der Alltag an Bord vielfältig und eintönig zugleich. Bootsmann oder Steuermann kommandierten Schiffsjungen und Matrosen, die Segel zu bedienen hatten, Wache gingen, das Deck schrubbten oder die Ladung umstauten, wenn sie in Schieflage geraten war. In seichten Gewässern warfen sie das Lot, um die Tiefe zu messen. Gearbeitet wurde im Vier-Stunden-Rhythmus – ein System, das schon im Mittelalter den reibungslosen Rund-um-die-Uhr-Dienst garantierte. Zwei Gruppen der Besatzung lösten sich ständig ab.

Der Steuermann – hinter dem Kapitän die Nummer zwei in der strengen Hierarchie – war zuständig für die Navigation und die Bestimmung des Kurses. Harte Arbeit, räumliche Enge und das Abgeschnittensein von der Außenwelt bestimmten das Leben der Seefahrer. Eine bunt zusammengewürfelte Mannschaft musste oft Wochen und Monate miteinander auskommen. Aufgestaute Aggressionen brachen sich ab und an in gewalttätigen Auseinandersetzungen Bahn, die zuweilen auch mit Messern und Äxten ausgetragen wurden. Um ein möglichst friedliches Zusammenleben zu gewährleisten, legten die meisten Kapitäne Wert

auf eiserne Disziplin. Und die setzten sie bedingungslos durch – zur Not mit Fäusten oder mit Peitschenhieben. Der Willkür des Schiffsführers waren die Männer ausgeliefert. In einem fremden Hafen durfte die Mannschaft erst dann zum Landgang ausschwärmen, wenn die Ladung gelöscht war. Nachts musste der Matrose wieder an Bord sein. Kam er zu spät, setzte es Prügel.

Montelange Seefahrten wurden für die Teilnehmer zum Albtraum. Die harte Arbeit im Vier-Stunden-Takt war kein Zuckerschlecken und bedeutete ständige Übermüdung. Langeweile und das Gleichmaß der Tage töteten die Seele. Faulendes Wasser und verdorbene Vorräte zehrten die Körper aus. Hinzu kamen die ständigen Gefahren durch Wind und Wetter. Die Matrosen fuhren lieber in südliche Gefilde als durch die Meere des Nordens. Denn dort wurden zudem noch Eisberge, die jederzeit plötzlich aus dem Nebel auftauchen konnten, vielen Schiffen zum Verhängnis.

Als größtes Risiko für die Gesundheit auf See nennt das medizinische Handbuch der Britischen Marine den Skorbut. Blutungen im Zahnfleisch und im Magen-Darm-Trakt – verursacht durch Vitamin-C-Mangel – sind die gefürchteten Symptome. Es war keine Seltenheit, dass diese Geißel der Seefahrer binnen kurzer Zeit ganze Besatzungen dahinraffte. Am Skorbut starben damals mehr Seeleute als an allen anderen Krankheiten, Unfällen und Schiffsuntergängen zusammengenommen. Erst als Ende des 18. Jahrhunderts die Mediziner herausgefunden hatten, wie der Skorbut zu bekämpfen war, änderte sich die Statistik. Von da an bekam jeder Matrose eine Tagesration Zitronensaft. In nördlichen Breiten, wo der Verzehr von Fisch oder Seehundfleisch

188 Das Amerika-Rätsel

erst gar keinen Vitaminmangel aufkommen ließ, war die Krankheit gänzlich unbekannt. Heute, da Gemüse und Obst gekühlt gelagert werden können und zudem eine Vielfalt von Vitaminpräparaten als Tabletten zur Verfügung stehen, ist der Skorbut längst ausgestorben.

Kurs West – Nordwest

Da die Expedition Ende Juli startete, durften die Männer zumindest für den Anfang auf günstige Wetterbedingungen hoffen. Dennoch brechen gerade im Spät-

Den wachsamen Augen von Hans Pothorst, Kapitän auf einem der Expeditionsschiffe, entgeht nichts.

Gewässer das ganze Jahr hindurch befahren werden konnten, machte der arktische Winter das Segeln monatelang unmöglich. Ein erzwungenes Ausharren im Eis kam für Schiff und Besatzung dem Todesurteil gleich.

Auch wenn genaue Angaben fehlen, steuerte Pining sicherlich von Norwegen mit Kurs West–Nordwest auf altbekannter Route über die Färöer-Inseln zum ersten Etappenziel Island. Dorthin gab es von den skandinavischen Häfen bereits zu jener Zeit einen regelmäßigen Schiffsverkehr. Vor allem Kopenhagen war daran interessiert, die guten Beziehungen zu Island aufrechtzuerhalten. Die Insel am Rand des Polarmeeres gehörte politisch und wirtschaftlich zum erklärten Einflussbereich des dänischen Königs und stand unter seinem hoheitlichen Schutz. So war es für Didrik Pining nicht die erste Reise nach Island. Als zwischen 1468 und 1472 der Seekrieg zwischen Engländern und Dänen tobte, hatte Christian I. seinen Admiral dorthin geschickt, um ein Hilfsgeschwader zu kommandieren. Gerade erst ein Jahr vor der Expedition war er zurückgekehrt. Wie jeder Kapitän, der die nördlichen Meere befuhr, kannte er die Segelanweisungen für die Strecke im Schlaf.

Dennoch bedeutete jede Hochseefahrt einen Kampf mit den Naturgewalten, ein Spiel auf Leben und Tod. Ferdinand Kolumbus, der Sohn des Amerika-Entdeckers, schrieb, die Mannschaften fürchteten das Feuer in den leuchtenden Blitzen, die Luft wegen ihrer wütenden Gewalt, das Wasser wegen der Macht seiner Wogen und die Erde wegen ihrer Riffe und

sommer oft heftige Orkane über den Nordatlantik herein, die Menschen und Schiffen alles abverlangen. Als alte Hasen wussten Hans Pothorst und Didrik Pining um die Tücken dieses Meeres. Dementsprechend hatten sie die beste Jahreszeit gewählt. Denn während die tropischen

Felsen. Dem hatten die Kapitäne nur ihre Intuition und Erfahrung entgegenzusetzen. Niemand kennt die Zahl der Schiffe, die im Lauf der Jahrhunderte in den Tiefen des Atlantiks mit Mann und Maus jämmerlich versanken.

Das oberste Gebot hieß Wachsamkeit. Dabei trug der Schiffsjunge ein hohes Maß an Verantwortung. Viele von ihnen waren nicht älter als zehn oder elf Jahre, wenn ihre Eltern sie in die Obhut eines erfahrenen Kapitäns gaben. Und nicht wenige berühmte Kapitäne begannen ihre seemännische Karriere am Sandglas. Jede halbe Stunde musste der nautische Lehrling die Ersatzuhr umdrehen. Sobald das letzte Körnchen durch die enge Öffnung gerieselt war, rief er die Anzahl der Glasdrehungen aus. Es war die einzige Möglichkeit, die Zeit zu bestimmen – nicht nur für die Wachablösung. Exakt um 12 Uhr mittags verriet der Stand der Sonne, wo Süden ist. Den Norden ermittelte der Steuermann bei Nacht am Polarstern. Das funktioniert aber nur nördlich des Wendekreises des Krebses.

Das Kreuz mit der Navigation

In jenen Zeiten war die Einhaltung eines genauen Kurses fast unmöglich. Denn zuverlässige Navigationsinstrumente, um die Position eines Schiffes auf hoher See zu bestimmen, gab es noch nicht. Der Kapitän legte die Richtung fest. In Küstennähe konnte er sich an gut sichtbare Landmarken halten und auf sein visuelles Gedächtnis verlassen. Mit geschultem Blick schätzte er Umrisse und Farben von Land und Wasser ein und navigierte sicher bis zum Hafen. Doch auf dem offenen Ozean fehlte jeglicher Anhaltspunkt. Es kam vor, dass Kapitäne ihre Schiffe hunderte von Seemeilen am angepeilten Ziel vorbeisteuerten.

Doch sowohl Pining als auch Pothorst waren mit allen Wassern gewaschene Seeleute, die fast ein Vierteljahrhundert auf dem rauen Nordatlantik verbracht hatten. Sie kannten die nördlichen Meere wie ihre Westentasche, wussten, wo gefährliche Untiefen drohten, in welche Richtung günstige Strömungen die Schiffe trieben und welche Landmarken den Weg wiesen. Vor allem aber hatten sie eins gelernt: die Urkräfte von Wind und Wasser zu respektieren.

Dr. Uwe Schnall, Marinehistoriker am Schifffahrtsmuseum in Bremerhaven, befasst sich mit den Bedingungen mittelalterlicher Navigation auf dem Nordatlantik. Im konkreten Fall der Expedition von 1473 glaubt er, dass Pining außer seiner umfassenden Erfahrung und den überlieferten Segelanweisungen nur noch zwei andere Hilfsmittel zur Verfügung standen: »Wir wissen, dass die Hochseefahrten der Nordleute im Mittelalter in erster Linie auf Segelanweisungen beruhten – und zwar von der Ostsee bis zu den Wikingerreisen nach Amerika. Das, was wir heute als Navigationsinstrument bezeichnen, war im Mittelalter und Spätmittelalter nicht vorhanden – mit Ausnahme von Lot und später dann, zu Pinings Zeiten, dem Magnetkompass.«

In Nordeuropa wurde der Kompass von den Wikingern eingeführt. Er war »beim Segeln über weite Entfernungen ebenso wichtig wie die Sanduhr«, schreibt Donald Johnson. »Unabhängig davon erfanden auch die Chinesen um 1100 das Navigationsinstrument. Bereits gegen Ende des 12. Jahrhunderts benutzten es die Seefahrer Westeuropas und ein Jahrhun-

Das Kreuz mit der Navigation 191

dert später auch die Araber bei ihren Fahrten durch den Indischen Ozean. Die Wikinger nahmen für ihre einfache Ausführung Magnetit, ein in der Natur vorkommendes magnetisches Eisenerz. Sie setzten den Stein auf eine hölzerne Unterlage und ließen ihn in einer mit Wasser gefüllten Holzschüssel treiben. Die äußerst unzuverlässige Methode wurde bald verbessert. Eine ganz gewöhnliche Eisennadel, die an Bord zum Segelnähen oder Zeugflicken benutzt wurde, musste mit dem Magnetstein magnetisiert werden. Der Seemann befestigte sie dann an einem Hölzchen, einem Schilfrohr oder einem Korkstück und ließ sie auf dem Wasser schwimmen. Später lagerte man die Nadeln drehbar auf der Pinne, einem spitzen Stift in der Mitte des Kompasskessels, auf dessen Boden die Haupthimmelsrichtungen markiert waren. Er wurde so gedreht, dass sich die Nordmarkierung mit dem nach Norden weisenden Ende der Nadel deckte. Als Krönung der Entwicklung bekam der Kompass eine Windrose, an der die Männer die Himmelsrichtungen direkt ablesen konnten.«

Erst Jahrzehnte nach der Expedition – ab Beginn des 16. Jahrhunderts – machte die Weiterentwicklung des arabischen Astrolabiums und die Erfindung nautischer Geräte wie Jakobsstab und Quadrant die Navigation leichter und wenigstens etwas zuverlässiger. Wie der Name schon sagt, »bestand der Jakobsstab aus einem langen Stab mit einer verschiebbaren Querstange. Über das untere Ende der Querstange wurde der Horizont angepeilt. Dann musste die Stange so verschoben werden, dass sich ihre obere Spitze mit dem Himmelskörper deckte. Seine Höhe war nun auf einer Skala abzulesen, die längs auf dem Stab stand. Um Augen-

schäden zu vermeiden, hatte das Instrument eine kleine Blende zum Abdecken der Sonne.«

Donald Johnson, der Jahre seines Lebens auf dem Meer verbrachte, kann die Probleme der frühen Seefahrer sehr gut nachfühlen.»Trotz des Wissens um die Bestimmung der geografischen Breite mithilfe der Beobachtung von Himmelskörpern und trotz der Existenz nautischer Instrumente zur Durchführung dieser Messungen klaffte eine gewaltige Lücke zwischen Theorie und Praxis. Die Instrumente stellten auch eine Fehlerquelle dar. Sie waren zwar handwerklich sorgfältig hergestellt, aber sie erreichten noch nicht die Genauigkeit der heutigen optischen Instrumente. Es war keine leichte Aufgabe für die Seefahrer, den Jakobsstab auf den Horizont zu richten und dabei die Querstange so zu verschieben, dass ihre obere Spitze mit dem Himmelskörper zur Deckung kam – und gleichzeitig auf Deck eines schlingernden und rollenden Schiffes seinen Stand zu halten.«

Einen gewaltigen Fortschritt der Navigationstechnik stellte die Entwicklung des Quadranten ab 1470 dar. Doch bis das Gerät in der Praxis eingesetzt werden konnte, vergingen Jahre. Der Quadrant bestand aus einer viertelkreisförmigen Holz- oder Metallscheibe mit einer Skala von Graden. Am Scheitelpunkt des Kreissegments war ein Lot befestigt. Zur Winkelbestimmung richtete der Seemann eine Kante der Scheibe genau auf den Polarstern, während der Maat ablas, in welchem Winkel das Blei herunterhing. Mit dem Quadranten waren bereits relativ exakte Positionsbestimmungen möglich. Gegen Ende des 16. Jahrhunderts löste der genauer messende Sextant schließlich den Quadranten ab.

Für die Bestimmung der Koordinaten müssen sowohl die geografische Breite als auch die Länge bekannt sein. Die Berechnung der Länge war zu Pinings Zeit noch nicht möglich. Die seefahrenden Nationen lobten hohe Summen dafür aus. Doch die Lösung der schwierigen Aufgabe gelang erst im 18. Jahrhundert, als präzise funktionierende Uhren zur Verfügung standen. Auf der Kommandobrücke von heute lautet die Zauberformel »GPS« – Global Positioning System, die satellitengestützte Navigation. Die präzisen Ortskoordinaten erstrahlen automatisch als Lichtpunkte auf dem Kartentisch. Mit einem Blick erkennt der Offizier seinen aktuellen Standort – bei Wind und Wetter. Irrtum ausgeschlossen.

Um die Geschwindigkeit zu messen, hatten die Seefahrer einfache Hilfsmittel. An einem langen Seil festgebunden warfen sie eine Art Boje – Holz oder anderes schwimmendes Material – ins Wasser. In das Seil hatten sie in bestimmten Abständen Knoten geknüpft. Beim Abwerfen der Boje musste das Seil locker durch die Finger gleiten. Entweder mit der Sanduhr oder durch Zählen stellten sie fest, wie viele Knoten in einer bestimmten Zeit durchliefen. So ermittelten sie die Geschwindigkeit, das Verhältnis von Wegstrecke zur Zeit. Noch heute ist ein Knoten die Maßeinheit für das Tempo auf dem Wasser und entspricht der Strecke von einer Seemeile, das heißt 1,852 Kilometer pro Stunde.

Dass König Alfons V. seinem Gesandten Cortereal neue Errungenschaften seiner Navigationsexperten mit auf den Weg geben konnte, ist kaum wahrscheinlich. Die revolutionären Neuerungen in der Technik der Instrumente kamen später. Und über das Nordmeer besaßen die Seefahrer von der Iberischen Halbinsel kaum Kenntnisse, von denen die Dänen nicht auch wussten. Noch nie zuvor hatte Lissabon Schiffe in diese Weltgegend geschickt. Und deshalb hatte auch niemand den emsigen Zeichnern seiner Majestät Erfahrungen preisgeben können, die sie auf Karten eintragen sollten. Denn was noch nicht entdeckt war, ließ sich auch auf keiner Karte festhalten.

Island – die Insel der Extreme: Ungehindert toben sich die Naturgewalten aus.

Island – Insel aus Feuer und Eis

Den Weg nach Island legte Pinings kleine Flotte ohne Zwischenfälle zurück. Unterwegs beobachteten die Männer mehrfach große Ansammlungen von Walen. Erfahrene Kapitäne betrachteten das muntere Treiben nicht nur als faszinierendes Schauspiel. Denn was die Tiere wie magisch zu bestimmten Stellen im Meer zieht, ist eine enorme Ansammlung von Plankton – ihre Grundnahrung. Wo die Natur im Nordatlantik so reich den Tisch deckt, herrschen bestimmte Strömungen vor, weil eiskaltes auf wärmeres Wasser trifft. Die tierischen und pflanzlichen Kleinlebewesen bewegen sich nämlich nicht von selbst weiter, sondern werden passiv nur durch die Strömung verfrachtet. Daher sah ein Kapitän jener Zeit in einer Horde von Walen einen wichtigen Orientierungspunkt.

194 Das Amerika-Rätsel

Die Matrosen dagegen fürchteten die schwimmenden Kolosse als unberechenbare Ungeheuer. Die Fantasie der Seeleute ließ die friedlichen Meeressäuger zu riesigen Monstern anwachsen. Während einsamer Nächte auf See oder in lärmenden Hafenschenken prahlten sie mit gruseligen Horrorstorys. Riesenschlangen und Drachenfische hätten vor ihren Augen Schiffe mit Mann und Maus in die Tiefe gezogen. In seine »Carta Marina« zeichnete der schwedische Kartograf Olaus Magnus 1539 eine ganze Kollektion der illustren Fabelwesen zwischen Europa, Island und Amerika ein. Den gefährlichen Gezeitenstrom vor der Küste Norwegens stellte er als gewaltigen Strudel, als alles verschlingenden Mahlstrom dar.

Die letzte Wegstrecke nach Island wies der Snaefells-Gletscher als weithin sichtbare Landmarke. Der schlummernde, eisbedeckte Vulkan an der Westküste beherrschte schon die Segelanweisungen früherer Jahrhunderte. Unter Land manövrierte Pining die kleine Flotte nun zielstrebig zum Breidafjord, der zu Füßen des magischen Riesen liegt. Dort wollte der Kapitän eine ganz besondere Frau treffen.

Für João Vaz Cortereal taten sich auf Island nie zuvor gesehene Naturwunder auf. Im Gegensatz zu seinem deutschen Verbündeten kannte der Südeuropäer die Insel überhaupt noch nicht. Ihr Zauber hält jeden gefangen, der sie einmal gesehen hat, heißt es. Eine zerklüftete Landschaft voller Überraschungen – mit blubbernden Wassern, die unter der Oberfläche köcheln, und feurigen Kräften, die aus dem Bauch der Erde hervorbrechen. Eine Idylle aus glasklarem Wasser, reiner Luft und Bergketten, die bis zu 2000 Meter ansteigen. Doch ständig droht Gefahr von den 200 Vulkanen. Bis heute sind 200 große Eruptionen in den Chroniken verzeichnet. Einige davon zählen zu den gewaltigsten Vulkanausbrüchen in der Geschichte der Menschheit. Etwa alle fünf Jahre verdunkeln riesige Rauchwolken den Himmel.

Die ungebändigte Kraft der Elemente, die seit Milliarden von Jahren an unserem Planeten feilt, tobt sich in Island ungehindert aus. Wie in einer Hexenküche brodelt und zischt es fortwährend aus dem Inneren der Erde. Als wollten die Naturgewalten hinter einem Vorhang aus dichtem Rauch und tanzenden Dampfwirbeln ihre Muskeln spielen lassen – als Probe für den nächsten großen Auftritt. In keinem anderen Land der Welt sprudeln so viele heiße Quellen. An über 600 Stellen schießt kochendes Wasser in perfektem Strahl an die Oberfläche.

Die Insel am äußersten Ende der Alten Welt – ein Land der Extreme: mit spärlich erhellten Winternächten und nachtlosen Sommermonaten. Ein Klima der Kontraste: Nirgendwo sonst auf der Erde kann die Witterung so schnell und unvermittelt wechseln. Jeden zweiten Tag regnet es. Doch das berüchtigte Islandtief stört keinen. »Wenn dir das Wetter nicht gefällt, musst du nur ein Viertelstündchen warten«, sagen die Einheimischen. Dank des milden Golfstroms fällt das Thermometer selbst im Winter nur knapp unter den Gefrierpunkt. Die Sommer sind dafür kühl. Isländische »Hitzeperioden« übersteigen fast nie 23 Grad Celsius.

Vor mehr als tausend Jahren trieb der Wind die Schiffe der Wikinger an die unbewohnte Küste. Die Nomaden der Meere suchten nach neuen Siedlungsplätzen. Sie waren aus Norwegen vor ihrem despotischen König Harald Schönhaar geflüchtet. Die wilden Krieger fanden ein Land, das ebenso wild war wie sie selbst,

Island – Insel aus Feuer und Eis 195

eine Insel, auf der sie bleiben wollten. Eine Insel aus schwarzen Felsen – genährt vom glühenden Blut der Erde, beherrscht von Kathedralen aus Eis, undurchdringlichem Nebel und tobenden Orkanen. Voller Staunen standen die fremden Seefahrer vor einem unberührten Stück Erde. Zwischen gespenstischen Schluchten und bizarren Felsformationen ließen sie sich nieder. Ihre neue Heimat an der Grenze zum nördlichen Polarkreis nannten sie nach den unzähligen schneebedeckten Gipfeln – Eisland.

Von Angst überwältigt, erlebten die ersten Siedler die imposanten Naturschauspiele. Noch nie zuvor hatten sie gesehen, wie die Erde Feuer speit. In den zischenden Dämpfen, die aus ihrem Bauch hervorquellen, sahen die Wikinger Vorzeichen des Weltuntergangs. In diesem bedrohlichen Land, so glaubten sie, mussten ihre germanischen Götter wohnen. Die Krieger wurden zu Bauern und Dichtern. In den langen, düsteren Wintermonaten schufen sie fantasievolle Mythen und Legenden, anonyme Sammlungen, in denen das literarische Talent eines ganzen Volkes glänzt. Eddas, Sagas und Skaldenstrophen rühmen den Kriegsgott Odin, Thor – den Herrn des Donners, Wieland, Sigurd und andere Helden. Fast alles, was wir über sie wissen, wurde vor 900 Jahren auf Island niedergeschrieben.

Klarheit und Ausdruckskraft der Poesie spiegeln in vollendeten Versen, mit denen andere Völker jahrhundertelang nicht mithalten konnten, den ständigen Kampf der Menschen gegen eine unwirtliche Natur. Am Anfang, so glaubten die Wikinger, gab es ein Reich des Eises und ein Reich des Feuers. Dazwischen klaffte die Schlucht des Nichts. In der gähnenden Leere zwischen Licht und Finsternis lag der Ursprung allen Lebens.

Nach und nach kamen immer mehr Männer aus Norwegen und von den schottischen Inseln nach Island. Sie suchten eine neue Existenz in Frieden und Freiheit. Bis zum 13. Jahrhundert wuchs die Bevölkerung auf etwa 80 000 Menschen an. Fast alle hatten damals den christlichen Glauben angenommen. Nach außen verloren Odin, Thor und Freya immer mehr an Bedeutung. Die Bekehrten fürchteten nicht mehr die germanische Götterdämmerung, sondern das Jüngste Gericht. Und statt der Wintersonnenwende feierten sie nun als Christen das Weihnachtsfest. Die Seefahrer vergaßen die Pioniere des Nordmeers nie. Immer weiter stießen sie in unbekannte Gewässer vor. Um das Jahr 981 verließ Erik der Rote mit einer Gruppe Gleichgesinnter auf 50 Schiffen die Insel aus Feuer und Eis. Sie landeten auf Grönland und gründeten dort die ersten Siedlungen.

Der größte Teil der Wikinger blieb auf Island zurück. Sie lebten weiter von den Schätzen des Meeres, der Landwirtschaft und der Tierzucht. Aus Norwegen brachten sie ihre treuen Gefährten, die Pferde, mit. Längst sind sie zum Markenzeichen avanciert und gehören ebenso zu Island wie die feurigen Vulkane und die gewaltigen Gletscher. Kraftvoll, ausdauernd und zäh trotzen die berühmten frei laufenden Langmähner, von denen heute 80 000 auf der Insel leben, seit vierzig Generationen Wind und Wetter. Ihre ganz eigene Spezialität: der Tölt – eine Gangart zwischen Trab und Galopp. Viele Volkssagen erzählen von berittenen Göttern und Helden. Die Wikinger glaubten fest daran, dass die Tiere im Jenseits weiterleben und dort mit ihren Besitzern wieder zusammentreffen.

Es war die bizarre Landschaft, die einst ihre Sinne beflügelte, fantastische Ge-

Der Hof Skard, das älteste bewirtschaftete Anwesen auf Island

schichten zu erfinden. Vor allem um die Vulkane und Berge Islands ranken sich viele Legenden. Den Mythos vom Snaefallsjökull kennt jedes Kind – seit 1000 Jahren. Es ist der Mythos von Bardur, dem Gletschergeist. Irgendwo auf der nebligen Höhe soll er sich verborgen halten. Sein Vater, so heißt es, war der König der Nordmeere, sein Großvater ein Riese. Nach einem Streit verließ Bardur die Menschen und wurde nie wieder gesehen. Die Leute tuschelten, er sei mitten im Berg verschwunden. Bald wurde er in ihrer Vorstellung zum Schutzgeist des Snaefallsgletschers.

Das Geheimnis der Witwe

Didrik Pining hatte Ölof Loptsdottir entweder in Kopenhagen oder bei seinem Aufenthalt auf Island kennen gelernt. Sie war die Witwe des vor Jahren bestialisch ermordeten Statthalters Björn Thorleifsson. Ihren Mann rühmten die Einheimischen noch immer wegen seines heldenhaften Verhaltens gegen englische Kaufleute, die unberechtigt nach Island eingedrungen waren.

In der zweiten Hälfte des 15. Jahrhunderts reklamierte Dänemark den Handel mit Island ausschließlich für sich selbst. Die praktische Durchführung hatte König Christian I. Kaufleuten aus Bergen übertragen. Aber weder sie noch er selbst verfügten über die Mittel, das Monopol zu überwachen. So setzten sich gierige Ausländer immer wieder über die Anordnung hinweg. Besonders hinter den kostbaren Eiderdaunen waren England und die Hansestädte her.

In regelmäßigen Abständen kam es zu Scharmützeln zwischen den so genannten Schleichhändlern und den Vertretern Kopenhagens. Ein zähes Ringen um die gewinnträchtige Ware brach aus. Björn Thorleiffson, damals Statthalter des dänischen Königs, bezahlte die erbitterte Auseinandersetzung mit dem Leben. Als er wieder einmal eine illegale Ladung beschlagnahmen wollte, wurde er von englischen Kaufleuten brutal ermordet. Die Täter zerstückelten seinen Leichnam und stellten ihn seiner Witwe zu. Wohl als Warnung, sich in Zukunft besser aus den Geschäftsinteressen der britischen Krone herauszuhalten.

Björns Sohn Thorleifur, der in englische Gefangenschaft geraten war, kam mit dem Leben davon. Seine Mutter Ölof,

eine vermögende Frau, kaufte ihn frei. Legendär ist der Ausspruch, den Ölof getan haben soll, als sie von den Mördern den entstellten Körper ihres Mannes zugeschickt bekam: »Keine Träne für Bauer Björn, sondern einen Heerhaufen!« Das war eine Kriegserklärung an die Adresse Englands. In grenzenlosem Zorn vergaß sie ihre Trauer, scharte einen Haufen Königstreuer um sich und brachte drei im Hafen liegende Schiffe des Gegners auf.

1467 erschien sie am Hof in Kopenhagen. Vor König Christian I. erhob sie bittere Vorwürfe gegen die englische Krone, die sie für den Tod ihres Mannes verantwortlich machte. Vielleicht hat Pining die streitbare Witwe bei ihrem Besuch in Dänemark getroffen. Nicht zuletzt Ölofs Klage trug dazu bei, dass der Monarch den Seekrieg gegen England eröffnete, der fünf Jahre dauern sollte. Das Kommando des dänischen Seegeschwaders, das auf Island stationiert wurde, übertrug er seinem Admiral Didrik Pining.

In ihrer Heimat wurde die kämpferische Isländerin schon zu Lebzeiten eine Legende. Wie ein Lauffeuer verbreiteten sich auf der ganzen Insel die Geschichten vom entschlossenen Überfall auf die englischen Schiffe und ihrem mutigen Auftritt beim König. Ölof war auch wegen ihres Reichtums berühmt. Ihr gehörten viele Inseln im Breidafjord, wo sie selbst wohnte. Einen großen Teil ihres Vermögens machte sie mit Eiderdaunen und Walrosszähnen aus dem Eismeer, wie es hieß. Als Elfenbein aus dem Norden waren die Trophäen damals hochbegehrt in den europäischen Königshäusern.

Der Hof Skard, auf dem Ölof Loptsdottir vor mehr als 500 Jahren gelebt hat, gilt als Islands ältestes bewirtschaftete

198 Das Amerika-Rätsel

Anwesen. Angeblich soll sogar die Frau Eriks des Roten, der um das Jahr 981 nach Grönland aufbrach, von dort abstammen. Der heutige Besitzer Kristin Jonsson kann seine Vorfahren über 27 Generationen zurückverfolgen. Und immer noch verdienen die Leute von Skard ihren Lebensunterhalt mit Eiderdaunen. Zum Hof gehört eine kleine Kirche, gebaut von Ölof. In der Kapelle soll sie ihre letzte Ruhe gefunden haben. Der wertvolle Flügelaltar – eine Schenkung Ölofs – überstand schadlos die Jahrhunderte. Der unbekannte Künstler aus dem 15. Jahrhundert hat die Stifterin in einer der Figuren verewigt. Wie die Familiengeschichte zu berichten weiß, ließ die Witwe das Heiligtum aus Dankbarkeit anfertigen. Denn sie hatte bei ihren vielfältigen Handelsgeschäften stets ein glückliches Händchen. Und sie durfte die Genugtuung erleben, dass die Engländer, die ihren Mann ermordeten, Island als Geschlagene verlassen mussten.

Ihr Nachkomme Kristin hütet das Wappen seiner berühmten Vorfahrin als kostbaren Besitz. Es zeigt einen Eisbären auf blauem Grund. Ölofs Sippe sei im Grönland-Geschäft aktiv gewesen, berichtet der moderne Wikinger. Handelte sie etwa mit den wertvollen Pelzen der gefährlichen Raubtiere? Oder wählte sie den Beherrscher der Polarwelt einfach nur als Symbol für Macht und Stärke? Bis zum heutigen Tag verehren ihre Landsleute Ölof Loptsdottir als die Isländerin schlechthin. Sie ist die bekannteste Frau der Insel. Bei ihrem Tod soll ein gewaltiger Orkan über das Land hinweg gefegt sein, der viele Kirchen und Gehöfte vernichtete. Dieses Unwetter nannten die Isländer Ölofssturm. Der Name hält bis zum heutigen Tag das Andenken an die berühmte Isländerin wach.

Didrik Pining hatte nur eine Chance, den Weg nach Grönland zu finden. Er musste auf Island jemanden aufspüren, der um das Erbe der Wikinger wusste. Denn nur dort, wo die Erinnerung an die Seefahrten längst vergangener Zeiten lebendig geblieben war, kannten die Menschen vielleicht noch die alten, von Generation zu Generation überlieferten Segelanweisungen. Und nur die öffneten ihm den Weg zum ersten Expeditionsziel. Seine eigenen nautischen Erfahrungen endeten auf der Vulkaninsel. Weiter nach Westen war er bisher nicht gekommen. So traf der Kommandant im Sommer 1473 am Ufer des Breidafjords mit Ölof Loptsdottir zusammen.

Überrascht und hocherfreut hörte er, dass sie selbst schon einmal auf Grönland gewesen sei. Vor vielen Jahren – während eines tobenden Orkans – erlitten Ölof und ihr Mann Björn auf hoher See Schiffbruch und es verschlug sie auf die Polarinsel. Dort verbrachten sie einen ganzen Winter in Brattahlid auf dem Hof, den Jahrhunderte zuvor Erik der Rote bewohnt hatte. Als das Eis schmolz, kehrten die beiden wohlbehalten wieder nach Island zurück. Die mutige Frau wird mit Didrik Pining auch über ihre eigenen Erfahrungen auf der gefahrvollen Reise gesprochen haben.

Sie instruierte ihn aber vor allem über die Wegbeschreibungen, die seit den Grönlandfahrten Erik des Roten kursierten: »Er fuhr am Snaefellsgletscher am Südufer des Breidafjords dem Meer entgegen und kam zu dem Gletscher, den man den Blauen Mantel nennt. Dann fuhr er nach Süden.« In einer anderen Segelanweisung, die infolge der traditionellen mündlichen Überlieferung vermutlich erst im 16. Jahrhundert niedergeschrieben wurde, heißt es:»Ist einer im Süden des Breedefjords, in Island liegend, da soll er Westen nehmen, so lange (bis) er Hvidserch in Grönland sieht, und nachher Südwesten nehmen, so lange (bis) besagter Hvidserch im Norden steht; so mag man mit Gottes Hilfe ungehindert Grönland suchen, ohne große Eisgefahr, und mit Gottes Hilfe dann den Eriksfjord finden.«

Zwischen Gletscher und Klippe

Vor der Küste Grönlands ragte also eine Felsenklippe auf, die als Landmarke nicht zu verfehlen war. In anderen Versionen wird sie Hvítserk genannt. Auf Karten aus dem 16. Jahrhundert ist die markante Steinformation auf der Ostseite Grönlands eingetragen – und zwar dort, wo die Entfernung zur Westküste Islands und zum Snaefellsgletscher am kürzesten ist. In der Gegend liegt heute die Stadt Angmagssalik.

In einer der alten Anweisungen heißt es sogar, bei guter Sicht seien sowohl der Gletscher als auch die Klippe gleichzeitig zu sehen. In jedem Fall musste der Kapitän das Meer zwischen den beiden Inseln auf dem kürzesten Weg überqueren, dann der Ostküste Grönlands folgen und um die Südspitze der Insel herumfahren. Dann erreichte er die Wikinger-Siedlungen im westlichen Landesteil. Das entsprach den mittelalterlichen Gepflogenheiten, die offene See so schnell wie möglich hinter sich zu bringen und den Rest der Strecke in Sichtweite der Küste zurückzulegen.

Dass es Pining und Pothorst tatsächlich gelang, die Landmarke und damit Grönland anzulaufen, bezeugt ein Dokument,

Der Brief des Kieler Bürgermeisters Carsten Grip ist das einzige erhaltene Dokument zur dänisch-portugiesischen Expedition von 1473.

das heute im Kopenhagener Reichsarchiv als besonderer Schatz gehütet wird. Es ist ein Brief aus dem Jahr 1551, also genau 78 Jahre nach der dänisch-portugiesischen Expedition. Der Kieler Bürgermeister Carsten Grip – als Schleswig-Holsteiner Untertan der dänischen Krone – schrieb an den damaligen König Christian III. Als aufmerksamer Beamter sah er es als Pflicht an, seinen Herrscher über eine neue Karte von Island und Grönland, von der er gehört hatte, in Kenntnis zu setzen.

Sie war im Jahre 1548 von dem französischen Kartografen Hieronymus Gourmont in Paris veröffentlicht worden. Darin werden Pining, Pothorst und die Klippe Hvítserk erwähnt. In Grips Brief heißt es, »dass die beiden Admirale Pynink und Poidthorst die von Ew. Kgl. Majestät Herrn Großvater, König Christian I., auf Ersuchen der Kgl. Majestät von Portugal ausgesandt worden sind, um neue Inseln und Länder im Norden zu suchen, auf der Klippe Wydthszerck vor Grönland, gegenüber dem Sniefeldsiekel auf Island

200 Das Amerika-Rätsel

Karte des Hieronymus Gourmont von 1548 mit dem Seezeichen vor Grönland

am Meere gelegen, eine große Seemarke errichtet und angefertigt haben wegen der grönländischen Seeräuber, die mit vielen kleinen, kiellosen Schiffen in großer Menge anfallen«.

Der Bürgermeister bestätigt damit, dass die Expedition von 1473 auf dem alten Wikingerkurs bis Grönland fuhr. Historiker bezweifeln aber, dass die beiden das Seezeichen auf Hvítserk wegen der Seeräuber aufgestellt haben. Wahrscheinlicher ist, dass sie einfach praktisch dachten und nachfolgenden Schiffen die Orientierung mit einer besser sichtbaren Markierung erleichtern wollten – so wie es damals in Skandinavien schon üblich war. Einer anderen Theorie zufolge sollte die Bake den Hoheitsanspruch der dänischen Krone auf Grönland zementieren.

Gourmonts Karte und seine Anmerkungen sagen etwas völlig anderes aus. Er verlegt die Klippe Hvítserk mitten ins Meer zwischen Island und Grönland. Das widerspricht den Angaben in den Segelanweisungen sowie fast allen Karten des 16. Jahrhunderts. Zeichnung und Textzeilen kopierte der Pariser Kartograf nach Meinung der Forscher von der 1539 erschienenen *Carta marina* seines schwedischen Kollegen Olaus Magnus. Magnus führte seine Ansichten in der *Historia de Gentibus Septentrionalibus*, der geografischen Beschreibung der nordischen Länder, von 1555 näher aus.

Demnach seien »die verbrecherischen Piraten Pining und Pothorst aufgrund ihrer grausamen Räubereien von jeder menschlichen Gesellschaft ausgeschlossen« worden. Die Klippe Hvítserk benennt er als »Zufluchtsort« der beiden und behauptet, die Seeleute hätten »große Kreise und Linien aus Blei zu einer Kompassrosette geformt« – ein gigantisches Seezeichen für ihre Kaperfahrten. Auf seiner Karte schmückte er die Klippe von Hvítserk mit einer riesigen Windrose. Vielleicht verwechselte er das oft dargestellte Symbol mit dem von Carsten Grip erwähnten Seezeichen.

Zudem schreibt der Schwede, Pining und Pothorst seien erst im Jahr 1494 vor Ort gewesen. Das steht im Widerspruch zu anderen schriftlichen Zeugnissen über die beiden. Zum Beispiel geht aus dem Brief von Pinings Schwester hervor, dass ihr Bruder spätestens 1491 starb. Auch die vermeintliche Verbannung wegen schwerer Verbrechen passt nicht so recht ins Bild. Vermutlich konnte Magnus nicht zwischen den vom Staat unterstützten Kaperfahrern und staatenlosen Freibeutern unterscheiden. Da auch andere Veröffentlichungen von Olaus Magnus gravierende Fehler enthalten, geben Experten der Version von Carsten Grip den Vorzug.

Vermutungen hin oder her – die eigentliche Sensation liegt woanders: Der Brief des Kieler Bürgermeisters ist das einzige erhaltene Dokument, das ein Joint Venture zwischen Dänemark und Portugal belegt. Eindeutig nimmt Grip in dem Schreiben an den Enkel König Christians I. darauf Bezug, dass der dänische Monarch 78 Jahre zuvor Pining und Pothorst auf Wunsch seines portugiesischen Amtsbruders ausgesandt habe. Als Ziel der Expedition nennt er klar die Entdeckung »neuer Inseln und Länder im Norden«. Island und Grönland konnte er damit nicht meinen, denn sie waren schon lange bekannt. Das Ziel musste jenseits von Grönland liegen – weiter im Westen.

Erik der Rote und »das grüne Land«

Die Geschichte der Wikinger auf Grönland begann mit dem Norweger Thorwald Asvaldsson, der an der isländischen Westküste siedelte. Sein Sohn Erik, den alle wegen seiner roten Haare und des roten Vollbartes Erik den Roten nannten, hatte im Streit einen Mann erschlagen. Zur Strafe verbannte ihn die Gerichtsversammlung von der isländischen Hauptinsel. Erik floh auf ein Eiland im Breidafjord, das später den Namen Eriksinsel tragen sollte.

Es war das Jahr 981. Auf der Suche nach einem sicheren Platz für sich und seine Familie erkundete der Verbannte die isländische Küste. Ein Sturm verschlug ihn. Viele Tage trieb Erik in seinem Drachenboot orientierungslos auf dem Meer, bis er ein unbekanntes Ufer erreichte. Das Land sah viel versprechend aus, es bot alle Bedingungen für ein besseres Leben. Wasser und Weideflächen gab es im Überfluss, einladende Buchten luden zum Bleiben ein – ein menschenleeres Gebiet. Niemand war da, der neuen Siedlern den Platz streitig machen konnte.

Grönland, »die Grüne«, nannte Erik die neue Heimat. Er verbrachte die Zeit seiner Verbannung an dem friedlichen Ort, den er wohl für einen abgelegenen Teil

Islands hielt. Danach muss er mit seinem Boot wieder den Weg über das offene Meer in die alten Gefilde gefunden haben. Jedenfalls kehrte er zu seinen Leuten zurück und erzählte ihnen begeistert von der neuen Entdeckung. Viele waren bereit, ihre Siedlungen auf Island aufzugeben und mit ihm in das grüne Land zu ziehen. Wenig später stach eine große Gruppe mit fünfzig Schiffen in See. Die Wikinger erreichten tatsächlich das versprochene Paradies. Das zeigt, wie geschickt und sicher die Pioniere auf dem rauen Nordmeer manövrierten.

Die Neuankömmlinge waren zufrieden. Ihr Anführer hatte ihnen keine Märchen erzählt. Sie ließen sich an der Küste nieder und nannten ihre neue Gründung »Eystribygd«, die östliche Siedlung. Am Ufer eines großen Fjords, dem späteren Eriksfjord, baute der Entdecker seinen Hof Bratthalid. Für die Wikinger brachen jetzt goldene Jahre an. Das Wetter meinte es gut mit ihnen, die Weiden waren saftig und grün, das Vieh fett und gesund. Reiche Fischgründe lagen direkt vor der Haustür, die Höfe der Siedler wuchsen, die Menschen führten ein sorgenfreies Leben. Mit fast allem, was sie dazu brauchten, konnten sie sich selbst versorgen.

Nur an Getreide, Metall für die Herstellung von Werkzeugen und dem kostbaren Holz für den Bootsbau herrschte Mangel – genauso wie auf Island. Erik der Rote und später auch andere Anführer der Grönland-Wikinger unternahmen deshalb lange Seefahrten nach Skandinavien, um an die dringend benötigten Rohstoffe zu kommen. Vor allem mit Norwegen unterhielten sie einen schwunghaften Tauschhandel. Mit der Zeit vertrieben sie ihre Waren in ganz Europa. Schafwolle, Stoßzähne von Walrossen, Seehundfelle

202 Das Amerika-Rätsel

Noch heute befahren Wikingerfans auf Nachbauten der berühmten Drachenboote die nördlichen Gewässer.

und vor allem die Pelze der Eisbären brachten ihnen ein wenig Wohlstand. Ihr seemännisches Talent – über Jahrhunderte beim Fischfang trainiert – setzten die tüchtigen Seefahrer auf Beutezügen erfolgreich ein. Mit ihren pfeilschnellen Drachenbooten konnten sie überall landen und zuschlagen. Bei der weiteren Erschließung und Kolonisierung Grönlands gründeten die Wikinger eine neue Siedlung an der Westküste. Abgesehen von den Ureinwohnern, den Eskimos, bevölkerten zwischen dem 11. und 13. Jahrhundert etwa 5000 Menschen die Insel.

Um das Jahr 1000 wurde Grönland christianisiert. In Kirchen aus grob behauenem Granit hielten die Gläubigen ihre Gottesdienste ab. Plötzlich interessierte sich auch Rom für das rätselhafte Land im Nordmeer. Priester wurden eigens für ihren Einsatz am Ende der bekannten Welt ausgebildet. Bis zum Jahr 1104 war das Erzbistum Bremen zuständig, danach Lund in Schweden und Trondheim in Norwegen. 1126 wurde in der grönländischen Ostsiedlung Gardar ein Bischofssitz eingerichtet. Der erste Amtsinhaber Arnald gab den Bau einer Kathedrale in Auftrag.

Vereinzelt reisten Pilger sogar nach Rom. Vermutlich machten die exotischen Wallfahrer mit ihren Erzählungen über die ferne Insel großen Eindruck bei den Kardinälen. Der Vatikan kann über die Situation in Grönland nur aus erster Hand informiert worden sein. Nicht auszuschließen, dass Rom-Reisende aus dem hohen Norden dem Papst später auch von den Vinland-Fahrten ihrer Landsleute berichteten. Wie sonst hätte er 1121 Bischof Erik Gnupson als Missionar dorthin schicken können? Vielleicht schlummern in den Geheimarchiven Roms noch wertvolle Dokumente, die Aufschluss geben könnten über die Gründungen der Wikinger auf dem amerikanischen Kontinent.

Doch als der Priester Ivar Bardsson 1432 nach Grönland kam, meldete er nach Norwegen, es lebten keine Menschen mehr auf der Insel, sie sei ausgestorben. Dennoch ernannte der Heilige Stuhl weiterhin Bischöfe für die dortige Diözese. Noch im Jahr 1492 setzte Papst Alexander VI. den Mönch Matthias von Witzenhausen in das heilige Amt ein. Der fromme Mann machte sich auf den weiten Weg, ist aber unterwegs verschollen.

Als Didrik Pining und seine Begleiter im Sommer 1473 auf Grönland eintrafen, zeigte sich die Küste selbst im Schein der milden Sommersonne schroff und kalt. Doch sie bescherte den Fremden ein neues Erlebnis – kalbende Gletscher. Ein einzigartiges Naturschauspiel: Gigantische Eismassen stürzen in die Tiefe und bringen das Meer zum Kochen. Im Beiboot ließen sich die Kommandanten ans Ufer rudern. Das Land schien menschenleer. Eine unheimliche Stille empfing die Vorhut des Kommandos. Als der Erkundungstrupp den Strand betrat, fielen Unbekannte über die Männer her. Von allen Seiten hagelte es Harpunen und Pfeile. In dramatischen Worten schildert der Kieler Bürgermeister Carsten Grip in seinem Brief an den dänischen König die Ankunft der Expeditionsteilnehmer.

Es heißt, »Seeräuber« seien völlig überraschend aufgetaucht und weit in der Überzahl gewesen. Das Schreiben vermeldet, die Angreifer seien mit kiellosen Kajaks – »shepen szunder bodem« – gekommen. Ein Indiz für »Skrälinger«, wie die Eskimos damals genannt wurden. Wie Pinings Truppe die Attacke konterte, erzählt Grip nicht. Woher er überhaupt seine Informationen bezog, darüber diskutierten Historiker viele Jahre lang.

Der Däne Sven Svensson erklärte 1960 in einer Untersuchung, »dass eine norddeutsche Überlieferungstradition bis ins 16. Jahrhundert über die Fahrt Pinings und Pothorsts bestanden habe«. Über den Angriff der eigentlich friedlichen Eskimos vermutet der Polarforscher Fridtjof Nansen in seinem Klassiker *Nebelheim*, dass die feindliche Begegnung mit einem Handel zusammenhängen müsse, der »wie später so oft, infolge der Übergriffe der Europäer« den Streit ausgelöst habe.

Die ausgestorbene Insel

Der erste Kontakt mit Grönland muss für Pining und seine Gefährten enttäuschend gewesen sein. Nur öde Tundra, unterbrochen von gewaltigen Felsformationen. Außer den aggressiven Skrälingern, die nach dem Angriff in der weiten Wildnis verschwunden waren, begegnete ihnen kein menschliches Wesen. Erst nach tagelanger Suche stieß der Erkundungstrupp auf die Überreste der alten Wikingersiedlung Brattahlid, wo einst Erik der Rote gewohnt hatte. Aber weit und breit gab es kein Zeichen von Leben mehr. Verlassen die Gebäude, die Stallungen leer. Was der dänische Königshof schon lange vermutet hatte, schien sich zu bestätigen: Das legendäre Nordvolk war ausgestorben.

Für sein plötzliches Verschwinden gibt es einige mögliche Erklärungen. Piraten oder die Inuit, die Eskimos, könnten die Wikinger überfallen und getötet haben. Dass es zwischen ihnen und den Ureinwohnern ab der zweiten Hälfte des 14. Jahrhunderts wiederholt zu kriegerischen Auseinandersetzungen gekommen ist, scheint sicher. Angriffe auf Siedlungen der Nordmänner sind überliefert und durch Funde belegt. Etliche Ausgrabungen brachten Skelette zutage, an denen die Forscher einschlägige Verletzungen festgestellt haben. Aber auf diese Weise verschwand nie ein ganzes Volk.

Wissenschaftler aus vielen Ländern sind dem Schicksal der Wikinger bis auf den heutigen Tag auf der Spur. Was letztendlich den völligen Niedergang der grönländischen Gründungen verursacht hat, lässt sich heute nicht mehr mit Sicherheit sagen. Eine plötzlich einsetzende Klimaveränderung gehört zu den wahrscheinlichsten Theorien. Der Umschwung entzog den Menschen ihre Lebensgrundlage, die Viehzucht.

Die dänische Archäologin Jette Arneborg vom Reichsmuseum in Kopenhagen zieht das Fazit ihrer über 30-jährigen Forschungsarbeit:»Wir wissen, dass sich die klimatischen Bedingungen änderten. Es wurde kälter. Und das wiederum hatte Konsequenzen für das Vieh der Wikinger. Es fand nicht mehr genug zu fressen, weil sich die Vegetation verschlechterte. Es muss eine Kombination aus dieser Klimaverschlechterung und einer Überweidung gewesen sein, die zu einem Problem für die Siedler wurde. Zum Schluss stand ihre Existenz auf der Kippe. Es gab ungefähr noch 2000 Menschen in zwei Siedlungsgebieten. Das ist eine sehr kleine Einwohnerschaft. So wenige Menschen sind als Population nicht überlebensfähig, wenn nicht ständig frisches Blut von auswärts kommt. Vielleicht hat ihr Verschwinden eine ganz natürliche Erklärung. Es wurden einfach immer weniger Menschen, bis sie endlich ganz ausstarben.«

Die Wahrscheinlichkeit, dass Didrik Pining auf Grönland wenigstens noch eine kleine Gruppe von Wikingern angetroffen hat, bestätigte ein sensationeller Fund. In Herjolfsness, einem Teil ihrer einstigen Ostsiedlung nahe dem heutigen Ort Nanoortalik, legte der Archäologe Poul Norlund 1921 mehrere Gräber frei. Die Toten trugen erstaunlich gut erhaltene Kleidungsstücke. Die meisten der Gewänder waren nur bis zum Beginn des 15. Jahrhunderts in Mode. Doch ein Umhang mit Kapuze – die so genannte Burgunderhaube – wurde in Europa erst gegen Ende des 15. Jahrhunderts kreiert.»Damit wird diese Mütze zu einem der wichtigsten Dokumente der mittelalterlichen Geschichte Grönlands, ein Zeugnis

Pining und Cortereal vor der grönländischen Küste

dafür, dass noch bis um 1500 der Schiffsverkehr zwischen Grönland und Europa funktioniert haben muss«, erläuterte der Wissenschaftler.

Der Schiffsverkehr kann zu jener Zeit im Vergleich zu früheren Jahrhunderten nur noch sporadisch gewesen sein. 1241 hatte sich Grönland freiwillig der norwegischen Krone unterworfen, die sich als Gegenleistung für das Handelsmonopol verpflichtete, eine regelmäßige Verbindung zur Insel zu unterhalten. Für ihre Einwohner waren die Einfuhren vom europäischen Festland lebenswichtig. Hundert Jahre lang bestand die Vereinbarung reibungslos. Dann brach im Hafen Bergen die Pest aus und wenige Jahrzehnte später war eine Plünderung zu überstehen.

In jener Zeit liefen nur noch selten Schiffe nach Grönland aus.

Ab 1397 verwaltete Kopenhagen die skandinavischen Länder. Die dänischen Könige vernachlässigten die ferne Insel. Vermutlich brachte die Klimaveränderung einen verstärkten Eisgang vor Grönland mit sich. Es wurde für die Schiffe noch gefährlicher als zuvor, die Route zu befahren. Vor diesem Hintergrund sind die Interessen des dänischen Königs Christian I. zu verstehen, die abgerissenen Kontakte zum Land der Wikinger wieder aufzunehmen. Den zunehmend lukrativeren Handelsraum im Nordatlantik beanspruchten inzwischen auch England und die Hansestädte. Zudem wurden die Gewässer zwischen Island und

Grönland immer wichtiger für die Fischerei. Es galt also, den Konkurrenten ein Schnippchen zu schlagen. Auch um seine innenpolitischen Probleme – das zunehmende Drängen der skandinavischen Länder nach Unabhängigkeit – zu kaschieren, wäre für den dänischen Monarchen ein wirtschaftlicher Erfolg dank neu geknüpfter Beziehungen von großem Nutzen gewesen.

Wenn Didrik Pining, was die Ausgrabungen nahe legen, in Herjolfsness mit Wikingern in Kontakt gekommen war, erfüllte er seine Mission sicher so perfekt wie alle anderen Aufgaben, die ihm sein König jemals gestellt hatte. Nun hieß es, den weiteren Weg nach Westen zu erkunden, um auch den Ansprüchen des portugiesischen Herrschers gerecht zu werden. Hatte ihm die Witwe Ölof auf Island bereits von den Fahrten der Grönländer zu geheimnisvollen Gebieten jenseits des Horizonts erzählt?

Die Erben Eriks des Roten waren mit ihren Drachenbooten immer weiter in unbekannte Gewässer vorgedrungen. Um das Jahr 1000 ging Leif Ericsson mit seinen Mannen im fernen Westen an Land und gründete neue Siedlungen. Dass die Grönland-Wikinger mit ihren Verwandten auf dem amerikanischen Kontinent einen schwunghaften Handel trieben und die Verbindungen zu Vinland, Markland und Helluland jahrhundertelang Bestand hatten, gilt heute wissenschaftlich als unbestritten. Als begnadete Seefahrer hatten die Kapitäne der Wikinger einen sicheren Weg durch die Eisbarrieren ausgekundschaftet. Ihre Kenntnisse über die geheimen Routen wurden auch auf Grönland von Generation zu Generation mündlich überliefert. Pining und Cortereal können nur dort Informationen für ihre Weiterfahrt nach Westen erhalten haben.

Tauziehen um Amerika

Der Deutsche in Diensten Dänemarks hatte mit dem Besuch in Grönland seinen direkten Auftrag erledigt. Jetzt war Cortereal am Zug. Der Portugiese sollte auf Befehl seines Königs »neue Inseln und Länder« entdecken und den Seeweg nach Asien über die Nordroute suchen. Die Kapitäne lassen die Segel hissen und stechen in See. Die Wikinger haben den Fremden vermutlich ihr geheimes Wissen anvertraut. So folgt die kleine Flotte den unsichtbaren Spuren Leif Erikssons zum Land hinter dem Horizont.

Und so könnte die Geschichte weitergegangen sein: Die Expeditionsschiffe nehmen direkten Kurs West. Die mutigen Männer an Bord wissen genau: Irgendwo in der endlosen Weite lauert die Gefahr. Sie müssen im Schollen-Labyrinth ein Schlupfloch durch die Eisbarrieren des arktischen Meeres finden. Nachdem sie erfolgreich die Davisstraße zwischen Grönland und dem amerikanischen Kontinent gekreuzt haben, versuchen sie, in die Hudsonstraße vorzudringen. Dann schnappt die Falle zu: Packeis, so weit das Auge reicht.

Trotz einer Kursänderung stellen sich den stolzen Seglern immer wieder Hindernisse in den Weg. Besorgt sichtet der Kapitän steuerbords und backbords driftende Eisberge. Doch ein Zusammenstoß mit den Kolossen bleibt den tapferen Seefahrern durch geschickte Manöver erspart. Die Schiffe geraten in den Einfluss des Labrador-Stroms, der sie nach Südwesten auf die Küste Kanadas zutreibt. Von Labrador nimmt der Kommandant den Weg durch die Belle-Isle-Straße weiter nach Süden bis nach Neufundland. Die heutigen Namen der Orte gab es damals natürlich noch nicht.

Voller Freude betreten sie nach den Strapazen im Eismeer die unbekannte Küste, das sagenumwobene Vinland der Wikinger. Die Gefahr ist vorüber. Die Abenteurer ahnen nicht, dass sie einen neuen Kontinent entdeckt haben. Ahorn- und Birkenwälder erstrecken sich über viele Kilometer. Staunend bewundern die Seeleute wilde Weingärten und springende Fische in glasklaren Flüssen. Wissen sie überhaupt, wo sie sind? Sie haben keine Anhaltspunkte, um das Land zu identifizieren. Sie wissen nur eins: Trotz der üppigen Natur entspricht der Landstrich nicht ihren Vorstellungen von Asiens Wunderwelt. João Vaz Cortereal lässt ein Hoheitszeichen errichten, wie es die Portugiesen an der afrikanischen Küste und später auch in anderen Gebieten aufgestellt haben: einen behauenen Stein mit dem Kreuz der Christusritter, die viele portugiesische Entdeckungsfahrten finanzierten. Damit nimmt er das neue Land für seinen König in Besitz. Den Weg nach Indien hat er zwar nicht gefunden, aber wenigstens einen Teil seines Auftrags erfüllt. Stolz wird er dem Herrscher in Lissabon unter die Augen treten können. Und damit hätte das dänisch-portugiesische Abenteuer ein erfolgreiches Ende gefunden.

Doch nahmen die Schiffe aus Grönland überhaupt Kurs auf Westen? Oder kehrten sie auf der alten Route nach Europa zurück? Über die entscheidende Frage, ob die Expedition die amerikanische Küste erreichte, führten Historiker hitzige Debatten, ohne zu einem übereinstimmenden Ergebnis zu gelangen. Denn die wenigen Quellen geben keinen eindeutigen Aufschluss.

Dass Pining und Pothorst Grönland erreichten, steht außer Zweifel. Wenn auch die Karten von Olaus Magnus und Gour-mont ihren Aufenthalt dort in einen falschen Zusammenhang bringen, so belegen sie doch zumindest ihre Anwesenheit auf der Insel. Vor allem aber die zuverlässigere Quelle, der Brief von Carsten Grip, nennt neben Island ganz klar Grönland. Zwar erwähnt er darüber hinaus keinen weiteren Ort, den die Schiffe anliefen, aber er bringt Grönland eindeutig mit dem dänisch-portugiesischen Unternehmen in Zusammenhang.

Warum aber sollte Lissabon eine Expedition finanzieren, die nur bis Grönland vordrang, das jahrhundertelang zum Einflussbereich der skandinavischen Länder gehörte? Cortereals Befehl lautete, neue Inseln und Länder zu entdecken, die Portugal für sich in Anspruch nehmen konnte. Wenn Pining von den Wikingern Hinweise über den Weg nach Westen bekam, steht außer Frage, dass die Kapitäne auch den Versuch gemacht haben, das unbekannte Land zu finden. Auf westlicher Route war die Entdeckung der Labrador-Küste beinahe zwangsläufig, sie lag schließlich »auf dem Weg«.

Unter den Bedingungen der mittelalterlichen Seefahrt ist die amerikanische Küste von Grönland aus bei günstigem Wetter in drei Tagen zu erreichen. Vorausgesetzt, es gelingt, zwischen der Kette der Eisberge durchzuschlüpfen. Das hat der Kulturwissenschaftler Dr. Wolfgang Knabe herausgefunden. Der Deutsche kennt das Gebiet von eigenen Expeditionen: »Die Piningsche Flotte folgte dem Labradorstrom. Bei Cape Mugford ist eine einladende Bucht und von See aus auch eine Vegetation zu sehen. Dort, wo Vegetation ist, ist auch Feuerholz, sind Schwarzbeeren und ist Wild anzutreffen. Für jeden Seefahrer sind das die idealen Voraussetzungen, einen Landgang zu machen.«

Über Johannes Scolvus, der als Steuermann auf Pinings Schiff Dienst tat, berichtet der Chronist Cornelius Wytfliet im Jahr 1579: »... der die Ehre der zweiten Entdeckung hatte, war Johannes Scolvus, der im Jahre 1476 über Norwegen, Frislanda und Grönland hinaussegelte und nach dem Lande Labrador und Estotiland kam.« Trotz des fehlerhaften Datums schien das der Beweis zu sein, dass die Expeditionsschiffe in Amerika gelandet sind. Johannes Scolvus, ein erfahrener »Pilotus« oder Steuermann und genau wie Pothorst langjähriger Weggefährte Pinings, nahm an der Expedition von 1473 teil – das steht fest. Doch der Chronist Wytfliet wusste offenbar nicht, dass sich mit der Karte des Portugiesen Pedro Reinel ab 1505 eine unkorrekte Darstellung Grönlands durchgesetzt hatte, die für die nächsten 70 Jahre gültig blieb.

In seinem Artikel »Eine Expedition nach Grönland im Jahre 1473« listet der Historiker Klaus Peter Kiedel die Summe der Irrtümer auf: »Innerhalb dieses Zeitraums fassten die Kartografen das heutige Labrador und Neufundland unter der Bezeichnung ›Terra de Baccalaos‹ (= Stockfischland) oder ›Terra Corte Real‹ zusammen, was auf die Reisen der Brüder Corte Real um 1500 zurückging. Gleichzeitig verlagerten sie die Insel Grönland weiter nach Westen und verbanden sie durch eine Landbrücke mit dem Baccalaos-Land. Die so entstandene Halbinsel verlor den Namen Grönland und wurde stattdessen in ›Terra Laboratoris‹ umbenannt. Fortan existierte Grönland auf den Karten nicht mehr.« Erst ab 1582 entsprachen »die Ortsnamen im kanadisch-grönländischen Raum den heutigen Gepflogenheiten.

Die Eisbarrieren des arktischen Meeres waren eine tödliche Gefahr für die Schiffe.

Tauziehen um Amerika 209

210 Das Amerika-Rätsel

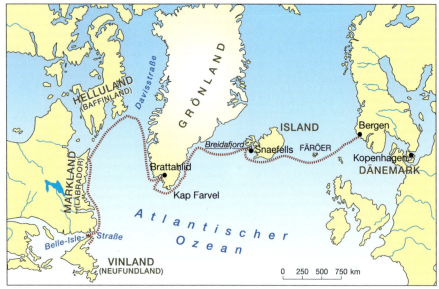

Die Route der dänisch-portugiesischen Expedition

Cornelius Wytfliet bediente sich dagegen im Jahr 1579 bereits der neuen, heutigen Diktion ... hatte aber ... offensichtlich nicht beachtet, dass ältere Schriften mit ›Labrador‹ die Insel Grönland bezeichnet hatten.«

Anonyme Karten des 16. Jahrhunderts bezeichnen das »Stockfischland« auch als »Terra de João Vaz« und eine Meeresbucht als »Baia des João Vaz«. Das spricht wieder für den Teilnehmer der Expedition João Vaz Cortereal und nicht für seine Söhne. Die beiden standen als Seefahrer in Diensten ihres Königs und traten in die Fußstapfen ihres Vaters. Um 1500 befuhren sie das Gebiet um Labrador und Neufundland. Die Bürger von St. John's, der Hauptstadt Neufundlands, errichteten Gaspar Cortereal sogar ein Denkmal. Aber den Ruhm einer möglichen Amerika-Entdeckung konnten weder er noch sein Bruder einstecken.

Im Mai 1497 brach John Cabot – in Italien als Giovanni Caboto geboren – mit einem einzigen kleinen Schiff, der »Mathew«, von Bristol auf. Auch er wollte eine kurze Route nach Asien finden. Am 24. Juni sichtete er Land und nahm dieses »Newe-founde-islande« offiziell für den englischen König in Besitz. So kam »die neue gefundene Insel« zu ihrem Namen Neufundland.

Die Reisen der Sprösslinge Cortereals bauen auf den Erfahrungen des Vaters João Vaz von 1473 auf – so glauben einige Historiker. Sie stützen sich auf die Chronik des Portugiesen Gaspar Fructoso von 1590. Er schrieb, João Vaz Cortereal habe im Auftrag des portugiesischen Königs eine Entdeckungsfahrt nach »Bacalhaos«, dem Stockfischland, unternommen. Die Karte des Italieners Alberto Cantino von 1502 wiederum nennt das heutige Labrador und Neufundland

»Land der Krone Portugals«, was nicht unbedingt auf João Vaz Cortereal persönlich bezogen werden kann.

Die Beweisführung bleibt schwierig. Die Chance, einen 1473 aufgestellten Markierungsstein an der unendlich langen Küste zu finden, ist aussichtslos. Auch in Dänemark gibt es kein Dokument, das über die Entdeckung des Portugiesen berichtet. Die Abmachung zwischen Christian I. und Alfons V. hatte die Interessen und Ansprüche deutlich festgelegt. Der Ruhm der Entdeckung neuer Länder wäre den Portugiesen zugefallen.

Von welcher Küste auch immer – im Herbst 1473 segelte die kleine Flotte zurück nach Europa. So viel ist sicher. Ob die Schiffe wieder in Bergen landeten, ist nicht überliefert. Fest steht nur, dass sich die Wege von Didrik Pining und João Vaz Cortereal nach der gemeinsamen Reise trennten. Doch sie müssen etwas ganz Außergewöhnliches geleistet haben. Denn beide Männer wurden von ihren Königen mit der Statthalterschaft über eine Insel belohnt.

Der Statthalter von Terceira

Der Azoren-Archipel im Atlantischen Ozean ist eng mit den Entdeckungsfahrten der Portugiesen verbunden. Die kleine Insel Terceira hatte zur Zeit der Afrika-Expeditionen eine große Bedeutung. Von Guinea nach Lissabon nahmen die Kapitäne gern den Weg über die Azoren, weil von dort die meist vorherrschenden Westwinde eine schnellere Fahrt auf dem letzten Streckenabschnitt begünstigten.

Angra, die malerische Hauptstadt von Terceira, mauserte sich zu einem bedeu-

tenden Hafen. Fast immer verdeckte ein Wald von Schiffsmasten das Wasser der idyllischen Bucht. Dort legten die Karavellen an – reich beladen mit Gold, Silber und Edelsteinen, tropischen Hölzern, Seide und Gewürzen. Längst ist es ruhig geworden auf Terceira. An den Glanz des goldenen Zeitalters erinnert nur noch der Padrao, die Gedenksäule auf dem Monte Brasil: Der Globus unter dem Kreuz der Christusritter und die in Stein geschlagene Karavelle, das Erfolgsmodell der Entdeckungsfahrten, stehen als Symbole für die weltumspannende Macht Portugals in vergangenen Jahrhunderten.

Offenbar zog es Pinings Gefährten Cortereal nach der Expedition von 1473 auf den windumtosten Vorposten des portugiesischen Reiches. Das Stadtarchiv von Angra verwahrt eine bedeutende Chronik. Pater Manuel Luis Maldonado verfasste die *Fenix Angrese* im 17. Jahrhundert. Für die Forschung ist der kostbare Band ein wichtiges Dokument. Ein Kapitel trägt den Titel: »Ahnentafel der Familie des João Vaz Cortereal«.

Pater Maldonado schreibt darin: »João Vaz Cortereal, ein treuer Gefolgsmann des Hauses des Infanten Dom Henrique, des Meisters des Christusordens, auf dessen Befehl er das Stockfischland entdeckt hat, wird wegen dieser und anderer Verdienste für den König mit der Statthalterschaft des Teiles Angra der Insel Terceira belohnt.« Vielleicht geht Pater Maldonados Eintrag auf die Chronik seines Landsmannes Gaspar Fructoso zurück, der schon 1590 einen fast wortgleichen Bericht verfasst hatte.

Der portugiesische Schriftsteller Antonio Cordeyro untermauert Anfang des 18. Jahrhunderts die älteren Quellen: »Auf der Azoreninsel Terceyra landeten (1473) zwei Adelige, die vom Stockfisch-

lande kamen, zu dessen Entdeckung sie ausgefahren waren auf Befehl des portugiesischen Königs. Der eine hieß João Vaz Cortereal und der andere Alvaro Martins Homems.«

Seinen Landsmann Alvaro Martins Homems hatte Cortereal als Begleiter mit nach Kopenhagen gebracht, als der Vertrag mit dem dänischen König ausgehandelt wurde. Zusammen gingen sie mit Didrik Pining und Hans Pothorst auf die gefahrvolle Entdeckungsreise. Zum Dank für ihre Dienste wurden die beiden Adeligen mit der Statthalterschaft der Insel Terceira belohnt. Cortereal erhielt den einen Teil mit Angra als Wohnsitz, Homems den anderen mit Praya. Die Urkunde rühmt Cortereal als Entdecker des Stockfischlandes. In Portugal herrschte offenbar kein Zweifel daran, dass der blaublütige Seeheld Amerika erreicht hat, denn auch die beiden Chroniken berichten dasselbe. Bleibt nur zu fragen, ob auf der Expedition mit Pining oder vielleicht doch auf einer eigenen Mission. Aber welchen Zweck hätte dann das gemeinsame Unternehmen mit Dänemark gehabt?

Jedenfalls erfüllte sich für die beiden portugiesischen Heimkehrer, was für die meisten seefahrenden Entdecker wichtigste Motivation und verlockendes Ziel war. Neben Ruhm und Reichtum strebten

In der Bucht von Angra auf der Azoreninsel Terceira ankerten einst die Karavellen der Entdeckungsfahrer.

Tafel steht geschrieben: »Zum Gedenken an João Vaz Cortereal, den Entdecker Neufundlands und Statthalter von Angra, der in dieser Kirche begraben wurde«. Unter einer der tonnenschweren Bodenplatten soll die letzte Ruhestätte des adligen Seefahrers liegen.

Der Statthalter von Island

Fast zeitgleich mit der Ernennung João Vaz Cortereals zum Statthalter von Angra auf Terceira durch den König von Portugal wurde einige tausend Kilometer weiter nördlich Didrik Pining vom Herrscher Dänemarks 1478 zum Statthalter von Island ernannt. Noch im selben Jahr trat der Deutsche sein Amt auf der Vulkaninsel an. Auch er muss etwas ganz Besonderes geleistet haben, sonst hätte ihn sein König nicht zu einem der höchsten Beamten des Reiches befördert. Und auch Pining wurde berühmt – als bedeutendster Statthalter, der in Island jemals das Sagen hatte.

Es war keine leichte Aufgabe, dort zu regieren, denn noch immer wurde altgermanisches Recht gesprochen. Fehden der Clans und Blutrache waren an der Tagesordnung – trotz der offiziellen Einführung des Christentums. Als sich endlich das Recht von König und Kirche durchgesetzt hatte und Island im Inneren befriedet war, drohte neue Gefahr. Diesmal kam sie von außen. Gegen die eindringenden englischen und hanseatischen Händler konnte sich die einheimische Be-

sie nach gesellschaftlichem Aufstieg, nach der Gunst des Monarchen, nach Einfluss, Macht und Ländereien. Denn die wagemutigen Männer setzten ihr Leben nicht uneigennützig aufs Spiel. Ihr Risiko wollte belohnt werden.

João Vaz Cortereal wurde auf Terceira zu einem vermögenden Mann. Es ist bekannt, in welchem Haus er lebte. Er gründete und finanzierte ein Stift für Bedürftige. In der Kirche des Franziskaner-Klosters steht eine überlebensgroße Statue des stolzen Ritters, der die Aufgaben treu erfüllte, die ihm sein König gestellt hat. In einer Hand hält der Amerika-Fahrer die legendäre Karavelle. Auf einer

In der alten Thingstätte Þingvellir auf Island verkündete Didrik Pining als Statthalter seine berühmten Gesetze.

völkerung nicht wehren. Die Männer waren schlecht ausgerüstet und verfügten kaum über Waffen. Die Ausbeutung des Landes stellte den Statthalter vor ein ernsthaftes Problem.

Er schuf zahlreiche neue Handelsbestimmungen, nach Meinung von Staatsrechtlern das entscheidende Rechtsdokument zum Schutz der isländischen Wirtschaft. Jahrhundertelang behielten sie ihre Gültigkeit. Damit konnte Pining die drohende Gefahr abwenden, dass Dänemark den Einfluss über die Insel verlor. In vorbildlicher Weise regelten die Anordnungen den Umgang mit ausländischen Kaufleuten. Jeder Händler musste sich zur Ehrlichkeit verpflichten. Dafür garantierte Island den Fremden das Recht auf Niederlassung – vorausgesetzt sie kamen in friedlicher Absicht. Es wurde festgelegt, wo sie im Winter ihre Waren lagern durften und wo sie selbst unterkommen

konnten, wenn es für eine Rückreise zum europäischen Festland zu spät war. Die Steuern, die sie entrichten mussten, kamen der Binnenwirtschaft zugute. Gleichzeitig verbot eine Anordnung einheimischen Tagelöhnern, die Höfe ihrer Arbeitgeber zu verlassen und sich bei Ausländern zu verdingen. So schützte Pining auch die isländische Landwirtschaft.

Zwei Gesetze tragen sogar den Namen des deutschen Statthalters: Piningsdómur. Das erste regelte die Dienstreisen weltlicher und kirchlicher Beamter. Die hohen Herren hatten es sich zur Angewohnheit gemacht, mit einem großen Gefolge ständig durchs Land zu fahren. Die armen Bauern mussten die ganze Truppe beherbergen und gut verpflegen. Pining schob dem Amtsmissbrauch einen Riegel vor. Ein Bischof durfte ab da nur noch 13 Personen mitnehmen, Statthalter und Vogt jeweils 10 Begleiter.

Am 1. Juli 1490 verkündete Didrik Pining gemäß der Tradition des Landes an der alten Thingstätte Pingvellir das zweite Gesetz, das seinen Namen für alle Zeiten mit Island verbunden hat. Es garantierte den Bürgern persönliche Freiheit und soziale Gerechtigkeit. Als geschickter Politiker ging der Statthalter in die Geschichte des kleinen Landes ein und nicht als Entdecker Amerikas. Den feiert das offizielle Island alljährlich in Leif Ericsson, dem Sohn Eriks des Roten.

Ein zeitgenössisches Bild oder eine Beschreibung Pinings ist nicht erhalten. Der alte Haudegen beteiligte sich später auch wieder an kriegerischen Händeln auf See. Als Dank für seine Verdienste adelte der König seinen treuen Diener und machte ihn neben seinem Amt auf Island zum Vogt von Vardö im hohen Norden Norwegens. Dort starb er auch – vermutlich im Jahr 1491. Sein Leben war ein buntes Kaleidoskop von Abenteuern, seine Karriere im Zeichen der Pflichterfüllung für die dänische Krone atemberaubend. Während auf den Azoren João Vaz Cortereal als Entdecker des Stockfischlandes gewürdigt wurde, ist es in Dänemark und seinem Heimatland Deutschland ruhig um Didrik Pining geblieben. Der größte Triumph blieb ihm versagt.

Sein alter Kampfgefährte, Kapitän Hans Pothorst, ergraute in dänischen Diensten als angesehener Kaufmann. Er gehörte zu den Stiftern der Marienkirche in Helsingör nördlich von Kopenhagen. Im Seitenflügel ließ er sich auf einem großen Wandgemälde, das noch heute zu sehen ist, als Seemann darstellen. Wenigstens eine späte Ehre wurde den beiden Seehelden zuteil: In der Böttcherstraße in Bremen präsentieren sie sich – in Holz geschnitzt – als große Ozeanbezwinger zu jeder vollen Stunde zum Klang des Glockenspiels, das die Bürger vor 70 Jahren einweihten. Hier endlich stehen Pining und Pothorst in einer Reihe mit Christoph Kolumbus.

Die offene Frage

Unbestritten bleibt, dass im Jahr 1473 die Könige von Kopenhagen und Lissabon eine dänisch-portugiesische Expedition aussandten. Die Reise hatte das erklärte Ziel, die abgerissene Verbindung zur Insel Grönland wieder herzustellen und gleichzeitig »neue Länder und Inseln im Westen zu entdecken«. Didrik Pining, Hans Pothorst, João Vaz Cortereal und Alvaro Martins Homems sind keine Fantasiegestalten, sondern verbürgte historische Personen.

Unbestritten ist auch, dass Pining und Cortereal von ihren Herrschern mit höchsten Ämtern belohnt wurden. Für welche herausragende Leistung? Historiker haben alle Indizien hin und her gewendet und nach hitzigen Debatten das Thema in den Schubladen versenkt. Die meisten glauben nicht an eine Fahrt in die Neue Welt. Eindeutige Dokumente gab es nie oder sie sind verschwunden. So fehlen die Namen Pining und Cortereal bis heute in den Schulbüchern.

Verhinderte nur ein Zufall, dass die beiden Seefahrer unsterblichen Ruhm erlangten? Vielleicht – weil das Logbuch der Reise verloren ging. Vielleicht – weil die Könige es versäumten, die Geschichte der geheimen Mission aufzeichnen zu lassen. Vielleicht aber auch – weil keinem Menschen die Tragweite der Entdeckung bewusst war. Pining und Cortereal könnten in Amerika gelandet sein. Und das neunzehn Jahre vor Kolumbus.

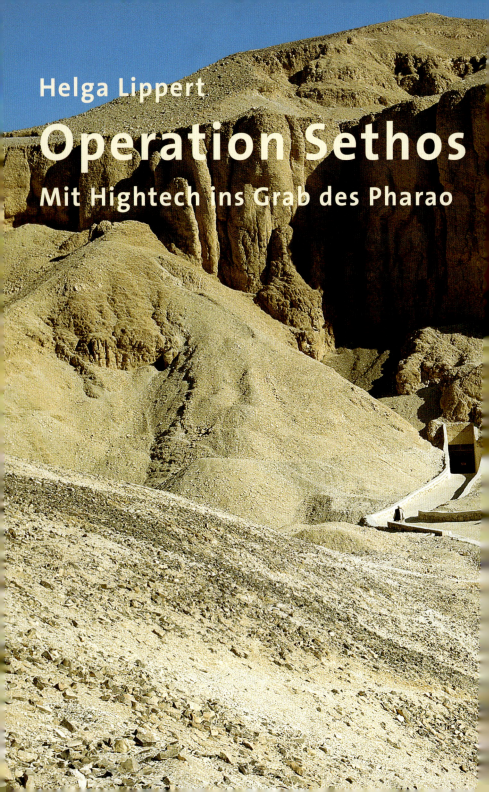

Wunderbare Entdeckungen

»Habe endlich wunderbare Entdeckung im Tal gemacht«, hieß es in dem Telegramm, das Howard Carter am 6. November 1922 an seinen Geldgeber Lord Carnavon nach England schickte. Zwei Tage zuvor war der Archäologe nach jahrelanger vergeblicher Suche im Tal der Könige auf den Eingang zu einem Pharaonengrab gestoßen – auf eine Tür mit unbeschädigten Siegeln. Was der Archäologe mit seinen Helfern in den folgenden Monaten aus den Kammern barg, wird noch immer als größte Sensation in der Geschichte der Ägyptologie gefeiert. Unermessliche Schätze aus Gold und Juwelen kamen ans Tageslicht, Objekte von einzigartiger Schönheit. Die internationale Presse überschlug sich. Die ganze Welt fiel in ein regelrechtes Tutenchamun-Fieber. Bis heute blieb das Grab des jungen Königs das einzige, das unversehrt gefunden wurde.

Millionen von Touristen pilgerten seither in das sonnendurchglühte Stück Wüste auf dem Westufer des Nil, wo sich die großen Herrscher Ägyptens bestatten ließen. Viele der tief in den Fels geschlagenen Gräber mussten inzwischen geschlossen werden. Einsickerndes Regenwasser oder gar Sturzbäche, die sich im Herbst und Winter immer wieder in die weitläufigen Anlagen ergießen, bedrohen die jahrtausendealten Wanddekorationen. Durch die Pfützen auf dem Boden entsteht eine hohe Luftfeuchtigkeit, die natürliche Salze des Kalksteins an die Oberfläche treten lässt. Sie kristallisieren aus und drücken die dicke Putzschicht mit den farbigen Kunstwerken von den Wänden.

Immense Schäden haben auch die Ausdünstungen der Besucherströme und das ständige unerlaubte Berühren der Malereien angerichtet. Messungen des Getty Conservation Instituts ergaben, dass allein eine Person pro Stunde zwischen einer halben und zwei Tassen Wasser ausschwitzt und zudem noch Kohlendioxid ausatmet. Wenn täglich 900 Menschen ein Grab besichtigen, hinterlassen sie zwischen 30 und 120 Liter Wasser – eine nicht zu verantwortende Menge. Was die Kleidung nicht aufnimmt oder die Entlüftung absaugt, setzt sich auf den Grabwänden ab.

Selbst wenn nicht jede Gruppe eine volle Stunde an einem Ort verweilt, ändert das nichts am Gesamtergebnis. Denn während der Hauptreisezeit steigt die Zahl der Besucher um ein Vielfaches an. Zudem vermehren sich in der feuchten Luft Bakterien in rasantem Tempo. Auch der Staub, der mit den Menschen in die Gräber getragen wird, und die elektrische Beleuchtung tragen wesentlich zum dramatischen Verfall der königlichen Ruhestätten bei. In den letzten hundert Jahren – so sagen Experten – wurde mehr zerstört als in den 3000 Jahren zuvor.

Renommierte Konservatoren arbeiten daran, wenigstens einige der am schlimmsten betroffenen Objekte zu retten. Sechs Jahre lang dauerte die umfassende Instandsetzungsaktion im Grab der Nefertari, der Lieblingsgemahlin Ramses' II. Jetzt ist es für die Öffentlichkeit wieder zugänglich. Allerdings dürfen täglich nicht mehr als 150 Personen die in frischen Farben strahlenden Kammern besichtigen. Nur wenn die Behörden die

Vorhergehende Doppelseite:
Von steilen Felsen überragt – Das Tal der Könige auf dem Westufer des Nil

Ein gelungenes Beispiel sensibler Restaurierung: die Wandmalereien in der Grabkammer der Nefertari im »Tal der Königinnen«

strenge Reglementierung beibehalten, werden sich die düsteren Prophezeiungen von der unwiderruflichen Zersetzung des altägyptischen Meisterwerks nicht erfüllen.

Abseits vom Touristenrummel hält das »Wadi Biban el Muluk, das Tal der Tore der Könige«, wie die Araber die sagenumwobene Nekropole nennen, auch in unseren Tagen noch Überraschungen für Forscher bereit. Am 2. Februar 1995 schickte der Archäologe Kent Weeks ein Fax nach Amerika, das auf Carters legendäres Telegramm anspielte: »Habe wunderbare Entdeckung im Tal der Könige gemacht.« Der amerikanische Wissenschaftler hatte bereits im Jahr 1989 das »verschollene« Grab KV 5 gefunden, das schon Reisende des 19. Jahrhunderts erwähnten und in ihren Karten verzeichneten. Doch längst war der Eingang verschüttet unter dem Aushub anderer Expeditionen, unter Massen von Geröll und Schlamm, die Unwetter ab und an von den Bergen herunterspülen.

Unsägliche Strapazen hatte das Team von Kent Weeks während der folgenden Kampagnen zu ertragen. Im wahrsten

Sinne des Wortes gruben sich die Arbeiter in den Berg hinein. Bis zum 2. Februar 1995 hatten sie vom Eingang aus ungefähr 60 Meter Gestein weggebrochen und den Weg freigeschaufelt. An diesem Tag sahen sie am Ende eines langen Tunnels in einer Nische eine wunderschöne Statue des Unterweltgottes Osiris, die im Schein der Taschenlampe graugrün leuchtete.

Als Kent Weeks durch die schmale Passage über herabgestürztes Deckengestein zu dem neuen Fund vorwärts kroch, begriff er zum ersten Mal das Ausmaß seiner Entdeckung: In den Wänden öffneten sich überall Durchlässe, die wiederum zu ganzen Suiten führten. Das unterirdische Bauwerk besteht aus einem gigantischen Labyrinth aus Säulenhallen, Kammern und Gängen. Vermutlich sind es mehr als 150 Räume. Der Archäologe interpretiert die riesige, in Ägypten einmalige Anlage, deren Bauplan und Dekoration eine Fülle von Fragen aufwerfen, als Gemeinschaftsgrab für die 45 Söhne Ramses' II. Bis zur endgültigen wissenschaftlichen Auswertung des Familienmausoleums werden aber sicher noch Jahre vergehen.

Erst am 18. Mai – also dreieinhalb Monate später – gaben Kent Weeks und die Ägyptische Antikenverwaltung in New York die Sensation bekannt: Nur einen Steinwurf von Tutenchamuns letzter Ruhestätte entfernt war das größte Grab freigelegt worden, das je im Land der Pharaonen gebaut worden war. In Windeseile verbreitete sich die Kunde rund um den Globus. Innerhalb von zwei Wochen erschienen fast tausend Artikel allein in amerikanischen Zeitungen und Magazinen. Auch in Europa, Australien und Asien beherrschte das Thema weitgehend die Schlagzeilen. Gänzlich ungebrochen fasziniert das Alte Ägypten selbst im Zeitalter der Raumfahrt die Menschen auf der ganzen Welt.

Wie viele Geheimnisse das legendäre Tal der Könige noch birgt, weiß niemand. Nicht auszuschließen, dass auch in Zukunft Eilmeldungen von neuen, »wunderbaren Entdeckungen« Hektik in den Redaktionsstuben aller Länder auslösen. Vielleicht geschieht es noch in diesem Jahr, denn am 1. Februar 2001 startete der Amerikaner Dr. Robert W. Cribbs, Professor des Fachbereichs Elektronik, zusammen mit ägyptischen Archäologen ein weiteres schlagzeilenträchtiges Unternehmen.

Die Wissenschaftler wollen das seit langem bekannte Rätsel um das Grab Sethos' I. lösen: Wohin führt der fast 150 Meter lange Tunnel K, der in der inneren Sargkammer seinen Anfang nimmt? Warum haben die Architekten vor mehr als 3000 Jahren den endlos scheinenden Gang in den Fels treiben lassen? Liegt an seinem Ende in einer Kammer etwa der nie gefundene Schatz des Pharao?

Das Forschungsprojekt ist ein Jointventure zwischen den USA und Ägypten, zwischen moderner Technik und konventioneller Archäologie. Dr. Cribbs hat mit seiner Mikrowellen- und Bodenradartechnologie schon einmal die Fachwelt aufhorchen lassen. Der Pionier in der Entwicklung von Ultraschall- und Radartechnik konnte 1987 nahe der Cheops-Pyramide tief im Sand eine Barke orten, die den großen Pharao des Alten Reiches auf seiner Reise ins Jenseits begleiten sollte.

Genau an der Stelle, an der seine Geräte ausgeschlagen hatten, gruben die Arbeiter ein Loch. Eine hinabgelassene Fingerkamera bestätigte die Messungen und bescherte den Forschern erste Bilder des zerfallenen Holzbootes. Inzwischen ist es restauriert und zusammen mit dem »Schwesterschiff«, das bereits 1953 geborgen wurde, im Boot-Museum nahe der Großen Pyramide ausgestellt.

Wie viele seiner Kollegen, so glaubt auch Dr. Ali Gaballa, Chef der ägyptischen Antikenverwaltung, dass im Tal der Könige noch einige »verschollene« oder bislang nicht bekannte Gräber unter Sand, Geröll und altem Grabungsschutt schlummern. Um nicht riesige Areale vergebens durchwühlen zu müssen, soll Dr. Robert W. Cribbs' Wundertechnik helfen, die Hohlräume unter der Erdoberfläche zu lokalisieren.

Eine hochspannende Aufgabe: Es ist, als höre der Doktor den Bauch der Erde nach verborgenen Botschaften ab. Als erstes Projekt hat sich das Team aus Archäologen und Technikern vorgenommen, endlich das Geheimnis des Tunnels K zu lüften. Schon sein Entdecker grübelte über den Zweck der ungewöhnlichen Anlage, als er vor knapp 184 Jahren das riesige Grab betrat, das von da an für lange Zeit seinen Namen tragen sollte.

Giovanni Battista Belzoni (1778–1823), einer der bemerkenswertesten Männer in der Geschichte der Ägyptologe

Ein Akrobat als Archäologe

Den 16. Oktober 1817 bezeichnete Giovanni Battista Belzoni später als »meinen Glückstag, einen der schönsten Tage meines Lebens«. Fortuna erwies ihm die Gunst, »der Welt ein bisher unbekanntes, vollkommenes Monument ägyptischen Altertums präsentieren zu können«. Im Tal der Könige hatte der Italiener mit geschultem Auge einen Platz am Fuß eines steilen Hügels ausgewählt. Er befahl seinen Arbeitern, den Boden aufzugraben. Obwohl prasselnder Regen die ausgehobenen Löcher sofort mit Wasser füllte und die Araber behaupteten, an der Stelle sei nichts zu finden, ließ sich Belzoni nicht beirren. Gegen Mittag des übernächsten Tages legten die Fellachen sechs Meter unter der Erdoberfläche den Eingang eines Grabes frei.

Howard Carter nannte Belzoni im Hinblick auf seine Persönlichkeit einen »der bemerkenswertesten Männer in der ganzen Geschichte der Ägyptologie«. Tatsächlich war der Italiener ein echter Sonderling – selbst unter all den Außenseitern, die bei den großen archäologischen Entdeckungen im 18. und 19. Jahrhundert eine Rolle gespielt haben. 1778 wird er in Padua geboren – als Spross einer guten römischen Familie. Eigentlich soll er Geistlicher oder Mönch werden. Doch als der junge Giovanni Battista in politische Intrigen und Verschwörungen verwickelt

222 Operation Sethos

wird, verlässt er seine Heimatstadt und schlägt sich als Hausierer durch.

Im Alter von 25 Jahren geht er 1803 nach London und macht allabendlich im Sadler's Wells Theatre als »Samson aus Patagonien« mit einer Kraftaktnummer Furore. Der blendend aussehende Belzoni balanciert auf seinen Schultern ein 60 Kilo schweres Eisengestänge. Darauf drehen sich zwölf Artisten wie Kuchenstücke auf einem rotierenden Teller. Dank seiner ungeheuren Körperkraft, die der Zwei-Meter-Mann mit geschmeidigen Bewegungen einzusetzen weiß, spaziert der schöne Samson in einem farbenfrohen Kostüm grazil und leichtfüßig über die Bühne – mit den Händen zwei bunte Fähnchen schwenkend.

In den nächsten Jahren tingelt der Publikumsliebling mit dem schnell berühmt gewordenen Hebeakt und anderen akrobatischen Schaustücken durch England, Spanien, Gibraltar und Portugal. Seine Frau Sarah, die er in England geheiratet hat, und sein irischer Diener James Curtain begleiten ihn auf allen Reisen. Wie es heißt, war Belzoni ausgebildeter Wasserbauingenieur, vielleicht hat er das aber auch nur vorgegeben.

Jedenfalls lernt er 1814 auf Malta einen Gesandten des ägyptischen Herrschers Mohammed Ali kennen, der damals die Hilfe westlicher Fachleute für die Verbesserung der Landwirtschaft am Nil sucht. Dem geschickten Italiener gelingt es, eine Einladung nach Kairo zu ergattern und dem Pascha dort seine eigens konstruierte hydraulische Bewässerungsmaschine vorzuführen. »Die Konstruktion bestand aus einem Kran mit einem horizontalen Rad, das von einem einzigen Ochsen gedreht, dieselbe Wirkung hervorbringen sollte wie normalerweise vier Ochsen«, schreibt Belzoni. Doch die Araber sind skeptisch. Sie fürchten um ihre Arbeit und den Einsatz ihrer Tiere. Die Vorurteile und eine geschickt inszenierte Panne bei der Demonstration bringen Mohammed Ali schließlich davon ab, die neuen Wasserräder in Auftrag zu geben. Und damit verliert Belzoni die Aussicht, Geld zu machen. Ein Pech, das ihn in seiner weiteren Karriere begleiten sollte.

Gleich nach seiner Ankunft in Kairo hat Belzoni den Schweizer Gelehrten Johann Ludwig Burckhardt kennen gelernt, der als »Sheikh Ibrahim« auf ausgedehnten Reisen durch Arabien die Karawanenstadt Petra und die im Sand verschütteten Tempel von Abu Simbel wiederentdeckt hat. Der brillante Gelehrte bringt Belzoni mit dem englischen Konsul Henry Salt zusammen. Der vornehme Brite kränkelt ständig und zeigt sich großen Anstrengungen nicht gewachsen. Hocherfreut stellt er den kräftigen Burschen als seinen persönlichen »Jäger auf Altertümer und Antiquitäten« ein.

Damals wird Ägypten wahllos und ohne Skrupel ausgeplündert. Mohammed Ali lässt es widerspruchslos geschehen. Nicht nur Belzoni, Henry Salt und sein ärgster Rivale, der französische Konsul Bernardino Drovetti, raffen alles zusammen, dessen sie habhaft werden können. Tausende von Händlern, Sammlern und Amateur-Archäologen sehen im Land am Nil nichts anderes als einen gigantischen Steinbruch. Einheimische Räuberclans verscherbeln den gierigen Fremden ganze Wandreliefs, Friese, Statuen, Säulen und Obelisken. Die tonnenschweren Objekte werden – ungeachtet hoher Transportkosten – genauso nach Europa verschifft wie die kleineren Fundgegenstände, Papyrusrollen, Schmuck und vor allem eine Unzahl von Mumien. Meist dienen Brecheisen und Sprengstoff als

Ein Akrobat als Archäologe

Zwischen 1815 und 1819 reiste Giovanni Battista Belzoni immer wieder nilaufwärts – den Altertümern des Landes auf der Spur.

Werkzeug. Bestechungsaktionen ungeheuren Ausmaßes sind an der Tagesordnung. Jahrtausendealte Kunstwerke verschwinden in Privatsammlungen oder werden brutal zerstört.

Zwischen Juni 1815 und September 1819 reist Belzoni mehrere Male die neunhundert Kilometer von Kairo bis Assuan. Er dirigiert Grabungskolonnen, unternimmt Exkursionen zum Roten Meer und zu den Oasen der Westlichen Wüste. Er findet den Eingang zur Chephren-Pyramide und arbeitet sich bis in die Grabkammer vor. Zunächst für den englischen Konsul, dann für sich selbst sammelt er alles, was ihm unter den Spaten kommt – vom Skarabäus bis zur Monumentalbüste. Beim Transport auf das bereitstehende Schiff fällt in Assuan ein Obelisk in den Nil, doch der findige Belzoni hat sofort eine Technik parat, um die gewaltige steinerne Nadel wieder herauszufischen.

Ein wahrer Tausendsassa, der gegen Dauerstrapazen, bürokratische Hindernisse, Intrigen und arbeitsunwillige Fellachen seine natürlichen Fähigkeiten einsetzt: Zähigkeit, Einfallsreichtum, Erfindungsgabe, List und manchmal auch nur blanke Muskelkraft. Er schafft es, eine Mischung aus Sturheit und Schmeichelei, vorgespielter Unschuld und autoritärem Eingreifen zu kultivieren und sich auf diese Weise zumindest einige Zeit durch den Dschungel der Intrigen und Fallen zu manövrieren. Er übersteht Schlägereien, Meutereien, offene Drohungen und sogar einen Mordanschlag. Belzoni bewährt sich mit eisernem Durchhaltevermögen, er ist eben der Schnellste und Cleverste. Neben vielen anderen Höhepunkten während seines Aufenthaltes in Ägypten war ihm das Glück beschieden, im »Biban el Muluk« sechs Königsgräber zu finden. Doch erst die Entdeckung von 1817 sollte ihn weltberühmt machen.

Belzonis Grab

Als am 18. Oktober der Grabeingang freigelegt ist, merken die Arbeiter sofort, dass es sich um eine außerordentlich große Anlage handelt. Sie protestieren, weil sie keine Lust auf schweres Schuften haben, und behaupten, der Schacht sei von großen Gesteinsquadern blockiert. Doch Belzoni findet sofort eine Stelle, von der aus eine Passage zu öffnen ist. Nach einer Stunde haben die Männer etwas Raum geschaffen. Unverdrossen zwängt sich der Hüne durch den schmalen Spalt und kriecht vorwärts. Langsam tastet er sich weiter. Im Schein einer Kerze sieht er wundervolle Deckenmalereien, die Wände sind über und über von Hieroglyphen übersät.

»Je mehr ich sah, desto neugieriger wurde ich, das ist die Natur des Menschen«, schrieb er später in seiner *Schilderung der Unternehmungen und jüngsten Entdeckungen in den Pyramiden, Tempeln, Gräbern und Ausgrabungsstätten in Ägypten und Nubien*. Ein langer, etwas spröder Titel, hinter dem sich einerseits die nüchterne Beschreibung seiner zahlreichen Funde und Aktionen verbirgt. Andererseits offenbart der Bericht den trockenen Humor, die bissige Ironie und die wechselnden Stimmungslagen des Autors – von Momenten großer Glücksempfindungen bis zu solchen von unverhohlener Bitterkeit.

Nicht nur seine Schilderungen der haarsträubenden Arbeitstechniken sind dabei interessant, sondern vor allem auch seine persönlichen Vermutungen über Entstehung, Alter und Zweck von Bauten oder Kunstwerken. Denn es darf nicht vergessen werden, dass zu Belzonis Zeit die Archäologie oder gar Ägypto-

logie als Wissenschaft noch nicht etabliert war. Und obwohl auch er ohne Rücksicht auf Verluste plündert, drückt er doch immer wieder Staunen und Ehrfurcht vor der großen Leistung einer versunkenen Kultur aus.

Belzoni arbeitet sich mit seinem Trupp langsam in das Innere des Grabes vor. Um einen tiefen Schacht zu überwinden, müssen die Männer mit Balken eine Hilfsbrücke konstruieren. Über Treppen und durch Gänge, die in einem Winkel von 18 Grad abwärts führen, gelangen sie in eine »große Halle«, dann in die »Galerie«, in den »Raum der Schönheiten«, in die »Pfeilerhalle«, in den »Isis-Raum«, in den »Raum der Geheimnisse«, den »Raum der Anrichte«, in dem sich »ein drei Fuß breiter Mauervorsprung in Form einer Anrichte um die Wände zog«. Weiter geht es in den »Apis-Raum, da wir dort den Kadaver eines Bullen fanden, der mit Teer einbalsamiert war«. Die Namen der einzelnen Räume beziehen sich auf architektonische Details oder auf die vorherrschenden Motive der Dekoration.

In der Mitte der »Bogenhalle … stand ein Sarkophag aus kostbarstem orientalischen Alabaster«. Die Wände und Decken sind vollständig bemalt. Alles sieht so frisch und gut erhalten aus, als sei es erst einen Tag zuvor vollendet worden. Der Entdecker ist begeistert: »Wir stellten fest, dass die Malereien umso schöner und vollkommener wurden, je weiter wir in das Innere der Grabstätte vordrangen. Die Schutzschicht über den Farben war noch vorhanden, sodass die Malereien in einem matten Glanz erstrahlten – ein wunderbarer Effekt.«

Die Länge des Grabes vom Eingang bis zum Ende der Sargkammer beträgt 94 Meter. Für 105 Jahre blieb Belzonis Fund die Hauptattraktion im Tal der Könige –

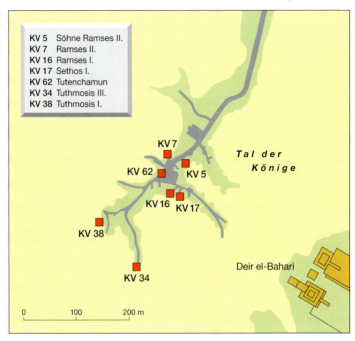

Einige der Pharaonengräber im Tal der Könige ('KV = Kings Valley)

als größte und prächtigste Anlage. Dann stieg Tutenchamun zum Superstar des Alten Ägypten auf. Die jüngsten Grabungen in KV 5, dem gigantischen Mausoleum der Ramses-Söhne, vertrieben KV 17 auch hinsichtlich der Ausdehnung vom ersten Platz. Die Nummerierung der Gräber geht auf John Gardner Wilkinson zurück, der im 19. Jahrhundert eine der besten Karten vom thebanischen Westufer zeichnete. Mit einer speziellen Schraffurtechnik verlieh er seinen Werken ein fast dreidimensionales Aussehen.

1827 streifte der Engländer mit einem Eimer roter Farbe und einem Pinsel durchs Tal der Könige und malte große Zahlen über alle Grabeingänge, die er finden konnte. Er folgte dem Verlauf des Wadis vom Anfang bis zum südlichen Ende und zählte dann an der Ostseite weiter bis zur Nummer 21. Nach ihm wurde das System beibehalten und – in der Reihenfolge der Entdeckungen – bis zum Grab Tutenchamuns mit der Nummer 62 erweitert. Die Buchstaben KV stehen für »Kings Valley – Königstal«.

Durch den Sturzregen, der während der Öffnung von KV 17 niedergegangen ist, dringt ein Wasserstrom in das Grab ein. Belzoni fühlt sich schuldig, kann aber glücklicherweise in den hinteren Kammern keine weiteren Schäden feststellen. Er findet die Räumlichkeiten in einem guten Zustand. Die Architekten haben dicht hinter dem Schacht am Eingang eine Wand gezogen, sie versiegelt und nur einen schmalen Durchgang freigelassen. Eine geschickte Methode, um Feuchtigkeit vom Innersten der Anlage fern zu halten.

Viele der prachtvollen Wandmalereien im Sethos-Grab sind verblasst oder gänzlich zerstört. Seit Jahren planen Experten die Restaurierung der kompletten Anlage.

Auf dem Boden des Schachtes sind Aushöhlungen angelegt, die das Regenwasser auffangen sollen. »Das Tal selbst ist durch die Abfallstoffe, die das Wasser talabwärts mit sich schwemmt, derart angehoben worden, dass die Eingänge in die Grabstätten tiefer liegen als die Sturzbäche. Das Wasser gelangt demzufolge in die Grabanlagen, und einige von ihnen sind vollkommen mit Erdreich angefüllt und verstopft.«

Belzonis Hinweise gehören zu den ältesten Belegen für Wasserschäden in den Gräbern selbst. Bei heftigem Regen stürzen in Windeseile Lawinen von Stein, Schlamm und Sand von den Felsen in die tiefer gelegenen Abschnitte des Tales. Grabeingänge, die unter einem solchen »Wasserfall« liegen, werden meterhoch verschüttet. Die ersten Aufzeichnungen über verheerende Jahrhundertunwetter und Flutwellen, die über das ganze Westufer schießen und alles verwüsten, wurden bereits vor 3000 Jahren niedergeschrieben. In unseren Tagen ist zudem noch der Grundwasserspiegel gefährlich gestiegen – eine unerwünschte Nebenwirkung des Assuan-Staudammes.

Außer dem einbalsamierten Stier, einigen Holzmumien, Figuren und Statuen, die zum Teil schon zerbrochen sind, findet Belzoni nichts mehr. Verschwunden sind die Schätze, die den Verstorbenen auf seiner letzten Reise begleiten sollten. Verschwunden ist auch die Mumie des Pharao, der schwere Alabastersarg – 2,85 Meter lang und 1,08 Meter breit – ist geöffnet, aber leer. »Er ist innen und außen mit kleinen Intarsienarbeiten bedeckt,

blau bemalt, und wenn man eine Kerze in den Sarkophag stellt, sind seine Wände fast durchsichtig. Die Decke des Raums ist ebenfalls in Blau gehalten und mit einer Figuren-Prozession und anderen Gruppen geschmückt, die den Tierkreis behandeln,« schreibt Belzoni.

Später graben die Arbeiter vor dem Eingang der Anlage Einzelteile des Sargdeckels aus. Wer ließ ihn wegschaffen? Und welcher ägyptische Herrscher war in dem Grab bestattet? Da zu jener Zeit die Hieroglyphen noch nicht entziffert waren, konnte niemand die entscheidende Frage beantworten. So hieß die spektakuläre Entdeckung im Tal der Könige für lange Zeit einfach »Belzonis Grab« – selbst dann noch, als schon lange bekannt war, welcher Pharao dort einst zur letzten Ruhe gebettet worden war.

Spektakel in London

Wie ein Lauffeuer verbreitet sich die Kunde vom neuen Wunder im »Biban el Muluk« in den Dörfern am Nil. Mit Wunder meinen die Einheimischen aber nicht die prächtige Anlage, sondern die angeblich unermesslichen Schätze, die Belzoni gefunden haben soll. Eines Tages prescht eine türkische Reiterschar ins Tal. Mit Gewehrsalven kündigt sich schon von weitem der türkische Aga Hamed von Kena an, der damals über die Ostseite Thebens herrscht. Er ist gekommen, um sich den »großen goldenen Hahn« zu holen, der »gefüllt ist mit Diamanten und Perlen«.

Belzoni kann sich das Lachen kaum verkneifen und erklärt, dass er nicht einmal das kleinste Goldobjekt geborgen habe. Die Situation ist brenzlig, denn der Türke glaubt dem Italiener kein Wort. Um ihn abzulenken, fragt der Europäer, was er von den herrlichen Wanddekorationen halte, die der Gast noch keines Blickes gewürdigt hat. »Dies wäre ein guter Platz für einen Harem; die Frauen hätten dann viel zu betrachten«, antwortet er knurrend und reitet verdrossen davon. Bis heute kursieren unter den Arabern Gerüchte über Gold und Juwelen, die in einer Kammer am Ende des langen, unterirdischen Tunnels verborgen sein sollen.

Wenigstens der Entdecker selbst und die ersten Besucher aus Europa haben begriffen, dass allein die Grabanlage mit dem überreichen Wandschmuck ein einzigartiger Schatz ist. Belzoni stellt seinen Landsmann Alessandro Ricci, einen jungen, hervorragenden Zeichner ein, der schon nach kurzer Zeit die Hieroglyphen und Malereien perfekt kopieren kann. Der Meister selbst begibt sich zunächst nach Kairo. »Die herrliche Grabstätte hatte sich jedoch derart tief in mein Gedächtnis eingenistet, dass ich fest entschlossen war, noch einmal nach Theben zu kommen, um ein vollständiges Modell der Grabanlage herzustellen.«

Einige Monate später kehrt er ins Tal der Könige zurück. Den ganzen Sommer 1818 verbringen Belzoni und Ricci mit der Dokumentation des Grabes. Ricci zeichnet fleißig weiter, Belzoni stellt Abgüsse von allen Figuren, Emblemen und Hieroglyphen her. Dafür benutzt er eine Mischung aus Wachs, Harz und feinem Staub, da pures Wachs in der extremen Hitze sofort zerfließt.

In den Dörfern der Umgebung kauft er alle Vorräte auf. Doch bald muss er Boten nilabwärts senden, um die ungeheuren Mengen an Wachs herbeizuschaffen, die er für seine endlos scheinende Arbeit braucht. Kaum vorstellbar, welche körperliche Anstrengung Belzoni in der brütenden Hitze des riesigen Grabes viele Wochen lang ausgehalten hat.

»Die größte Schwierigkeit bestand darin, die Abdrücke zu verfertigen, ohne die originalen Farben zu zerstören. Die Zahl der lebensgroßen Figuren belief sich auf einhundertzweiundachtzig; die kleineren Figuren, die zwischen einem und drei Fuß groß waren, zählte ich nicht; es waren aber nicht weniger als achthundert. An Hieroglyphen gab es in dem Grab fast fünfhundert. Ich kopierte sie alle mit größter Vorsicht. Da sie aber in vier verschiedenen Größen vorhanden waren, sah ich mich gezwungen, sie alle viermal abzunehmen – das ergab eine Zahl von nahezu zweitausend Abdrücken.« Trotz aller Vorsicht hinterließ seine Technik jedoch gravierende Schäden an den Wänden des Grabes.

Nach einer weiteren Reise nach Assuan, wo er unter vielen Schwierigkeiten ei-

Eine Pionierleistung archäologischer Dokumentation: farbige Zeichnung vom Inneren des Sethos-Grabes von Giovanni Battista Belzoni

nen Obelisken für England sicherstellt, nach Racheaktionen seiner Gegner und unüberwindlichen Rechtsstreitigkeiten, beschließt der verbitterte Belzoni, das Land zu verlassen. Zum Jahresende 1818 kehrt er ins »Biban el Muluk« zurück. Ricci hat inzwischen die Zeichnungen fertig gestellt. Jetzt bleibt nur noch eine Aufgabe: den Sarkophag und die restlichen Funde aus dem Tal der Könige an Bord eines Schiffes zu schaffen.

Da die Wandungen des Sarges nur fünf Zentimeter stark sind, ist das tonnenschwere Objekt äußerst zerbrechlich. Die geringste unvorsichtige Bewegung kann es in Stücke bersten lassen. In solchen Dingen jedoch hat Belzoni eine glückliche Hand. Er schafft es tatsächlich, dass die arabischen Helfer trotz des beschwerlichen, ansteigenden Weges aus der inneren Kammer die Riesenlast unbeschädigt ins Freie transportieren.

Dort lässt er den Sarg in einen speziell angefertigten Kasten betten. »Das Tal, das wir zu durchqueren hatten, um an den Nil zu gelangen, war über mehr als zwei Meilen hinweg sehr uneben, dann folgte guter, weicher Sandboden mit kleinen Steinchen. Der Sarkophag wurde über die ganze Strecke hinweg auf Rollen bewegt und dann an Bord gehievt.«

Schweren Herzens nimmt er Abschied: »Ich muss sagen, dass mich meine Abreise aus Theben sehr bewegte – ich hegte für diesen Ort Gefühle, wie ich sie sonst nirgendwo auf der Welt empfunden habe. Es war der 27. Januar 1819, als wir diesen wahrlich großartigen Ruinen den Rücken kehrten.«

Erst im März 1820 trifft Belzoni in London ein. Die Klärung seiner Angelegenheiten hat ihn länger als geplant in Ägypten aufgehalten. Das englische Publikum jedoch ist schon bestens informiert und feiert den attraktiven Italiener als neuen Helden. In den Jahren zuvor haben mehrere Zeitungsartikel über seine »kühnen Machenschaften« im Land am Nil die Leser auf dem Laufenden gehalten.

Belzoni lernt einflussreiche Menschen kennen, in den Salons der Upper Class reißen sich die Damen um die Gesellschaft des berühmten Entdeckers. In einem Brief über ihn heißt es: »Der große Löwe – in mehrfacher Hinsicht groß – war der gigantische Belzoni. Er ist der bestaussehende Riese, den ich je getroffen habe. Man behauptet, er habe selbst den Arabern durch seine Körperkraft, seinen hohen Wuchs und seine Energie größten Respekt eingeflößt.«

Bereits kurz vor Jahresende erscheint die zweibändige Erstausgabe von Belzonis Bericht über seine ägyptischen Abenteuer – mit 24 farbigen Stichen. Der Autor entschuldigt sich bei seinen Lesern,

230 Operation Sethos

dass »eine schriftliche Darstellung den Kunstwerken nur kläglich gerecht« werden könne.

Deshalb macht er sich sofort mit Feuereifer an die Vorbereitung einer Ausstellung. Er, seine Frau und Ricci fertigen ein fünfzehn Meter langes Modell des Grabes an – außerdem bemalte Gipsabdrücke der Wände von zwei Kammern in Originalgröße. Am 1. Mai 1821 strömen die begeisterten Briten in hellen Scharen zur feierlichen Eröffnung in die »Egyptian Hall« am Piccadilly Circus. Die Ausstellung wird zum großen Ereignis in London und hat einen ungeheuren Erfolg. Fast ein ganzes Jahr bleibt sie geöffnet.

Nach der Vorbesichtigung für die Presse schreibt die *Times* in ihrer Ausgabe am 30. April 1821: »Unserer Meinung nach wird jeder Besucher von der einzigartigen Kombination und dem kunstvollen Arrangement neuer und ins Auge fallender Objekte höchst befriedigt sein. Die Erfindungsgabe und nie erlahmende Sorgfalt, mit der es Mr. Belzoni gelungen ist, die im eigentlichen Sinne unbeweglichen Grabfunde aus Ägypten in die Arena der europäischen Metropole zu transportieren, bezeugen nicht nur seine Fähigkeiten als Künstler, sondern reflektieren auch seine Urteilsfähigkeit und den Erfolg bei der Entdeckung der Anschauungsobjekte. Das zeichnet ihn vor allen anderen europäischen Reisenden der modernen Zeit aus.«

Nachbildungen ganzer Gräber mit fotomechanischen Verfahren sind erst seit einigen Jahren der Renner bei der Präsentation alter Kulturen. Umso bemerkenswerter, was Belzoni vor genau 180 Jahren in mühsamer Handarbeit herstellte. Heute wäre er sicher ein gefeierter Architekt für solche Anlässe. Zwei Kammern mit den schönsten Dekorationen hat der Pionier effektiver Ausstellungstechnik vollständig aufgebaut.

Die leuchtenden Farben waren dem Original so getreu wie möglich nachgebildet. Eine mystische Beleuchtung versetzte den Besucher in die Rolle des Glücklichen, der ein jahrtausendealtes Grab wiederentdeckt. In den Räumen standen Statuen von Osiris, Isis, Hathor und Horus. Zudem konnte das Publikum noch zweihundert weitere Exponate bestaunen: Papyrusrollen, Schmuck und natürlich die Gruseln erregenden Mumien.

Belzonis größter Wunsch, auch den prächtigen Sarkophag zu zeigen, erfüllte sich nicht. Erst im August traf der Transport in London ein und blieb monatelang in den Lagerhallen des Britischen Museums stehen. Nicht einmal für die Dauer der Ausstellung liehen ihn die Kuratoren an den Mann aus, der ihn gefunden hatte. Denn zwischen ihnen, Henry Salt und Belzoni entbrannte ein bitterböser Streit über den Ankauf und verzögerte die Freigabe. Den Italiener traf es besonders schmerzlich, da er mit Salt noch in Ägypten die Hälfte des Erlöses für sich ausgehandelt hatte.

Doch in Gelddingen ließ sich der sonst mit allen Wassern gewaschene Hüne ständig übers Ohr hauen. Immer wieder verhinderten »unglückliche Umstände«, wie er den schlichten Betrug an ihm nannte, bereits getroffene Vereinbarungen. Für die Arbeit von drei Jahren zahlte ihm Salt lediglich 600 Pfund. Den Verkauf des Sarkophags sollte Belzoni nicht mehr erleben.

Erst 1824 nämlich erwarb ihn nach langem Hin und Her der Kunstsammler und Architekt John Soane für 2000 Pfund. Er baute in London ein kleines Museum, wo das außerordentliche Exemplar »mit den 700 eingemeißelten Gestalten« noch heute zu bewundern ist. Wie Belzoni in seinem Buch noch schreibt, bestimmte »Dr. Clark, Professor für Mineralogie in Cambridge, … das Material als Aragonit, eine Gesteinsart, die wesentlich seltener und kostbarer noch als Alabaster ist.«

Im Herbst des Jahres 1822 packt Belzoni das »Afrika-Fieber«. Ägypten ist für ihn erledigt, das gesellschaftliche Getue in England hat er satt. Er will weitere Entdeckungen im Schwarzen Kontinent machen. Seine Frau Sarah begleitet ihn bis nach Marokko. Ihr Mann reist weiter nach Benin, erkrankt dort aber schwer an der Ruhr und stirbt am 3. Dezember 1823 im Alter von 45 Jahren. Der berühmte Afrika-Forscher Richard Burton findet 1862 in dem Land am Äquator nur noch einen Baum an der Stelle, an der Giovanni Battista Belzoni seine letzte Ruhe gefunden hat: Er war einer der großen Männer, an die sich die sensationellen ägyptischen Entdeckungen des 19. Jahrhunderts knüpfen.

»Ich werde die Hieroglyphen entziffern!«

Belzoni erfuhr nie den wahren Namen des Pharao, dessen letzte Ruhestätte er im Tal der Könige freigelegt hatte. Und doch trugen gerade seine Funde zur Entzifferung der altägyptischen Schrift bei. Als er aus dem Orient zurückkehrte, zeigte er die Kopien der Hieroglyphen dem äußerst rührigen Dr. Thomas Young. Der renommierte Physiker und Mediziner am St. George's Hospital tummelte sich auf zahlreichen Gebieten der Wissenschaft. Das Studium der fremdartigen Zeichen beschäftigte ihn damals schon seit zwei Jahrzehnten. Seine Erkenntnisse tauschte er ständig mit anderen europäischen Gelehrten aus. Doch trotz einiger Fortschritte war der Durchbruch bei der Entzifferung des geheimnisvollen »Bilderrätsels« noch immer nicht gelungen.

Während Napoleons Ägyptenfeldzug befestigte ein Trupp der Expeditionsarmee 1799 das halb zerfallene Fort Julien nahe der Hafenstadt Rosette – 70 Kilometer östlich von Alexandria. Plötzlich stieß ein unbekannter Soldat auf einen Stein aus schwarzem Basalt, der in das alte Gemäuer eingefügt war. Der Klotz hatte die Größe einer Tischplatte. Eine Seite war fein poliert und von oben bis unten mit merkwürdigen Schriften bedeckt.

Sie teilen sich in drei Kolumnen und drei verschiedene Schriften. Die erste besteht aus 14 Zeilen in Hieroglyphen, die zweite aus 32 Zeilen in Demotisch, einer Spätform des Altägyptischen, die vor allem für Urkunden und Briefe verwendet wurde. Der dritte Abschnitt ist 54 Zeilen lang und im mühelos verständlichen Griechisch geschrieben. Es handelt sich um eine Widmung der Priester von Memphis aus dem Jahr 196 v. Chr. an ihren Pharao Ptolemäus V.

Zum Glück erkannte der befehlshabende Pionieroffizier Pierre Bouchard die Bedeutung des Fundes für die Wissenschaft. Sofort machte er seinem Vorgesetzten, General Menou, Meldung. Er ließ das kostbare Gut sogleich nach Alexandria schaffen. Nach der französischen Kapitulation im Jahr 1801 nahmen die Engländer den Stein von Rosette, wie er noch immer heißt, in Besitz und brachten ihn ins Britische Museum. Die schlauen Franzosen jedoch hatten zuvor eine Kopie angefertigt, die sie nach Paris verschifften. So hatten Forscher der beiden konkurrierenden Nationen Gelegenheit,

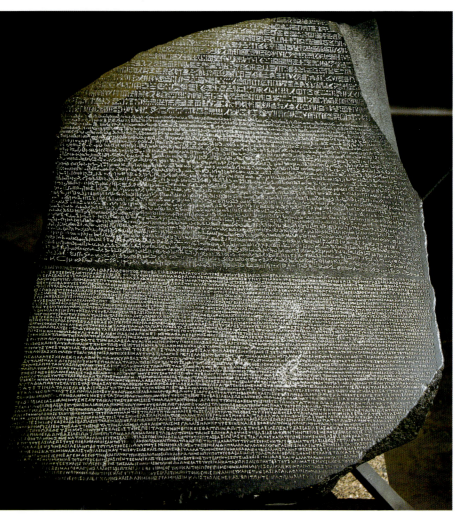

Der »Stein von Rosette« mit drei verschiedenen Schriften war der Schlüssel zur Entzifferung der Hieroglyphen durch Jean-François Champollion. Heute steht der bedeutende Fund von 1799 im Britischen Museum in London.

sich an der Entschlüsselung der unbegreiflichen »Buchstaben« zu versuchen.

Mit besonderem Interesse stürzten sich die Gelehrten auf die länglichen Ringe, die jeweils eine Gruppe von Hieroglyphen umschlossen. Dass dies Namen von Königen seien, vermuteten die fleißigen Herren in ihren Studierstuben schon seit längerem zu Recht. Napoleons Experten nannten die Ringe »cartouches«, weil

»Ich werde die Hieroglyphen entziffern!« 233

ihre Form identisch war mit der Munitionsladung gleichen Namens, die ihre Kanoniere in die Geschütze schoben. Die vom Militär geprägte Bezeichnung für die hervorgehobene Schreibweise der Pharaonen-Namen blieb bis heute erhalten.

Auf dem Stein von Rosette hatte nur die Kartusche mit den Schriftzeichen für Ptolemäus zusammen mit der griechischen Version die Zeiten überdauert. Dr. Young verglich die Buchstaben und versuchte, phonetische Werte für die Hieroglyphen festzulegen. Nur ein einziges Piktogramm, ein simples Rechteck, das der Forscher versuchsweise als »P« identifizierte, erschien auch in den Kopien der Kartuschen, die Belzoni aus dem großen Grab mitgebracht hatte. In der Hoffnung, bei den antiken Autoren wenigstens einen Anhaltspunkt zu finden, ging Young die von ihnen aufgelisteten griechischen Namen altägyptischer Könige im Einzelnen durch.

Herodot, der weit gereiste Geschichtsschreiber aus dem 5. Jahrhundert v. Chr., berichtet über einen Pharao mit Namen »Psammetichos«. Er musste vor dem König der Äthiopier fliehen, der schon seinen Vater Necho getötet hatte. Belzoni und Young jubelten. Passte das nicht hervorragend zu einer gemalten Szene aus dem Grab? Sie zeigt eine Prozession aus Angehörigen verschiedener Völker, »scheinbar Juden, Äthiopier und Perser«, wie der Entdecker schreibt. Tatsächlich führte Pharao Necho einen Feldzug gegen Jerusalem und Babylonien. Sein Sohn Psammetich II. zog gegen die dunkelhäutigen Nubier in den Krieg. Beide Könige gehören der 26. Dynastie an und lebten um 600 v. Chr.

Kein Wunder also, dass der englische Forscher die neue Attraktion im Tal der Könige zum »Grab des Psammetich« ausrief. Als Belzonis Buch 1821 in zweiter Auflage erschien, bekräftigte Young noch einmal seine Meinung in einem eigens dafür verfassten Anhang. Er irrte sich um 800 Jahre oder um sieben Dynastien, denn Belzonis Grab ist sehr viel älter. Doch die frühen Entzifferer hatten nur eine vernünftige Methode an der Hand: Sie versuchten, den Anfangsbuchstaben eines von den klassischen Autoren erwähnten Königsnamens mit einer einzelnen Hieroglyphe in Verbindung zu bringen, deren Lautwert sie aus der Rosette-Kartusche ertüftelt hatten.

Belzoni ist glücklich und davon überzeugt, dass Young »den richtigen Schlüssel zur Entzifferung dieser ungekannten Sprache gefunden hat; und man kann nur hoffen, dass sein langwieriges und mühsames Unterfangen von Erfolg gekrönt werden möge und er der Welt die Geschichte eines der ältesten Völker zu erklären vermag, von dem wir bisher nichts wußten«. Da der Italiener im Herbst 1822 nach Afrika abreiste, verpasste er die Publikation eines jungen Franzosen, der schon 1807 – im Alter von 17 Jahren – beim ersten Anblick des Rosette-Steins ausrief: »Ich werde die Hieroglyphen entziffern! Ich weiß es!«

Jean-François Champollion sollte der Welt nicht nur den Schlüssel zu einer fremden Schrift schenken, sondern die verschlossenen Tore zum Alten Ägypten öffnen. 1790 geboren, entwickelt der Junge schon im Kindesalter einen ungeheuren Wissensdurst. Sein Bruder, ein begabter Philologe, holt ihn in die Schweiz und sorgt für seine Ausbildung. Mit 13 Jahren beginnt Jean-François, orientalische Sprachen zu lernen. Als 17-Jähriger hält er einen Vortrag über die Ähnlichkeiten zwischen dem Koptischen, der Sprache der ägyptischen Christen, und den

Hieroglyphen aus der Pharaonenzeit. Die verblüfften Lehrer ernennen ihn zum Mitglied der Akademie von Grenoble. Das weitere Studium absolviert er in Paris. Aber schon zwei Jahre später ist er wieder zurück – als Professor für Geschichte. Das rasante Tempo, das Champollion vorlegt, ist im Prinzip nur auf sein großes Ziel ausgerichtet. Dafür arbeitet er wie besessen – Tag und Nacht. Bei der Interpretation der Ptolemäus-Kartusche stimmt er mit den anderen Forschern überein. Doch er glaubt, die entzifferten Zeichen müssten noch an einem weiteren Beispiel überprüft werden – und zwar an einem Prachtexemplar, das wenige Jahre zuvor Belzoni herangeschafft hat: Der sechs Tonnen schwere Obelisk, den er in Assuan unter unsäglichen Schwierigkeiten für den britischen Politiker William Bankes sichergestellt hat und der ihm in den Nil gerutscht war, trägt wesentlich zur Lösung des Rätsels bei.

In den Granit ist nämlich dieselbe Kartusche gemeißelt, die auf dem Stein von Rosette als »Ptolemäus« identifiziert wurde. Eine andere endet mit zwei Zeichen, die bereits als Kennung weiblicher Eigennamen bekannt waren. Die griechische Inschrift auf einem Sockel, der in der Nähe des Obelisken stand, ließ vermuten, dass Ptolemäus und Kleopatra die »steinerne Nadel« gestiftet hatten. Im Januar 1822 hat Jean-François Champollion eine Kopie der Kartuschen vorliegen. In beiden stimmen die Zeichen für die Laute »p«, »t« und »l« überein. Am 27. September des gleichen Jahres meldet der Franzose in seinem berühmten *Brief an M. Dacier*, den Sekretär der Académie des Inscriptions, erste Erfolge. Doch bis zur vollständigen Entzifferung der altägyptischen Schrift sollten noch etliche Jahre vergehen.

Was heute so einfach und logisch erscheint, bedeutete damals den radikalen Bruch mit einer mehr als 1500 Jahre alten Tradition. Im 4. oder 5. Jahrhundert n. Chr. ging die Kenntnis des komplizierten Hieroglyphensystems verloren. Alle Versuche der späteren Enschlüsselung stützten sich auf ein Traktat des in Ägypten lebenden Griechen Horappollon. Er beschreibt die Hieroglyphen als Bilderschrift und mischt das letzte Wissen um die uralten Zeichen mit geheimnisvollen Fantastereien.

Allein Champollion hat den genialen Einfall, in den Bildern Lautzeichen zu sehen. Er war ein Meister der Linguistik und Europas bester Kenner fast aller orientalischer Sprachen. Vor allem das Koptische half ihm, nach und nach immer mehr Lautzeichen – außerhalb der Königskartuschen – zu identifizieren. So gelang es ihm, auch Namen von Pharaonen zu lesen, die antike Schriftsteller nicht erwähnen. Sie stehen auf langen Listen – eingemeißelt in die Wände der Tempel von Abydos und Karnak. William Bankes kopiert auf seiner Ägyptenreise ein erstes Exemplar, das für die Forscher zur wertvollen Fundgrube wird. Champollion stöbert im Turiner Museum in einer Kiste zahllose Papyrusfragmente auf, die mehr als hundert Namen altägyptischer Herrscher enthalten. So können die Wissenschaftler allmählich das Puzzle glanzvoller Epochen am Nil zusammensetzen. Denn zuvor war nichts über Regierungszeiten, Lebensdaten oder familiäre Beziehungen der Pharaonen bekannt.

Nach seiner bahnbrechenden Leistung unternimmt Champollion von Juli 1828 bis Dezember 1829 eine Expedition in den Orient. Endlich darf er das Land sehen, mit dem er sich schon als Jüngling – vor seiner Arbeit an den Hieroglyphen –

in langen Tagen und Nächten intensiv beschäftigt hat. Seine erarbeitete Chronologie und Topografie des Alten Ägypten kann er nun durch Augenschein und unzählige neue Erkenntnisse ergänzen. Die Reise wird zum Triumphzug. Überall strömen die Einheimischen zusammen, um den Wundermann zu feiern, »der die Schrift der alten Steine lesen kann«.

Der Forscher macht Entdeckung auf Entdeckung, erlebt Bestätigung auf Bestätigung. Es ist, als treten plötzlich Götter und Könige aus dem Dunkel der Vergangenheit. Das Vermögen, Hieroglyphen zu verstehen, zieht den Vorhang beiseite, der viele hundert Jahre lang die grandiose Geschichte des Nillandes verhüllte. Natürlich besucht der Forscher im Tal der Könige auch Belzonis Grab. Jetzt endlich erfährt die Welt, wer in den prächtigen Kammern vor mehr als dreitausend Jahren zur letzten Ruhe gebettet worden ist: Pharao Sethos I., der zweite Herrscher der 19. Dynastie.

Soldaten auf dem Pharaonenthron

Zweifellos steht Sethos I. im Schatten seines berühmten Sohnes, der 67 Jahre lang die Geschicke des Landes lenkte – die längste Ära, die je ein Herrscher verzeichnen konnte. Ramses II., der Pharao der Rekorde, baute seine triumphalen Erfolge jedoch auf dem Fundament auf, das sein Vater trotz einer vergleichsweise kurzen Regierungszeit geschaffen hatte.

Sethos I. sicherte die Grenzen Ägyptens, sorgte für das Wiederaufblühen des königlichen Kultes und gab damit dem Amt des Pharao die Würde und das Prestige zurück, das es vor dem Umsturz

Echnatons ausgezeichnet hatte. Im ganzen Land ließ Sethos I. grandiose Bauten errichten, von denen er viele nicht mehr vollenden konnte. Sie gingen unter dem Namen Ramses' II. in die Geschichte ein. Vor allem aber festigte Sethos I. die Macht der 19. Dynastie, indem er die erbliche Thronfolge wieder einführte. Zwischen seinen großen Vorbildern Thutmosis III. und Amenophis III. und seinem legendären Sohn blieb Sethos I. für viele Ägyptologen so etwas wie ein Rätsel, das weitere Erforschung und – wie sie hoffen – neue Entdeckungen verdient.

Die Herrschaft Sethos' I. beendete eine turbulente Zeit der Wirren und des Übergangs. Nach der Revolution Echnatons, die das Land bis in die Grundfesten erschüttert hatte, spielten Tutenchamun und Eje jeweils ein kurzes, unbedeutendes Intermezzo. Erst als General Haremhab (1334–1309 v. Chr.) zum Pharao gekrönt wurde, erwachte Ägypten langsam aus dem Taumel religiöser Verzückung. Mit eisernem Willen versuchte Haremhab, die alte Ordnung wiederherzustellen. Er verkündete Gesetze, die dem Missbrauch der Macht beim Militär, bei der Verwaltung und den Steuerbeamten einen Riegel vorschoben. Er ließ die Tempelwirtschaft von Grund auf umorganisieren und neue Priester einsetzen, die seine Vertrauten unter der Elite des Heeres auswählten. Die traditionellen Götter kamen erneut zu Ehren, die Künstler veränderten allmählich ihren Stil und in den Schreiberschulen wurde wieder fleißig die Literatur kopiert, die sich an der großen Vergangenheit Ägyptens orientierte. Eigentlich war es Haremhab, der die 19. Dynastie begründete.

Als er Pharao wurde, beorderte der ehemalige General seinen Kameraden Pramesse an seine Seite, einen nur wenig

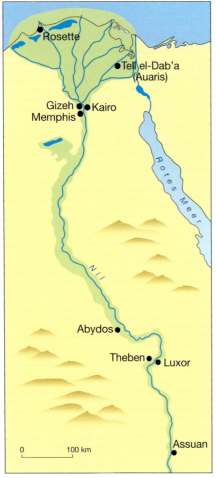

Entlang des Nil ziehen sich die bedeutenden archäologischen Stätten Ägyptens.

Pramesse über verschiedene militärische Ämter zum Wesir auf, zum Wedelträger zur Rechten des Königs und zum Stellvertreter des Pharao in Ober- und Unterägypten. Als Krönung seiner Laufbahn verlieh ihm Haremhab den Ehrentitel des Königssohnes. Von da an nannte sich Pramesse »Ramses – Re hat ihn geboren«. Dem fügte er noch den Beinamen »Von Amun Geliebter« zu. Nun war der Aufsteiger nach Haremhab, der selbst keine leiblichen Erben hatte, nicht nur der erste Mann im Staat, sondern auch der gesetzmäßige Kronprinz.

So hatte Ägypten wieder einen Soldaten von nicht königlichem Geblüt als zukünftigen Pharao zu erwarten. Aber das Land brauchte energische Regenten, die mit den unruhigen Nachbarn in Syrien und Palästina fertig wurden. Ramses stammte aus einer alteingesessenen, vermutlich semitischen Familie, die in der nordöstlichen Ecke des Nildeltas siedelte. Dort hatten einst die Hyksos ihre Hauptstadt Auaris errichtet. Die asiatischen Eindringlinge waren um 1750 v. Chr. über Ägypten hergefallen und beherrschten das Land ungefähr hundert Jahre lang. Im Zentrum ihres Kultes stand der Gott Seth – ähnlich ihrem heimischen Baal. Er war mit Zügen einer kampfesfrohen Macht ausgestattet, die sich vor allem im Ausbruch verheerender Naturgewalten äußerte, wie die Menschen glaubten. Ramses' Vater, der als Hauptmann der Bogenschützen diente, trug den Namen des Gottes. Und so nannte der designierte Herrscher auch seinen erstgeborenen Sohn.

Die Ramessiden verehrten nämlich den sonst wenig beliebten »roten Seth« als Schutzgott. Zwei Pharaonen ihrer Dynastie trugen seinen Namen. Dargestellt wird er als Fantasiewesen aus verschiedenen Tiergattungen. Mit dem geschmei-

jüngeren Offizier der Armee. Die beiden Männer waren viele Jahre lang gemeinsam durch Dick und Dünn gegangen. Haremhab gewährte seinem Schützling eine einzigartige Karriere: Ursprünglich nur ein Hauptmann der Bogenschützen, stieg

digen Körper eines Windhundes, einem hoch aufgerichteten, an der Spitze gespaltenen Schwanz, der langen, gekrümmten Schnauze, Schlitzaugen und aufrecht stehenden, oben eckig abgeschnittenen Ohren verbreitete er durchwegs Furcht und Schrecken. Doch es gab auch Zeiten, in denen er anders gesehen wurde. Soldaten der 18. Dynastie zum Beispiel rühmten ihren Kriegsherrn in der Schlacht voller Stolz als »Seth, wenn er wütet«.

In der Mythologie erscheint Seth als Mörder des Osiris und erbitterter Gegner des Horus. Andererseits aber steht Seth am Bug der Barke des Sonnengottes und ersticht mit seiner Lanze die Schlange der Unterwelt. In der Spätzeit fiel er dem alles überwuchernden Osiris-Kult zum Opfer. Seths Bild wandelte sich radikal: Aus dem Gott, der »groß an Kraft« war, wurde ein böser Dämon.

Als Haremhab nach einer Regierungszeit von fast 30 Jahren 1293 v. Chr. starb, bestieg sein auserwählter Freund als Ramses I. den Thron. Mit ihm begann eine neue Dynastie. Doch er war schon zu alt, um allen Anforderungen gewachsen zu sein. Von Anfang an nahm er die Unterstützung seines Sohnes Sethos in Anspruch und bereitete ihn auf das Königsamt vor. Denn von nun an sollten wieder leibliche Erben des Pharao die Geschicke des Landes lenken.

Ramses selbst hatte wenig Chancen, das Reich zu ordnen und entscheidende Spuren zu hinterlassen. Von ihm gibt es nur eine einzige datierte Inschrift über die Darbringung eines Opfers, doch die Stele wurde vermutlich erst von seinem Sohn aufgestellt. Das Grab, das der Herrscher im Tal der Könige für sich bauen ließ, blieb unvollendet. Wände und Sarkophag sind nur bemalt und nicht mit Reliefs geschmückt. Dem Pharao war keine lange Regentschaft beschieden. Bereits im zweiten Jahr trat er die Reise ins Jenseits an.

Ein stolzer Ramesside

Im Jahr 1291 v. Chr. wird Sethos I. gekrönt. Ein Mann von Anfang fünfzig, mit der nötigen Energie und Kraft, um seine Amtszeit zu einer glänzenden Epoche der ägyptischen Geschichte zu machen. Mit dem angenommenen Thronnamen, der übersetzt »Wiederholer der Geburt« lautet, verkündet Sethos I. dem Volk sein Programm: Er sieht seine Herrschaft als Renaissance, denn er will zu älteren Vorbildern zurückkehren und die imperiale Macht Ägyptens wiederherstellen.

Kaum ist der Jubel der Feierlichkeiten verklungen, bricht Sethos in Richtung Palästina auf. Entlang der befestigten Militärstraße durch den nördlichen Sinai gründet er weitere Stützpunkte, sichert sie durch Türme und Schutzmannschaften und legt eine Reihe von neuen, bewachten Wasserstellen in der endlosen Wüste an. Den Feldzug begründet er mit einem »Aufstand in Asien«. Die Inschriften versichern, der Pharao habe Meldung erhalten »über rebellische Umtriebe der Beduinen: Ihre Stammeshäuptlinge warten in den Gebirgszügen Palästinas ... Sie sind jetzt so weit, dass sie lärmen und streiten, der eine erschlägt den anderen und sie befolgen nicht die Gesetze des Palastes.«

Zwei Generationen lang hat sich niemand um die »Asiaten« gekümmert. Ägypten lag im inneren Koma. Jetzt kann Sethos seine Soldaten marschieren lassen, um das verlorene Territorium zu-

Die Statue Sethos' I. – heute im Ägyptischen Museum in Kairo

Die Rekonstruktion einer teilweise zerstörten Inschrift offenbart, dass die Apiru von den Bergen herunterkamen und die Bewohner des Tales angriffen. Einige Forscher sehen in den Apiru nomadische oder halbnomadische Hebräer, die von Osten her nach Palästina eingedrungen waren und ständig mit den alteingesessenen Siedlern Kleinkriege führten. Aus den Inschriften der Stelen geht auch hervor, dass die Bevölkerung Palästinas grundsätzlich nicht feindlich gegen die Ägypter gesinnt war. Die Strafexpedition des Pharao richtete sich nur gegen lokale Aufstände und die allgemeine Unruhe im Land.

Nach der Befriedung des Landstrichs sicherte Sethos I. – vermutlich auf einem späteren Feldzug – entlang der Küste zunächst die Mittelmeerhäfen im heutigen Libanon. In welchem Regierungsjahr er nach Syrien einmarschierte, ist unbekannt. Ein Relief auf der Tür zum großen Säulensaal in Karnak und das Fragment einer Stele bezeugen die Einnahme des Landes Amurru und der Stadt Kadesch weiter nördlich am Orontes. Dort schlug sein Heer die Hethiter, wie der Pharao selbstbewusst verkündete. Zumindest konnte er den alten Feind für die nächsten Jahre vom weiteren Vordringen in ägyptisches Hoheitsgebiet fernhalten.

Wahrscheinlich begleitete der junge Ramses, den die Welt später »den Großen« nennt, seinen Vater auf diesen Kriegszügen. Noch ist der Knabe nur Beobachter und nicht in die Kampfhandlungen verwickelt. Viele Jahre danach wird er als oberster Feldherr selbst am Orontes kämpfen und den für ihn unrühmlichen Ausgang der weltberühmten Schlacht von Kadesch anschließend mit einer beispiellosen Propaganda-Aktion in einen glänzenden Sieg verwandeln.

rückzuholen. Er schickt je eine Division in verschiedene Städte südlich des Sees Genezareth. »Als die Spanne eines Tages vorbei war, wurden die Rebellen zum Ruhme seiner Majestät über den Haufen geworfen«, heißt es. An allen Orten lässt der Pharao Siegesstelen errichten.

Ein stolzer Ramesside

Der stolze Ramesside Sethos I. ließ seine Kriegszüge auf der Nordwand des Amun-Tempels von Karnak darstellen. Mit triumphaler Geste erschlägt der Pharao seine Feinde.

Auch an der Westfront Ägyptens heißt es für Sethos I., Stärke zu demonstrieren. Während seiner Herrschaft führt er zweimal erfolgreich Krieg gegen die Libyer. Im Süden muckt ein unbekanntes Land in Nubien, dem heutigen Sudan, auf. Obwohl die Macht des Pharao dadurch nicht ernsthaft gefährdet ist, eilt er mit seinen Truppen in das sonnendurchglühte Ge-

biet und weist den Gegner in die Schranken. Sethos gelingt es, jede Bedrohung von außen abzuwenden und Ägypten innerhalb seiner Grenzen den Frieden zu bewahren.

Auf der Nordwand der großen Hypostylenhalle im Amun-Tempel von Karnak ließ Sethos I. seine Kriegszüge und glorreichen Taten darstellen. Ursprünglich

Das Osireion in Abydos, ein monumentales, unterirdisches Kenotaph, das Scheingrab Sethos' I.

war die Fläche 25 Meter hoch, heute ist ein Teil davon zerstört. Ein Tor, das in die Halle führt, teilt das eindrucksvolle Schlachtenszenario in zwei 30 Meter lange Segmente. In alter Zeit prangten die Reliefs in bunten Farben und bedeckten eine Fläche von mehr als tausend Quadratmetern.

Die Künstler haben perfekte Arbeit geleistet. Mit Liebe zum Detail, Sicherheit in der Linienführung, einem ausgebildeten Gefühl für Proportionen und außerordentlichem Geschmack gestalteten sie Frisuren und Gewänder, die Muskeln der Pferde, die vor den Streitwagen des Herrschers gespannt sind, den Gesichtsausdruck der besiegten Feinde und die triumphalen Gesten des Eroberers. Die dazugehörenden Texte bieten den Forschern unbezahlbare Informationen über die strategischen Unternehmen des Pharao und die Geografie Vorderasiens.

Aber auch weit weg vom religiösen Zentrum des Landes geben steinerne Botschaften Auskunft über die Aktionen des Herrschers. Um den beschwerlichen Weg durch die wasserlose Wüste zu den Goldminen nahe dem Roten Meer zu erleichtern, ließ Sethos mitten in der Einöde – 50 Kilometer östlich von Edfu in Oberägypten – einen Brunnen graben und in unmittelbarer Nähe ein Heiligtum errichten. Eine umfangreiche Inschrift aus seinem 9. Regierungsjahr verkündet, dass er Goldwäscher verpflichtet habe, um »das Fleisch der Götter«, wie die Ägypter das begehrte Edelmetall nannten, in großen Mengen zu fördern. Der Pharao gelobt feierlich, der gesamte Ertrag werde seinem Tempel in Abydos zugute kommen. Mit deutlichen Worten verflucht er jeden seiner Nachfolger, der es wagen sollte, die Vereinbarung zu brechen und einen Anteil des Gewinns abzuzweigen.

Häuser für die Ewigkeit

Abydos ist einer der ältesten Kultorte in ganz Ägypten. Viele Generationen von Pharaonen haben dort den Göttern gehuldigt. Das große Heiligtum, das Sethos I. stiftete, gehört zu den eindrucksvollsten Zeugnissen des Sakralbaus. Der imposante Tempel mit jeweils zwei Pylonen, Höfen und Säulenhallen wurde aus Kalkstein hochgezogen und mit den schönsten erhabenen Reliefs der ägyptischen Kunst geschmückt. Allein das Hauptgebäude ist 157 Meter lang und 56 Meter breit, die gesamte Anlage mit all ihren Kapellen, Funktionsräumen und künstlichen Seen um ein Vielfaches größer.

Auf einer der Wände ließ Sethos I. in chronologischer Abfolge die Kartuschen aller bedeutenden Könige vom ersten Pharao Menes bis zu ihm selbst verewigen. An der berühmten »Königsliste von Abydos« haben Champollion und andere Forscher unermüdlich getüftelt. Sie wur-

Häuser für die Ewigkeit 241

Sethos I. ließ die Wände seines Tempels in Abydos mit den schönsten erhabenen Reliefs der ägyptischen Kunst schmücken.

de zu einem unverzichtbaren Baustein für die Rekonstruktion der ägyptischen Geschichte.

Seit der 6. Dynastie dominierte in Abydos die Verehrung des Osiris, einer der Hauptgottheiten des Alten Ägypten. Die jährlich vollzogenen Mysterien öffneten den Weg, sich symbolisch mit dem Beherrscher des Jenseits zu vereinen und so unsterblich zu werden. Für die heiligen Zeremonien entstanden zwischen der 12. und 26. Dynastie mindestens zwölf königliche Kultanlagen – die so genannten »Millionenjahrhäuser«. Sie sind durch schriftliche Quellen oder Grabungen nachgewiesen. Viele Pharaonen woll-

Den gewaltigen Säulensaal im Amun-Tempel von Karnak konnte Sethos I. nicht mehr vollenden. Sein Sohn Ramses II. ließ das imposante Zeugnis des ägyptischen Monumentalbaus fertigstellen.

ten sich an diesem besonderen Ort bestatten lassen oder wenigstens durch ein Scheingrab präsent sein.

Doch Sethos I. übertraf in Abydos als Bauherr alle seine Vorgänger und Nachfolger. Sein Osireion, ein monumentales, unterirdisches Kenotaph, ist das größte bekannte Scheingrab für einen zum Osiris gewordenen König. Eine Anlage der Superlative: Zur Krypta führt ein 128 Meter langer Korridor, dessen Eingang außerhalb der Umfassungsmauer liegt. Der Sarkophag des Osiris-Sethos stand einst auf einer mächtigen künstlichen Insel. Sie ist von einem tiefen Wassergraben umgeben und konnte nur mit einer Barke oder über Planken erreicht werden. An zwei Seiten führen steile Treppen aus dem Wasser hinauf zur Plattform. Die Decke des Raumes mit einer Spannweite von sieben Metern tragen zehn massige Granitpfeiler, von denen jeder 55 Tonnen wiegt. Fein gearbeitete Reliefs zeigen die Reise des toten Königs ins Jenseits – ein Motiv, das aus den Gräbern im Tal der Könige bekannt ist. Noch heute wird der Wassergraben von einem unterirdischen Kanal gespeist. Der aufgeschüttete, mit Bäumen bewachsene Hügel, unter dem sich die Anlage einst verbarg, ist jedoch verschwunden.

Der Gedanke, eine Insel unter der Erdoberfläche zu schaffen, geisterte wohl schon in vorangegangenen Epochen durch die Köpfe der Architekten. Die technischen Probleme konnten aber erst die Experten unter Sethos I. lösen. Herodot hörte die Geschichte in Zusammen-

244 Operation Sethos

hang mit den Pyramiden – eine Falschmeldung. Der griechische Geograf Strabon besuchte vermutlich persönlich das Osireion kurz vor der Zeitenwende. Denn er beschreibt ganz richtig:»... auch eine Quelle, die in großer Tiefe liegt, sodass man zu ihr durch Korridore mit Gewölben aus Monolithen von erstaunlicher Größe und Kunstfertigkeit hinabsteigt. Ein Kanal führt vom großen Fluss dahin.« Da Sethos I. nur 15 Regierungsjahre beschieden waren, konnte er das Wunderwerk von Abydos nicht ganz vollenden. Zu dem Baukonzept, mit dem der Pharao Unsterblichkeit erlangen wollte, gehören noch zwei weitere Großanlagen: der Totentempel von Qurna nahe dem Tal der Könige, den er für sich und seinen so kurz nach Amtsantritt verstorbenen Vater Ramses I. in Auftrag gab, vor allem aber sein gewaltiges Felsengrab, das alle bisherigen Dimensionen übertraf.

Auch die Fertigstellung der einzigartigen Säulenhalle in Karnak erlebte der Pharao nicht mehr. Die Zeit, die ihm die Götter schenkten, war für den monumentalen Maßstab, in dem die Projekte geplant wurden, zu kurz. Doch in seinem Sohn hatte er einen würdigen Nachfolger herangezogen. Ramses II. entwickelte eine Bauwut, wie sie Ägypten noch nie gesehen hatte. Als Sethos I. im Sommer 1279 v. Chr. im Alter von 65 Jahren in seiner Residenz im Nildelta starb, fiel das Volk in einen tiefen Schock – wie immer bei einem solch einschneidenden Ereignis. Die Menschen waren tief an religiöse Vorstellungen gebunden und glaubten, der wütende Seth habe Osiris erneut umgebracht und feindliche Mächte wollten nach der Weltherrschaft greifen.

Doch Sethos I. hinterließ sein Reich gefestigter, als er es übernommen hatte. Die Thronfolge war geregelt, die Grenzen befriedet, es drohten weder Kriege noch Hungersnot. Das Land erlebte eine Periode des Wachstums und der Blüte. Obwohl er bei der Nachwelt weniger im Rampenlicht steht als einige seiner Vorgänger oder Nachfolger, war Sethos I. einer der bedeutendsten Könige Ägyptens. Er verstand es, seinen Untertanen Vertrauen zu ihrem Staat zurückzugeben und vor allem zu dem, der ihn lenkte.

Sethos I. war ein überaus frommer, ernster, ja bescheidener Mann, sagen einige Forscher. Er hielt seine Familie im Hintergrund und erfüllte die heiligen Pflichten gegenüber allen wichtigen Göttern des Landes. In einer schwierigen Zeit des Übergangs verhalf er den alten Traditionen und der Glorie Ägyptens zu neuem Leben. Unter seiner Regierung erlebte die Kunst einen neuen Höhepunkt. Strenge Formen mischten sich noch mit der Eleganz des Amarna-Stils, der offiziell schon abgeschafft war. Als Kenner und Liebhaber kümmerte sich der Pharao persönlich um eine gleichbleibend hohe Qualität der Arbeiten seiner Bildhauer, Maler und Architekten. Wie die Gesichtszüge seiner Mumie verraten, muss er ein intellektueller und feinsinniger Mensch gewesen sein.

Ramses hörte vom Tod seines Vaters vermutlich in der Hauptstadt Memphis. Zu jener Zeit war er seit etwa acht oder neun Jahren Kronprinz. Sofort übernahm er die Regierungsgeschäfte und beaufsichtigte die Organisation für die Bestattung des Verstorbenen. Als Ramses im Nildelta eintraf, hatten die Priester schon mit der Einbalsamierung des Leichnams begonnen. Siebzig Tage währte die Prozedur. Langwierige, genau festgelegte Zeremonien begleiteten die Vorbereitung des toten Pharao für die Reise ins Jenseits. Nachdem der Körper mit feinsten Leinen-

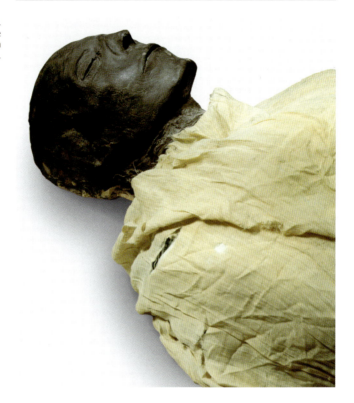

Die Mumie Sethos' I. Sie liegt heute im Ägyptischen Museum von Kairo.

binden umwickelt und in den Sarkophag gebettet worden war, setzte sich der Leichenzug in Bewegung. Es war eine riesige Flotte, mit der Priester, Beamte, die gesamte Ausrüstung für das Grab und die Familie nilaufwärts segelten. Bauern und Handwerker säumten die Ufer, um dem Toten die letzte Ehre zu erweisen.

Vermutlich im August legten die Boote in Theben an. Nach ausgedehnten Feierlichkeiten in den verschiedenen Heiligtümern überquerten die Schiffe den Nil. Nach weiteren Zeremonien im Totentempel des Pharao zog die endlose Prozession über die kahlen Berge zum Tal der Könige. Die Mumie wurde mit kostbaren Schätzen und Opfergaben in der Grabkammer bestattet. In Gegenwart des Thronfolgers Ramses II. vollzogen die Priester die letzten Rituale und versiegelten die Türen. Erst 67 Jahre später sollte hier wieder ein königliches Begräbnis stattfinden.

Der Große Platz

Während des Neuen Reiches – von etwa 1570–1070 v. Chr. – spulte sich in Theben in gewissen Zeitabständen immer wieder das gleiche Programm ab: Sobald die Kunde vom Tod eines Herrschers eintraf, unterzogen die verantwortlichen Bauleu-

246 Operation Sethos

te das Grab, das im Glücksfall schon längere Zeit komplett fertiggestellt war, einer abschließenden Inspektion und legten letzte Hand an. Nicht selten kam es vor, dass die Kammern noch nicht vollständig dekoriert waren. In solchen Fällen hatten die Künstler noch siebzig Tage Frist bis zum Abschluss der Mumifizierungsprozedur an dem Verstorbenen. So bemalten sie in aller Eile die Wände mit den vorgeschriebenen Szenen. Zeit, um aufwändige Reliefs in den Stein zu meißeln, blieb dann nicht mehr.

Schon gleich nach der Krönung des Nachfolgers machte sich eine Kommission daran, im Tal der Könige einen geeigneten Platz für die letzte Ruhestätte des neuen Pharao zu finden. Denn es dauerte Jahre, bis die Arbeiter ein Felsengrab vollendet hatten. Schon die Wahl des passenden Ortes nahm manchmal Monate in Anspruch, wie aus Aufzeichnungen hervorgeht. Die Verantwortlichen mussten den Zustand des Geländes, die Qualität des anstehenden Gesteins und die Stabilität des Hanges prüfen. Wenn er stark zerklüftet war, wenn der weiche Kalkstein zu viele harte Silexknollen oder Schichten von instabilem Esna-Schiefer aufwies, schüttelten die Experten bedauernd die Köpfe. Die ersten Pharaonen der 18. Dynastie (1570–1293 v. Chr.), deren Herrscher Tuthmosis I. mit dem Bau der Felsenkammern im Tal der Könige begonnen hatte, bevorzugten Plätze direkt unter den steil abfallenden Klippen, die das Wadi begrenzen. Fast alle diese Anlagen wurden von herabstürzendem Geröll verschüttet. Auch die Gräber späterer Könige an sanfter geneigten Hängen ereilte das gleiche Schicksal. Die Bauherren der 20. Dynastie (1185–1070 v. Chr.) lernten daraus und legten die Eingänge horizontal an den Fuß sanfter Böschungen, wo weniger Überschwemmungen drohten.

Ganz gleich wie die Achse eines Grabes tatsächlich verlief, die Gestaltung der Dekoration gaukelte eine exakte Ausrichtung von Osten nach Westen vor. Denn die genau festgelegten Wandszenen stellten einen Gang vom Horizont der aufgehenden bis zu dem der untergehenden Sonne dar. Der Weg des Menschen von diesem zum nächsten Leben, vom Reich des Gottes Re zum Reich des Osiris hielten die Künstler in immer wiederkehrenden symbolträchtigen Bildern fest.

Mit der Zeit wurde es eng in der legendären Nekropole. Denn das Wadi – in Form einer menschlichen Hand mit abgespreizten Fingern – ist nicht größer als vier Hektar. Es liegt zu Füßen 50 Meter hoher, senkrecht emporragender Felswände aus Kalkstein, die – einem Schutzmantel gleich – das Areal umhüllen. Zur Zeit der alten Ägypter führte nur eine steile, etwa drei Meter hohe Passage durch einen Felsen in den Talgrund. Seit Beginn des 20. Jahrhunderts wurde der Zugang mehrfach erweitert. Heute rollt der nie abreißende Strom von Touristenbussen über eine geteerte Straße fast unmittelbar vor die Gräber. Die unzähligen Pfade, die sich wie ein feines Spinnennetz bis zu den Hängen auf beiden Seiten verzweigen, stammen fast alle aus dem 19. Jahrhundert. Nur wenige kleine Wege, die sich auf den höheren Abschnitten schlängeln, führten einst zu den Tempeln und Häusern der Arbeiter.

Majestätisch erhebt sich über dem ganzen Gebiet die 1000 Meter hohe Gipfel einer gewaltigen Naturpyramide. »Das Horn« – oder arabisch El Qurn – beeinflusste nach Meinung von Ägyptologen die Wahl des Tales als Begräbnisstätte. Im »Tor des Himmels« sahen die Menschen ein natürliches Symbol des Sonnengottes Re. El Qurn war auch der kuhäugigen Göttin Hathor geweiht, die auf den Verstorbenen wartete, um ihm auf der Reise ins Jenseits beizustehen. Außerdem wohnte dort Meretseger, »die das Schweigen liebt«. Die thebanische Schlangengöttin beschützte die Toten und half den Lebenden. Die Arbeiter vom »Biban el Muluk« errichteten ihr in einer Höhle hoch oben am Westberg eine Kultstätte.

Neben religiösen Gründen gab es auch praktische Vorzüge, sich für das kleine Wadi zu entscheiden. Es lag in unmittelbarer Nähe des Niltals und der großen Totentempel und war bequem zu erreichen. Die Arbeiter brauchten von ihren Wohnungen etwa eine Stunde zu Fuß. Über den Berg von Deir el-Bahari dauerte der Marsch sogar nur 30 Minuten. Die moderne Teerstraße nimmt allerdings vom Fruchtland aus einen neun Kilometer langen Bogen und erweckt so den Eindruck, der Ort liege abgeschieden und isoliert von der übrigen Welt.

Vor allem dürfte die Qualität des Kalksteins, der die Anlage stabiler Gräber erlaubte, den Ausschlag für den Bau der herrschaftlichen Gräber am »Großen Platz« gegeben haben. So nannten die Einheimischen damals das Tal der Könige. Darüber hinaus ließ sich der von den Felsen umschlossene Kessel leicht bewachen. Denn schon zu Zeiten der Pharaonen wimmelte es von Räubern und Plünderern, die an die eingemauerten Goldschätze wollten.

Offensichtlich konnten die Architekten auf keinen bisherigen »Belegungsplan« zurückgreifen, wenn sie nach einem neuen Bauplatz suchten. Mehrmals verletzten die Arbeiter, ohne es zu wollen, beim Vorstoß in das Felsgestein die Wände eines älteren Grabes. Dann mussten sie entweder eine »Kehrtwendung« vornehmen und in einem anderen Winkel weitergraben oder die schon vorhandenen Räume integrieren.

Nicht immer gelang es einem Pharao, seinen Vorgänger mit einer imposanteren Ruhestätte zu übertrumpfen. Es lässt sich auch kein Zusammenhang zwischen Regierungszeit und dem Umfang der Gräber erkennen. In der 19. Dynastie wurden sie nicht mehr L-förmig gebaut, vielmehr führte eine gerade Flucht von Gängen, Treppen und Kammern tief in den Fels hinein. Die Anlagen, unter denen das Grab von Sethos I. den Rekord hält, waren insgesamt größer als die Begräbnisstätten aus früheren Zeiten. Das ermöglichte eine reichere Ausstattung mit notwendigen Grabbeigaben für das Leben im Jenseits. Zweiflügelige Holztüren trennten die einzelnen Räume voneinander. Vieles spricht dafür, dass nur Sargkammer und Magazine für immer verschlossen blieben, während Priester bei offiziellen Anlässen noch nach der Bestattung des Herrschers Zeremonien in den vorderen Bereichen abhalten konnten.

Baustelle Königsgrab

Als erste Aktion beim Bau eines Grabes vollzogen die heiligen Männer auch das Gründungsritual, sobald die Kommission einen geeigneten Platz für den frisch ernannten Pharao ausgewählt hatte. Vor Beginn der Ausschachtungsarbeiten ließen sie nahe dem zukünftigen Eingang eine kleine Grube ausheben, in die Opfergaben, Modellwerkzeuge und Amulette gelegt wurden. Die Priester weihten den Ort, an dem irgendwann der neue König ruhen sollte.

248 Operation Sethos

Dann schlug die Stunde der Architekten. Sie zeichneten einen genauen Plan – entweder auf Stücke aus Kalkstein, so genannte Ostraka, oder auf Papyrus. Im Ägyptischen Museum von Turin liegt ein großes, gut erhaltenes Expemplar mit dem Plan von KV 2, dem Grab Ramses' IV. Den kostbaren Fund entdeckte der preußische Ägyptologe Carl Lepsius um die Mitte des 19. Jahrhunderts. Die Forscher Sir Alan Gardiner und Howard Carter veröffentlichten ihn 1917.

In der exakt ausgeführten Zeichnung sind die genauen Maßangaben zu Länge, Breite und Höhe jedes Raumes festgehalten. Ein Begleittext nennt ihre Namen und den Verwendungszweck. Für sein großes »Theban Mapping Projekt«, der Kartierung des gesamten antiken Theben, vermaßen der Archäologe Kent Weeks und sein Team auch die Anlage Ramses' IV. Sie rechneten ihre mit modernen Instrumenten ermittelten Werte auf ägyptische Ellen um und verglichen sie mit den Zahlen auf dem Papyrus. Das Ergebnis ist frappierend: Die Arbeiter hielten sich genau an die Vorgaben. Vor allem in den vorderen Räumen beträgt der Unterschied zu den festgesetzten Maßen nur einige wenige Millimeter. Größere Abweichungen im hinteren Teil erklären sich dadurch, dass der letzte Raum nicht mehr ganz fertiggestellt werden konnte, weil der Pharao vermutlich unerwartet starb. Hätten die Handwerker noch Zeit gehabt, die fehlenden drei Meter in den Fels zu schlagen, läge die Differenz zur Zeichnung nur bei 28 Zentimeter. Bei einer Gesamtlänge von 84,05 Meter sind das 0,3 Prozent – eine wahrhaft erstaunliche Leistung.

Die Arbeiter, die für ein Königsgrab eingeteilt waren, bildeten zwei Trupps aus jeweils zwanzig bis fünfzig Mann –

die »linke« und die »rechte« Seite. In den engen Schächten konnten immer nur zwei oder drei Handwerker gleichzeitig tätig sein. Mit Holzhämmern, Kupfermeißeln und Feuersteinäxten brachen sie – unter Nutzung natürlicher Brüche und Risse im Hang – große Kalksteinbrocken aus dem Fels. Zwei Männer gruben an der Spitze. Sie begannen an der Decke und hauten einen Gang, eine Treppe oder eine Kammer grob heraus. Andere zerschlugen die Brocken in kleinere Stücke, die nächsten schafften sie in Leder- oder Schilfkörben nach draußen und leerten sie auf den Schutthalden aus. Wie viele dieser alten Berge noch heute im Tal der Könige Eingänge zu verschollenen Königsgräbern zudecken, werden vielleicht bald die Bodenradarmessungen von Dr. Robert Cribbs verraten.

Obwohl Kalkstein weich und leicht zu bearbeiten ist, hatten die Arbeiter eine riskante Aufgabe zu verrichten. Ständig drohte Steinschlaggefahr und an den äußerst scharfen Kanten der Brocken konnten sich die Männer leicht verletzen. Vor allem aber litten sie unter Staub, Hitze, Feuchtigkeit, Dunkelheit und Platzangst – je weiter sie in den felsigen Hang vordrangen.

Hinter den Steinhauern folgte ein Trupp, der in Feinarbeit die Flächen glättete und begradigte. Die Handwerker überprüften mit einfachem Zimmermannswinkel und Bleilot, ob die Wände senkrecht standen, die Fußböden parallel zur Decke verliefen und die Ecken einen Neunzig-Grad-Winkel aufwiesen. Eine dritte Gruppe bereitete die behauenen Flächen mit einer Putzschicht für die De-

Auf Grabwänden stellten die alten Ägypter verschiedene handwerkliche Berufe dar. (Grab des Rechmire, 18. Dynastie)

Baustelle Königsgrab 249

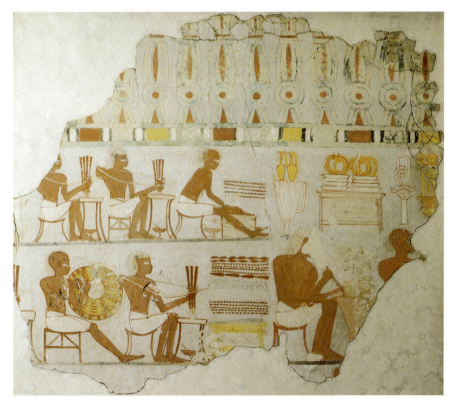

koration vor. Der Vorarbeiter hatte auf jeden ein wachsames Auge, um den Plan des Architekten korrekt zu erfüllen. Dann kamen die Schreiber zum Zuge. Alles lief wie am Fließband. Der Erste zeichnete mit roter Farbe die Umrisse der Figuren und Hieroglyphentexte auf die Wände. Dann korrigierte ein Kollege die aufgetragenen Linien mit schwarzer Farbe. Denn immer wieder gab es Schreibfehler oder misslungene Proportionen bei den Figuren. Hier war ein Arm zu dick, dort ein Bein zu lang. Anschließend klopften speziell ausgebildete Handwerker den Hintergrund weg, damit ein erhabenes Relief entstand. Wieder andere glätteten die hervorgehobenen Flächen und arbeiteten weitere Details heraus. Zum Schluss bemalten sie die Wände mit Rot, Gelb, Weiß, Schwarz und Blau – der vorgeschriebenen Palette des Neuen Reiches. Die Farben stellten die Ägypter aus Mineralien oder Pflanzen her, Blau entstand aus gemahlenem Malachit.

Welches tägliche Pensum die Verputzer und Maler schafften, war leicht zu erkennen. Die Arbeitsleistung der Steineklopfer wurde nach der Anzahl der Körbe gemessen, die sie aus dem Grab herausschafften, die Dauer der Schicht nach der Menge von Öllampen und Dochten. Jeden Morgen bekamen die Kolonnen Tonschälchen, gefüllt mit Sesamöl und einer Prise Salz, um stärkere Rauchentwicklung zu verhindern. Außerdem zwei gedrehte, mit Wachs getränkte Leinenfetzen – einen für den Vormittag und einen für den Nachmittag. Jeder dieser Dochte war gleich lang und brannte etwa vier Stunden. Wenn die Flamme verlosch, wussten die Arbeiter, dass es Zeit war aufzuhören. Die beiden Schichten unterbrach eine Mittagspause. In der 19. Dynastie dauerte die Arbeitswoche acht Tage, danach hat-

ten die Männer zwei Ruhetage. Zudem verteilten sich über das Jahr eine Reihe von arbeitsfreien Feiertagen.

Heute glauben immer noch viele Menschen, auf den Baustellen im Tal der Könige seien Tausende von Sklaven zu Tode geschunden worden. Das ist falsch. Die Arbeiter waren Ägypter. Sie hatten zwar in glühender Hitze ein hartes und mühsames Tagewerk zu verrichten. Doch sie lebten in einer wohlorganisierten Gemeinschaft mit verbrieften Rechten und sozialen Leistungen. Die Männer, die für ihre Pharaonen die prunkvollen Gräber schufen, genossen eine Sonderstellung unter den Bauleuten des alten Ägypten und standen in hohem Ansehen. Das Großprojekt Königsgrab war eine gut geölte Maschinerie, die wie am Schnürchen funktionierte.

Das war nicht immer so. In der frühen 19. Dynastie traten massive Probleme auf. Die Herrscher der vergangenen Epoche hatten sich mit einer schlichten Eleganz ihrer Gräber begnügt. Die Kammern wiesen nur die wenigen sakralen Texte auf, die während der Bestattungsfeierlichkeiten in die Wände gemeißelt wurden. Die Pharaonen der neuen Dynastie verlangten plötzlich eine gewaltigere Architektur, zudem eine komplette und farbige Dekoration aller Räume. Doch die Bauleute der damaligen Zeit waren an solch umfangreiche Arbeiten nicht gewöhnt. Haremhab, der erste Herrscher, der ein großzügiges Grab neuen Zuschnitts in Auftrag gegeben hatte, musste in halb fertigen Räumen zwischen Gesteinsplittern beigesetzt werden. Auch die Ruhestätte des Nachfolgers Ramses I. wurde nicht vollendet, weil der Pharao schon im zweiten Regierungsjahr starb.

Sein Sohn Sethos I. schaffte Abhilfe. Er unterstellte die Arbeiterkolonnen für den

Großen Platz unmittelbar seinem Wesir für Oberägypten, dem einflussreichen Paser. Zusammen mit dem Kollegen für Unterägypten, der in Memphis residierte, verkörperte er nach dem Pharao die höchste Macht im Land. Paser reformierte das Bauwesen und etablierte in der Staatsverwaltung ein eigenes Ressort für die Arbeiter der Nekropole. Voller Stolz über die neuen Beziehungen zum Thron nannten sich ihre Schreiber nun »Königliche Schreiber«. Der Titel stand sonst nur hoch gestellten Beamten bei Hofe zu.

Der Wesir, der selbst als Projektleiter die letzten Bauabschnitte des Sethos-Grabes überwachte, hob auch die gesellschaftliche Stellung der restlichen Gräbermacher, besserte ihr Einkommen auf und verdoppelte die Zahl der Planstellen. Er verfügte, dass die Männer in Zukunft nur noch für das Tal der Könige und nicht mehr für andere Bauvorhaben herangezogen werden durften. Auf diese Weise sollte gewährleistet werden, dass selbst bei einem plötzlichen Tod des Pharao zumindest die oberen Räume fertig gestellt waren.

Sämtliche Geräte und alles Material musste in Zukunft eine Gruppe übergeordneter Schreiber verwalten, die täglich über den Fortschritt des Baus Rechenschaft abzulegen hatte. Die Meister des Griffels unterstanden direkt dem Büro des Wesirs und bekleideten den gleichen Rang wie die Vorarbeiter in der Nekropole. Während aus älterer Zeit nur spärliche und unzusammenhängende Meldungen über Bauarbeiten erhalten sind, verdankt die Nachwelt der Umstrukturierung unter Paser eine Fülle von Texten.

Sie schildern das Leben und Wirken der Männer, die auf dem Westufer des Nil in einem eigens für sie gegründeten Dorf lebten. Bis ins Detail gewähren die Aufzeichnungen Einblick in den Alltag vor mehr als dreitausend Jahren – inmitten einer unerbittlichen Wüste aus Stein und Sand. Die eindrucksvollen Nachrichten aus der Vergangenheit erzählen von Sorgen und Freuden, von Intrigen und Mordanschlägen, von Streiks und der Verteilung von Sonderrationen. Die Grabungen des italienischen Gelehrten Ernesto Schiaparelli von 1905 bis 1909 und des Französischen Archäologischen Instituts in Kairo zwischen 1917 und 1947 brachten viele kleine und große Geheimnisse der Nekropolenarbeiter ans Licht.

Notizzettel in Ton und Stein

Zwei Kilometer südlich vom Großen Platz schmiegt sich die Siedlung der Gräbermacher in ein sanftes Tal zu Füßen des thebanischen Westgebirges. Heute heißt der Ort Deir el-Medineh, Stadtkloster. Der Name stammt von einem nahe gelegenen koptischen Kloster aus dem 5. Jahrhundert. Das kleine, im Kasernenstil angelegte Dorf ist nur 130 Meter lang und 50 Meter breit und von einem Mauergeviert umschlossen. Ein einziges Tor an der Nordseite führte in die vermutlich einst überdachte »Hauptstraße«. Die schmale Gasse, die kaum zwei Eseln nebeneinander Platz bot, teilte den Ort in eine Ost- und eine Westhälfte. Das entsprach den beiden Arbeiterkolonnen, die als »linke und rechte Seite« ausrückten.

Auf etwa 6500 Quadratmetern drängten sich siebzig Häuser und rund fünfzig öffentliche Gebäude und Werkstätten. Die Wohneinheiten unterschieden sich in ihrem Plan nur geringfügig voneinander. Zu ebener Erde lagen vier jeweils vier

Notizzettel in Ton und Stein 253

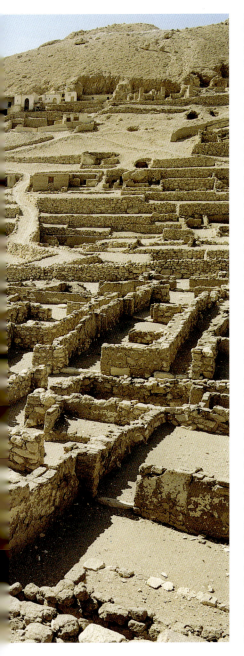

Die Ruinen von Deir el-Medineh. In der Arbeiterstadt mitten in der Steinwüste lebten die Familien der Männer, die in glühender Hitze die riesigen Felsengräber der Pharaonen erbauten.

mal fünf Meter große Räume hintereinander: An Vor- und Empfangsraum mit Mittelpfeiler schlossen sich zwei Schlafzimmer an. Außerdem gab es eine kleinere Küche und eine Vorratskammer. Licht fiel nur von oben durch winzige Luken ein. In die weiß getünchten Wände waren Nischen eingelassen – zur Aufbewahrung von Kleidung oder Gerätschaften. In einer Ablage stand der Hausaltar mit Götterstatuetten und Büsten der Ahnen. Da Holz teuer war, wurden für die karge Einrichtung hauptsächlich geflochtenes Schilf, Korbwerk, Ton und Lehmziegel verwendet. Über eine Treppe gelangten die Bewohner auf das Flachdach, wo sie während des heißen Sommers schliefen.

In das Labyrinth aus Stein- und Lehmziegelwänden verirren sich nur selten Touristen. Kaum einen Meter erheben sich die Ruinen über dem Flugsand. Doch nirgendwo sonst in Ägypten kann sich der Betrachter besser zurückversetzt fühlen in die Welt der einfachen Menschen, die vor mehr als dreitausend Jahren für ihre Herrscher Großartiges geleistet haben. Mit ein wenig Fantasie gelingt es dem Besucher, sich das bunte Treiben vor Augen zu zaubern. Er riecht noch den Rauch der Feuer, der sich mit den allgegenwärtigen Schwaden aus Staub mischt, er hört das aufgeregte Schwatzen der Frauen, das feierabendliche Palaver der Männer und das nie abreißende Lärmen herumrennender Kinder.

Fast 500 Jahre lang lebten und starben 25 Generationen von Arbeitern und Handwerkern samt ihren Familien in Deir el-Medineh. Die Väter gaben ihr berufli-

ches Wissen an die Söhne weiter. Stein-
brucharbeiter und Steinmetze, Zimmer-
leute, Maler, Stuckateure, Bildhauer, Architekten und Schreiber – die Palette der
Fachkräfte war vielfältig, die Bevölkerung
des Ortes eine quirlige, exklusive Gemeinschaft.

Als die Archäologen außerhalb der
Mauer bei Sondierungsarbeiten auf einen
schon in der Pharaonenzeit ausgetrock-
neten Brunnen stießen, schlug die Ge-
burtsstunde der altägyptischen Wirt-
schafts- und Sozialgeschichte. Denn das
tiefe, vier Meter im Durchmesser breite
Loch barg einen unbezahlbaren Schatz.
Es war bis zum Rand angefüllt mit Aber-
tausenden von Tonscherben und Stein-
stücken – allesamt beschriftet. Die Dorfbewohner schrieben ihre »Notizbücher«
in Hieratisch, einer kursiven, stark ver-
einfachten Form der Hieroglyphen für
den täglichen Gebrauch. Das Archiv von
Deir el-Medineh ist so gewaltig, dass
selbst heute – mehr als ein halbes Jahrhundert nach seiner Entdeckung – erst
ein kleiner der Teil der Botschaften aus
der Vergangenheit veröffentlicht ist.

Die Texte, deren Vielfalt kaum wiederzugeben ist, stammen fast alle aus der
Ramessidenzeit. Inhaltlich teilen sie sich
in verschiedene Bereiche wie Wirtschaft,
Rechtswesen, Architektur oder Religion.
Auch viele persönliche Briefe stehen auf
den Ostraka. So genannte Schülerhand-
schriften belegen die Übungen angehen-
der Schreiber, Quittungen die damals üb-
liche Praxis von Ratenzahlungen. Pro-
zessakten blieben genauso erhalten wie
Vereinbarungen über An- und Verkauf
von Waren, Kredit-, Pacht- und Mietver-
träge. Auf langen Listen notierten die
Verantwortlichen Lieferungen von Material und Werkzeug, die Leistung jedes einzelnen Arbeiters, Krankenstände mit Be-

gründung, die Einteilung der Wachmann-
schaften und akribisch genau die Lohnzahlungen des Staates an die Arbeiter sowie die Ausgabe von Versorgungsgütern
an die Gemeinschaft.

»Siehe, der Vorsteher der Stadt und Wesir Paser schreibt mir dieses: Bitte veran-
lasse, dass man die Löhne an die Nekropolenarbeiter ausliefert, und zwar Gemüse, Fisch, Brennholz, Töpferware,
Nahrungsmittel und Milch und halte
nichts davon zurück«, heißt es in einer
Mitteilung. Daraus geht hervor, dass die
Männer nicht mit Geld, sondern mit Naturalien bezahlt wurden. Zusätzlich zum
garantierten Lohn gab es eine genau fest-
gesetzte Menge an Versorgungsgütern,
auf die jeder Ägypter einen Rechtsan-
spruch hatte. Sie gewährten ein Existenz-
minimum und boten gewissen Schutz
vor Beamtenwillkür. Qualität und Quan-
tität der Lieferungen richteten sich nach
der sozialen Stellung des Empfängers.
Für herausragende Leistungen oder bei
religiösen Festen zeigte sich der Pharao
durch Sonderzuteilungen wie Honig oder
Weichkäse großzügig.

Da Deir el-Medineh abseits vom Fruchtland mitten in der Einöde lag, mussten
nicht nur frische Lebensmittel, sondern
auch Schlachttiere, Brennholz und Wasser dorthin transportiert werden. Das
kostbare Nass aus dem einzigen Brunnen
reichte nämlich schon bald nicht mehr
aus. So etablierte sich ein gewaltiger
Tross aus Trägern und Serviceleuten –
meist Sklaven, die natürlich auch ernährt
werden mussten. Die tägliche Grundra-
tion für einen Arbeiter bestand aus einem Brot und einem bis zwei Krügen
Bier. Frauen und Kinder wurden extra
versorgt. Zuständig für die Verteilung
waren die staatlichen Verwaltungen. Die
Scheune lieferte Getreide, Mehl, Brot und

Bier. Aus dem Schatzhaus des Pharao kamen höher wertige Produkte wie Kleidung, Öle, Salben, Sandalen, Arbeitsmaterial, aber auch Fleisch und Fisch. Unter dem bauwütigen Ramses II., der auf Heerscharen von willigen Handwerkern angewiesen war, um seine ehrgeizigen Pläne zu realisieren, ging es den Arbeitern am besten. Der Pharao hofierte sie geradezu, wie die Inschrift auf einer Stele beweist: »Die Scheunen sollen überfließen an Getreide, damit nicht ein Tag des Mangels an Lebensunterhalt eintritt. Es ist für jeden von euch monatlich festgesetzt und ich fülle euch die Magazine mit allen Dingen an Brot, Fleisch, Kuchen für euren Unterhalt, Sandalen, Kleidern und allerlei Salben zum Salben eurer Häupter für alle zehn Tage, die Kleidung aber für jedes Jahr und die Sandalen für eure Füße täglich. Nicht soll einer von euch einschlafen, indem er aus Not seufzt.« Weiterhin versprach er seinen Bauleuten Fischer und Gärtner, die für sie sorgen, Tongefäße zum Kühlen des Wassers, zudem »Emmer, Gerste, Weizen, Salz und Bohnen ohne Zahl«.

Später – im 29. Regierungsjahr Ramses' III. – brachen in Deir el-Medineh Unruhen aus. Die pünktlichen Lohnzahlungen blieben aus. Die Arbeiter streikten, weil sie nicht genug zu essen hatten. Mit drastischen Worten richtet der Schreiber Neferhotep einen eindringlichen Appell direkt an seinen obersten Chef, den Wesir Ta: »Ich teile meinem Herrn mit, dass wir (die Handwerker) äußerst elend geworden sind. Alle Sachen für uns, die dem Schatzhaus, der Scheune und dem Magazin obliegen, sind weggelassen worden. Nicht leicht ist aber das Schleppen von Steinen. Man hat uns die anderthalb Sack Gerste wieder fortgenommen, um sie uns als anderthalb Sack Dreck zu geben!

Möge mein Herr handeln, dass uns der Lebensunterhalt gewährt wird! Denn wir sind schon am Sterben, wir werden kaum noch am Leben bleiben ...«

Im Normalfall werden die Bewohner von Deir el-Medineh ihr Dasein zwischen den beiden Extremen Überfluss und Mangel gefristet haben. Die Arbeit war kein Zuckerschlecken, das Leben in der einsamen Siedlung eine Herausforderung besonderer Art. In der glühenden Einöde wächst weit und breit keine Pflanze, nirgendwo gibt es eine Wasserstelle. Doch überall auf der Welt hat der Mensch schnell gelernt, sich den Bedingungen einer unwirtlichen Natur anzupassen.

Jeden Morgen bei Tagesanbruch machten sich die Kolonnen auf zum Großen Platz. Eine Stunde Fußmarsch über einen steilen Höhenweg hatten sie vor sich, am Abend kehrten sie wieder zurück. Nach einiger Zeit errichteten sie auf dem Gipfel mehrere Steinhütten – eine Art Rasthaus – und verbrachten die Nächte in der kühleren Höhenluft. Auch im Tal selbst bauten sie sich kleine Behausungen aus Nilschlammziegeln und marschierten nur noch an freien Tagen in ihr Dorf zurück. Dass die bescheidenen Kreationen den Eingang zu älteren Gräbern verdecken konnten, störte die Männer damals nicht. Doch Howard Carter musste erst einmal auf die Idee kommen, ein Ensemble solcher Arbeiterhütten abzureißen, bevor er die versiegelte Tür des Tutenchamun fand.

Deir el-Medineh wurde gegen Ende des Neuen Reiches verlassen, als der Königshof für immer nach Norden zog und sich die Pharaonen nicht mehr im »Biban el Muluk« beisetzen ließen. Das Dorf der Künstler und Handwerker versank unter Sandverwehungen, die Erinnerung an die Wüstensiedlung verblasste allmählich.

Erst dreitausend Jahre später konnten die Archäologen das Leben der Gräbermacher wieder ins Bewusstsein der Welt heben. Und mit der Entzifferung der Ostraka kam auch ein Skandal ersten Ranges ans Licht der Öffentlichkeit. Denn die Forscher haben Akten und Gerichtsprotokolle über die großen Grabräuberprozesse in der 19. und 20. Dynastie gefunden.

Grabräuber machen mobil

Der spektakulärste Fall, der das kleine Wüstendorf bis in die Grundfesten erschütterte, war die unglaubliche Verbrecherkarriere des Vorarbeiters Paneb. Ohne jegliche Skrupel hatte er sich den eigentlich erblichen Job durch Bestechung erschlichen, wie der um Amt und Titel betrogene rechtmäßige Nachfolger Amunnacht in einem Papyrus beklagt. Damit nicht genug: Jahrelang agierte der gefährlichste Gangster, der je in Deir el-Medineh gelebt hat, ungeschoren – dank seiner guten Beziehungen zu höchsten Stellen in der Verwaltung und bei Hofe.

Paneb, der unter Ramses II. (1278–1212 v. Chr.) geboren und vermutlich während der Regierungszeit des Pharao Siptah und der Königin Tausret (1193–1185 v. Chr.) hingerichtet wurde, legte eine ungebremste kriminelle Energie an den Tag, gegen die sich niemand wehren konnte. Er terrorisierte jeden, der von ihm abhängig war. Unterschlagung, Nötigung und Begünstigung, Diebstahl und Raub, Meineid und Vergewaltigung, Totschlag, ja sogar Mord gingen auf sein Konto. Schließlich zog er auch seinen Sohn in den Sumpf des Verbrechens. Zeitweise führte Paneb eine regelrechte Gang an. Auf dem Westufer des Nil tobten Bandenkriege, es ging zu wie im Wilden Westen.

Auch den Frevel des Grabraubs ließ Paneb natürlich nicht aus. Nach einem ersten Versuch, bei dem er aus den versiegelten Kammern einer der Ramses-Töchter »nur« eine Gans gestohlen hatte, schlug er im großen Stil zu. Als Sethos II. (1199–1193 v. Chr.) starb, plünderte er die Magazine der heiligen Stätte sofort nach der Beisetzung rigoros aus. Kostbare Tücher, das Gold von Türbeschlägen, Öle und Weihrauch – nichts war vor ihm und seinen Männern sicher. Er schreckte nicht einmal davor zurück, sich den Wein durch die Kehle rinnen zu lassen, den der Pharao im Jenseits trinken sollte.

Der Nekropolenschreiber hatte Paneb zwar beim Raubzug im Sethos-Grab entdeckt, doch der verängstigte Beamte ließ sich bestechen. So wurde auch dieser Fall sang- und klanglos zu den Akten gelegt. Schließlich fasste Amunnacht Mut. Der Mann, den der gewissenlose Bandit um seinen Posten als Vorarbeiter betrogen hatte, ließ in einem Akt von Zivilcourage die Anklage auf einen Papyrus schreiben. Da er sicher war, der Beschuldigte würde nicht vor einem weiteren Mord zurückschrecken und ihn, den Zeugen, sofort umlegen, versteckte er das Schriftstück außerhalb des Dorfes unter einem Stein. Es wurde gefunden und zum Wesir gebracht. Über den Verlauf des Prozesses blieben leider keine Unterlagen erhalten. Nur ein kleines Ostrakon verkündet lapidar: »Jahr sechs Siptah, Hinrichten des Vorarbeiters.«

Das Beispiel zeigt nicht nur, dass Grabraub schon in pharaonischer Zeit an der Tagesordnung war, sondern auch von Beamten gedeckt wurde. Paneb war kein Einzeltäter. Obwohl eine gut ausgebildete Polizeitruppe das Tal der Könige bewachte, gelang es immer wieder, Kostbarkeiten aus den Kammern zu stehlen. Die Diebe erbrachen Siegel und Türen, gruben sich durch Tunnel in die Kammern, schmolzen das geraubte Gold ein und verhökerten andere Schätze auf dem Markt. Möbelstücke, Kästen, Statuen, Gefäße und Stoffe stahlen sie oft auch für den Eigengebrauch. Trotz drakonischer Strafen – Tod, Zwangsarbeit in Steinbrüchen und Goldminen oder Verstümmelungen – lockte der Grabraub als einträgliche Erwerbsquelle. Wie viele unwiederbringliche Schätze der Menschheit auf diese Weise verloren gingen, lässt sich nicht einmal erahnen.

Über eine geraume Zeit versuchten Kommissionen aus hochkarätigen Beamten, durch Inspektionen und peinlich genaue Untersuchungen den Räubern auf die Spur zu kommen. Sogar der Wesir persönlich leitete eine der Gruppen. Die Ergebnisprotokolle zählen die vielen geschändeten und die noch intakten Gräber auf. Als gegen Ende der 20. Dynastie die Plünderungen überhand nahmen, entschloss sich der Staat zu harten Gegenmaßnahmen.

Monatelang wurden Verdächtige verhört und auch gefoltert: »Sie wurden befragt durch Stockschläge und ihre Hände und Füße wurden verdreht. Doch sie erzählten alle dieselbe Geschichte.« Die Bilanz war erschreckend: Menschen aus allen Berufen und allen sozialen Schichten – bis hin zu den höchsten Priestern der Tempel – waren in die Organisation Grabraub verstrickt. Auch in Deir el-Medineh gab es Hausdurchsuchungen. Arbeiter der Nekropole, die am besten wussten, wo die Eingänge lagen, und Polizisten, die mit ihnen zusammenarbeiteten, wurden überführt. Zu sehr lockten die verborgenen Schätze und Kostbarkeiten.

Grabräuber rissen wahllos Mumien aus ihren Särgen und plünderten sie aus. Manchmal vergaßen sie in der Eile ein paar Schmuckstücke.

»Die edle Mumie des Königs war gänzlich mit Gold bedeckt und sein Sarg war innen verziert mit Gold und Silber und außen mit Einlagen aus allen Arten von Edelsteinen. Wir stahlen das Gold, das wir an dieser edlen Mumie ... fanden und an seinen Augenamuletten und Verzierungen, die an seinem Hals und am inneren Sarg waren, im dem er lag. Wir fanden die Königin genauso und wir stahlen von ihr ebenfalls alles, was wir fanden. Dann legten wir Feuer an die inneren Särge. Wir raubten ihre Grabausstattung, die wir bei ihnen fanden, Objekte aus Gold, Silber und Bronze und teilten sie unter uns auf.« So lautet eines der typischen Geständnisse jener Tage. Der Dieb bekannte seine Schuld und verriet seine Helfer. In diesem Fall bestand die Bande aus acht Männern. Archäologen erhalten durch die Niederschriften Aufschluss darüber, wie es in einem unberührten Königsgrab ausgesehen hat. Die Forscher konnten in einigen Anlagen Brände nachweisen, die zur Verwischung der Spuren von den Räubern gelegt worden waren. Die Zerstörungswut war grenzenlos.

Pharaonen im Sammellager

Doch es gab auch noch Gerechte in jener Zeit des Frevels und der Korruption – Männer, die Respekt vor den toten Königen hatten und ihnen die Ehre erwiesen, sie in »Schutzhaft« zu nehmen. Eine verschworene kleine Gemeinschaft aus Priestern und unbestechlichen Beamten war zu dem Schluss gekommen, der unverschämte Raub allerorten könne nur mit schnellerem Raub bekämpft werden. Auf nächtlichen Pfaden schlichen sie in die Gräber – immer auf der Hut, keinem der Banditen in die Quere zu kommen. Sie operierten in großer Heimlichkeit, damit die gut organisierten Räuber nicht das Geringste merkten und keinen Wind von den neuen Verstecken bekamen.

So schleppten die Retter nach und nach viele Mumien in andere Gräber. Ramses III. wurde drei Mal umgebettet, auch Amenophis I., Tuthmosis II. und Ramses der Große gingen auf Wanderschaft. »Im 14. Jahr im dritten Monat der zweiten Jahreszeit am 6. Tage wurde Osiris, König Usermaatre (Ramses II.), gebracht, ihn wieder zu bestatten im Grab des Osiris, des Königs Menmare (Sethos I.) durch den Oberpriester des Amun, Pinutem.« Vater und Sohn waren nun wieder vereint. Doch natürlich erwies sich auch das größte Grab im Tal der Könige als unsicher. Es hieß, erneut umzuziehen. Schließlich lagen in den Kammern von Amenophis II. dreizehn Königsmumien.

Am Ende schienen die Priester einen idealen Ort gefunden zu haben. Sie schafften die Pharaonen über den einsamen Höhenpfad, der noch heute zu begehen ist, aus dem Tal der Könige hinaus in ein Grab, das in den Felsenkessel von Deir el-Bahari gehauen war – nahe dem gigantischen Tempel der Königin Hatschepsut. Dort fand die erlauchte Versammlung altägyptischer Herrscher endlich Ruhe. Ob die Verschwörer den Zugang perfekt tarnten oder ein Unwetter ihn verschüttete – das Sammellager der Pharaonen geriet jedenfalls für dreitausend Jahre in Vergessenheit.

1881 erhielt Gaston Maspéro, Chef der ägyptischen Altertümerverwaltung und Direktor des Museums in Kairo, einen brisanten Brief aus Europa. Kurz zuvor hatte ein Amerikaner bei einem Händler in Luxor einen ungewöhnlich gut erhaltenen Papyrus gekauft und ihn von einem europäischen Experten begutachten lassen. Der Fachmann erkannte das seltene Stück als echt. Er horchte den Besitzer über die Hintergründe des Kaufes aus und schrieb dann ausführlich an Maspéro. So kam die Aufdeckung eines sensationellen Kriminalfalls ins Rollen.

Der Museumsdirektor wusste, dass seit ungefähr sechs Jahren immer wieder außerordentlich kostbare Objekte auf dem Schwarzmarkt auftauchten, deren Herkunft nie zu ermitteln war. Selbst eine oberflächliche Überprüfung zeigte, dass die Stücke aus dem Schatz verschiedener Könige stammten. Hatten moderne Grabräuber gleich mehrere Ruhestätten gefunden und geplündert? Die Aussicht, eine große wissenschaftliche Entdeckung zu machen, lockte den Gelehrten. Doch auf die ägyptische Polizei wollte sich Maspéro nicht verlassen. Er musste selbst hinter die dunklen Machenschaften kommen.

So schickte er einen seiner Assistenten als Emissär nach Luxor. Der junge Europäer trat als interessierter, reicher Käufer in der Szene auf. Nach Tagen des Feilschens im Basar und dem Erwerb kleine-

Pharaonen im Sammellager 259

rer Fundstücke hatte er endlich den dicken Fisch an der Angel: Mohammed Abd-el-Rasul. Als der Ägypter ihm mehrere Stücke aus verschiedenen Dynastien zum Kauf angeboten hatte, ließ der Gesandte Maspéros ihn verhaften. Mit mehreren seiner Angehörigen wurde der Delinquent vor den Mudir von Kene gebracht. Da'ud Pascha leitete persönlich das Verhör. Aber so schnell kapitulierten die Rasuls nicht. Alle Bewohner ihres Heimatdorfes Qurna marschierten auf und bezeugten einhellig die Unschuld der Männer. Da'ud Pascha musste sie laufen lassen.

Doch auch er ließ nicht locker. Dank seiner Autorität und ständiger Einzelbefragungen zermürbte er die Komplizen. Sie gerieten in Streit und schließlich verlor einer die Nerven und plauderte. Ganz Qurna – so stellte sich heraus – lebte seit Generationen vom Grabraub. Die Häuser des Ortes stehen auf alten Gräbern. So konnten sich die Bewohner unbeobachtet in der Tiefe von einer zur anderen Stätte durchwühlen. Auch dieses unrühmliche Gewerbe vererbte sich von den Vätern auf die Söhne – vielleicht schon seit den Tagen der Pharaonen.

Der Clan der Rasuls wurde sozusagen eine prominente Räuberdynastie auf dem Westufer des Nil. 1875 machte der Familienchef Mohammed die einzigartige Entdeckung, die ihm und den Seinen für den Rest ihres Lebens ein bequemes Auskommen sichern sollte – so dachte er. Durch Zufall bemerkte er in den Felsen zwischen dem Tal der Könige und Deir el Bahari eine versteckt liegende Öffnung, durch die er sich unter großen Strapazen hindurchzwängte. Er arbeitete sich bis zu einer geräumigen Grabkammer vor. Sie war voller Särge und Mumien. Mit Kennerblick sah Rasul sofort, auf welchen Schatz er gestoßen war.

Der schlaue Ägypter weihte nur wenige Familienmitglieder in die schier unglaubliche Geschichte ein. Feierlich schworen die Männer, den Fund vor Ort zu lassen und nur bei Bedarf einzelne Objekte zu verkaufen – so kam der Papyrus in den Besitz des Amerikaners. Rasul nannte die voll gestopfte Höhle sein »mumifiziertes Bankkonto«. Tatsächlich konnte der Clan sechs Jahre lang das Geheimnis wirklich wahren, was nahezu an ein Wunder grenzt. Vielleicht fragte sich mancher Dorfbewohner, wie die Rasuls zu ihrem plötzlichen Reichtum gekommen waren. Aber niemand ahnte den wahren Grund und die Tragweite des Geschehens.

Nach dem Geständnis vor Da'ud Pascha ging alles sehr schnell. Ein Telegramm, das der vor Aufregung krank gewordene Assistent nach Kairo schickte, erreichte Maspéro nicht selbst, da er auf einer Reise war. So machte sich der Konservator des Museums, Emil Brugsch-Bey, der Bruder des berühmten Ägyptologen Heinrich Brugsch, auf den Weg nach Luxor. Eile war geboten, das Grab musste sofort beschlagnahmt werden. Am frühen Morgen des 5. Juli 1881 stieg Brugsch mit Abd-el-Rasul und einem Gehilfen in die Felsen auf dem Westufer. An einem Seil ließen sich die Männer durch den elf Meter tiefen Schacht in die Felsengruft hinab.

Der Wissenschaftler glaubte, seinen Augen nicht zu trauen. Wohin er im flackernden Schein der Fackel auch blickte, überall standen Sarkophage mit bandagierten toten Körpern. Auf dem Boden verstreut lagen kostbare Grabbeigaben, dazwischen einzelne Mumien, einige lehnten schräg an der Wand. Im trüben Licht erkannte er, dass manche Särge noch verschlossen waren, andere standen offen. Ein gespenstischer Anblick, der den Forscher erschauern ließ.

Hussein Abd-el-Rasul aus dem Grabräuberdorf Qurna. Sein Vater entdeckte das Sammellager der Pharaonen.

Als er die Kartuschen entziffert hatte, stockte Brugsch der Atem. Vor ihm präsentierten sich vierzig Leichname ägyptischer Herrscher, brüderlich vereint. Darunter die größten Gottkönige, die einst die Welt regierten hatten: Amenophis I., Tuthmosis III., Ramses II. und auch sein Vater Sethos I., dessen Mumie Giovanni Battista Belzoni im Grab vergeblich gesucht hatte. Die Priester, die vor Jahrtausenden ihre Pharaonen vor den Räubern gerettet hatten, hinterließen auf den Sargwänden – fein säuberlich geschrieben – jeweils ein genaues Protokoll der dramatischen Odyssee.

Schon am nächsten Morgen hatte der Konservator 300 Fellachen aus Qurna versammelt. Die Grabräuber halfen ihm, das Versteck innerhalb von 48 Stunden auszuräumen. Die schwersten Sarkophage konnten nur sechzehn Männer gemeinsam hochhieven. Jedes Objekt wurde akribisch aufgelistet und sorgsam verpackt. Als am 14. Juli endlich der Dampfer aus Kairo eintraf, konnte die einzigartige Fracht verladen werden.

Noch einmal reisten die großen Herrscher der Vergangenheit unter Segeln auf dem Nil, der schon zu ihren Zeiten als Lebensader des Reiches verehrt worden war. Auf der gemächlichen Fahrt flussabwärts geschah etwas Seltsames. Tausende von Ägyptern säumten die Ufer und gaben ihren toten Pharaonen das Geleit. Gemäß den Beerdigungsritualen feuerten die Männer ihre Gewehre ab, die Frauen bewarfen sich mit Erde und stimmten Klagegesänge an. Denn blitzschnell hatte sich im ganzen Land herumgesprochen, welch bedeutende Last das Schiff transportierte.

Die Ankunft im Hafen von Kairo verlief prosaischer. Der Schreiber des Steueramtes, ein ebenso ergebener Bürokrat wie seine altägyptischen Vorgänger, wusste nicht, wie er die seltsame Ladung taxieren sollte. Vergeblich blätterte er in den Listen und kam schließlich auf eine, wie er glaubte, zündende Idee. Er setzte die Abgabe fest, die ihm am passendsten erschien. Und so wurden die berühmten Könige des Altertums mit dem Steuersatz für getrockneten Fisch ausgelöst.

Längst sind die Pharaonen in einem eigenen Saal des Kairoer Museums unter Glas aufgebahrt. Das Publikum darf den Raum nicht betreten, die Würde der legendären Toten soll gewahrt bleiben. Heute ruht nur noch Tutenchamun in seinem Grab im Tal der Könige. Nach der Entdeckung durch Howard Carter untersuchten Wissenschaftler die Mumie, dann durfte der junge König in seine Felsenkammer zurückkehren, wo ihn täglich Tausende von Touristen begaffen.

1977 machte Ramses II. noch einmal weltweite Schlagzeilen. Majestät reiste mit dem Flugzeug nach Paris und wurde mit allen militärischen Ehren empfangen. Französische Forscher wollten ihm die letzten Geheimnisse entreißen. Außerdem musste sich der Herrscher behandeln lassen, den 89 hochgiftige Schimmelpilzarten hatten den Leichnam befallen. Neun Stunden Kobaltbestrahlung sollten den einbalsamierten Körper vor weiterem Zerfall bewahren. Der 90-Jährige hatte verwachsene Rückenwirbel und litt an schwerer Verkalkung – so die Diagnose der Ärzte. Gestorben ist er vermutlich an einer Blutvergiftung durch einen eitrigen Zahnabszess.

Auch sein Vater Sethos I. wurde röntgenologisch behandelt. Anfang der Siebzigerjahre des 20. Jahrhunderts leitete der Archäologe Kent Weeks ein Forschungsprojekt, das sich mit der Untersuchung der Königsmumien im Museum von Kairo befasste. Sethos I. stellten die Wissenschaftler als herausragendes Beispiel vor: Die Binden aus feinem Leinen sind besonders kunstvoll um den Körper gewickelt – ein Höhepunkt der Balsamierungstechnik. Die Röntgenbilder lassen kleine Amulette, zum Beispiel ein Horusauge, unter den Bandagen erkennen, die Hände des Pharao sind – nach dem Vorbild des Osiris – über der Brust verschränkt. In mittleren Jahren hatte der Pharao offenbar einen Zahn verloren. Seine Mumie gilt neben der von Ramses II. als eine der besterhaltenen Königsmumien. Unglücklicherweise hat sie aber durch die mehrfachen Umbettungen schwer gelitten: Der Hals ist gebrochen, der Unterleib zerquetscht. Im vergangenen Jahr haben amerikanische Forscher eine DNA-Analy-

se an Sethos I. vorgenommen. Die Ergebnisse sind jedoch bislang noch nicht publiziert. Sicher wird die Welt bald erstaunliche Details erfahren, die womöglich ein neues Licht auf den großen Herrscher der 19. Dynastie werfen.

Das Geheimnis des Tunnels K

Vielleicht wird auch noch in diesem Jahr das letzte Geheimnis seines Grabes gelöst. Wohin führt die lange Passage – von den Fachleuten Tunnel K genannt –, der in der Sargkammer seinen Anfang nimmt? Belzoni bemerkte den Einstieg zu dem unterirdischen Gang erst, als er den Sarkophag wegschaffen ließ. Die altägyptischen Architekten kannten alle Tricks einer perfekten Tarnung. Schon der Entdecker des Sethos-Grabes hat sich Gedanken über die Funktion des ungewöhnlichen Tunnels gemacht:

»Der Sarkophag stand auf einem Podest mit Treppen in der Mitte des Raumes, der mit einem unterirdischen Gang verbunden war, der 90 Meter in die Tiefe führte. Am Ende dieses Ganges stießen wir auf eine große Menge von Fledermausdung. Dieser verstopfte den Eingang, sodass wir nur mithilfe weiterer Grabungen vorwärts kommen konnten. Der Gang wurde zudem durch eingestürzte Teile der Decke blockiert. Etwa 30 Meter vom Eingang entfernt befindet sich eine gut erhaltene Treppe; die Substanz des darunter liegenden Gesteins hatte sich allerdings verändert: Aus einem wunderbar harten, kalkhaltigen Fels war eine Art schwarzer, bröckeliger Schiefer geworden, der bei der geringsten Berührung zu Staub zerfiel.

Dr. Robert Cribbs und sein Assistent vor dem Eingang zum Tunnel K im Grab Sethos' I.

Dieser unterirdische Gang verläuft in südwestlicher Richtung durch die Berge. Ich habe die Entfernung sowohl vom Eingang als auch den darüber liegenden Felsen gemessen und fand heraus, dass der Tunnel die Hälfte der Bergkette bis zum oberen Teil des Tales durchläuft. Ich bin der Auffassung, dass dieser Gang eine weitere Möglichkeit zum Betreten der Grabstätte dargestellt hat. Sein Bau kann aber erst nach dem Begräbnis des Toten erfolgt sein, denn am Fußende der Treppe, direkt unterhalb des Sarkophages, hat man eine Wand errichtet, die die Verbindung zwischen Grabstätte und unterirdischem Tunnel vollkommen unterbrach. Horizontal unter dem Sarg lagen einige schwere Steinblöcke, die in gleicher Höhe mit der Galerie abschlossen, sodass niemand das Vorhandensein einer Treppe oder eines unterirdischen Ganges vermuten konnte.«

Auch andere Forscher und Archäologen, die nach Belzoni kamen, konnten nur den zugänglichen Teil der Passage auf einer Länge von 45 Meter begehen. Selbst Howard Carter kam 1903 nicht weiter. Steine und Schutt verstopften den Tunnel, aber eine umfangreiche Ausgrabung stand nicht auf seinem Programm. Doch alle waren sich einig, dass der rätselhafte Gang noch viel weiter in den Felsen führt.

Obwohl antike Gerichtsprotokolle auch von der Plünderung des Sethos-Grabes berichten, geistern seit alter Zeit durch die Dörfer auf dem Westufer des Nil abenteuerliche Geschichten. Die einen glauben, der Tunnel verbinde das Tal der Könige mit einem Monument auf dem Ostufer des Nil. Andere meinen, die Sargkammer sei nur eine Scheinkonstruktion, um die Räuber in die Irre zu führen. Die tatsächliche Grabkammer liege am Ende

Das Geheimnis des Tunnels K 263

des Korridors K und sei mit Gold und Juwelen angefüllt. Der Schatz sei zehnmal größer als der von Tutenchamun – so flüstern die Einheimischen noch heute.

Sheikh Ali Abd el-Rasul ist der Enkel jenes Mohammed, der 1875 das Sammellager der Pharaonen – die so genannte Cachette – entdeckt hat. Der Spross der einflussreichen Familiendynastie, die seit Jahrhunderten das dunkle Gewerbe der Grabräuberei betreibt, gehörte zu den schillerndsten und faszinierendsten Figuren auf der Westseite des Nil – eine Schlüsselfigur unter den gerissenen Antikenverschiebern. Dennoch konnten ihm die Behörden nie eigene Aktivitäten nachweisen. Ausgerechnet dem »König der Schmuggler«, wie ihn eine Zeitung betitelte, gelang es, von den Behörden eine Genehmigung zur Ausgrabung des Tunnels zu ergattern.

In den Siebzigerjahren des 20. Jahrhunderts erzählte der alte Fuchs einem Fernsehteam von der Aktion. Sein Urgroßvater habe Belzoni den Weg zum Grab gezeigt, sagte er. Doch dann spricht der Grabräuber voller Verachtung von dem Italiener:»Belzoni war ein Schmuggler. Alles, was er fand, nahm er mit und verkaufte es. Mein Großvater hat ihm gesagt, in dem Schacht sei nichts zu finden. Er hat ihn überlistet, damit er nicht weiterarbeitet.« Es klingt, als sei Rasul neidisch über entgangene Gewinne.

Im Februar 1961 begann der Sheikh, den Grabschatz des Pharao zu suchen, hinter dem schon sein Urgroßvater her war und über dessen Versteck er Hinweise in einem Brief seines Großvaters gefunden hatte, wie er behauptete. 600 Pfund Eigenkapital investierte Rasul in das Unternehmen. Über 130 Meter drangen die von ihm rekrutierten 65 Arbeiter aus Qurna vor. In dem Stollen herrschte stickige Luft und eine Temperatur von über 60 Grad Celsius. Nach zwei Monaten musste die Arbeit unterbrochen werden. Aus Kairo wurde ein Kompressor geordert, um Frischluft in die Grabungstunnel zu pumpen. Als die Männer nach Monaten noch nicht bis zum Ende des Ganges durchgedrungen waren, brachen sie die Schatzsuche ab. Rasuls Gelder waren verbraucht und die Antikenverwaltung stellte keine weiteren Mittel mehr zur Verfügung.

Eine Ironie des Schicksals: Ausgerechnet die Nachkommen jener Familie, die einst Sethos' Mumie geplündert hatte, gruben fast ein Jahrhundert nach der Entdeckung der Cachette nach dem Schatz des Pharao. Sie arbeiteten nachlässig, ohne jede fachliche Aufsicht und ohne je ein Protokoll zu erstellen. Sheikh Ali hoffte nach dem Abbruch der Aktion vergebens auf eine zweite Gelegenheit. Er starb erst vor kurzer Zeit. Seine Überzeugung nahm er mit ins Grab:»Der Schatz von Sethos befindet sich in diesem Schacht. Er ist an seinem Platz, ich weiß es.«

Kent Weeks gehört zu den wenigen lebenden Menschen, die ihren Fuß in den rätselhaften Tunnel setzen durften. Im Rahmen seines Vermessungsprojekts untersuchte er auch die unterirdische Anlage des Sethos-Grabes. Er berichtet von brüchigem Grundgestein, stickiger Luft, herabstürzenden Brocken, vom Schutt, den die Rasuls hinterlassen haben, und von viel Sand, der den abschüssigen Boden bedeckt.

Sobald der enge Eingang überwunden ist, wird der Tunnel geräumig – bis zu drei Meter breit und vier Meter hoch. Längs der Passage gibt es in Abständen Türöffnungen. Roh behauene Wände wechseln sich mit bearbeiteten Flächen ab. Alle Merkmale deuten darauf hin, dass die Passage K ein gut geplanter, sorgfältig ausgeführter und wesentlicher Teil des Sethos-Grabes ist. Die Architekten haben den Tunnel angelegt und versiegelt, bevor der Sarkophag in die Grabkammer geschleppt worden ist.

Nach den Messungen von Kent Weeks sind die Räume A bis J in einem Winkel von durchschnittlich 16 Grad nach unten geneigt. Die Passage K jedoch weist ein Gefälle von durchschnittlich 32 Grad auf, an einigen Stellen sogar 47 Grad. Vom Eingang bis zur Sargkammer beträgt die Länge des Grabes 94 Meter, der Tunnel erreicht vom Eingang im Inneren der Anlage bis zu dem Punkt, an dem Sheikh Alis Ausgrabung endet, 136,21 Meter. Somit ist KV 17 insgesamt 230,21 Meter lang – der Rekord aller Gräber im Tal der Könige. Der geheimnisvolle Gang K hat an der Gesamtlänge einen Anteil von mindestens 60 Prozent.

Einige Forscher glauben, der Tunnel K führe einfach nur zum Grundwasserspiegel. Der letzte zugängliche Punkt der Passage liegt fast hundert Meter tiefer als der Grabeingang und nur vier Meter über dem mittleren Wasserstand des Nil. Vor dem Bau des Assuan-Staudammes lag die Stelle unterhalb des Hochwasserniveaus. Ist diese Tatsache der lang gesuchte Schlüssel der Erkenntnis? Denn auch im Scheingrab von Abydos war die Grabkammer mit einem Raum verbunden, in den das Nilwasser eindringen konnte. Der lange Gang im Tal der Könige führt in einem Gefälle zum Grundwasserspiegel, wie es die geologischen Verhältnisse und der damalige Stand der Technik erlaubten. Vielleicht finden die Forscher am Ende des Tunnels eine Kammer, in die das Wasser eindringen sollte, und nicht einen Raum, der mit Gold und Juwelen

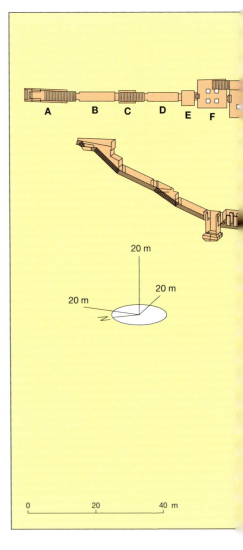

gefüllt ist, wie es sich die Rasuls erträumt hatten.

Nach dieser sehr wahrscheinlichen Theorie sollte der Tunnel keine immensen Schätze verbergen, sondern die Grabkammer von Sethos I. mit den urzeit-

Das Geheimnis des Tunnels K   265

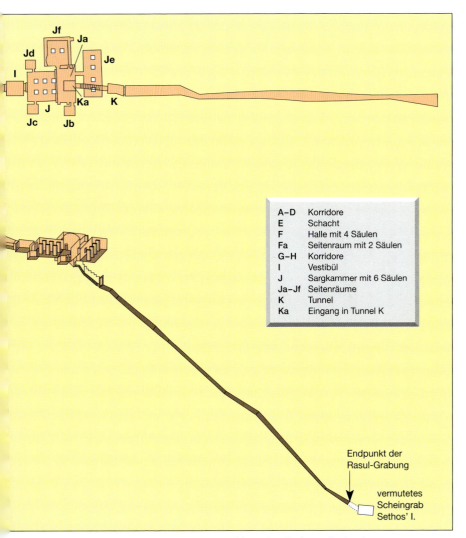

Grundriss und perspektivische Darstellung von KV 17, dem Grab von Sethos I.

lichen Wassern des Nun verbinden. In dieser Vereinigung sahen die alten Ägypter das Symbol für die Entstehung der Welt und für die Wiedergeburt des Pharao. Alle Schöpfungsmythen des Landes erzählen von der Existenz des Nun, des trägen Wassers, das allem Leben vorausgeht und aus dem sich der geheimnisvolle Schöpfer der Menschen und Götter erhebt. Wie seine Anlage in Abydos – das Osireion – zeigt, strebte Sethos I. danach, mit dem Urstrom verbunden zu sein.

Das Buch von der Himmelskuh erzählt von den Feinden des Sonnengottes Re (Raum Jb – rechts neben der Sargkammer)

Vielleicht liegt am Ende des Tunnels eine ähnliche Kammer wie in jenem Tempel. Vielleicht ließ er dort eine Maske oder eine Statue deponieren. Für den Fall, dass seine Mumie gestohlen oder zerstört wurde, konnte nach dem Verständnis der Zeit das goldene Abbild des Pharao stellvertretend für ihn zum letzten Gericht vor die Götter treten.

Die Zukunft der Vergangenheit

Wie tief religiös der Pharao war, zeigt die Dekoration seines Grabes. Seine letzte Ruhestätte bedeutet einen Wendepunkt in der Entwicklung der Felsengräber des Neuen Reiches. Nicht nur die Größe der Anlage und der Tunnel sind einzigartig, als Erster ließ Sethos die Wände vom Eingang bis zur Sargkammer vollständig mit bemalten Reliefs ausschmücken.

Zwei Themenkreise bestimmen die Dekoration: Der erste zeigt den König, wie er vor einer Gottheit betet oder opfert. Der zweite stellt die Welt jenseits des Todes dar – die so genannten Unterweltsbücher. Im Sethos-Grab ist die gesamte Palette vertreten: das Amduat, die Sonnenlitanei, das Pfortenbuch und das Buch von der Himmelskuh. Hinzu kommt die Darstellung des Mundöffnungsrituals, das dem Verstorbenen das Leben im Jenseits ermöglichen sollte.

In seinem Grab wollte sich der tote König mit dem Sonnengott Re gleichsetzen oder wenigstens zu seinem Gefolge gehören. Auf diese Weise nahm er teil am Son-

Die Zukunft der Vergangenheit 267

Dr. Robert Cribbs forscht im Sethos-Grab nach weiteren verborgenen Räumen.

nenlauf, der jeden Morgen aus der Tiefe der jenseitigen Welt zum Himmel empor führt. Das Thema der Sonnenlitanei ist die Begegnung von Re und Osiris in der Unterwelt. Die beiden großen Götter vereinen sich zu einem Wesen. Amduat und Pfortenbuch schildern das Totenreich und in zwölf Abschnitten die Nachtfahrt der Sonne. Das Pfortenbuch fügt jeder Passage ein Tor zu, das von Schlangen und Dämonen bewacht wird. Die gefährlichen Wesen bedrohen denjenigen, der nicht den rechten Spruch kennt, um sie fernzuhalten.

Die Nachtfahrt der Sonne ist eine Reise in das Mysterium von Raum und Zeit, zu den Wurzeln der menschlichen Existenz. Die alten Ägypter glaubten, Stunde um Stunde werde neu geboren. Doch von wem? Woher kommt die Zeit und wer verschlingt sie? Während der Nacht läuft die Sonne von Westen nach Osten zurück – in Gegenrichtung ihrer Tagesfahrt. Im Jenseits läuft die Zeit ebenso zurück – vom Alter zur Jugend. Die Gefahr, dass der tägliche Sonnenlauf und damit die Welt plötzlich zum Stillstand kommt, verkörpert eine riesige Schlange, die immer wieder versucht, das strahlende Gestirn anzuhalten. Sie säuft das Wasser aus, auf dem die Barke des Re dahingleitet. Doch Isis und andere Götter sprechen einen Zauber aus, fesseln das Ungetüm und zerstückeln es.

Das Buch von der Himmelskuh erzählt von weiteren Feinden des Sonnengottes. Am Anfang der Welt regierte Re noch allein direkt auf der Erde. Doch er wurde altersschwach und forderte damit die Menschen zum Aufstand heraus. Einen Teil der Rebellen konnte er mit seinem feurigen Auge vernichten, der Rest wurde gerettet. Doch der Gott zog sich auf dem Rücken der Himmelskuh in die jenseitigen Gefilde zurück. Damit endete die Herrschaft der Götter auf Erden.

Um im Jenseits weiterleben zu können, muss der Mensch nach seinem Tod eine harte Prüfung seiner Persönlichkeit überstehen. Auf die Sünder warten Feuerseen, Schlangengruben und Dämonen. Die Hölle der alten Ägypter steht im Gegensatz zum Binsengefilde, dem Paradies, in das Sethos I. unter die Seligen eingehen darf – so die Szenen in seinem Grab.

Schon lange sind die farbigen Wandgemälde verblasst, teilweise schwer beschädigt oder gar zerstört. Touristen bleibt deshalb seit Jahren der Zugang versperrt. Innerhalb der letzten fünfzig Jahre gab es mindestens drei Versuche, die Dekorationen zu konservieren. Die letzte angefangene Aktion der Altertümerverwaltung fiel Etatkürzungen zum Opfer. Wie aus Kairo zu erfahren ist, sollen in Kürze die Spezialisten, die das Grab der Nefertari renoviert haben, mit einem groß angelegten Projekt beginnen.

Auch Dr. Robert Cribbs will seine begonnenen Radarmessungen im Herbst 2001 zu Ende bringen. Wie der Wissen-

Dr. Robert Cribbs, ein Pionier der Radar- und Mikrowellentechnik, bei der Untersuchung des Sethos-Grabes im Frühjahr 2001.

schaftler in einem Interview sagte, sucht er mit seinem Team nicht nur die geheime Kammer am Ende des langen Tunnels, sondern auch weitere Räume innerhalb des Grabes. Die Impulse, die seine Geräte aussenden, werfen Echos zurück, die den Forscher Hohlräume, aber auch Ecken unter der Oberfläche erkennen lassen. Auf diese Weise kann Dr. Cribbs spezifische Informationen sammeln, bevor die Archäologen gezielt den Spaten ansetzen. Die Wände des Grabes nehmen mit seiner schonenden Methode keinen weiteren Schaden.

Bei der Erforschung des Tunnels stellt sich zum Beispiel die Frage, in welchem Winkel weitergegraben werden muss, um ans Ende des Ganges zu gelangen. Der Amerikaner will versuchen, zunächst in etwa hundert Meter Entfernung vom jetzigen Endpunkt der Passage ein Loch bis zum Grundwasserspiegel zu bohren. Von der Basis kann er dann seine Radarstrahlen horizontal ins Gelände senden, um die vermutliche Kammer zu finden. Vielleicht werden also bald neue Schlagzeilen um die Welt gehen. Vielleicht wird Dr. Cribbs das dritte Schreiben versenden mit den Worten: »Habe wunderbare Entdeckung im Tal der Könige gemacht.« Die Zukunft der Vergangenheit bleibt in jedem Fall spannend.

Wojtek Krzemiński – Helga Lippert

Todescode aus Peru

Der Fluch des Inka-Goldes

Aufbruch ins Ungewisse

Cádiz in Spanien, August 1760. Der junge ungarische Adelige Sebastian Berzeviczy ist entschlossen, den Staub Europas von seinen Stiefeln zu schütteln. Seit vier Jahren liegt Preußen mit Österreich, Russland und Frankreich in Fehde. Der Krieg wird sich noch drei weitere Jahre dahinquälen, damit man ihn später den »Siebenjährigen« nennen kann. Über die Mitte Europas hat sich die Decke der Erschöpfung und Erstarrung gebreitet. Für Abenteurer aller Länder bieten die Zeitumstände die besten Voraussetzungen, ihre Leidenschaften auszuleben. Aber Berzeviczy ist nicht vom üblichen Schlag. Er ist fertig mit Europa. Ihn zieht es hinaus, hinüber in die Neue Welt. Der Glanz des Goldes ist es, der ihn unwiderstehlich lockt. Der Gedanke, dass es in Südamerika Kostbarkeiten in Hülle und Fülle gibt für den, der sie zu finden weiß, infiziert seine Fantasie von Tag zu Tag mehr. Er hat viel davon reden gehört – von dem verschwundenen Gold der Inka. Wie eine magische Formel werden die Worte fortan sein Leben bestimmen.

Sebastian stammte aus dem Hause der Berzeviczy, einer Adelsfamilie, die zu den ältesten, angesehensten und reichsten in Ungarn zählte. Zu ihrem Besitz gehörten Ländereien nicht nur in der engeren Heimat, sondern auch in Mähren und Polen – für die führenden Geschlechter jener Zeit durchaus nichts Außergewöhnliches. Aber nicht nur das zeichnete die Familie aus. Immer wieder hatten ihre Söhne in führender Position in Staat und Armee die Geschicke des Landes entscheidend mitbestimmt. Der junge Sebastian jedoch konnte darin nichts Erstrebenswertes erkennen. Zweifellos wäre es ihm – seiner Herkunft gemäß – ein Leichtes gewesen, eine militärische Karriere einzuschlagen. Und zweifellos hätte er es dabei auch zu einigem Erfolg gebracht. Der Hang zu einem unsteten Leben aber war stärker in ihm als die Verpflichtung gegenüber der Tradition.

Kurzerhand verließ er das heimatliche Ungarn und stürzte sich in eine ungewisse Zukunft. Ruhelos trieb es ihn durch Europa. Auf finanzielle Zuwendungen von zu Hause konnte er nun nicht mehr zurückgreifen. Oft genug musste er sich mit Diebstählen und anderen Spitzbübereien über Wasser halten. Harmlose Raufereien auf der Straße gehörten ebenso zu seinem Alltag wie Duelle mit höher gestellten Gegnern. Das ging nicht immer ohne Blessuren ab, aber er kam stets mit dem Leben davon. Auf diese Weise hatte er mit knapp 30 Jahren beinahe ganz Westeuropa »bereist«. Dass er sich zwischen den Kriegsparteien, die ihre Rekrutierungskommandos durchs Land schickten, zu behaupten vermochte, allein das belegt schon sein Talent, persönliche Freiheit zu bewahren.

Spanien gab seinem Leben die entscheidende Wende. Dort hörte er zum ersten Mal von den legendären Schätzen der Inka, die im Dschungel Südamerikas der Entdeckung harrten. Nie hätte Sebastian offen zugegeben, dass er den fantastischen Berichten Glauben schenkte – schließlich war er ein Kind der Aufklärung. Doch insgeheim hing er der Überzeugung an, dass die Berge von Gold und Edelsteinen tatsächlich existierten und nur auf ihn warteten. So war einerseits

Vorherhergehende Doppelseite:
Verschollen auf Schloss Niedzica –
der Goldschatz der Inka

der Abenteurer in ihm bereit, jedes Hindernis zu überwinden und jeden Preis zu zahlen, um ans Ziel zu gelangen – selbst wenn er dabei den Tod finden sollte. Andererseits machte er sich als Realist keine Illusion über die Gefahren, die er bestehen müsste bei dem Versuch, etwas von den unvorstellbaren Reichtümern jenseits des Ozeans in seinen Besitz zu bringen. Gleichzeitig war dem jungen Draufgänger klar, dass ihm jegliche Mittel für eine Expedition in die Urwälder der Anden fehlten.

Deshalb lag es für Sebastian nahe, zunächst in die Heimat zurückzukehren und sich den Anteil vom Familienvermögen zu holen, der ihm rechtmäßig zustand. Der Verkauf einiger Ländereien brachte immerhin so viel ein, dass er sich damit Landkarten, Waffen und sonstige Ausrüstungsgegenstände beschaffen konnte. Einen Teil des Erlöses reservierte er für die Überfahrt und für die fälligen Schmiergelder. Großzügige Zuwendungen waren nämlich unerlässlich, wenn er überhaupt an Bord eines Schiffes kommen wollte, das nach Übersee auslief. So viel hatte er in Spanien bereits ausgekundschaftet. Nach erfolgreicher Abwicklung seiner Geschäfte begab sich der kühne Ungar von Budapest aus auf direktem Weg zurück nach Cádiz.

Damals beherrschten die Spanier nicht nur ihre überseeischen Gebiete mit eiserner Hand, sie hielten auch den Passagierverkehr dorthin unter strenger Kontrolle. Und Sebastian Berzeviczy gehörte bestimmt nicht zu jenem Personenkreis, den die Machthaber aus Europa in ihren Kolonien gerne sahen. Sie fürchteten um ihren Besitz, um die mühsam aufrechterhaltene Ordnung und um alles Gold, das andere im fernen Kontinent entdecken könnten. Glücksritter und Schatzgräber,

Vom spanischen Cádiz aus segelt Sebastian Berzeviczy ins Land seiner Träume – nach Peru

potenzielle Unruhestifter also, hatten dort nichts zu suchen. Für Sebastian kam daher nur eine Aktion außerhalb der Legalität infrage – zum Beispiel mit gefälschten Papieren. Doch es gelang ihm nicht, die Dokumente zu beschaffen. So versuchte er zunächst, auf einem der Segler anzuheuern, die nach Panama ausliefen. Aber alle Anläufe scheiterten an seiner mangelnden Erfahrung als Seemann. Kein Kapitän war bereit, sich solch einen suspekten »Matrosen« an Bord zu holen. Schließlich half ihm der Zufall weiter. In einer Schenke traf er auf eine Gruppe von Korsaren, die sich bereit erklärten, ihn auf ihrer Korvette mitzunehmen – gegen eine erkleckliche Summe, versteht sich. Berzeviczy war sich des

In der Millionenmetropole Lima steht heute das Reiterdenkmal des spanischen Eroberers Francisco Pizarro.

hohen Risikos zweifellos bewusst. Er musste damit rechnen, dass die Seeräuber ihn unterwegs ausplünderten und einfach über Bord warfen. Aber ihm blieb keine Wahl. Er willigte ein.

Obwohl die Korvette zu jener Zeit der schnellste Segler war, dauerte die Überfahrt bis Panama mehr als zwei Monate. Während der ganzen Zeit verlor er selbstverständlich kein Wort über den wahren Zweck seiner Reise. Für ihn stand eines fest: Wenn die Banditen erführen, mit welchen Absichten er sich trug, würden sie ihn erst recht aus dem Weg räumen, seine Landkarten sowie den Rest seiner Habe an sich nehmen und selbst nach dem Gold der Inka suchen. Bestenfalls konnte er damit rechnen, dass sie von ihm verlangten, an der Expedition beteiligt zu werden. Im Erfolgsfall hätten sie ihn dann immer noch umbringen können. Der clevere Passagier gab sich in diesem Punkt keiner Täuschung hin. Auf die neugierigen Fragen der Besatzung antwortete er kühl, er fahre nach Panama, um sich von dort aus nach Lima aufzumachen. In Peru wolle er einen spanischen Kommandanten aufspüren, der seine Frau ermordet und ihn selbst beinahe getötet hätte. Er habe dem Mann Rache geschworen. So unglaublich und fantastisch die Geschichte auch klang, die Seeräuber glaubten ihm jedes Wort und begegneten ihm fortan sogar mit deutlichem Respekt.

Mitte Oktober ging der Segler bei Panama vor Anker. Sebastian erreichte schon zwei Tage später die andere Seite der Landenge. Und immer noch trennten ihn 2000 Kilometer Wasserweg von seinem Ziel. Wie er es erreichte, dafür gibt es in keiner Überlieferung einen konkreten Hinweis. Es muss ihm jedenfalls sehr bald gelungen sein, einen Platz auf einem Schiff zu ergattern, denn schon im November betrat er im Hafen von Lima das Land seiner Träume. Er hatte sein Dorado erreicht.

Im Land der Träume

Lima, November 1760. Spanier, Indianer, Mestizen, schwarze Sklaven, Reisende und Kaufleute aus verschiedenen Teilen der Welt drängen sich durch die Straßen der Hauptstadt des Vizekönigreichs Peru. Eine derartig bunte Mischung aus Nationen, Sprachen und Kulturen hatte Europa in jener Epoche nicht zu bieten. Selbst Sebastian, der wirklich schon viel gesehen hatte, zeigte sich sehr beeindruckt. Fraglich, was eine größere Faszination auf ihn ausübte: Die Exotik der Stadt oder die Gefahr, die ihn in den Straßen Limas ständig bedrohte.

Seit die Spanier das Inka-Reich überfallen und brutal in die Knie gezwungen hatten, waren schon über 200 Jahre vergangen. Aber immer noch behandelten die Indios alle Europäer, die neu ins Land kamen, wie Eindringlinge. Der Grund dafür war unschwer in der gnadenlosen Unterdrückungspolitik der Besatzer auszumachen. Ständig versuchte die einheimische Bevölkerung, ruiniert durch hohe Steuern und Sklavenarbeit, gegen die Konquistadoren, die spanischen Eroberer, aufzubegehren. Nie und nirgendwo konnten die ungeliebten Fremden ihres Lebens sicher sein. In einem derart labilen Herrschaftssystem mussten Ausländer, noch dazu schwer zu kontrollierende Europäer, als ein Störfaktor erster Ordnung angesehen werden.

Als Sebastian Berzeviczy in Lima eintraf, lag der Aufstand, den Juan Santos Atahuallpa anführte, in den letzten Zügen. Schon seit 1742 – also beinahe 20 Jahre lang – kämpfte der Inka, der den Namen des letzten Herrschers trug, mit seinen Getreuen gegen die spanischen Besatzer. Er hatte fest mit der Unterstützung Englands gerechnet. Im Interesse der Briten musste es liegen, so das Kalkül Atahuallpas, Handelsbeziehungen mit Peru aufzunehmen, um an die Bodenschätze des Landes zu kommen. Damit hätte England das Monopol der spanischen Krone über das peruanische Gold gebrochen und ihre politische und ökonomische Macht auf dem südamerikanischen Kontinent ausgehöhlt. Das konnte aber nur gelingen, wenn der Aufstand gegen die Spanier erfolgreich war. England jedoch, durch kriegerische Händel in Europa in seiner Bewegungsfreiheit eingeschränkt, verfolgte andere Ziele. Die militärische Hilfe für die Inka-Rebellen blieb aus. 1761 war Atahuallpa am Ende.

Für Sebastian barg die Entwicklung Vorteil und Nachteil zugleich. Der Vorteil: Nur in einem – unter welchen Umständen auch immer – ruhigen Land konnte er seine Schatzsuche in Angriff nehmen und zu dem erhofften Erfolg führen. Der Nachteil: Eine gefestigte Herrschaft der Spanier verschärfte die Kontrolle über alle Fremden und brachte das erhöhte Risiko, dass sein Vorhaben auffliegen könnte. Schnell erkannte er, dass es völlig sinnlos war, auf eigene Faust loszulegen. Die einzige Chance, seinen Traum zu verwirklichen, bestand darin, das Vertrauen maßgeblicher Inka-Familien zu gewinnen. Dann könnte er vielleicht allmählich hinter ihr sorgsam gehütetes Geheimnis kommen. Das hoffte er jedenfalls.

Behutsam machte er sich daran, Kontakt mit Einheimischen zu suchen. Er wusste, dass er mit äußerster Vorsicht vorgehen musste, denn Gefahr lauerte auf beiden Seiten: Die Konquistadoren mochten ihn für einen Anhänger der Inka-Rebellion halten, die Indios wiederum für einen spanischen Spion. In beiden Fällen wäre ihm der Tod gewiss gewesen.

Das Schicksal wollte es jedoch, dass er einer ganz anderen Gefahr erlag: Er verliebte sich. Die genauen Umstände sind nicht bekannt. Doch aus den spärlich überlieferten Fakten lässt sich das Geschehen rekonstruieren:

Sie begegneten sich im Zentrum von Lima. Der Zufall führte Regie. In der Nähe der Kathedrale beobachtete Sebastian, wie sich zwei spanische Soldaten einheimische Bauern vornahmen. Sie waren vom Land in die Stadt gekommen, um ihre Erzeugnisse auf den Markt zu bringen. Daran war nichts Besonderes. Doch eine kleine Gruppe von Indios fiel auf, die sich sehr nervös verhielt und der Kontrolle zu entgehen suchte. Unter ihnen eine junge Frau, eher ein Mädchen, das sich Schritt für Schritt von der spanischen Patrouille entfernte und schließlich zu laufen begann. Das machte die Soldaten erst recht auf sie aufmerksam. Sie setzten ihr nach. Für Sebastian Berzeviczy war der entscheidende Augenblick gekommen. Ohne sich lange zu besinnen, trat er den Verfolgern mit gezogenem Degen entgegen und verletzte einen von ihnen tödlich. Das Mädchen entkam und auch der mutige Retter ergriff inmitten einer Schar von Indios die Flucht. Am Rande der Stadt versteckten sie Sebastian in einer der armseligen Hütten, von denen Lima schon damals eingesäumt war. Die Fischersleute, bei denen er Unterschlupf fand, versorgten ihn mit dem Nötigsten. So konnte er sich verborgen halten und brauchte keine Festnahme durch die spanischen Schergen zu befürchten. Denn dann wäre er dem Henker nicht entgangen. Er befand sich zwar in relativer Sicherheit, aber was sollte aus seinem Traum werden? Woche um Woche verging, ohne dass sich die Einheimischen blicken ließen, denen er an der Ka-

thedrale die Soldaten vom Leibe gehalten hatte. Der Gedanke an das unbekannte Mädchen, das ihm von Tag zu Tag schöner erschien, bot ihm nur geringen Trost. Allmählich steigerte sich seine Verlassenheit zur Einsamkeit und schließlich zur Verzweiflung.

Doch als er beinahe alle Hoffnung aufgegeben hatte, tauchte einer der ihm bekannten Indios in seiner Hütte auf. Der Mann erklärte Sebastian, dass sich die Lage beruhigt habe. Er müsse von den spanischen Behörden jetzt nichts mehr befürchten und könne sein Versteck verlassen. Zwar flackerte der Gedanke an das Gold der Inka in dem ungarischen Abenteurer noch immer auf. Aber er hatte die Zeit in der Hütte genutzt, seine Lage zu überdenken. Und er war Realist genug, um zu erkennen, dass er seinen Plan unter den gegebenen Umständen aufgeben musste. Er hatte beschlossen, nach Europa zurückzukehren, und machte auch dem Indio gegenüber daraus keinen Hehl. Der Mann schüttelte jedoch den Kopf, denn zuerst wollte er Sebastian noch zu einem Treffen mitnehmen.

Die geheimnisvolle Schöne

Die beiden schlichen durch die engsten Gassen und passten sorgfältig auf, nur ja keinem spanischen Soldaten zu begegnen. Als sie ihr Ziel erreichten, überraschte es Sebastian nicht mehr, das Mädchen wieder zu sehen, dem er die Flucht ermöglicht hatte. Es verwunderte ihn allerdings, sie in einem Kreis prächtig gekleideter Inka vorzufinden, die ihrerseits von einer ganzen Anzahl von Wächtern beschützt wurden. Erst nachdem

Uminas Familie weiht Sebastian in die Riten der Inka ein

sich seine Augen an das Halbdunkel des Raumes gewöhnt hatten, erkannte er einige von ihnen: Es waren die Männer, die vor der Kathedrale beinahe in die Fänge der Spanier geraten waren.

Eine eigenartige Spannung lag über der Versammlung. Niemand bewegte sich, niemand sprach ein Wort. Der Europäer hatte das Gefühl, einer Prüfung unterzogen zu werden. Schließlich war es das Mädchen, das zu sprechen begann. Sie nannte ihren Namen: Umina. Und weiter erfuhr er von ihr, dass sie eine direkte Nachfahrin des letzten Herrschers Atahuallpa sei. Eine echte Inka-Prinzessin also. Ein Sohn Atahuallpas hatte die blutigen Kämpfe überlebt, die vor mehr als 200 Jahren den Untergang des Reiches besiegelten. Er vermählte sich mit einer der Frauen, die eigentlich für seinen Vater bestimmt waren, und führte so das edle Geschlecht weiter. Die Inka konnten seine Existenz geheim halten und damit sein Leben retten. Denn die Spanier hätten alles unternommen, um jede Person königlichen Geblüts abzuschlachten.

Die ganze Geschichte klang für den verblüfften Sebastian wie ein Märchen, wie eine jener indianischen Legenden, von denen jeder Einheimische zu erzählen wusste. Vielleicht sollte er sich doch ganz einfach davonmachen und – so wie er es vorhatte – die Heimreise antreten. Aber da war wieder der Gedanke an den Grund seiner Reise nach Peru. Wenn er einer echten Inka-Prinzessin das Leben gerettet hatte, mochte sich ihm plötzlich doch noch die Chance eröffnen, zu den Schätzen vorzudringen und reich zu werden. Überdies war ihm klar: Wenn das Mädchen die Wahrheit gesagt hatte, könnte er das Treffen kaum lebend verlassen. Denn die Inka müssten ihn töten, um die Prinzessin und sich selbst zu en. Und darauf wollte er es lieber ankommen lassen. Er dachte auch nicht mehr ernsthaft an Flucht. Neder Gier nach dem Gold beherrschte unvermutet ein Gefühl, das er bis dau kaum gekannt hatte: Er hatte sich in ie exotische Schönheit verliebt. So stark var das Empfinden in ihm, dass die Kostbarkeiten, die da im Urwald verborgen sein mochten, plötzlich allen Glanz einbüßten. Umina war ihm wichtiger. Er entschloss sich zu bleiben. Die junge Frau klärte ihren Verehrer nach und nach über die Geschichte ihres Volkes auf. Sie erzählte ihm von der Blüte und vom tragischen Untergang eines Reiches, das in der ganzen Welt seinesgleichen sucht. Der staunende Europäer erfuhr von Mythen und Legenden, von Göttern und blutigen Riten der Inka. Und endlich weihte ihn das Mädchen auch in das Geheimnis des Goldes ein.

Die Wiege der Götter

Das Imperium der Inka bildete den krönenden Abschluss einer viele Jahrhunderte dauernden Entwicklung.»Die Söhne der Sonne« übernahmen das Vermächtnis verschiedener altperuanischer Indianerreiche und führten es zu einem einzigartigen Höhepunkt. Da die Inka und ihre Vorgänger keine schriftlichen Zeugnisse hinterlassen haben, speist sich das Wissen der Nachwelt vor allem aus unzähligen, mündlich überlieferten Legenden und Augenzeugenberichten, die spanische Chronisten als erste Europäer, die ins Land kamen, aufgezeichnet haben. Die systematische archäologische Erforschung Perus begann erst im 20. Jahrhundert und noch längst sind

nicht alle Rätsel seiner glanzvollen Vergangenheit gelöst.

Der Überlieferung nach war Manco Capac der Stammvater der Herrscherdynastie. Etwa ab 1200 soll er das erste staatliche Gebilde der Inka geschaffen und als Zentrum die Hauptstadt Cuzco gegründet haben. Die historischen Fakten sind spärlich. Über den genauen Zeitpunkt der Reichsgründung streiten sich die Forscher ebenso wie über die Herkunft der Inka. Die Ursprungslegenden dagegen zeigen sich umso reichhaltiger ausgeschmückt. Es fällt auf, dass sie Volk und Adel bereits als Klassen darstellen.

Nach einer Version stammen die Inka aus Höhlen in Paccari-Tambo in der Nähe von Cuzco. Aus einer Behausung kamen Ayar Manco – bekannt als Manco Capac – und seine drei Brüder Ayar Auca, Ayar Cachi und Ayar Uchu mit ihren vier Schwestern, die zugleich ihre Frauen waren. Aus kleineren Nebenhöhlen krochen zehn Sippen, die den Anführern folgten. Doch Manco Capac sah in seinen Brüdern gefährliche Rivalen. Einen konnte er einsperren, die beiden anderen wurden in Steine verwandelt. Der Sieger führte sein kleines Volk ins Tal von Cuzco. Dort stieß er einen goldenen Stab in den Boden – zum Zeichen, dass er den von den Göttern bestimmten Wohnort an jener Stätte gefunden habe.

Einem anderen Überlieferungsstrang zufolge schufen die Götter selbst im Hochland um den Titicacasee den königlichen Helden. Er hatte die Mission zu erfüllen, den bis dahin primitiv lebenden Völkern die Zivilisation zu bringen. Manco Capac kam ins Tal von Cuzco und sprach zu seiner Frau und Schwester:»In diesem Tal wünscht die Sonne, unser Vater, dass wir Halt machen und uns hier festsetzen. Es ist also notwendig, meine

Die Wiege der Götter

Königin, dass Ihr und ich die Menschen versammeln, um sie zu unterrichten, damit wir ihnen all das Gute zeigen, das die Sonne, unser Vater, uns gelehrt hat.« Manco Capac brachte seinen Untertanen bei, den Boden zu bearbeiten und Mais und Gemüse anzubauen. Auch Bewässerung, Metalltechnik und die Terrassierung der Felder lehrte er sie. Seine Frau unterrichtete die Indianerinnen im Weben von Baumwolle und Wolle, in der Fertigung von Kleidung und anderen häuslichen Pflichten – so die Legende.

Der Titicacasee – 3812 Meter über dem Meeresspiegel gelegen und bis zu 281 Meter tief – spielte als »Wiege der Götter« in der indianischen Mythologie eine herausragende Rolle. Die Inka verehrten ihn als wichtiges Heiligtum und Mittelpunkt ihres spirituellen Universums. Am Anfang der Welt, in der Zeit ewiger Finsternis soll der weiße Gott Viracocha, der sei-

nem Volk später zum Verhängnis wurde, aus den Wassern emporgestiegen sein und die Erde, die Menschen und die Tiere erschaffen haben. Doch mit dem ersten Ergebnis seiner Arbeit war er nicht zufrieden. Deshalb machte er sich erneut ans Werk und brachte einen besseren Menschentypus hervor. Viracocha gab sein Wissen an die Erdenbewohner weiter und schickte sie damit in alle vier Himmelsrichtungen aus. Die Sage berichtet, dass der Gott eine lange Reise durch ganz Südamerika unternahm. Am Ende seiner Wanderung erreichte er den Pazifik und brach von dort aus zu den Ländern jenseits des Ozeans auf. Für die Inka war Viracocha deshalb unsichtbar und wohnte im Himmel.

Auch Inti, die Sonne, hatte im Titicacasee ihre Heimat. Die Indios verehrten ihn als ihren höchsten Gott und verstanden sich als seine ergebenen Diener. Sie stell-

Der Titicacasee (3812 Meter ü. d. M.): In der Mythologie der Inka war er die »Wiege der Götter«.

ten Inti als eine goldene Scheibe mit menschlichem Gesicht dar, das nach allen Seiten hin ausstrahlt. Ihm kam die größte Bedeutung zu, ihm bauten seine Anhänger die schönsten Tempel im ganzen Land, seinen Kult führten sie als Staatsreligion konsequent in allen unterworfenen Gebieten ein. Daneben personifizierten die Inka zahlreiche andere Gestirne und Naturgewalten und erhoben sie zu Göttern. Als mythische Gattin Intis und damit der Sonne untergeordnet trat die Mondgöttin Mama Kilya auf. Zunahme und Abnahme des Erdtrabanten gestatteten den Inka, die Monatszyklen zu berechnen und die Daten für ihre heiligen Feste zu bestimmen.

Bei der Bedeutung der Landwirtschaft für die Entwicklung und den Reichtum des Landes stand der Regengott Apu Illapu in höchstem Ansehen. In Dürrezeiten unternahmen die Menschen Pilgerreisen zu seinen Tempeln und brachten reiche Gaben dar, um seine Verzeihung zu erreichen und ihn wieder gnädig zu stimmen. Wenn Hungersnot herrschte, opferten ihm die Priester sogar Menschen. Auch der Gott des Donners, die Erdmutter Pacha Mama und Mama Qocha, die Mutter der Gewässer, sowie die Venus oder die Plejaden hatten ihren festen Platz im Pantheon der Inka.

Als das Reich expandierte und immer mehr unterworfene Völker dazukamen, erweiterte sich der Götterhimmel. Solange die neuen Untertanen den ihnen aufgezwungenen Inti als höchstes Wesen anerkannten, durften sie weiterhin ihren alten Gottheiten huldigen. Deren Beliebtheit stieg daraufhin nicht selten schlagartig an – eine Trotzreaktion der Eroberten. Doch wenn die untergeordnete Position dieser Götter akzeptiert wurde, übernahm sie der Staat sogar in den offiziellen Kult und pflegte ihre geweihten Stätten. So entstand 20 Kilometer entfernt von der heutigen Hauptstadt Lima ein Tempel für Inti neben dem bereits existierenden Heiligtum des Gottes Pachacamac. In ihm sahen die Völker, die vor den Inka an der Küste Perus siedelten, den Schöpfer der Welt. Übersetzt bedeutet sein Name »Herr der Erde«. Weil der Kult um ihn bei den Einheimischen stark verwurzelt war, machte der Herrscher aus Cuzco einen klugen Schachzug. Kurzerhand erhob er Pachacamac zum Gott des Feuers und zum Sohn Intis. Tausende von Wallfahrern aus dem ganzen Land pilgerten zu der berühmten Weihestätte, dem einzigen »gesamtperuanischen Orakel, dem Delphi Altamerikas«, wie es heißt. Die Gläubigen ließen sich von den Priestern weissagen und brachten dem mächtigen Pachacamac kostbare Gaben wie Gold und Silber. Der ungeheure Zustrom der Menschen und der Ruf der Heiligkeit machten die Stadt, die ebenfalls den Namen des Gottes trug, zu einer der Metropolen Altperus. Ein spanischer Chronist vermerkte, dass sie »größer sei als selbst Rom«. Max Uhle (1856–1944), der deutsche Nestor der peruanischen Archäologie, grub um die Wende zum 20. Jahrhundert zwölf Monate lang an dem legendären Ort. Er verfasste die erste und bis heute grundlegende Forschungsarbeit über Pachacamac und erwarb sich damit ein hervorragendes wissenschaftliches Prestige.

Die Inka praktizierten eine Art Trennung zwischen dem Staat und der Religion. Die Priester kontrollierten den Tempel und die Orakelstätten, versuchten jedoch nicht, Einfluss auf herrschaftliche Belange zu gewinnen. Die weisen Männer beteiligten sich auch nie an Intrigen oder Umstürzen.

Neben den großen Tempeln hatten die so genannten »Huacas« für die Indios eine immense Bedeutung – bis heute. Das Wort stammt aus dem Ketschua, der Staatssprache der Inka, und heißt so viel wie »heilig«, »heiliger Ort« oder »heiliger Gegenstand«. »Huaca« konnte alles sein: ein See, ein Berg, eine Höhle, ein Stein, ein Baum oder ein Grab, aber auch ein Tempel oder eine der gewaltigen Pyramiden. Die Einheimischen glaubten, in den verschiedenen Örtlichkeiten – ob von Menschenhand oder von der Natur geschaffen – wohnten übernatürliche Kräfte. Es galt, die Geister, die dort hausten, mit Gebeten und Gaben zu besänftigen. Tiere, Feldfrüchte, Kokablätter und Lebensmittel gehörten zu den herkömmlichen Darreichungen. Kein Tag verging, ohne dass den jenseitigen Mächten und Kräften nach einem genau festgelegten Ritual geopfert wurde. So musste Inti bei Sonnenaufgang mit Mais gehuldigt werden. Nur so konnte das Band zwischen ihm und seinen Kindern, den Inka, verlässlich gefestigt werden.

Die »Huacas« um die alte Hauptstadt Cuzco unterlagen einem ganz besonderen System. Imaginäre Linien verbanden die zahlreichen heiligen Orte mit dem Zentrum des Reiches. In drei Stadtvierteln verliefen jeweils neun Linien, die wiederum in Dreiergruppen geteilt waren. Im vierten Bezirk gab es sogar vierzehn der unsichtbaren Geraden. Ethnologen haben sie einerseits als kalendarische Anlage gedeutet, in der jedem Tag ein geweihter Platz zugeteilt war. Andererseits sehen Experten darin ein Symbol für die äußerst komplizierte soziale Gesellschaftsstruktur in Cuzco. Jede Sippe soll für den Betrieb einer Gruppe von »Huacas« verantwortlich gewesen sein. Mehr noch: Die Hierarchie der Großfamilien und ihre Beziehungen untereinander spiegeln sich nach Ansicht der Fachleute in diesem einzigartigen System.

Auf der untersten Stufe der überirdischen Wesen standen die Götter der einzelnen Sippen und ihre persönlichen Schutzgeister, die »Conopas«. Die Indios verehrten mythische Urahnen, die Personen und Tiere, aber auch Objekte wie zum Beispiel Steine sein konnten. Dennoch töteten die Menschen auch Tiere, von denen sie nach ihrem Glauben abstammten, und aßen sie – genauso wie die entsprechenden Pflanzen.

Der Sohn der Sonne

Vermutlich erst seit Ende des 15. Jahrhunderts wurde der Herrscher als oberster Inka zum Gott erhoben. Die Tatsache, dass er für die Indios ein Sohn der Sonne war, gewährleistete in ihren Augen für alle Ewigkeit einen geregelten Lauf des gleißenden Gestirns. Das Zeremoniell, das den Ersten des Volkes umgab, trug religiöse Züge. Sein Antlitz war stets mit einem Tuch aus edelstem Stoff verhüllt oder er verbarg sich bei Audienzen hinter einer Wand. Denn kein menschliches Auge sollte dem Sohn der Sonne ins Gesicht blicken. Nicht einmal die höchsten Würdenträger, selbst wenn sie noch so einflussreich waren, durften sich ihm nähern, ohne eine symbolische Last auf dem Rücken zu tragen – ein Zeichen des Gehorsams und der Demut. Bei Empfängen hatte jeder barfuß vor ihm zu erscheinen und wen er aufforderte, sich in seiner Gegenwart zu setzen, dem widerfuhr eine außerordentliche Ehre. Ein Inka königlichen Geblüts war unfehlbar. Er konnte niemals bestraft werden, auch nicht für ein noch so schwerwiegendes Verbrechen. Er hatte unumschränkte Macht über alle Lebewesen. Ihm gehörten das gesamte Land, das Vieh und die Bodenschätze.

Seine abgetragenen Gewänder und die Reste von Speisen, die er zu sich genommen hatte, trugen Bedienstete sorgfältig zusammen und verbrannten sie einmal im Jahr bei einer großen Feier. Geschenke, die er verteilte, betrachteten die Empfänger als Heiligtum. Wenn der Herrscher starb, wurden seine Lieblingsfrauen und engsten Diener in Rausch versetzt und umgebracht, um ihren Herrn ins Jenseits zu begleiten. Kundige Balsamierer konservierten den Leichnam. Danach wurde der Körper des Toten so behandelt, als lebte er noch. Um ihn zu verpflegen, erhielt seine Familie weiterhin die Früchte der Felder, die dem Verstorbenen gehört hatten. Zu feierlichen Anlässen brachten die Hinterbliebenen die Mumie auf den Hauptplatz von Cuzco und servierten Bier und eine Mahlzeit. Scharen von Domestiken sorgten dafür, dass keine Fliege zu nahe kam.

Den Sohn der Sonne unterstützte eine herrschende Klasse, die in drei Gruppen eingeteilt war. Die wichtigsten Positionen im Staat und der religiösen Hierarchie nahmen Angehörige der königlichen Sippe ein. Eine Stufe tiefer standen Mitglieder der Oberschicht aus Cuzco. Auch hoch gestellte Persönlichkeiten anderer Stämme aus der Umgebung der Hauptstadt wurden zu Inka erhoben, um wichtige Funktionen in der Bürokratie auszuüben. Den untersten Rang bildeten die Häuptlinge unterworfener Völker, die »Curaquna« oder – wie die Spanier sie nannten – die »Curacas«. Wer sich besondere Verdienste erworben hatte – ob im Krieg, auf technischem Gebiet oder als Architekt eines großartigen Bauwerks – konnte in den Adelsstand aufsteigen.

Die Inka der Oberklasse, die umfangreiche Rechte genosssen, hoben sich vom gemeinen Volk schon durch äußere Merkmale ab: Sie trugen Ohrpflöcke und – ein Geschenk ihres Herrschers – besonders feine Stoffe aus der seltenen Vicunawolle, die damals die so genannten »Sonnenjungfrauen« in ausgewählten Tempeln webten. Ein weiteres Privileg: Nur Adlige durften Gold- und Silberschmuck anle-

Den obersten Inka verehrten die Indios als »Sohn der Sonne«.

gen. Sie hatten auch ihre eigenen Schulen, deren Lehrer in hohem Ansehen standen. Sie unterwiesen die Prinzen und die Söhne der Elite in den heiligen Zeremonien, den Grundlagen der Religion, in Gesetzeskunde, Politik, Geschichte ihres Volkes und in der Kriegsführung. Auch Poesie, Philosophie, Musik und Astrologie standen auf dem Stundenplan. Die weisen Männer brachten den auserwählten Jugendlichen darüber hinaus gute Umgangsformen und eine elegante Sprache bei. Da die Inka keine Schrift kannten, sondern nur ein Knotensystem, das Zahlen und Mengen festhielt, fußte die Ausbildung auf praktischen Übungen und einem enormen Gedächtnistraining.

Ein Adliger durfte mehrere Frauen besitzen. Meist wurden sie ihm vom obersten Inka zugeteilt. Er selbst war zur Inzucht verpflichtet, denn er musste seine Schwester zur Hauptfrau nehmen. So verlangte es die Tradition. Allerdings konnte er sich so viele Konkubinen halten, wie er wollte. Dafür rekrutierten seine Beamten in den Dörfern der Bauern die schönsten jungen Mädchen und schickten sie zunächst zur Erziehung in eigens dafür eingerichtete Tempel. Diejenigen, die als »Sonnenjungfrauen« auserkoren wurden, blieben ein Leben lang in den heiligen Mauern und führten ein keusches Leben – beim Weben der feinen Stoffe.

Umfangreiche politische, juristische und ökonomische Privilegien machten den Angehörigen der Oberschicht das Leben leicht. Die Einnahmen aus Ländereien, die ihrer Sippe gehörten oder die ihnen der Herrscher übereignet hatte, sicherten einen komfortablen Lebensstandard. Im Fall eines Deliktes bestraften sie besondere Gerichte zudem weniger streng als den einfachen Bürger. Die Creme der Gesellschaft brauchte keine

Tributarbeit zu leisten – wie die Angehörigen der unteren Klasse. Von diesen verlangte der Staat umfangreiche Dienste: auf den Feldern, beim Hüten der Lamaherden, in Bergwerken, an öffentlichen Bauten und in der Armee.

Die Geburt des Imperiums

Als die Inka ins Tal von Cuzco einwanderten, fanden sie dort bereits Stämme vor, die in kleineren Dorfgemeinschaften lebten. Die Neuankömmlinge besetzten ein Stück Land, das in wenigen Tagen zu Fuß zu durchqueren war, und siedelten sich an. Jahrhundertelang blieben sie eine Gruppe unter vielen. Und trotz ständiger Kämpfe gelang es ihnen nicht, auch nur eines der Nachbarvölker in die Knie zu zwingen. Dann plötzlich mauserten sie sich vom unbedeutenden Stamm in nur 30 Jahren zu kühnen Eroberern, ja zu Beherrschern eines Weltreichs.

Als Durchbruch sehen Historiker das Jahr 1438. Von da an unterwarfen die Inka im Eiltempo einen Teil des Andengebiets nach dem anderen. Stein des Anstoßes waren die Chancas, ein nördlich von Cuzco wohnender Sippenverband, der die Stadt und das Land der Rivalen an sich reißen wollte. Die Legenden berichten von Steinen, die sich in Krieger verwandeln und als Hilfstruppen der Inka den Feinden die entscheidende Niederlage beibringen. Aber auch von blutigen Familienfehden, aus denen schließlich Pachacutec, »der Veränderer«, als neuer Herrscher hervorging, wird erzählt. In einem beispiellosen Siegeszug schufen er und seine Nachfolger ein Imperium, das sich von Norden nach Süden über 4000

284 Todescode aus Peru

Kilometer erstreckte und Teile der heutigen Länder Ecuador, Bolivien, Argentinien und Chile sowie fast das gesamte Staatsgebiet des modernen Peru umfasste. Viele Details des spektakulären Geschehens lassen sich heute nicht mehr rekonstruieren, da sich Mythen und Fakten verwoben haben und sich als unentwirrbarer Faden durch die Geschichte der Indios ziehen.

Dabei zeichneten sich die Inka zu Beginn ihrer strategischen Mission nicht einmal als größtes und stärkstes unter den Andenvölkern aus. Sie hatten in jener Zeit noch längst nicht das Niveau der besiegten Reiche erlangt, die bereits auf Höchstleistungen in Zivilisation und Kultur zurückblicken konnten: So waren die Mochica-Indianer berühmt wegen ihrer »Bilderbücher aus Ton« – zahllose Plastiken und Keramikgefäße, geschmückt mit kunstvollen Reliefs und vor allem mit feinster Malerei. Die Nazca machten sich einen Namen mit ausgefeilter Bewässerungstechnik und meisterhaft gebauten unterirdischen Aquädukten. Über ihre gigantische »Bildergalerie«, die mitten in der Wüste in den knochentrockenen Boden »gezeichnet« wurde, rätseln die Forscher noch heute. Das geheimnisvolle Liniengeflecht entdeckten amerikanische Historiker 1931 vom Flugzeug aus, denn die riesigen Figuren sind nur aus der Vogelperspektive zu erkennen. Weltweite Schlagzeilen machte der Autor Erich von Däniken mit seinem Buch *Erinnerungen an die Zukunft*, in dem er die gestalteten Flächen als Landebahnen außerirdischer Wesen identifizierte. Das Chimú-Reich wiederum hatte seinen Ruf unter anderem dem Einfallsreichtum und der Präzision seiner Goldschmiede zu verdanken. Eine unvergleichliche Kollektion märchenhaft schöner Kostbarkeiten, die Archäologen aus Gräbern und Pyramiden geborgen haben, bezeugen den Geschmack und die Perfektion der Kunsthandwerker.

Im Vergleich zu den atemberaubenden Objekten der Nachbarvölker sind die Erzeugnisse der Inka zunächst nur als roh und bescheiden zu bezeichnen. Auch mit innerer Stabilität oder äußerer Macht konnte der Staat in seinen Anfängen keineswegs prahlen. Die Tatsache, dass einer der Söhne des sechsten Herrschers als Junge von einem benachbarten Stamm als Geisel genommen und über Jahre festgehalten wurde, spricht nicht für überlegene Stärke. Und doch waren es die Inka, die trotz offenkundiger kultureller Unterlegenheit ein Großreich gründeten, das die Europäer staunend »El Dorado, das goldene Land« nannten.

Doch wie schaffte es ein unbedeutender Stamm aus dem Bergland Perus, in nur knapp 30 Jahren zur »Weltmacht« zu werden? Der Schlüssel zur Beantwortung dieser Frage liegt in einer äußerst klugen Taktik und in der Floskel »Zuckerbrot und Peitsche«. Da die Inka viel zu schwach und zu wenige waren, um die Eroberung des Landes allein durchzuführen, setzten sie ihre Armeen vorwiegend aus den Männern bereits unterworfener Völker zusammen. Nur die Offiziere, die ihnen vorstanden, rekrutierten sie aus eigenen Leuten. Nach jedem Feldzug mussten die Besiegten ein Kontingent von Soldaten stellen. Als nächstes Ziel nahmen sich dann die schlauen Inka oft einen Stamm vor, der mit ihren neuen Untertanen in Fehde lag. So boten sie ihnen die Gelegenheit, selbst alte Rechnungen zu

Pachacutec – der legendäre Begründer
des Inka-Imperiums

Die Geburt des Imperiums 285

begleichen, und als Kompensation für die eigene Unterwerfung den Triumph und das Prestige eines Sieges. Zudem überhäuften sie die besten Krieger als Entschädigung für Verluste mit nützlichen Geschenken.

Das aber bedeutete, dass die Inka bei einem Vorstoß in fremdes Gebiet stets erfolgreich bleiben mussten. Nicht immer ging das Kalkül auf. Obwohl sich die Elite aus Cuzco bemühte, Willkürmaßnahmen zu vermeiden, provozierte die Politik der Kolonisierung oft genug Widerstand und Auflehnung bei den Unterjochten. In aller Regel wurden die Aufstände jedoch mit gnadenloser Härte im Blut der Rebellen erstickt. Auf der anderen Seite schützten die Inka ihre Verbündeten vor Angriffen von außen. Sie versorgten die Stämme mit Rohstoffen, die sie selbst nicht erzeugen konnten. So bekamen etwa alle Einwohner des Reichs jährlich eine bestimmte Menge an Lamawolle und in viele Gebiete, in denen diese Tiere bislang nicht angesiedelt waren, schickten die Verwalter ganze Herden, um sie dort heimisch zu machen.

Mitunter genügte auch eine besondere Art der Diplomatie, um den Machtbereich auf neue Territorien auszuweiten. Die Inka ließen den lokalen Eliten die scheinbare Wahl, sich freiwillig dem Sohn der Sonne unterzuordnen oder lieber unabhängig zu bleiben. Selbstverständlich war den Betroffenen klar, dass sie im Falle einer Weigerung mit einer bewaffneten Auseinandersetzung zu rechnen hatten. Und welche Konsequenzen die sichere Niederlage hätte, darüber ließen die Verhandlungen keinen Zweifel aufkommen. Nach der Eroberung oder Befriedung einer Region erkundeten Inspektoren peinlich genau die wirtschaftlichen Verhältnisse des Stammes und legten die Tribut-

zahlungen an den obersten Inka fest. Scharfe Kontrollmechanismen sorgten für die strikte Einhaltung der Befehle. Die einheimischen Häuptlinge und Adligen blieben im Amt, mussten ihre Söhne aber zum Studium, das heißt als Geisel, nach Cuzco schicken.

Auch Landzuteilungen und Umsiedlungen ganzer Stämme – etwa vom Hochland über viele hundert Kilometer an die Küste – verfolgten das Ziel der Integration. Eine geschickte, sich ständig wiederholende Propaganda über die Wohltaten der Inka-Herrschaft untermauerte die Maßnahmen. Mit der Einführung des Inti-Kultes und der Staatssprache Ketschua verbreiteten sich Religion und Ideologie der Machthaber bis in die fernsten Winkel ihres riesigen Reiches. Nur eine effektive Verwaltung machte es möglich, das expandierende Herrschaftsgebiet im Griff zu behalten. Die Nachfolger Manco Capacs setzen darum alles daran, die Zentralgewalt zu stärken und durch ein System nachgeordneter lokaler Machtzentren zu sichern. Jeder Akt der Illoyalität oder gar der Auflehnung gegenüber der Regierung wurde als Gefährdung der Stabilität und Einheit des Staates angesehen und mit äußerster Strenge geahndet.

Cuzco – Zentrum des Universums

Cuzco war die glanzvolle Metropole im »Reich der vier Weltgegenden«, wie die Inka ihr Imperium nannten. Das administrative, religiöse und geistige Zentrum betrachteten sie als symbolischen Mittelpunkt ihres Universums. Der Herrscher Pachacutec nahm sofort nach Beginn der

Cuzco – Zentrum des Universums 287

Eroberungszüge den Ausbau der Hauptstadt energisch in Angriff. Zwischen 40 000 und 60 000 tributpflichtige Untertanen sollen über viele Jahre daran gearbeitet haben. Selbst die Spanier lobten Cuzco überschwänglich:»Diese Stadt ist die beste und größte, die ich in diesem Lande und überhaupt auf dem amerikanischen Kontinent gesehen habe. Und wir sagen Ihrer Majestät, dass sie Gebäude aufweist, die so schön und gut sind, dass sie auch in Spanien auffallen würden« – so ein Augenzeuge. Und ein anderer schrieb:»Cuzco stellte etwas dar, es war eine elegante Stadt, die von bedeutenden Leuten gegründet worden sein musste.«

In ihren Mauern lebten damals schätzungsweise zwischen 100 000 und 300 000 Menschen. Der oberste Inka, sein Hofstaat und seine Wachen, die königlichen Sippen, die höchsten Priester und zahllosen Funktionäre der verschiedenen Dienstgrade bildeten die Spitze der Gesellschaft. Zeitweise wohnten auch die Herrscher der unterworfenen Stämme in Cuzco. Ihre Söhne wurden dort zusammen mit den Sprösslingen des Adels erzogen. Das gemeine Volk, das den Boden bearbeiten und der Oberschicht dienen musste, setzte sich aus den Ureinwohnern der umliegenden Dörfer, Kolonisten und Arbeitspflichtigen aus allen Teilen des Landes zusammen. So hatte sich der Herrscher aus dem Chimu-Reich die berühmten Gold- und Silberschmiede an den Hof geholt, die einen privilegierten Status genossen. Aber auch rebellische Lamahirten aus dem Hochland um den Titicacasee waren aus Sicherheitsgründen nach Cuzco deportiert worden. Da alle Einwohner verpflichtet waren, ihre Nationaltracht zu tragen, bot die Stadt mit ihren vielen Völkerschaften ein buntes, kosmopolitisches Flair. Äußerst restriktive Bestimmungen regelten den Personenverkehr sowie den Ein- und Ausgang von Waren. In die Metropole durften nur diejenigen reisen, die im Auftrag des Staates oder mit seiner ausdrücklichen Erlaubnis unterwegs waren.

Wie das gesamte Imperium, so war auch Cuzco in vier Teile gegliedert. Zwei Mittelpunkte beherrschten die Stadt: der Sonnentempel Coricancha und der zentrale Platz Huacapata, wo die großen Feierlichkeiten stattfanden. Pachacutec hatte das ehemals sumpfige Gelände trockenlegen und dort auch die Paläste für seine Familie errichten lassen: niedrige, einstöckige Häuser mit Innenhöfen, durch kleine Straßen und Gänge miteinander verbunden. Zwischen den einzelnen Bauten lagen Gärten und Magazine, in denen die Reichtümer der Sippe deponiert waren. Eine Mauer trennte den Komplex von der Außenwelt.

Der prächtige Tempel für Inti, eine Anlage aus ein-, zwei- und dreistöckigen Bauten aus einem seltenen dunkelroten Stein, gehörte zu den eindrucksvollsten Zeugnissen der Inka-Architektur. Die riesigen Blöcke waren so präzise behauen und aufeinander gesetzt, dass nicht einmal eine Rasierklinge dazwischen passte. Das Dach dagegen bestand gemäß der Tradition nur aus Stroh oder anderem Pflanzenmaterial. Das Innere des geweihten Hauses war geschmückt mit kostbaren Stoffen und Platten aus funkelnden Edelmetallen. Ein riesiges Bildnis Intis, gefertigt aus reinem Gold, glänzte im Allerheiligsten. Dort vollzogen die Priester die großen Zeremonien zu Ehren des Staatsgottes.

Um die steinernen Repräsentationsbauten lagen die Lehmziegelhütten des Volkes – ausgebreitet wie ein gewaltiger Teppich. Die einräumigen Behausungen

hatten nur einen kleinen Eingang, aber keine Fenster und nicht einmal einen Abzug für den Rauch. Nischen in der Wand nahmen den notwendigsten Hausrat auf. Die Menschen schliefen auf Decken und lebten spartanisch. Möbel gab es nicht.

Da die Hauptstadt selbst keine Wehranlagen besaß, um sich gegen feindliche Stämme zu verteidigen, ließ Pachacutec außerhalb des Zentrums auf einem 200 Meter hohen Hügel eine Zufluchtsstätte für die Bevölkerung errichten: Die imposante Festung Sacsahuaman – nicht nur militärischer Schutz, sondern auch weithin sichtbares Zeichen herrschaftlicher Macht – überragte das Tal von Cuzco. Drei gewaltige Mauern, die vom Fuß der Erhebung nach oben führten, und eine Reihe stattlicher Türme trotzten jedem Angreifer als unüberwindliches Hinder-

Cuzco: Die Inka betrachteten den Regierungssitz als Zentrum des Universums.

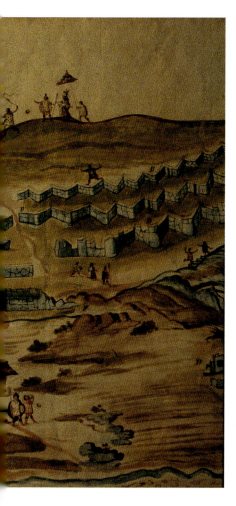

dären Ort, als wollten sie die ruhmreiche Vergangenheit in dieser Festung noch einmal heraufbeschwören.

Die Inka – die Römer Südamerikas

Wie die Römer, so mussten auch die Inka auf dem Höhepunkt ihrer Macht ein riesiges erobertes Gebiet unter Kontrolle halten. Das Erfolgsrezept hieß darum straffe Verwaltung und strengste Bürokratie. Nur wenn sich der Wille der Zentrale auch in den entferntesten Teilen des Landes durchzusetzen vermochte, konnte der Herrscher das multikulturelle Gemeinwesen zusammenhalten. Denn seine Untertanen gehörten den verschiedensten Völkern an, die alle in ihrer eigenen Tradition, Religion und Sprache verwurzelt waren. Das Inka-Reich erstreckte sich in seiner Glanzzeit nahezu über alle Landschafts- und Klimazonen Südamerikas – vom Hochland auf über 4000 Meter Höhe bis zur Küste auf Meeresspiegelniveau. In den eroberten Regionen wurden lokale Obrigkeiten etabliert, die dem Sohn der Sonne treu ergeben waren und die Interessen des Gesamtstaates nie aus den Augen verloren. Damit das ausgeklügelte System der Machtbalance zwischen den Provinzen und Cuzco einwandfrei funktionierte, schufen sich die Inka eine zuverlässige und schnelle Art der Nachrichtenübermittlung.

Zunächst mussten sie Straßen anlegen. Auch das hatten die Herren vom Tiber schon viele Jahrhunderte zuvor erfolgreich praktiziert. Die Inka bauten von

nis. Wasserleitungen und Kanäle, Lagerräume voller Lebensmittel, Bekleidung und Waffen hätten die Zuflucht Suchenden selbst bei einer langen Belagerung ausreichend versorgen können. Heute feiern die Peruaner in den Ruinen von Sacsahuaman am 23. Juni das Fest der Sonne, Inti Rami, einst der höchste religiöse Feiertag im Kalender der Inka. Alljährlich pilgern Tausende zu dem legen-

Das Inkareich zur Zeit seiner größten Ausdehnung

Cuzco aus vier Hauptverbindungswege in die vier großen Provinzen: nach Chinchaysuyu im Norden, Collasuyu im Süden, Cuntisuyu im Westen und Antisuyu im Osten. Die Achsen bildeten das Rückgrat, von dem aus sich nach und nach ein Straßennetz von mehr als 20 000 Kilometer Länge über das ganze Land verzweigte. Die Wege waren hervorragend konstruiert, wurden sorgsam instand gehalten und bei Bedarf erneuert. So gelang es, Truppen und Waren im gesamten Reich hin und her zu bewegen. Auch die Nachrichtenvermittlung machte dadurch einen ungeheuren Fortschritt. Im Abstand von etwa acht Kilometern waren Posten entlang der Straßen stationiert – sozusagen eine »Telefonleitung« aus Menschen. Da die Inka keine Schrift kannten, lernte der erste Übermittler die Botschaften auswendig, legte die Strecke bis zum nächsten Kurier im Laufschritt zurück und gab die Nachricht mündlich an seinen Kollegen weiter. Die Überlieferung gibt keine Auskunft darüber, wie viele Meldungen ihren Bestimmungsort nur verstümmelt erreichten. Dokumentiert ist hingegen, dass der Herrscher in Cuzco – 400 Kilometer von der Küste entfernt – abends Fisch essen konnte, der am Morgen desselben Tages im Ozean gefangen worden war.

Auf dem gleichen Weg erreichten den Sohn der Sonne die Geheiminformationen seiner Spitzel, die wesentlich zur Machterhaltung in den entlegenen Provinzen beitrugen. Meist waren es die lokalen Funktionäre, die den obersten Inka über jedes Ereignis von einiger Bedeutung, das sich irgendwo in seinem Reich zugetragen hatte, unverzüglich in Kenntnis setzten. Durch das engmaschige Netz von Informanten und die rasche Übermittlung an den Hof konnte der Herrscher sofort reagieren und die von ihm getroffenen Entscheidungen ebenso schnell weiterleiten. In regelmäßigen Abständen ging er persönlich auf Inspektionsreisen, um vor Ort den Stand der Dinge in Augenschein zu nehmen, Anordnungen zu treffen, Beamte zur Rechenschaft zu ziehen und Personal ein- oder abzusetzen. Der Sohn der Sonne unterschied sich darin nicht wesentlich von seinen europäischen Kollegen des

Mittelalters, die oftmals »Könige im Sattel« genannt wurden.

Kein Angehöriger des Reiches, kein Stück Vieh und kein Zipfel Land entging der staatlichen Registrierung. Auf Pachacutecs Sohn Topa Yupanqui, der von 1471 bis 1493 regierte und die Eroberungszüge seines Vaters fortsetzte, geht die Erfassung der gesamten Bevölkerung zurück. Die vier Hauptprovinzen ließ er in Unterprovinzen von je 10 000 Haushalten einteilen, die wiederum in Gruppen von je 100 und dann noch einmal von je zehn Einheiten erfasst wurden. Den größeren Gemeinschaften standen Mitglieder der Inka-Verwaltung vor, den kleinen Angehörige des einheimischen Adels. Die Männer – eingestuft in zwölf Altersklassen – verrichteten öffentliche Arbeiten oder kamen auf den Inka-Ländereien zum Einsatz. Die verheirateten Haushaltsvorstände zwischen 25 und 40 Jahren hatten die Hauptlast zu tragen. Kleinkinder mussten Wildpflanzen im Wald sammeln, Jugendliche hatten die Lamaherden zu hüten und ältere Männer mussten als Aufsichtspersonen dienen.

Die Bürokratie verfügte über weitgehende ökonomische, juristische und politisch-administrative Befugnisse. Sie war verantwortlich für Mobilmachung und die Organisation der Kriegszüge. Bei Delikten gegen den Staat oder gar den Sohn der Sonne konnten die Beamten die Todesstrafe verhängen. Sie organisierten Hochzeiten, genehmigten Privatreisen, überwachten die Ernennung lokaler Häuptlinge, bestimmten die Verwendung der eingebrachten Tribute und kontrollierten die Handwerker. Selbstständige gab es nicht.

Auch der Handel war Staatsmonopol, wobei von Handel im heutigen Sinn nicht gesprochen werden kann. Da die Inka kein Geld kannten und auch keines ihrer Güter – nicht einmal das Gold – als Bezahlung verwendet wurde, fand überall ein Austausch von Naturalien und Dienstleistungen auf kleiner Ebene statt. Für die Umverteilung der Produkte in großem Rahmen, etwa von einer Provinz zur anderen oder von einem Anbaugebiet in eine entfernte Region – als Geschenk für bevorzugte Gruppen –, übernahm der Herrscher meist selbst die Planung. Um die Felder im Cuzco-Tal zu bewässern und den Ertrag der Ernten zu steigern, regulierten die Inka Flussläufe und bauten Kanäle. Zur Gewinnung neuer Anbauflächen für Kulturpflanzen legten sie überall an den Berghängen Terrassen an. Die ständig wachsende Bevölkerung brauchte ausreichend Nahrung. Eine gute Versorgungspolitik verringerte die Gefahr von Aufständen und sicherte somit das Herrschaftssystem.

Bei allen Forderungen an die Menschen und aller Einschränkung ihrer persönlichen Freiheit sorgte der Sohn der Sonne gleichzeitig auch für ihr Wohl. Jeder Bauer hatte das Recht auf ein Stückchen Land, das er für sich, seine Frau und Kinder bebauen konnte. Die Maßeinheit für das Minimum hieß »Tupu«, seine Größe unterschied sich nach der Fruchtbarkeit des Bodens. Bei der Geburt eines Kindes erhielt die Familie einen halben Tupu mehr. Wenn ein Sohn heiratete, war ebenfalls ein Tupu fällig. So gab es in regelmäßigen Abständen Neuverteilungen des Bodens unter den Bauern, doch wenn das Land knapp wurde, musste der Staatsbesitz angezapft werden. Für Witwen, Waisen und Arbeitsunfähige bestellten die Sippenmitglieder die Felder. Der Sohn der Sonne ließ sie aus seinen Speichern versorgen. Auch in Dürrezeiten verpflegte er sein Volk aus den eigenen Reserven.

292 Todescode aus Peru

Forscher behaupten, dass die Inka bei Eroberungen nur unfruchtbaren Boden enteigneten und die von ihnen eingeführten Großbauten für die Bewässerung in erster Linie dem gesamten Volk zugute kamen. Auch die ungeliebten Umsiedlungsaktionen verfolgten nach offizieller Version aus Cuzco nur ein Ziel: und zwar mit den Bauern die in Jahrhunderten entwickelte erfolgreiche Agrarkultur aus dem Hochland in neue Gebiete zu bringen und so eine bessere Versorgung der Bevölkerung zu schaffen.

Quipu – der geheimnisvolle Knüpfcode

Für das Inka-Reich war es eine Existenzfrage, den Angehörigen der verschiedenen Völker die Kommunikation zu ermöglichen. Auch die Abgesandten der Zentrale mussten von den Untertanen in den Provinzen verstanden werden. Schon allein deshalb setzte sich – nicht ohne Druck »von oben« – das Ketschua als gemeinsame Sprache durch. Doch den Bedürfnissen der Verwaltung genügte das gesprochene Wort allein natürlich nicht. Wie konnten die Söhne der Sonne regieren, wie ihre Botschaften an die unzähligen Beamten weiterleiten, wie die komplizierte Administration ausüben, Volkszählungen durchführen, Tribut- und Arbeitsleistungen jedes einzelnen Bauern kontrollieren, die umfangreichen Einnahmen überwachen, wie den gewaltigen bürokratischen Apparat in Gang halten – ohne eine Schrift zu benutzen?

So hoch die Leistung des Andenvolkes auf praktisch-technischem Gebiet auch einzuschätzen ist, im abstrakten Bereich klafft eine Lücke. Vermutlich war der Inka-Staat der einzige dieser Größe, der keine Schrift kannte. Immerhin entwickelten die findigen Superbürokraten ein Hilfssystem: Quipu, einen komplizierten Code aus geknüpften Schnüren – stets nach dem gleichen Prinzip hergestellt: An einer Schnur waren bis zu hundert weitere Schnüre von verschiedener Größe und Farbe festgebunden. Die Knoten, die in die hängenden Fäden gemacht wurden, verzeichneten je nach Größe und Knüpftechnik verschiedene Dinge.

Es gab zwei Arten von Quipus. Die statistische Version erlaubte den Beamten, die staatlichen Ressourcen genau zu erfassen – zum Beispiel Tauschwaren, eingegangene Tribute, Dienstleistungen, Soldaten oder Einwohner. Die Knotenreihe in der einzelnen Schnur listete Einer, Zehner, Hunderter, Tausender und Zehntausender auf – und zwar von unten nach oben. Höhere Zahlen kamen selten vor. Doch in Ausnahmefällen konnten bei Bedarf Gruppierungen für jeden arithmetischen Wert geschaffen werden. Die Farben der Schnüre symbolisierten bestimmte Personengruppen oder Materialien: So stand Gelb für Gold, Weiß für Silber und Rot für die Armee. Alles, was keiner speziellen Farbe zugewiesen war, folgte – wie die Zahlen – einer Rangordnung. Bei den Feldfrüchten nahm Mais den ersten Platz ein, danach kamen die anderen Getreidesorten vom Weizen bis zur Hirse. Genauso hielten die Beamten Struktur und Stärke der Armee fest: Unter den Oberkommandierenden an der Spitze reihten sich die Dienstgrade hinunter zu den einfachen Kämpfern, die nur Schleudern als Ausrüstung trugen. Die Einwohner des Reiches – getrennt in Männer und Frauen – waren in zwölf Altersstufen vom Greis bis zum Säugling exakt eingeteilt. Für Rechenvorgänge

Quipu – der geheimnisvolle Knüpfcode

Das Quipu: Im alten Peru diente der Knüpfcode als Informationsträger.

nahmen die Inka den Abakus, ein einfaches Rechenbrett, und Steine sowie Maiskörner zu Hilfe.

Die zweite Art des Quipu vermittelte historische Fakten, königliche Chroniken, das Brauchtum und andere Botschaften. Auch das Wissen der Zeit wurde den Knoten anvertraut. Die Farben der einzelnen Schnüre standen bei dieser Variante nicht nur für konkrete Dinge, sondern auch für abstrakte Begriffe. Dennoch hatte die geniale Schöpfung keinen Buchstaben- oder Silbenwert, setzte also nicht die gesprochene Sprache mit grammatischen Konstruktionen, keine Verben oder Adjektive um. Daher konnte ein Quipu auch keine vollständigen literarischen Werke wie Hymnen oder Legenden beinhalten.

Einfach ausgedrückt – der geheimnisvolle Code war nicht mehr als eine Gedächtnisstütze. Der Adressat wusste mit ihm allein nichts anzufangen. Die Schnüre blieben wertlos ohne die eigens dafür ausgebildeten Fachleute, die Quipu-Camayoc. Jahrelang mussten sie ihr Erinnerungsvermögen trainieren, bevor sie für die verantwortungsvolle Aufgabe eingesetzt wurden. Sie selbst knüpften die Knoten und sprachen vor einem Kurier den dazugehörenden Kommentar: zum

Beispiel Informationen über Eroberungen, Volkszählungen, Tributleistungen, die Aufstellung der Armee oder die Geschichte ihrer Herrscher. Die Experten mussten alles im Kopf haben. Der Bote wiederum übermittelte die auswendig gelernte Nachricht zusammen mit dem Quipu an den Empfänger, der ebenfalls zum erlauchten Kreis der geschätzten Gedächtniskünstler gehörte. Naturgemäß schlichen sich immer wieder Fehler ein. Aber die Inka, die alles kontrollierten, hatten auch dafür eine Lösung. Die kundigen Beamten überprüften sich gegenseitig. Das heißt: Die Meldungen und das Schnürenbündel gingen durch mehrere Instanzen und wurden im Notfall korrigiert. Denn die Empfänger höheren Ortes – sozusagen an der Endstation des Umlaufs – erwarteten einen korrekten Inhalt. So jedenfalls lautete ihr verbindlicher Befehl. Die Arbeit mit dem einzigartigen Informationsträger gestattete der Herrscher sowieso nur Funktionären aus der Oberschicht – verdienten Männern, die sein Vertrauen genossen.

Trotz aller Fortschritte bei der Entzifferung der verschlüsselten Dateien in Knotenform ist der Quipu-Code keineswegs vollständig geknackt. Nur die einfachen Zahlenbotschaften aus Verwaltung und Rechnungsführung können die Forscher bislang verstehen. Vornehmlich in den USA tüfteln Wissenschaftler fieberhaft, um endlich hinter alle geknüpften Geheimnisse der Inka zu kommen. Mit dem Zerfall des Reiches kam auch das alte Infomationssystem aus der Mode. Denn die Spanier brachten die Schrift mit, die sich langsam auf der offiziellen Ebene durchzusetzen begann.

So ging das Wissen um die rätselhaften Schnurgeflechte allmählich verloren. Längst sind die Quipu-Camayoc, die Experten mit dem herausragenden Gedächtnis, ausgestorben. Jahrhundertelang haben sie ihr Know-how von Generation zu Generation weitergegeben. Doch seitdem es die kundigen Männer nicht mehr gibt, kann auch niemand mehr die mündlichen Kommentare liefern, die den Inhalt einer Botschaft erst komplett machen. Deshalb ist das legendäre Mitteilungsorgan der Inka auch so schwer zu entziffern.

Ein einfaches Beispiel – umgesetzt auf heutige Verhältnisse – demonstriert, wo das Problem liegt: Auf einem Papier stehen nur die Ziffern 5-2-14-3-11-20. Ein Bote bringt das Blatt zum Empfänger, doch der ahnungslose Mann versteht überhaupt nichts und wirft den Zettel verärgert in den Papierkorb. Was will ihm der Schreiber mitteilen? Möglich ist alles – von Lottozahlen bis zu Geburtsdaten. Wenn aber der Kurier die Nachricht mündlich verkündet, die ihm Herr Meier mit auf den Weg gab, offenbaren die Zahlen plötzlich einen Inhalt:»Am 5. Tag des 2. Monats fährt Herr Meier für 14 Tage nach Spanien. 3 Tage lang hat er geschäftliche Termine, an den restlichen 11 Tagen macht er Urlaub. Sie können ihn ab dem 20. Tag wieder in seinem Büro erreichen.« Wer schreiben kann, notiert den ganzen Satz einfach auf einem Zettel. Wer es nicht kann, hält als Gedächtnisstütze wenigstens die Zahlen fest und erzählt den Rest. Wenn der Bote nun tödlich verunglückt und Herr Meier plötzlich stirbt, weiß niemand, der den Zettel findet, worum es geht. Denn es gibt keinen mehr, der den Inhalt der Botschaft kennt. Womöglich geht auch der Ausdruck,»sich einen Knoten ins Taschentuch machen«, um sich an etwas zu erinnern, auf das alte Knüpfsystem der Inka zurück.

Gold – »die Schweißperlen der Sonne«

Heutzutage wäre es undenkbar, dass ein Staat, der auf wahren Goldbergen sitzt, kein Kapital daraus schlägt. Längst gilt das edle Metall im internationalen Handel trotz schwankender Tagespreise als sichere Währung und viele Regierungen lagern in ihren Tresoren Goldbarren als eiserne Reserve.

Auch im Land der Sonnensöhne spielte Gold eine bedeutende Rolle, hatte jedoch überhaupt keine ökonomische Funktion. Die »Schweißperlen der Sonne« – wie die Inka das edle Metall nannten – verehrten sie als heiliges Geschenk Intis. Allein der Herrscher des Reiches besaß die Verfügungsgewalt über die immensen Fördermengen. Wie ein dichtes Netz lag der schimmernde Rohstoff ausgebreitet über dem ganzen Land. Die Indios schürften das Erz aus Adern tief unter der Erde, aus oberirdischen Halden oder wuschen es aus dem Wasser. Fast alle Flüsse, die von den Anden zum Meer hinunterströmen, führten Goldstaub mit sich. Viele tausend Männer waren damit beschäftigt, die »Schweißperlen der Sonne« für den obersten Inka zu sammeln. Ein spanischer Chronist berichtet, dass allein in die Hauptstadt Cuzco jährlich 200 Tonnen Gold geliefert wurden – nach heutigem Kurs ein Milliardenwert.

Doch die materielle Seite interessierte die Inka nicht. Weder im Handel noch zur Entlohnung von Arbeit oder Kriegsdienst kam das edle Metall zum Einsatz. Da Gold kein Zahlungsmittel war, konnte niemand selbst mit einer großen Menge auch nur das Kleinste dafür kaufen. Es als verbotenen Privatbesitz zu horten, daran hätte kein einfacher Untertan je-

Gold – der Schweiß der Götter. Für die Inka hatte das schimmernde Metall keinerlei materiellen Wert.

mals gedacht. Für ihn waren Mais oder ein Lama erheblich wertvoller. Gold und Silber, die »Tränen des Mondes«, hatten bei den alten Peruanern einen anderen Stellenwert – als Statussymbole und Ausdruck tiefer Religiosität. Nur der Herrscher, die höchsten Priester und wenige Adlige durften Schmuckstücke aus dem glänzenden Material tragen. Damit demonstrierten sie dem Volk ihre göttlichen Befugnisse.

Die Goldschmiede brauchten bei der Herstellung ihrer vielfältigen Kunstwerke am Material nicht zu sparen. Im Eldorado der Inka schufen sie kostbare Objekte im Überfluss: fein ziselierte Ketten, Ohrpflöcke, filigrane Tierfigürchen, Gefäße und Kultgegenstände aller Art, unzählige Tumi – Ritualmesser für die Opferzeremonien –, aber auch monumentale Bildnisse für die Tempel. Im Haupttheiligtum von Cuzco stand neben der gewaltigen Sonnenscheibe Intis die zehn Meter hohe Statue der Mondgöttin – aus purem Gold gefertigt, mit einem Gewicht von 920 Kilogramm. Auch die königlichen Paläste

296 Todescode aus Peru

und einige wenige Adelssitze waren mit Kostbarkeiten aus den edlen Metallen geschmückt.

Schon viele Jahrhunderte vor den Inka haben die Mochica-Indianer Höchstleistungen in der Goldschmiedekunst vollbracht. Später führten ihre Erben, die Chimú, die Tradition fort. Die Eroberer aus Cuzco holten sich die Besten der Zunft an den Hof und nutzten das Knowhow der Meister zum Ruhm des obersten Gottes Inti und des allmächtigen Herrschers. Wenn ein hoher Würdenträger des Reiches starb, konservierten die Inka den Leichnam in einer aufwändigen Prozedur. Die Mumie schmückten sie mit Gold und Edelsteinen und bestatteten sie mit einer reichhaltigen Kollektion der schönsten Kostbarkeiten.

Doch was die Spanier den lebenden und toten Inka nicht entrissen und weggeschleppt hatten, fiel jahrhundertelang immer wieder Grabräubern in die Hände. Ganze Dörfer lebten vom heimlichen Verkauf der einzigartigen Stücke. Aus den Pyramiden der Vorinkazeit zerrten die skrupellosen Plünderer komplette Ausstattungen für das Jenseits. Sogar Gewänder aus unzähligen goldenen Plättchen kamen zutage. Ein Großteil der funkelnden Pracht landete in Privatsammlungen und bleibt für die Wissenschaft verloren.

Doch bisweilen schlägt auch für die Archäologie eine Sternstunde. 1987 startete eine kleine Gruppe peruanischer Forscher eine Rettungsgrabung im Mochica-Heiligtum von Sipán, um die Anlage vor weiterer Zerstörung zu retten. Denn auch dort hatten schon Plünderer gewütet. Das Projekt drohte wegen fehlender Mittel und schwierigster Begleitumstände zu scheitern. Aber die Wissenschaftler bissen sich durch und wurden reichlich belohnt. Sie entdeckten gleich drei bis da-

hin unberührte Gräber, in denen ein Herrscher, der Señor von Sipán, ein Priester und der so genannte alte Herrscher zur letzten Ruhe gebettet waren. Der spektakuläre Fund bescherte den Archäologen neue Erkenntnisse über den Totenkult und die Rituale der Mochica. Die zahlreichen Grabbeigaben von märchenhafter Schönheit, die den Aufwand königlicher Bestattungen bezeugen, sind nach ihrer Restaurierung auf eine Weltreise gegangen und haben in gut besuchten Ausstellungen viele tausend Menschen begeistert. Den hohen künstlerischen Geschmack und die vollendete Technik der Mochica-Goldschmiede konnte keiner ihrer Nachfolger – auch die Inka nicht – übertreffen. Die goldenen Schätze von Sipán vergleichen Experten in ihrer Bedeutung für die Nachwelt mit denen des Tutenchamun-Grabes aus dem ägyptischen Tal der Könige.

Wie groß die Zahl der unwiederbringlichen Stücke ist, die allein in Peru durch Raub oder Einschmelzen verloren gingen, kann vermutlich niemand ermessen. Selbst die stattliche Sammlung im Goldmuseum von Lima stellt nur einen winzigen Bruchteil des einstigen Bestandes dar. In welcher Dimension die Meister des hoch geschätzten Handwerks die heiligen Schweißperlen der Sonne verarbeiten konnten, stellt am besten eine Geschichte dar: Als dem Herrscher Huayna Capac ein Sohn geboren wurde, ließ der glückliche Vater eine goldene Kette anfertigen. Doch keineswegs ein zierliches Exemplar, um den Säugling zu schmücken. Die Kette, so befahl er, solle alle vier Seiten des Festplatzes in der Resi-

Die Goldschmiede der Inka waren berühmt für ihre Kunstfertigkeit. Die Spanier ließen das Geschmeide tonnenweise einschmelzen.

Gold – die »Schweißperlen der Sonne« 297

denzstadt Cuzco umspannen. Jede Seite dieses Platzes war genau hundert Meter lang. Es dauerte einige Wochen, bis die Goldschmiede das 400 Meter lange funkelnde Geschenk fertig gestellt hatten. Ob es jemals am Ort seiner Bestimmung angebracht wurde, ist nicht überliefert. Ein paar Jahre später kamen die ersten Weißen ins Land. Huayna Capac wollte das kostbare Andenken an die Geburt seines Sprösslings nicht in unbefugte Hände fallen lassen. Deshalb ordnete er an, das Wunderwerk in einem tiefen Kratersee nahe dem Dorf Urcos zu versenken. Den Grund des Gewässers bedeckt eine viele Meter hohe Schlammschicht. Seither ruht die tonnenschwere Kette aus purem Gold irgendwo im dunklen Schlick. Alle Versuche, sie zu bergen, scheiterten bislang.

Die Schweißperlen der Sonne, das göttliche Geschenk Intis, brachte dem erfolgreichen Andenvolk schließlich den Untergang. Gold spielte in der Geschichte der Menschheit schon immer eine eher verhängnisvolle Rolle. Als Symbol für Macht und Reichtum hat es Kriege ausgelöst und zu Mord und Verrat geführt. Gold und Blut gingen zumindest in der Vergangenheit Europas eine verhängnisvolle Ehe ein. Schon die Kreuzritter zogen ins Morgenland – nicht nur, um die christlichen Stätten von den Muslimen zu befreien, sondern auch, um die Schätze des Orients in Besitz zu nehmen.

Die spanischen Eroberer trieb die blanke Gier nach den Reichtümern des kurz zuvor entdeckten Kontinents bei ihren unglückseligen Expeditionen in die Neue Welt an. Mit dem Missionsgedanken, der Bekehrung der heidnischen Völker zum Christentum, verbrämten sie nur die blutige Unterwerfung der mittel- und südamerikanischen Völker. Überall, wo die Spanier in unbekanntes Territorium vordrangen, suchten sie zuerst etwas über den kostbaren Besitz der Indianer in Erfahrung zu bringen. Jeder der Weißen wollte das sagenhafte Eldorado entdecken – das Land des Goldes und des vermeintlichen Glücks. Viele bezahlten die Suche mit ihrem Leben, viele verloren auch nur den Verstand. Die wenigsten erreichten ihr Ziel – den ersehnten Reichtum. Und noch wenigeren gelang es, damit in die Heimat zurückzukehren und weiterhin in Frieden zu leben.

Es war das Gold, das zwei Reiche schicksalhaft miteinander verband: das spanische, das durch die Beutezüge zur Großmacht wurde, und das Imperium der Inka, dem die Europäer einen grausamen Untergang bescherten. Für die rücksichtslosen Eindringlinge bedeutete Gold das wertvollste Material überhaupt. Die Inka sahen darin keinerlei materiellen Wert, sondern ein heiliges Gut der Götter. Der Zusammenprall beider Vorstellungen führte zu einem Blutvergießen, das in seiner infamen Hinterlist seinesgleichen sucht. Die Hauptrolle in dem Drama ohne Mitleid fiel einem spanischen Ehrgeizling zu. Sein Name: Francisco Pizarro. Im Trauma seiner Kindheit lagen die Wurzeln für seine grenzenlose Ruhmsucht. Mit Mut, Geduld und Brutalität schmiedete er sich eine beispiellose Karriere vom Schweinehirten zum Vizekönig von Peru.

Ein Emporkömmling sucht Anerkennung

Francisco Pizarro wurde um 1475 in einem kleinen Dorf nahe dem Landstädtchen Trujillo in der spanischen Provinz Cáceres als Bastard geboren, wie es damals verächtlich hieß. Sein Vater Don Gonzalo, ein Majoratsherr, lebte auf dem Schloss von Trujillo. Doch meistens stand er als Oberst für seinen König in Italien oder Frankreich im Kriegsdienst. Die Mutter Francisca oder – nach anderen Quellen – Teresa González, eine einfache Klostermagd, jagten die Nonnen in ihr Dorf zurück, als die Schwangerschaft des Mädchens auffiel. Der kleine Francisco trug den Familiennamen seines Vaters nicht mit Brief und Siegel, sondern weil jeder wusste, wer ihn gezeugt hatte.

Der Junge wuchs als Bauernlümmel auf, hütete Tiere und verdingte sich als Knecht bei verschiedenen Herren. Lesen und Schreiben lernte er nie. Auch später, als sich ausreichend Gelegenheit dazu bot, lehnte er den Umgang mit den Buchstaben strikt ab. Noch als 50-Jähriger unterzeichnete er Verträge mit Kreuzen. Und erst als Gouverneur in Lima konnte er wenigstens seine Unterschrift leisten, wobei allerlei Schnörkel die ungelenke Hand tarnen. Sein Leben lang wird Francisco versuchen, den Makel der unehelichen Geburt durch besonderen Ehrgeiz wettzumachen. Er hatte nur eine Chance, zu Ansehen und Ehren zu gelangen: Er musste selbst ruhmreiche Taten vollbringen. Immerhin setzte er seinem Heimatort Trujillo in der Fremde ein Denkmal, als er in Peru eine Stadt gleichen Namens gründete – vielleicht als Zeichen, dass er die Schmach seiner Jugend endgültig überwunden glaubte.

Noch bevor er 20 Jahre alt war, lief Francisco von zu Hause fort. Er war ein Kind der Schande, das springlebendige Zeugnis für den Fehltritt seiner Mutter. Die Ehrenstellung des adligen Vaters schwebte ihm ständig vor Augen und doch konnte er sie nie erreichen. Wollte ein junger Mann in Franciscos Situation

zu jener Zeit seine Lage verbessern, ohne kriminell zu werden, blieb ihm nur eine Wahl: Er musste sich Verdienste um die Krone erwerben, für die Katholischen Majestäten Ferdinand und Isabella sein Leben riskieren und als Soldat dienen. Und das tat Francisco – zuerst in Italien gegen den Erbfeind Frankreich und dann jenseits des Ozeans bei den »Wilden« – auf einem Kontinent, den die Menschen damals noch für Indien hielten.

Ihre Siege bei der Reconquista, der Rückeroberung spanischer Gebiete von den Mauren, hatten in den Männern, unter denen Pizarro aufwuchs und mit denen er für seinen König in den Krieg zog, eine tiefe Verachtung für andere Kulturen wachsen lassen. Auch dem ungebildeten Jüngling brachte keiner bei, den Leistungen eines fremden Volkes mit Respekt zu begegnen – seinen Sitten und Gebräuchen, der Poesie, handwerklichen Erzeugnissen, technischen Leistungen oder gar großartigen Bauwerken. Für die rauen Gesellen, die unter dem Zeichen des Kreuzes kämpften, war alles, was sie nicht kannten, heidnisches Machwerk. Ohne das geringste Bedauern zerstörten sie sogar in Spanien die künstlichen Bewässerungsanlagen der Moslems, obwohl die Verwüstung ihrem eigenen Land immensen Schaden zufügte.

Francisco und seine Zeitgenossen trugen noch ein anderes düsteres Erbe: die religiöse Intoleranz. Unter den islamischen Machthabern hatten die Bewohner Spaniens ihre Religion fast immer frei ausüben dürfen. Auch in den Anfangszeiten der Reconquista ließen die christlichen Herrscher Nachsicht walten. Doch ab 1480 wachte die Inquisition gnadenlos über die Einhaltung des aufgezwungenen Glaubens. So lernte Pizarro, dass jede Beute rechtmäßiger Besitz dessen

ist, der sein Schwert im Namen des Christengottes führt und dem König den gebührenden Anteil schickt. Francisco wusste, der Monarch würde selbst einem Emporkömmling wie ihm Ehre erweisen, wenn er für die Krone und unter dem Zeichen des Kreuzes genügend Heiden ausplünderte und ihnen Tribute abverlangte.

Vermutlich nahm Francisco Pizarro nur am ersten spanisch-französischen Krieg in Unteritalien von 1495 bis 1498 teil. Die Feldzüge zu jener Zeit waren für viele spätere Konquistadoren die ersten Bewährungsproben. Nach 1500 lungerten in den Häfen Südspaniens genügend kampferprobte Männer herum, die sich von jedem anheuern ließen, der ein paar Schiffe ausrüsten konnte, um in der Neuen Welt einträgliche Beute zu machen. Francisco zeigte sich von seinen militärischen Abenteuern in Europa enttäuscht. Jenseits des Ozeans, so hoffte er, werde alles besser. Zwar diente auch dort jeder dem Monarchen, aber weit weg vom

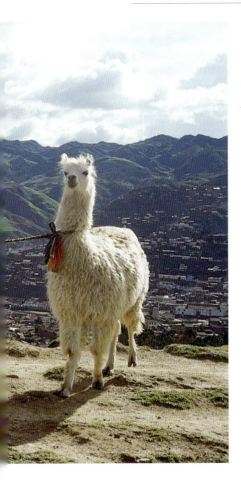

Textilien aus Lamawolle waren schon zu Pizarros Zeiten wertvolle Gastgeschenke.

tungen, in der neuen Kolonie große Goldmengen zu finden, zerrannen schnell. So machten die Spanier mit dem unmenschlichen Geschäft des Sklavenhandels ihren Gewinn. Fast die gesamte indianische Bevölkerung wurde verkauft, der Rest brutal gequält oder einfach niedergemetzelt. Ob Pizarro in einer Festung Dienst tat oder für die Miliz als Pflanzer schuften musste, er ging durch eine Schule der Grausamkeit. Alles, was er auf den Schlachtfeldern Italiens gesehen hatte, verblasste dagegen. Doch auf Haiti blieb er ein Niemand, ein armer Schlucker. Sein Traum vom Ruhm war noch nicht in Erfüllung gegangen. Wenn er so viel Gold finden wollte, um damit die Schande seiner Geburt wettzumachen und zu leben wie sein Vater, musste er spätestens jetzt – in der Mitte seines Lebens – zu neuen Ufern aufbrechen.

Francisco zog es zu wagemutigen Männern, die alles aufs Spiel setzen, um unberührte Länder zu erobern. 1509 gelang es ihm, sich einer Expedition ins heutige Kolumbien anzuschließen. Die unvorstellbaren Strapazen in der Hölle des Urwalds, das mörderische Klima, Hunger und Durst ertrug er mit stoischer Gelassenheit. Der Anführer des Unternehmens, Alonso de Ojeda, ein Mann mit zwiespältigem Ruf, beförderte den ausdauernden, schweigsamen Pizarro, der auch in brenzligen Situationen einen kühlen Kopf bewahrte, zum Hauptmann. 1513 begann ein neues, kräftezehrendes Abenteuer. Francisco stieß mit dem erfahrenen Draufgänger Vasco Núñez de Balboa bis zur Küste des Pazifischen Ozeans vor. Viele der Männer starben, die

Schuss. Zudem sollte es in den geheimnisvollen Ländern Gold im Überfluss geben, hieß es. Spätestens 1504, womöglich auch schon 1502, ging Pizarro an Bord eines Seglers und trat seine erste Atlantiküberquerung an. Zehn bis zwölf Jahre nach der Entdeckungsfahrt des Christoph Kolumbus war der Ozean bereits zum Weltmeer geworden.

Die ersten Jahre verbrachte Francisco mehr schlecht als recht auf der Insel Hispaniola, dem heutigen Haiti. Die Erwar-

Beute blieb gering. Überall zeigten die Einheimischen, sobald die Europäer nach Gold fragten, beharrlich nach Süden. Pizarro begriff, dass er mit einer besser ausgerüsteten Mannschaft viel weiter an der Westküste Südamerikas entlangsegeln musste, um das Land der sagenumwobenen Schätze zu entdecken.

Das Triumvirat der Verrückten

Zunächst einmal hielt sich der kluge Stratege von weiteren Erkundungsfahrten zurück. Er tat sich mit Diego de Almagro zusammen, einem dickschädeligen, ungehobelten Soldaten, der in die Neue Welt gekommen war, um in Spanien der Justiz zu entfliehen. In den folgenden Jahren beuteten die beiden magere Goldgruben in Panama aus und erwarben sich ein kleines Vermögen. Heimlich schmiedeten sie Pläne für den großen Vorstoß ins Südmeer. 1524 endlich konnten sie dem spanischen Statthalter Pedrarias die notwendige Unterschrift für das Unternehmen abtrotzen. »Francisco Pizarro besaß in Panama als einer der angesehensten Bürger des Landes sein Haus und seine Güter mitsamt den Dienstindianern und lebte in gesicherter Ruhe, als er mit dem Ehrgeiz, der Krone einen ausgezeichneten Dienst zu erweisen und sein großes Ziel zu verfolgen, von Pedrarias die Erlaubnis erbat, jene Küste des Südmeers zu erforschen.« So heißt es in einer Notiz von Francisco de Jérez, dem späteren Sekretär Pizarros.

Da die Behörden nicht bereit waren, auch nur ein Goldstück in die Expedition zu investieren, suchten die beiden Verwegenen einen finanzstarken Partner.

Der schon betagte Pater Fernando de Luque, Vikar an der Kathedrale von Panama und Rektor der kirchlichen Schule, besaß das fehlende Geld und wurde Dritter im Bunde. Seine schwache Gesundheit erlaubte ihm die Mitreise jedoch nicht. Er blieb zurück, verwaltete die Finanzen, erledigte den Schreibkram und pflegte dank seiner guten Kontakte die diplomatischen Beziehungen zu den Vertretern der Krone. Pizarro fiel die militärische und organisatorische Führungsrolle zu. Almagro war für den Nachschub zuständig. Weil seine frechen Schüler dem alten Padre de Luque in Abwandlung seines Namens oft respektlos »el loco – der Verrückte« hinterherriefen, hießen die drei so unterschiedlichen Männer im Volksmund bald »Compania de Locos – der Bund der Verrückten«.

Mit etwa hundert undurchsichtigen Gesellen und vier Pferden stach Pizarro auf einer Brigantine am 14. November 1524 in See – ausgerechnet in der schlechtesten Wetterperiode. Tropische Gewitter, Wirbelstürme und ein aufgewühltes Meer brachten das Schiff mehrmals dem Kentern nahe. Mehrere Landungsversuche an der Westküste des Kontinents scheiterten an undurchdringlichen Mangrovensümpfen. Schließlich gingen die wagemutigen Abenteurer in der Mündung des Birú vor Anker. Nach dem Fluss sollte später das Land der Inka benannt werden: Peru. Schon zwei Jahre zuvor war der Abenteurer Pascual de Andagoya bis zum Birú gekommen, musste sein Erkundungsfahrt dann aber abbrechen.

Auch Pizarro und seine Leute waren nicht vom Glück begünstigt. Sie fanden keine Siedlungen mit etwas Essbarem und auch kein Wild, das sie erlegen konnten. Ihre eigenen Vorräte gingen schnell zur Neige, zumal Almagro mit dem Versorgungsschiff nicht auftauchte. Die ersten Hunger- und Fiebertoten dezimierten die Mannschaft. Der Kommandant schickte einen Hauptmann zurück zu den Perleninseln, um neuen Proviant zu holen. In endlosem Regen warteten die Verzweifelten 47 Tage lang in einer Bucht, die sie »Hafen des Hungers« nannten. Als der Nachschub endlich eintraf, waren bereits 27 Männer gestorben. Im Februar 1525 stießen sie in einem verlassenen Dorf auf abgenagte Menschenknochen und Körperteile, die an Spießen noch über dem glimmenden Feuer brutzelten. Offenbar hatten sie bei ihrem Streifzug Kannibalen bei einer üppigen Mahlzeit aufgestört.

Immer noch ging es gegen Pizarros Ehre, aufzugeben und umzukehren. Er brauchte eindeutige Beweise für die Existenz des Goldlandes, um beim Gouverneur einen neuen Versuch durchzusetzen. So segelten sie weiter nach Süden. Von friedlich gesinnten Einheimischen erbeuteten sie wenigstens etwas Gold. Doch dann gerieten sie in einen Hinterhalt der Indianer. Mit allen Kräften wehrten sich die Spanier in zähem Kampf gegen die Übermacht der Feinde. Sieben Pfeile verwundeten allein Pizarro, fünf seiner Männer fielen. Nach diesem Scharmützel brach er die Expedition schweren Herzens ab, ehe sie in der totalen Katastrophe endete. Mit einem kleinen Häuflein elender Gestalten machte er sich auf die Heimreise. In der Nähe von Panama traf er auf Almagro. Er war Pizarro nachgesegelt, hatte ihn aber verfehlt. Wenigstens brachte er mehr Gold nach Hause als sein Verbündeter. Aber auch seine Truppe war zu großen Teilen in Kämpfen aufgerieben worden. Almagro hatte durch einen indianischen Wurfspeer ein Auge verloren.

Heiße Spur ins Goldland

Den nicht eben glorreichen Rückkehrern presste der missgünstige Gouverneur eine beträchtliche Summe ab, bevor er nach zähen Verhandlungen die Erlaubnis zu einem zweiten Versuch erteilte. Am 10. März 1526 unterzeichneten Pizarro – er malte nur Kreuze –, Almagro und de Luque ein Dokument, das ihnen mit dem Siegel der Krone erlaubte, Peru zu entdecken, zu erobern und nach Ablieferung eines Fünftels an den König die Beute unter sich und ihren Mannschaften zu teilen. Wieder mussten die drei alle Mittel selbst aufbringen. Der Pater organisierte unverdrossen 20 000 Peso in Goldbarren – woher, wusste niemand.

Ende Juni legten die Schiffe in Panama ab. An Bord rund 160 Abenteurer, ein paar Pferde, Waffen, leichtes Geschütz und Tauschartikel. Diesmal hatte Pizarro Bartolomé Ruiz, einen ausgezeichneten Steuermann, anwerben können. Bei ruhigem Wetter erreichten sie schnell den Rio San Juan. Erste Plünderungen von Indio-Siedlungen brachten reichlich Lebensmittel und ungewöhnlich viel Gold ein, darunter fein gearbeitetes Geschirr. Weiter südlich war die Küste dichter besiedelt, doch überall hinderten kriegerische Indianer die Spanier am Betreten des Landes. So schickte Pizarro Almagro mit den Schätzen zurück nach Panama, um damit weitere Soldaten zu ködern. Der Steuermann Ruiz sollte inzwischen mit der zweiten Brigantine weiter nach Süden fahren und die Küste erkunden. Er selbst verschanzte sich mit den Kranken und Schwachen in einer Bucht.

Die Natur hatte den ehemaligen Bauernburschen mit einer unverwüstlichen Gesundheit gesegnet. Unermüdlich such-

304 Todescode aus Peru

te er mit den kräftigsten seiner Leute Kokosnüsse und Kakaobohnen und fand eine neue, essbare Wurzelart, die wilde Kartoffel. Tag und Nacht quälten Moskitoschwärme die Truppe, die Aufbruchstimmung verflog schnell, Stumpfsinn machte sich breit. Um die Zeit totzuschlagen, erzählte der Kommandant seinen Männern haarsträubende Geschichten, er würfelte mit ihnen, tröstete die Kranken und begrub die Verstorbenen. Und er wartete. Denn nichts hatte er in seinem bisherigen Leben besser gelernt als dies.

Endlich kehrte Ruiz mit aufregenden Neuigkeiten zurück. Er hatte zwei Inseln entdeckt und sie Gallo und Gorgona genannt. Und außerdem von einem Herrscher – im Gebirge des heutigen Kolumbien – gehört, der sich jedes Jahr einmal von Kopf bis Fuß vergolden lasse. Vermutlich liegt hier der Ursprung der Sage von »El Dorado – dem Vergoldeten«. Auch auf erste Boten des Inka-Reiches war der zuverlässige Gefährte gestoßen.

Den Knüller hob sich Ruiz für den Schluss auf: In der Nähe des Äquators, den er als erster europäischer Steuermann im östlichen Pazifik überquert hatte, traf er auf ein Floß aus Balsaholz mit zwei Masten und quadratischen Segeln aus Baumwolle. Die Passagiere – Männer und Frauen – kamen aus Tumbez, einer Hafenstadt an der Grenze zum Inka-Reich. Sie trugen fein gewebte Gewänder, bestickt mit geometrischen Mustern, mit bunten Vögeln und Lamas. Einige der Leute hatten reichen Goldschmuck mit großen Smaragden angelegt. Bei einem der Männer, einem hohen Würdenträger, glänzten in den Ohren schwere Goldpflöcke, die die Läppchen weit herunterzogen. Fortan hießen die Beamten bei den Spaniern »Großohren«. Die Fremden er-

zählten Ruiz, die Küste gehöre zum Land Quito, das der Inka-Herrscher Huayna Capac vor kurzem erobert habe. Seine Residenz liege nahe den Schneegipfeln der Anden in der steinernen Stadt Cuzco. Nicht genug, Ruiz hatte gleich drei der Indios mitgebracht und stellte sie dem erstaunten Pizarro vor, der sie sofort als willkommene Dolmetscher für zukünftige Aktionen einplante. Ein paar Brocken Spanisch hatten sie unterwegs schon gelernt. Endlich war die Spur zum Goldreich gefunden.

Wenig später kehrte auch Almagro mit 46 neuen Soldaten zurück und gemeinsam ging es weiter nach Süden. In der Bucht von Tacámez wurden sie von einem dichten Pfeilregen und Steingeschossen aus Schleudern empfangen. Pizarro setzte Pferde und geharnischte Reiter ein. Doch einmal warfen sich besonders mutige Indianer den rätselhaften fremden Wesen entgegen und nahmen einen der Männer derart in die Zwickmühle, dass er absitzen musste. Entsetzt flohen die Angreifer, denn noch nie zuvor hatten sie ein Fabelwesen gesehen, das sich plötzlich in zwei Teile spaltet, die sich dann beide selbstständig weiterbewegen.

Mit kühlem Kopf überdachte der Kommandant die Situation. Das Risiko, in sinnlosen Scharmützeln aufgerieben zu werden, schien ihm zu hoch. Er wollte umkehren, in Panama eine größere Truppe zusammenstellen und dann zum endgültigen Schlag ausholen. Doch Almagro setzte sich durch. Er fuhr allein zurück, um Verstärkung zu organisieren. Pizarro und der Rest des zusammengewürfelten Haufens ließen sich auf der Insel Gallo absetzen. Die Mannschaft meuterte. Denn die Männer hatten sich die Eroberung Perus anders vorgestellt. Einer ihrer

Briefe, die Almagro im Gepäck hatte, erreichte die Gattin des neuen Gouverneurs, Pedro de los Ríos.»Wir werden hier der Habgier unserer Entführer aufgeopfert. Diese schlauen Teufel haben uns von unseren Freunden zu Hause abgeschnitten. Wir bitten diese, ein Schiff herzusenden, das uns aus der Gefangenschaft befreit. Wir befinden uns in einem Schlachthaus. Almagro treibt uns, das Vieh, hinein, Pizarro schlachtet es.« So schrieb einer der Aufmüpfigen. Der Vertreter der Krone tobte und verbot dem verdatterten Almagro, neue Leute anzuwerben. Dem jungen Hauptmann Tafur erteilte er den Befehl, sich aufzumachen, Pizarro zu verhaften und mit seinen Desperados nach Panama zu bringen.

Knapp 25 Jahre trieb sich Francisco aus Trujillo nun schon in der Neuen Welt herum. Und jetzt, wo er endlich die Spur zum Goldland gefunden hatte, dachte er gar nicht daran aufzugeben. Es gab nur noch eins: siegen oder untergehen. Die Begegnung zwischen ihm und Tafur ist so überliefert: Als ihm der Hauptmann auf der Insel Gallo eröffnete, dass die Behörden das Unternehmen Peru abgeblasen hatten, zog er mit dem Degen einen langen Strich in den nassen Sand und wandte sich an seine Männer:»Ihr könnt wählen, meine Freunde. Auf der einen Seite führt der Weg durch Hunger, Stürme und Gefahren nach Peru, in Reichtum und unvergänglichen Ruhm.« Er wies nach Norden und fuhr fort:»Dort geht es nach Panama, wo ihr das bittere Brot der Geschlagenen essen werdet. Ich hoffe, mit eurer Entscheidung beweist ihr, dass ihr Spanier seid. Ich gehe nach Süden.« Und damit überschritt er die Linie. Ihm folgten noch zwölf seiner Gefährten. Bis heute stehen sie in den Geschichtsbüchern als»die legendären dreizehn von

der Insel Gallo«. Die drei Indios vom Balsafloß dagegen, die ohne Murren bei Pizarro blieben, würdigte später niemand.

Der Bastard im Adelsstand

Hauptmann Tafur raufte sich die Haare. Rebellion und Tollheit nannte er das störrische Verhalten des Kommandanten, brachte es aber nicht über sich, den kühnen Verweigerer in Ketten zu legen. Mit seinen Schergen und den ausgemergelten, verlausten Aufmüpfigen, die Pizarro die Gefolgschaft versagt hatten, segelte er unverrichteter Dinge wieder nach Panama zurück.

Dort hatten inzwischen Almagro und Pater de Luque den einflussreichen Gaspar de Espinosa als Fürsprecher gewonnen. Seinem Vorgänger, so erklärten die drei dem Gouverneur, waren hohe Summen für die Vollmachten gezahlt worden. Das Gold Perus liege nun endlich zum Greifen nah. Wenn er der Krone die ansehnlichen Gewinne vorenthalte, falle er am Hofe mit Sicherheit in Ungnade. Solchen Argumenten konnte sich Pedro de los Ríos letztendlich nicht verschließen. Er stellte ein Schiff zur Verfügung und setzte Pizarro für die Eroberung des geheimnisvollen Landes die Frist von einem halben Jahr.

Fünf Monate musste Pizarro warten, bis die Freunde eintrafen. Mit seinen zerlumpten Helden war er auf die Nachbarinsel Gorgona umgesiedelt. Nässe, sengende Sonne, Schlaflosigkeit und Fieber zehrten an den letzten Kräften der zusammengeschrumpften Crew. Als das Schiff endlich erschien, erwachte ihr Tatendurst. Pizarro jedoch zog nüchtern Bilanz: Der Gouverneur hatte ihm einen äußerst knappen Termin gesetzt und eine alte Brigantine geschickt, aber keine Verstärkung. Aber es gab zumindest frischen Proviant. Und der Kommandant konnte sich auf seine wenigen, aber treuen Leute verlassen. Er beschloss, aus der Not eine Tugend zu machen und das Land der Inka als spionierender Gast zu besuchen und alle nur möglichen Informationen zu sammeln. Unverzüglich brach er nach Süden auf.

Diesmal stand die Tour unter einem glücklichen Stern. In der Stadt Tumbez, aus der einst das Balsafloß gekommen war, aber auch an anderen Orten empfingen begeisterte Menschen die verdutzten Europäer mit allen Zeichen der Ehre. Unaufgefordert bewirteten die Einheimischen die ausgehungerten Fremden mit Bananen, Ananas, süßen Kartoffeln, Mais, Wild, Fisch und Chica, dem lokalen Maisbier. Berge von kostbaren Geschenken schleppten sie an Bord: Gold, Silber und Edelsteine, feines Tafelgeschirr, prachtvolle Stoffe, herrliche Teppiche und vollendet geformte Töpfereien. Auch ein stattliches Lamapaar ging mit auf die Reise. Die exotischen Tiere werden Monate später sogar die Fahrt nach Europa überleben und in Spanien bei Hofe für großes Aufsehen sorgen.

Nichts in dem wohlhabenden, gut geordneten Gemeinwesen entging Pizarros scharfem Habichtsblick. Er inspizierte kunstvolle Steinbauten, Bewässerungsanlagen und Straßen, besuchte Goldschmiede und Handwerker und traf einen hohen Inka-Funktionär. In einer Garnison ließ er sich die Ausrüstung zeigen: lederne Schilde und Helme, Schleudern, Schwerter aus Palmholz und Keulen. Und er hörte, der mächtige Herrscher Huayna Capac habe unübersehbare Heere unter Waffen,

eine Art Bauernmiliz. Jeder taugliche Indio musste bei Bedarf Wehrdienst leisten und im Kriegsfall für eine gewisse Zeit den Acker mit dem Schlachtfeld tauschen. Etwa 10 000 Berufssoldaten bildeten den Kern der Armee. Geduldig beantworteten die drei vom Balsafloß, die längst leidlich Spanisch sprachen, alle Fragen des neugierigen Kommandanten.

Derweil verteilten seine Leute unter ihren Gastgebern Glasperlen und billigen Flitter. Nur die Anführer bekamen eine eiserne Axt. Dann führten die Europäer ihre Rüstungen und Gewehre vor. Der Knall, das Mündungsfeuer und der Pulverdampf lösten Entsetzen aus. Doch Pizarro gebärdete sich als Friedensheld und hielt Reden über den gütigen Christengott. Die Kunde, weiße Männer seien mit einer schwimmenden und geflügelten Burg vom Himmel gekommen, eilte durchs Land. Wo immer sich die Europäer zeigen, strömten die Menschen mit dem Ruf »Viracocha! Viracocha!« zusammen. Sie glaubten, ihr weißhäutiger Schöpfergott, der vor Urzeiten übers Meer entschwand, habe die Verheißung erfüllt und sei zurückgekommen. Doch noch ließ Pizarro die Maske nicht fallen.

Kurz vor der Abreise erfuhr der Kommandant, Huayna Capac liege todkrank darnieder. Weil der oberste Inka noch keinen seiner Söhne zum Nachfolger bestimmt habe, treibe das Reich einer Machtkrise entgegen. Mit dieser guten Nachricht verließ Pizarro das Land und traf Ende 1527 wieder in Panama ein. Der Gouverneur staunte über die mitgebrachten Schätze und verzieh großmütig die längst überschrittene Frist, die er dem berüchtigten Draufgänger gesetzt hatte. Aber er weigerte sich, die entscheidende Expedition zu finanzieren. »Es ist nicht meine Pflicht«, verkündete er, »ein mir

Der Bastard im Adelsstand 307

unbekanntes Reich auf Kosten der Region, die ich verwalte, aufzubauen. Ich werde mich auch nicht dazu verleiten lassen, noch mehr Menschenleben aufs Spiel zu setzen, nur wegen ein paar Stücken goldenen und silbernen Spielzeugs und drei indianischen Schafen.« Der Starrsinn des königlichen Beamten kam Pizarro sehr gelegen. Im Frühjahr 1528 schiffte er sich nach Spanien ein. Denn jetzt konnte nur noch der Monarch persönlich entscheiden.

1516 hatte Karl V. nach dem Tod König Ferdinands den spanischen Thron bestiegen und war drei Jahre später zum Kaiser des Heiligen Römischen Reiches Deutscher Nation gewählt worden. Wohlwollend besah er die Juwelen, das Lamapaar und drei Indios, die ihm sein Untertan Pizarro vorführte, als dieser endlich gegen Ende des Jahres zur Audienz in Toledo vorgelassen wurde. Gegen die umfangreiche und überaus kostbare Beuteausstellung des ruhmreichen Hernán Cortés, der soeben Mexiko erobert hatte, nahm sich seine Kollektion fast armselig aus. Doch Pizarro konnte seinem König glaubhaft versichern, dass er aus Peru genauso viel Gold bringen werde. Um die ewigen Löcher in der Staatskasse zu stopfen, dachte er bei sich. Natürlich stehe die Verbreitung des Christentums an erster Stelle der Mission, fügte er eilfertig hinzu, um das kaiserliche Gewissen zu beruhigen. In Cortés, mit dem er durch seinen Vater verwandt war, fand Pizarro einen Fürsprecher. Vermutlich traf er sich öfter mit dem Vetter und konnte bei seinem bevorstehenden Kriegszug von dessen Erfahrungen profitieren.

Am 26. Juli 1529 ernannte Karl V. Hauptmann Francisco Pizarro auf Lebenszeit zum Statthalter für die Provinz Neu-Kastilien, wie Peru unter den Spaniern heißen sollte. Damit hatte er allein – anders als mit Almagro und de Luque vereinbart – sowohl für die Eroberung als auch für die Kolonisierung des Landes alle militärische, zivile und polizeiliche Gewalt. Zusammen mit den zwölf anderen Helden von der Insel Gallo bekam er den Adelsbrief. Pizarro wurde Marqués und Ritter vom Santiago, als Lehen erhielt er die Isla des Flores im Perlengolf. Daraus musste er die Mittel für sein Unternehmen ziehen.

An jenem denkwürdigen Tag hatte er das erreicht, was er sich jahrzehntelang erträumte: Der uneheliche Bauernjunge durfte sich nun »Don« nennen und endlich das Wappen seines Vaters führen. Doch der frisch gebackene Ritter gönnte sich noch einen weiteren Triumph: Das ehrwürdige Familiensymbol erweiterte er um einen Kondor, ein Lama und eine indianische Stadt mit dem Meer im Hintergrund – als Vorgriff auf seine geplanten Taten. Hinzu kam der Spruch:»Im Namen Kaiser Karls durch die Anstrengung und das Genie und auf eigene Kosten des Marqués Pizarro entdeckt und befriedet.« In Trujillo, dem Städtchen seiner Kindheit, erregte der stolze Kämpfer aus Übersee in seinem Rittermantel mit dem blutroten Kreuz gewaltiges Aufsehen. Es kostete ihn keine Mühe, in den alten Gefilden 96 Männer für den Eroberungszug anzuwerben, darunter seine Halbbrüder und andere Verwandte. Sogar Hernando, der einzige legitime Sohn seines Vaters, schloss sich ihm an. Ein gebürtiger Adliger unter dem Befehl eines ehemaligen Bastards – für Francisco eine besondere Genugtuung. Dennoch spürte er genau, dass seine hart erkämpfte Ehrenstellung viel weniger wog als der Geburtsadel seines Halbbruders. Viele Chronisten bezeugen, dass Francisco nach und nach in eine Abhängigkeit von dem hässlichen, gewissenlosen und rachsüchtigen Hernando geriet, dessen Hauptcharakterzug sie mit grausam bezeichnen.

Am letzten Sonntag des Jahres 1529 stach die bunt gewürfelte Truppe in See. In Panama musste Pizarro zuerst ein hartes Stück Arbeit leisten. Sein Verbündeter Almagro fühlte sich betrogen, hatte doch Francisco ab jetzt nicht nur die alleinige Befehlsgewalt, sondern obendrein noch seine halbe Familie mitgebracht. Erst umfassende Zusicherungen stimmen ihn wieder versöhnlich. Bis Mannschaft und Ausrüstung komplett waren, vergingen weitere Monate. Im Januar 1531 stach Don Pizarro mit drei Segelschiffen und mit 180 Männern, 37 Pferden, Proviant und Waffen in See. Diesmal war der Kriegsgott mit an Bord.

Die Männer, die der König in unbekannte Gebiete sandte, hatten drei in der Amtssprache friedlich klingende Bedingungen zu erfüllen: »descubrir, relatar, poblar« – entdecken, berichten, besiedeln. Was mit den Menschen geschehen sollte, die bereits in dem Land lebten, blieb letztlich dem Gutdünken der Entdecker überlassen. Und die verwandelten die Parole kurzerhand in das entscheidende »conquistar« – erobern. Sie konnten nicht anders, sollte sich die Sache für sie lohnen. Und sie waren dazu befugt, sobald sich die Ureinwohner der Bekehrung widersetzten. Die Unerbittlichkeit, mit der ein Konquistador Beute machen musste, um auf seine Kosten zu kommen, erklärt sich zum großen Teil aus dem Knebelvertrag mit der Krone. »Es war ein Vertrag, in dem die eine Seite Titel verlieh, Versprechungen machte, die Früchte des geplanten Unternehmens ernten und keine Kosten tragen wollte, während die andere Seite für zehn oder fünf Hundertstel eines Gewinns, der in weiter Ferne lag, schon jetzt alle Aufwendungen zu machen hatte«, schreibt ein Chronist. Die Habgier der Monarchen machte die kühnen Pioniere hinter ihrer selbstherrlichen Fassade zum gefügigen Arm der Feudalgewalt. Für die Grausamkeit seiner Diener und für all das Blut, das in Peru floss, trug letztendlich Karl V. die Verantwortung.

Blutiges Gold

Wie war es möglich, dass das größte Reich in der Geschichte Südamerikas innerhalb weniger Monate zusammenbrach? Gegen die gewaltigen Heere der Inka hatten die Spanier kaum 200 Soldaten aufzubieten. Das Volk sah in Pizarro zwar die Inkarnation seines weißhäutigen Schöpfergottes Viracocha, der zurückgekommen war, um die Söhne der Sonne für ihre Vergehen zu bestrafen. Die Indios fürchteten sich umso mehr, als die Fremden auf Streitrössern daherkamen, denn Pferde kannten sie nicht. Doch selbst der Glaube an ein göttliches Gericht hätte kaum eine so schnelle und verheerende Wirkung haben können.

In Wahrheit lag die Ursache für den rapiden Untergang in der inneren Zerrissenheit des Landes. Die Krise, die sich bei Pizarros letzter Erkundungsfahrt angebahnt hatte, war voll über das Inka-Reich hereingebrochen. 1527 starb Huayna Capac. Nach der Eroberung von Quito war er nicht mehr nach Cuzco zurückgekehrt. Er hatte sich in eine Fürstin verliebt. Sie gebar ihm Atahuallpa, der zum Favoriten des Herrschers wurde. Aber als Sohn einer Nebenfrau – ein Bastard wie Pizarro – durfte er niemals Thronfolger

Der lange Arm der spanischen Krone: Pizarros Soldaten gehen mit äußerster Brutalität vor.

werden. Der greise Vater brach jedoch mit der hochheiligen Tradition und teilte das Reich. Atahuallpa sollte die nördlichen Provinzen regieren, Huascar, der legitime Erbe, erhielt den Süden und Cuzco als Residenz.

Huayna Capac hätte es besser wissen müssen. 1493 – nach dem plötzlichen Tod seines Vaters Topa Inca Yupanacis – hatten seine beiden ersten Frauen mit allen Mitteln der höfischen Intrige einen erbitterten Streit um die Thronfolge ihrer Söhne vom Zaun gebrochen. Die Spaltung des Hofstaats setzte sich in einem Bürgerkrieg fort. Bis Huayna Capac die Oberhand gewann, war der Staat schwer angeschlagen. Von außen drohten Aufstände. Doch es gelang ihm, das Reich noch einmal zu einen und auf blutigen und grausamen Feldzügen sogar neue Länder zu erobern: Chachapoyas in den Anden sowie weitere Gebiete im Norden Ecuadors. In Quito blieb der oberste Inka dann in den Fängen der Fürstin hängen. Weder Erdbeben, heftige Stürme noch andere Zeichen des Unheils konnten den sterbenden Herrscher von seinen letzten Verfügungen abbringen. Selbst die Kunde, fremde weiße Wesen seien an der Küste aufgetaucht, schreckte ihn nicht. Seinen Liebling Atahuallpa wollte er nicht leer ausgehen lassen.

Doch der pfiff auf brüderliche Eintracht und strebte nach ungeteilter Macht. Er hatte die Armee auf seiner Seite und zog gegen Cuzco. Zu Anfang siegte sein Gegner Huascar. Er nahm Atahuallpa gefangen. Doch der konnte fliehen und führte den Krieg unerbittlich weiter. Zwei Generäle Huascars, die er zu fassen bekam, wurden zu Tode gefoltert. Mit ihrer Haut ließ der gnadenlose Rebell eine

310 Todescode aus Peru

Trommel bespannen und schickte sie dem Halbbruder als Geschenk. 1532 – kurz vor Pizarros Einfall – schlug Atahuallpa die Truppen des Gegners, eroberte Cuzco und ließ Huascar in den Kerker werfen. Seine engsten Angehörigen wurden erschlagen, andere auf Pfählen zu Tode gemartert und auf den Straßen zur Schau gestellt. Den Befehl zu den Gräueltaten erteilte Atahuallpa aus der Ferne. Er hatte sich in den Norden nach Cajamarca zurückgezogen. Von dort beobachtete er auch die Bewegungen der weißen Fremden an der Küste. Ohne es zu ahnen, hatte der Sohn der Sonne Pizarro den Boden bereitet. Denn die absolute Autorität der traditionellen Inka-Herrschaft hatte einen irreparablen Riss bekommen.

Sieben Monate waren die Spanier schon in Peru. Sie erlebten ein Wechselbad von Etappensiegen und Rückschlägen, Kollaboration und Verrat, Verlusten und reicher Beute, Begeisterung und Meuterern aus den eigenen Reihen. Überall wo sie auftauchten, war ihnen der Ruf vorausgeeilt, »grausame Menschen ohne Wahrheit zögen gleich Räubern durchs Land«, wie ein Chronist schrieb. Der friedfertige Eindruck, den sie beim ersten ungebetenen Besuch im Reich hinterlassen hatten, verblasste über Nacht.

Am Tangarala-Fluss mit seinem günstigen Klima gründeten die Eroberer San Miguel, die erste spanische Stadt in Peru. Für seinen bevorstehenden Feldzug gegen den obersten Inka brauchte Pizarro ein sicheres Basislager. Wie es die Vorschriften geboten, führte der Statthalter die »Encomienda« ein. Das bedeutete die behördliche »Empfehlung« einheimischer Arbeitskräfte an weiße Siedler unter den Bedingungen der Sklaverei. Erbeutetes Gold und Silber schmolzen die Spanier sofort in provisorisch gebauten Öfen ein und gossen es zu Barren. Jedem Soldaten wurde sein Anteil genau abgewogen. Die Menge für Almagro, Pater de Luque und Gaspar de Espinosa sowie das Königsfünftel schickte Pizarro nach Panama und bat gleichzeitig um Verstärkung.

Erkundungstrupps fanden heraus, dass Atahuallpa zehntausende von Kriegern zusammengezogen hatte und sich in Cajamarca aufhielt – 400 Kilometer entfernt, hoch oben im Gebirge. Mit rund 150 spanischen Soldaten, einer kleinen Schar von übergelaufenen Indios und den Pferden machte sich Pizarro auf den beschwerlichen Marsch hinauf in die Anden. Am 15. November 1532 zogen die Spanier in Cajamarca ein. Die Stadt war menschenleer. Der Sohn der Sonne residierte außerhalb. Hernando Pizarro fiel die heikle Mission zu, den Herrscher aufzusuchen und ihn zu einem Treffen mit Francisco Pizarro einzuladen.

Mit mehr als 10 000 Kriegern zog Atahuallpa am nächsten Tag in die Stadt ein. Pizarros Soldaten verfolgten das exotische Schauspiel aus dem Hintergrund. Atahuallpa, ein schöner, stattlicher, etwa 30-jähriger Mann mit grimmigem Gesicht, ließ sich in einer Sänfte auf den Marktplatz tragen. Vor ihm fegten dreihundert livrierte Indianer den Schmutz von der Straße. Der oberste Inka saß auf einem goldenen Thronschemel, geschützt von einem Baldachin aus bunten Federn. Die vornehmsten Würdenträger begleiteten ihren Herrscher. Alle waren in prächtige Gewänder gekleidet und trugen schweren Schmuck aus Gold und Smaragden zum Zeichen ihres Standes.

Pizarro achtete darauf, dass alles exakt nach den Vorschriften des Königs abläuft. Zunächst schickte er den Dominikaner Vincente de Valverde vor. Der Pater hielt Kruzifix und Bibel in die Höhe und

Blutiges Gold 311

forderte Atahuallpa auf, den christlichen Glauben anzunehmen und dem Kaiser Tribut zu zahlen. Ungeduldig unterbrach ihn der oberste Inka, nahm das dicke Buch in die Hand und hielt es an sein Ohr – wie ein Orakelkästchen. Denn seine Götter sprachen mit deutlichen Worten. Nachdem er eine Weile gelauscht hatte, warf er die Bibel in den Schmutz und äußerte verächtlich:»Mir sagt es nichts. Und ich werde diesen Ort nicht eher verlassen, bis ihr mir alles zurückgegeben, was ihr meinem Land genommen habt. Ich weiß, wer ihr seid und was ihr wollt.«

Einen besseren Vorwand für das, was nun geschah, konnte Atahuallpa den Spaniern nicht liefern. Auf Pizarros Zeichen stürzten die Soldaten hervor und metzelten alles nieder, was ihnen in den Weg kam. Eine Stunde später lagen 6000 Leichen auf dem Marktplatz von Cajamarca. Der Rest der Inka-Krieger hatte sein Heil in kopfloser Flucht gesucht. Pizarro persönlich schützte Atahuallpa vor dem Blutrausch seiner Leute und nahm ihn fest. Er wollte den Herrscher zu seinem Werkzeug machen, um durch ihn sein Reich zu regieren.

Der königliche Gefangene war nicht dumm. Er kannte den wunden Punkt der Spanier – das gelbe Metall, das für ihn selbst keinen materiellen Wert hatte. Warum nur gierten die Fremden so danach? Fütterten sie etwa damit ihre Streitrösser, wie gemunkelt wurde? Eines Tages sagte Atahuallpa zu Pizarro, der knappe Zentner Gold, den er in Cajamarca erbeutet habe, sei doch gar nichts. Er, der Herrscher über alle Schätze des Landes, könne den 50 Quadratmeter großen Raum, in dem er sitze, damit füllen lassen – als Lösegeld für seine Freiheit.

Etwas Besseres konnte Pizarro nicht passieren. Er setzte dem Sohn der Sonne eine Frist von zwei Monaten. Atahuallpa sandte Quipus durch Eilboten in alle Winkel des Landes mit dem Befehl, jede verfügbare Menge an edlen Metallen auf der Stelle auszuliefern. Allein aus dem Tempel von Pachacamac trafen acht Zentner Gold und Säcke voller Silber ein. So half er den Spaniern, die sich nicht einmal anstrengen mussten, sein eigenes Land auszuplündern. Während er auf seine Freilassung wartete, lebte der oberste Inka bequem und ohne Fesseln mit drei Frauen aus seinem Harem, umgeben von indianischer Dienerschaft. Pizarro behandelte ihn mit Respekt und Zuvorkommenheit. Die beiden Männer führten lange Gespräche und lernten durchaus voneinander. Langsam wurde das»Gefängnis« Atahuallpas zum goldenen Käfig – im wahrsten Sinne des Wortes.

In Cuzco gab es Probleme bei der Beschaffung der Schätze. Denn noch lebte Atahuallpas Bruder Huascar – der Gefangene des Gefangenen. Und Huascar hatte die Befehlsgewalt in der Hauptstadt. Damit der ungeliebte Halbbruder nicht mit den Spaniern kollaborieren konnte, um dann ihn zu opfern, ließ Atahuallpa Huascar kaltblütig ermorden. Auch bei den Spaniern brach Unruhe aus. Am 14. April 1533 erschien Almagro mit 200 Mann Fußvolk und über 50 Reitern im Tal von Cajamarca. Der alte Gefährte fühlte sich von Pizarro betrogen, seine abgerissenen Soldaten forderten die sofortige Aufteilung der Beute. Obwohl Atahuallpas Raum noch nicht ganz mit Gold gefüllt war, ließ Pizarro das gehortete Edelmetall einschmelzen. Nur wenige der schönste Objekte blieben erhalten. Almagro und seine Leute wurden mit 200 000 Golddukaten abgefunden. Pizarro bekam allein fünf Zentner Gold. Die Beute – mit einem heutigen Wert von mindestens 35 Millio-

312 Todescode aus Peru

nen Mark – überstieg alles, was bis dahin in der Neuen Welt von Spaniern erpresst worden war.

Pizarro hätte Atahuallpa nun freilassen müssen. Doch Gerüchte über einen bevorstehenden Aufstand der Inka verunsicherten den Statthalter. So gab er dem Drängen seiner Getreuen nach. Sie machten dem Herrscher den Prozess, zu dem sie nach spanischem Recht eigentlich nicht befugt waren. In buntem Durcheinander klagten die Eroberer Atahuallpa des Heidentums, der Ermordung seines Bruders, des Aufruhrs und anderer Verbrechen an. Das Urteil lautete: öffentliche Verbrennung auf dem Scheiterhaufen. Doch die Flammen fürchtete der oberste Inka mehr als den Tod, denn ohne intakten Körper konnte er seinem Glauben nach im Jenseits, im Haus der Sonne, nicht weiterleben. So willigte er im letzten Augenblick ein, sich auf den Namen Juan Francisco de Atahuallpa taufen zu lassen. Dafür gewährten ihm die Spanier die »Gnade«, an einen Pfahl gebunden und erdrosselt zu werden. Pedro Pizarro, ein Stiefbruder Franciscos, berichtet: »Das geschah und der Körper wurde liegen gelassen bis zum Morgen des nächsten Tages. Bis die Mönche, der Gouverneur und andere Spanier den Körper mit viel Zeremonie zur Kirche brachten, wo er mit allen Ehren, die ihm bezeugt werden konnten, begraben wurde.«

Die Hinrichtung Atahuallpas lähmte seine Untertanen völlig. Ohne ihn konnte niemand eine selbstständige Entscheidung treffen. Die Armeen waren desorganisiert, die Generäle ratlos. Sie fühlten sich nicht stark genug, den Kampf gegen die Eindringlinge oder die Anhänger Huascars aufzunehmen. So hatten die Spanier weiterhin ein leichtes Spiel. Als Marionette brauchten sie einen neuen Herrscher, der den Treueid nicht mehr auf den Sonnengott Inti, sondern auf Kaiser Karl V. schwören musste. Pizarro setzte den erstbesten Prinzen Tupac Hualpa als obersten Inka ein. Doch er starb schon bald – vermutlich an Gift.

Mit seinem Nachfolger Manco Inca, dem letzten Thronerben aus der Sippe Huascars, taten die Spanier allerdings keinen guten Griff. Zunächst half er den Besatzern, Widerstandsaktionen gegen die Anhänger Atahuallpas niederzuschlagen. Dann aber setzte er sich ab und sammelte eine riesige Armee. Mit mehr als 200 000 Kriegern zog er 1536 vor die Hauptstadt, die Pizarro inzwischen eingenommen hatte. Doch seine Truppen hielten die Belagerung Cuzcos nicht durch, da sie von den Lebensmitteldepots abgeschnitten waren. Manco Inca flüchtete sich mit seinen Leuten in das schwer zugängliche Berggebiet von Vilcabamba. Nach seinem Tod setzten seine Söhne den Kampf fort. 1571 erschütterte der Aufstand des Inka-Sprösslings Tupac Amaru I. das Land, das die Spanier immer weiter unter sich aufteilten. Nach seiner militärischen und politischen Unterwerfung begann für den Inka-Staat der lang anhaltende Prozess der ökonomischen Zerstörung. Für die Einheimischen war es der Weg in Elend und Armut.

Der endgültige Niedergang

Immer wieder versuchten die Indios, das Kolonialjoch abzuschütteln. Weder totale Ausbeutung noch Entmündigung, weder Gnadenbeweise noch drakonische Strafen, weder der aufgezwungene Katholizismus noch eingeschleppte Seuchen

Der endgültige Niedergang 313

vermochten ihre Widerstandskraft ganz zu brechen. Die Priester der alten Religionen nährten eine verklärende Rückbesinnung auf die Herrschaft der Inka. Eines Tages, so glaubten sie, würde einer von ihnen zurückkehren, die Herrschaft übernehmen und die verhassten Unterdrücker vernichten.

Auch unter den Spaniern rumorte es. Die Konquistadoren wehrten sich gegen den Versuch des Kaisers, ihre Rechte zu beschneiden und das Wirtschaftssystem zu zentralisieren. Noch Ende des 18. Jahrhunderts war der Missbrauch der Privilegien an der Tagesordnung. Die »Encomienda« gab den Statthaltern die Verfügungsgewalt über Soldaten, Beamte und die Indiobevölkerung der jeweiligen Region. Sie waren ermächtigt, Tribute in Form von Gold, Lebensmitteln oder Arbeitsleistungen einzufordern. Die inzwischen verbrieften Rechte der Ureinwohner aber, die nach der Eroberung Vasallen des Königs von Spanien wurden, hielten die gierigen Europäer selten ein. Die königlichen Beamten gebärdeten sich als adlige Landherren, obwohl die »Encomienda« das Eigentum an Grund und Boden nicht vorsah. Wie ihre schlechten Vorbilder in der Heimat jagten sich die mächtigen politischen Fraktionen gegenseitig die Pfründe ab, führten gnadenlose Kriege gegeneinander und meuchelten sich auf abscheuliche Weise.

Der erbarmungslose Hernando Pizarro ließ am 8. Juli 1538 Diego de Almagro wegen der Einnahme Cuzcos eigenmächtig hinrichten. Drei Jahre später, am 26. Juni 1541, fiel Francisco Pizarro in seinem Palast in Lima einem Attentat zum Opfer. Anhänger Almagros stachen ihn nieder. Danach zogen plündernde und mordende Banden durchs Land. Nie war es anders zur Zeit der »Conquista«.

Zu leiden hatte das Volk. Die Bauern mussten hart arbeiten und zusehen, wie die gefühllosen Invasoren ihr reiches Land aussaugten. Viele flüchteten in die Städte, weil sie dort den weißen Herren nicht zu dienen brauchten. Ein rapider Rückgang der Geburten und grassierende Epidemien führten zu einem dramatischen Bevölkerungsschwund. Weniger arbeitsfähige Männer standen zur Verfügung, um die Minen auszubeuten. So schändeten die angeblich so frommen Christen ohne Skrupel Kultstätten und Gräber, um an das letzte Gold zu kommen. Doch ihren alten Glauben konnten sie den Menschen nicht nehmen. Je nachdrücklicher sie ihnen den Katholizismus aufzwangen, desto inbrünstiger verehrten die Einheimischen die traditionellen Gottheiten und die Geister der Ahnen. Damit versuchten sie, die ständigen Demütigungen und den Terror, den sie zu erleiden hatten, zu vergessen.

Noch heute lehnen viele Indios die heilige Kommunion ab, obwohl sie Katholiken geworden sind. Stattdessen küssen sie nur das Kreuz. In Pisac, einem Ort nahe Lima, wo der Priester die sonntägliche Messe in der Inka-Sprache Ketschua hält, versammeln sich die Oberhäupter der Sippen nach dem Gottesdienst bei einem Schamanen. Er spricht Gebete zu Ehren der Inka-Götter und leitet damit die Beratungen der Clanchefs über Probleme in ihren Dörfern ein.

Insgeheim fürchteten die Spanier den mächtigen Einfluss der Schamanen. Es blieb nämlich nicht immer beim stillen Protest und der Schicksalsergebenheit der Unterdrückten. Die weisen Männer schürten Gedanken, die jederzeit zum Aufstand führen konnten. Schon mehrfach hatten die Besatzer Erhebungen blutig niedergeschlagen. Als Sebastian

Der ungarische Adelige Sebastian Berzeviczy und die Inka-Prinzessin Umina werden nach katholischem Ritus getraut.

Berzeviczy 1760 nach Peru kam, lag gerade die Rebellion des Juan Santos Atahuallpa in den letzten Zügen.

Kurze Zeit später lehnten sich die Indios in der Region Huarochiri gegen die hohen Steuern auf und stürzten den örtlichen Richter und seinen Schwager in eine Schlucht. In Quito zerstörte eine wütende Menge die Gebäude der Pfarrgemeinde. Trotz aller Feindseligkeit, die ihnen entgegenschlug, war es für die Spanier immer wieder ein Leichtes, mit ihren brutalen Methoden wenigstens nach außen hin Ruhe herzustellen. Die Einheimischen waren schlecht organisiert und hatten keinen charismatischen Anführer. Das änderte sich, als Tupac Amaru II. die Bühne des Geschehens betrat.

Der junge Mann stammte aus der Region Tinta im Süden Perus. Er besuchte das Jesuitenkolleg und glänzte durch gute Lateinkenntnisse. Auf Spanisch parlierte er wie in seiner Muttersprache. Sein christlicher Name war José Gabriel Condorcanqui. Die Konquistadoren öffneten den Söhnen der einheimischen Elite ihre Schulen – mit dem Hintergedanken, eine Schicht von Kollaborateuren heranzuziehen, die sich dazu hergaben, die Fremdherrschaft zu stützen.

Doch José war aus anderem Holz geschnitzt. Er stammte in direkter Linie vom letzten inoffiziellen Herrscher Tupac Amaru I. ab, der 1572 von Francisco de Toledo umgebracht worden war. José hatte nur eines im Sinn: sein Land vom Joch der Unterdrücker zu befreien. Als Handelsmann konnte er frei in Peru umherreisen, ohne Argwohn zu erregen. Seine begeisterten Landsleute feierten ihn als Inka, der zurückgekehrt war, um ihnen die Freiheit zu bringen. 1780 war es endlich so weit. Noch bevor die Spanier Verdacht schöpften, hatte er als Tupac Amaru II. zwischen 60 000 und 80 000 Bauern mobilisiert – ein Wendepunkt in der Geschichte Perus. Zum ersten Mal waren alle Teile des Reiches in Aufruhr. Nur mit Mühe gelang es den Spaniern, die Oberhand zu behalten. Erst als sie 1782 – nach zwei blutigen Jahren – Tupac Amaru fassen konnten, brach die Bewegung zusammen.

Die Sieger rächten sich grausam. Ihr Gefangener musste zusehen, wie seine Frau, sein Sohn und viele seiner Gefährten exekutiert wurden. Vor seiner eigenen Hinrichtung hatte der Held des Volkes schlimmste Folterungen zu erleiden. Seinen Leichnam ließen die Spanier zerstückeln. Die vier Teile schickten sie in die vier Hauptzentren des Widerstandes. Die barbarische Geste, die an die Einteilung des Inka-Reichs in vier Provinzen erinnerte, sollte als eindringliche Warnung dienen – für all jene, die es künftig wagten, sich der spanischen Macht zu widersetzen. Für Sebastian Berzeviczy hatte der Aufstand schwer wiegende persönliche Konsequenzen. Wieder einmal veränderte sich sein Leben grundlegend.

Tod in Venedig

Lima 1783. Mehr als zwanzig Jahre lebte Sebastian Berzeviczy schon in Peru. Nach dem ersten Treffen mit der Inka-Prinzessin Umina nahm sein Leben die entscheidende Wende. Er zog mit ihrer Familie nach Cuzco, wo er kurze Zeit später heimlich mit dem Mädchen vermählt wurde. Die Hochzeit fand nach katholischer Zeremonie statt und keineswegs, wie sich der Bräutigam ausgemalt hatte,

in den Ruinen eines Inka-Tempels. Doch das Glück währte nur kurze Zeit. 1762 starb Umina bei der Geburt ihres ersten Kindes, einer Tochter. Der verzweifelte Vater gab der Neugeborenen den Namen seiner Frau. Er hatte Umina über alles geliebt. Ihren frühen Tod sollte er nie verwinden.

Die indianischen Großeltern und der europäische Vater erzogen das kleine Mädchen gemeinsam. Umina wuchs zu einer Schönheit heran und verliebte sich mit 18 Jahren in Tupac Amaru. Der junge Mann hieß genauso wie sein berühmter Onkel, der Anführer des Aufstands von 1780. Auch Sebastian hatte sich ihm angeschlossen und an der Seite der Indios gegen die Spanier gekämpft. Damit erbrachte er den letzten Beweis seiner Loyalität und erwarb sich ein noch größeres Maß an Vertrauen. Die Einheimischen behandelten ihn wie einen der Ihren. Und Sebastian tat alles für das Wohl seiner Familie. Schon längst hatte er die goldenen Träume begraben, für die er in jungen Jahren die Reise nach Peru gewagt hatte. Im Herzen war er ein halber Inka geworden – voller Hochachtung für die Leistungen einer großen Vergangenheit.

Umina und Tupac Amaru durften heiraten. Aber das Schicksal gönnte dem Paar kein unbeschwertes Glück. Als die Rebellion gegen die Besatzer zusammengebrochen war, gerieten auch Sebastian und Uminas Mann in tödliche Gefahr. Nach der grausamen Hinrichtung seines Verwandten Tupac Amaru II. rückte der junge Indio an die erste Stelle der Inka-Elite. Auf seinen Schultern lastete nun alle Verantwortung eines Thronfolgers. Irgendwann einmal, wenn die Zeit gekommen war, sollte er sein Volk in die Freiheit führen. Deshalb verfolgten die Spanier seine Sippe, denn sie wollten jeden ausrotten,

316 Todescode aus Peru

der den geringsten Versuch unternahm, ihre Macht zu gefährden. Und so blieb der kleinen Familie nur die Flucht nach Europa. Zwei Jahre dauerten die Vorbereitungen. Die brenzlige politische Situation verlangte äußerste Vorsicht. 1783 war es endlich so weit. In einer dunklen Nacht ging Sebastian an Bord eines Schiffes – mit Tochter, Schwiegersohn, weiteren jungen Mitgliedern der letzten Herrscherdynastie und einer treuen Indio-Eskorte zu ihrer Bewachung. Als Gepäck führten die Flüchtlinge viele schwere Kisten mit sich. Sorgsam darin verpackt – ihr einziges Kapital, ein Teil des legendären Inka-Schatzes. Er war Sebastian, dem Ältesten der Gruppe, übergeben worden. Eine Ironie des Schicksals. Ausgerechnet die Menschen, denen er vor Jahren alles Gold rauben wollte, vertrauten ihm freiwillig ihr Erbe an. Anders als den Söhnen der Sonne blieb ihren Nachfahren nichts anderes übrig, als die kostbaren Objekte schweren Herzens zu Geld zu machen, wenn sie in der Ferne überleben und dort vielleicht Waffen für einen neuen Aufstand kaufen wollten. Dazu brauchten sie ein gewisses Vermögen.

Als Ziel der Reise wählte Sebastian Venedig, Treffpunkt von Künstlern und Kaufleuten. In der Stadt der tausend Kanäle tummelte sich ein internationales Publikum. Fremde Gesichter fielen dort nicht auf – eine ideale Voraussetzung zum Untertauchen. Sebastian gelang es, einen geeigneten Unterschlupf für sich und seine Leute zu finden. Über ihre politischen Aktivitäten im Exil geben die Quellen keine Auskunft. Vermutlich zogen die jungen Edelleute der Inka weiterhin die Fäden und versorgten die Untergrundbewegung in Südamerika mit Geldern. Nach einiger Zeit brachte Umina einen Sohn zur Welt – Antonio. Sollte je-

mals wieder ein freies Indio-Reich in Peru etabliert werden, stand der Junge nach seinem Vater Tupac Amaru auf dem zweiten Platz der Thronfolge.

14 Jahre lang lebten die Flüchtlinge unbehelligt in Italien. Sie bemühten sich, ständig auf der Hut zu sein und vor allem nicht durch unbedachte Handlungen aufzufallen. Sebastian wusste genau, welchen Ruf die venezianischen Agenten in Europa genossen. Mit einem gut funktionierenden Netz von hoch qualifizierten Spionen und kleinen Spitzeln machten sie jeden Zugereisten oder Rechtsbrecher ausfindig, auf den sie angesetzt waren. Bislang hatten die Indio-Wächter mit ihrem geschulten Blick keinerlei Anzeichen für eine Observierung bemerkt. Die Nachkommen des letzten Inka-Herrschers glaubten schon an ihre perfekte Tarnung, als die Katastrophe über ihnen hereinbrach.

Im Februar 1797 nutzten Umina und Tupac Amaru das bunte Treiben des Karnevals, um endlich einmal wieder unbeschwert durch die Gassen der Altstadt zu ziehen. Hinter den Masken wähnten sie sich in Sicherheit und stürzten sich ausgelassen ins heitere Tanzvergnügen. Ihren hartnäckigen Verfolger bemerkten sie nicht. Der Unbekannte in perfekter Verkleidung lockte sie geschickt ins Dunkel der Seitenstraßen. Dann zog er sein Messer und erledigte seinen Auftrag mit kühlem Kopf. Tupac Amaru, der Hoffnungsträger der Inka verblutete auf dem Pflaster Venedigs.

Warum schlug der Geheimdienst der spanischen Krone nach so langer Zeit zu? War eine Unterstützungsaktion für Peru aufgeflogen? Oder brodelte es dort so heftig, dass die Spanier eine Rückkehr Tupac Amarus zu seinem Volk befürchteten? Vielleicht wurde einer der Indios aus der Eskorte erpresst. Doch hätte er jemals seinen Herrn an den erbitterten Feind verraten? Ging der feige Mord überhaupt zulasten spanischer Agenten? Oder übten venezianische Banditen das blutige Handwerk aus? Unwahrscheinlich, denn die jungen Leute trugen keinerlei Wertsachen bei sich. Niemand wird die wahren Hintergründe des Attentats jemals erfahren.

Flucht nach Niedzica

Nach dem ersten Schock handelten Sebastian und Umina besonnen und schnell. Sie hatten begriffen, dass jetzt Antonio ganz oben auf der Todesliste der Spanier stand. Die einzige Chance für seine Rettung war eine erneute Flucht. Wieder einmal brachen die Emigranten alle Brücken hinter sich ab. In Windeseile packten sie ihre Habe zusammen und bestiegen mit ihren Getreuen eine Kutsche. Zwei Wochen war die illustre Gruppe unterwegs. Mehr als 800 Kilometer ging es über steile Pässe und schlechte Straßen – bis nach Polen. Zweimal mussten sie den reißenden Dunajec überqueren. Seine starke Strömung trieb ihr kleines Boot entlang tiefer Schluchten. Die wilde Landschaft erinnerte die Indios an die heiligen Orte im Hochland Perus.

Nach fast vierzig Jahren in der Fremde reiste Sebastian Berzeviczy wieder durch das Land seiner Kindheit. Er brauchte nicht lange zu überlegen, wo er die liebsten Menschen, die er hatte, in Sicherheit bringen konnte: in den Nordkarpaten auf

Uminas Familie vertraut Sebastian Berzeviczy einen Teil ihres Familienschatzes an.

318 Todescode aus Peru

Schloss Niedzica, 120 Kilometer entfernt von Krakau am Ufer des Dunajec gelegen. Seine gefährlichen Wasser bildeten die Grenze zwischen drei Kulturen – der ungarischen, der tschechischen und der polnischen. Im 18. Jahrhundert stieß das Königreich Ungarn in unmittelbarer Nähe der Burg an Polen. Entsprechend bewegt liest sich die Geschichte des Ortes. Immer wieder lösten Kriege, Aufstände und friedliche Zeiten einander ab. Im 14. Jahrhundert von der Familie der Berzeviczy auf einem steilen Felsen errichtet, wurde das Schloss zu einem der wichtigsten polnischen Stützpunkte an der Demarkationslinie zu Ungarn.

Für die Einheimischen hatte der Bau von Anfang an etwas Unheimliches. Eine Zeit lang setzten sich Banditen auf dem Herrschaftssitz fest und überfielen von ihrem uneinnehmbaren Räubernest aus die umliegenden Dörfer und Klöster. Oft wechselte das Schloss den Besitzer. Wenn ein Käufer seine Hypothek nicht mehr bezahlen konnte, kam der nächste Adelige zum Zug. Doch ständig gewohnt haben die hohen Herren in dem abgeschiedenen Winkel selten. Meist stand ihre imposante Festung leer. Als Junge war Sebastian gern in den dunklen Gängen und geheimnisvollen Kammern des weitläufigen Gebäudes herumgestrolcht. Jetzt hörte er, die verfallende Burg sei günstig zu erwerben. Er glaubte fest daran, dass er mit den Seinen hinter den dicken Mauern der Wehranlage für immer Schutz und Frieden finden könnte. Als die Verfolgten durchgerüttelt und übermüdet am Ziel eintrafen, versteckten sie zuerst irgendwo in den verschwiegenen Verliesen des alten Gemäuers ihren wertvollsten Besitz – die Kisten mit dem restlichen Gold. Die Menschen im nahen Dorf wunderten sich nicht weiter über die neuen

Gesichter, auch wenn diesmal äußerst exotische Gestalten dabei waren.

Die verschworene Gemeinschaft richtete sich allmählich in der neuen Behausung ein. Umina machte sich daran, die kahlen Räume so wohnlich wie möglich zu gestalten. Die Indios hielten unerschütterlich an ihren traditionellen Lebensgewohnheiten fest, so gut es die Umstände eben erlaubten. Wehmütig klangen ihre Lieder durchs Tal – voller Sehnsucht nach der Heimat. Umina und der kleine Antonio versuchten, über den Verlust Tupac Amarus hinwegzukommen. Sebastian trauerte mit ihnen. Allmählich löste sich seine innere Anspannung. Im Land seiner Väter fühlte er sich mit den Seinen geborgen.

Doch es kam, wie es kommen musste. Spaniens Spione blieben nicht untätig und verfolgten die Spur der Flüchtlinge bis ins entlegene Niedzica. Der Monarch in Madrid fürchtete den ungebrochenen Einfluss der Inka-Sippe. Für ihn gab es nur eine Lösung: Umina und Antonio müssen sterben. Der Auftragskiller nahm seine Opfer ins Visier. Es schien ein leichtes Spiel zu werden. Im Schutz der Dunkelheit schlich er in die Burg, ohne dass ihn ein Wächter aufhielt. Doch er traf nur auf Umina. Sie hatte ihren murrenden Sohn kurz zuvor ins Bett geschickt. Der Kammerdiener begleitete den Jungen in sein Schlafgemach – einen gut geschützten Ort. Der kaltblütige Häscher packte Umina und stürzte sie aus dem Fenster ihres Turmzimmers. Das Risiko einer längeren Suche nach Antonio wollte er nicht mehr eingehen. In scharfem Galopp suchte er das Weite. Sollten doch die Auftraggeber in Spanien über die weiteren Schritte entscheiden.

Nur wenige Monate nach ihrer Ankunft in Polen schlug für den geschockten Se-

Sebastians Fluchtroute von Venedig nach Niedzica

bastian eine der schwersten Stunden seines Lebens: Es hieß, von seiner geliebten Tochter für immer Abschied zu nehmen. Ein silberner Sarkophag nahm ihre sterbliche Hülle auf. Die Familie gab ihr einen Teil des Goldschatzes mit ins Grab – so die Legende. Bis heute hat jedoch niemand ihre letzte Ruhestätte gefunden.

Niedzica war nicht mehr sicher. Berzeviczy handelte entschlossen. Gemeinsam mit den Indios schaffte er die Kiste mit dem kostbaren Gut aus dem Haus. In unmittelbarer Nähe kannte er ein ideales Versteck – die malerische Ruine von Schloss Tropsztyn. Dann galt es, Antonio zu retten. Berzeviczy wusste genau, dass sein Enkel in höchster Lebensgefahr schwebte. Er durfte nicht zum Spielball rücksichtsloser politischer Machenschaften werden und das grausame Schicksal seiner Eltern teilen. Deshalb musste er als Thronfolger sofort von der Bildfläche verschwinden. Sebastian rief seinen Neffen Waclaw Benesz zu sich und weihte ihn in seinen Plan ein. Es gab nur einen Weg: die Spur des Jungen durch einen

Identitätswechsel zu verwischen. Waclaw willigte sofort ein, denn er und seine Frau waren kinderlos und hatten sich immer schon Nachwuchs gewünscht.

Das geknüpfte Vermächtnis

Schloss Niedzica, 21. Juni 1797. Unter den Augen eines Gesetzesvertreters unterschrieb Waclaw die Adoptionsurkunde. Er verpflichtete sich, Antonio an Kindes statt anzunehmen und für ihn wie für einen leiblichen Sohn zu sorgen. Sollte sich die politische Situation in Peru ändern, müsse er den Jungen freigeben und mit seinen Stammesbrüdern in die Heimat ziehen lassen. Andernfalls habe Waclaw ihn über seine Herkunft aufzuklären und ihm sein Erbe auszuhändigen, sobald Antonio volljährig sei.

Gefasst sahen die Würdenträger der Inka zu, wie das Waisenkind zum polnischen Staatsbürger wurde. Als Vermächtnis überreichten sie dem frisch gebackenen Vater ein Quipu, das sie ersatzweise aus Lederschnüren geknüpft hatten. Denn Lamawolle gab es in Polen nicht. Einem Eingeweihten wiesen die Knoten den Weg zum Versteck des Goldes. Kein Unbefugter durfte es je in die Hände bekommen. Deshalb wurde nirgendwo in lateinischen Buchstaben ein Vermerk auf den Verbleib des Schatzes gemacht. Sollten die Indios selbst nicht mehr leben, wenn Antonio erwachsen war, müsse er eben nach Peru reisen, um das Quipu deuten zu lassen. Sebastian ließ im Adoptionsdokument festhalten, dass Waclaw persönlich das Bündel »unter der letzten Schwelle im ersten Tor der Hochburg zu Niedzica« vergraben werde.

Wie schwer mag dem Großvater die Trennung von seinem Enkel gefallen sein? Doch der kluge Schachzug war seine einzige Chance, die Verfolger zu täuschen. Sebastian Berzeviczy verließ Niedzica mit den Indios und lebte mit ihnen in den nächsten Jahren irgendwo in Polen. Über ihr weiteres Schickal in der Fremde ist nichts bekannt. Ihm selbst gelang es offenbar, das standesgemäße Leben eines Adligen zu führen. Immer noch ging er keinem Duell aus dem Weg. Doch er hatte nicht mehr so viel Glück wie in seiner stürmischen Jugend. Bei einem Zweikampf zog er sich schwere Verwundungen zu. Im Augustiner-Kloster zu Krakau fand sein ruheloses Leben ein Ende. Dort wurde er auch begraben.

Waclaw nahm seinen Adoptivsohn mit nach Morawien. Der Indiojunge entwickelte sich zu einem aparten Mann, heiratete eine Polin und hatte mit ihr zwei Töchter und zwei Söhne. Sebastians Coup war ein voller Erfolg. Kein spanischer Scherge hat Antonio aufgespürt. Sein peruanisches Erbe trat er nicht an – aus welchen Gründen auch immer. Er holte weder das Quipu aus dem Versteck noch reiste er je wieder in seine Heimat. Auf dem Sterbebett beschwor er Ernest, den älteren Sohn, jeden Gedanken an den vergrabenen Familienschatz aufzugeben. Das Trauma seiner Kindheit saß tief. Er hatte erlebt, dass die Hoffnung auf ein neues Inka-Reich und das Gold seiner Ahnen nur Tod und Verderben gebracht hatten. In den nachfolgenden Generationen der Beneszs gerieten die familiären Verbindungen mit den peruanischen Indios in Vergessenheit.

Erst 1946 – fast 150 Jahre später – stieß ein Nachkomme Sebastians auf Beweise für die schier unglaublichen Ereignisse. Unmittelbar nach dem Albtraum des

In die Adoptionsurkunde lässt Sebastian den Hinweis auf das Versteck des Quipu eintragen.

Zweiten Weltkriegs suchten die Überlebenden im zerstörten Polen einen Ausgleich zum harten Alltag. Visionen von verborgenen Schätzen beflügelten die Fantasie. Die einen fahndeten nach dem Bernsteinzimmer, andere nach deutschem Gold. Viele Menschen klammerten sich mit Vorliebe an die Bruchstücke der eigenen Familiengeschichte. Zu ihnen gehörte der 28-jährige Andrzej Benesz.

Andrzej war eine Persönlichkeit mit vielen Facetten. 1918 wurde er in Tarnow geboren. Als Junge ahnte er natürlich nicht, dass in seinen Adern Inka-Blut floss. Später behauptete er, schon lange vor dem Krieg habe er davon erfahren. Die abenteuerliche Story über seine erste Berührung mit dem faszinierenden Thema, das ihm zum Schicksal werden sollte, erzählte er selbst immer wieder: 1936 erschienen zwei Ausländer in seinem Gymnasium in Bochnia und baten den Schuldirektor, ihnen den jungen Benesz als Führer für eine Besichtigungstour freizustellen. Doch in Wahrheit interessierten sich die Fremden nur für ihn. Andrzej erfuhr, dass er ein Nachkomme des letzten Inka-Herrschers und Erbe eines legendären Schatzes sei, den er aber nicht auf eigene Faust finden könne. Die Männer wollten ihm alle Familienpapiere abkaufen und boten dafür mehr als 10 000 Dollar. Tapfer lehnte der Pennäler die damals Schwindel erregende Summe ab. Von da an begann er, selbst nach seinen Wurzeln zu forschen. Bevor er fündig wurde, brach der Krieg aus.

Erst 1946 konnte Benesz seine Recherchen fortsetzen. Mühsam rekonstruierte er den Lebensweg seines Ahnherrn aus dem 18. Jahrhundert – Sebastian Berszeviczy. Er durchforstete alle Unterlagen

Kein Zweifel: In Andrzej Benesz fließt indianisches Blut.

seiner adligen Sippe, stöberte in fast vergessenen Archiven und blätterte in brüchigen Folianten. Allmählich öffnete sich Sebastians Lebensweg wie ein Bilderbuch vor seinen Augen: die wagemutige Reise nach Peru, seine Ehe mit der Inka-Prinzessin Umina, die Geburt der Tochter, die abenteuerliche Flucht nach Venedig und Niedzica und die Morde an Tupac Amaru und Umina. Über die Adoption ihres Sohnes Antonio durch Waclaw Benesz fand sich in der Familienchronik nur ein spärlicher Hinweis.

Doch es musste eine offiziell ausgestellte Urkunde geben. Der begeisterte Ahnenforscher fuhr nach Krakau, wo die für Niedzica zuständigen Behörden saßen. Schließlich führte ihn sein Weg in die Heiligkreuz-Kirche der Stadt. Bereitwillig holte Pfarrer Mytkowitsz einen dicken Folianten hervor. Zwischen den vergilbten Seiten entdeckten sie das Dokument, das über Antonios Lebensweg entschied. Sichtlich bewegt betrachtete Benesz den Beweis seiner indianischen Herkunft. Der Pater übersetzte das lateinische Original ins Polnische und ließ die Abschrift amtlich beglaubigen.

Staunend las Andrzej die Notiz über das Versteck des indianischen Quipu für Antonio. Daraus, so heißt es, gehe eindeutig hervor, wo der Familienschatz der Inka vergraben wurde. Ob Antonio das Vermächtnis an sich genommen und das Gold geborgen hatte, wollte der Nachkomme nun so schnell wie möglich herausfinden. Benesz jubelte innerlich, sah er sich doch bereits im Besitz unermesslicher Reichtümer.

Nun hatte er ein leichtes Spiel. So schien es zumindest. Er wusste genau, wo er suchen musste, und reiste nach

Niedzica. Am 31. Juli 1946 scharrte der Pole aus dem Sand unter der benannten Schwelle eine unscheinbare Bleikapsel. Was sie enthielt, wusste in diesem Augenblick nur er allein. Gebannt verfolgten die Zeugen, die er für diesen denkwürdigen Moment mitgebracht hatte, jede Bewegung. Nur mühsam konnten die Neugierigen ihre Anspannung verbergen. Andrzej zog eine Lederrolle aus dem Futteral. Sie war alt und mit exotischen Mustern bemalt. Darin eingewickelt die verschlüsselte Nachricht vom Versteck des Goldes – ein rätselhaftes Riemenbündel, ein indianisches Quipu. Keiner der Anwesenden hatte jemals zuvor ein so seltsames Gebilde zu Gesicht bekommen. Und niemand konnte die geheimnisvollen Knoten deuten. Doch wo immer der legendäre Schatz der Sonnensöhne auch lagern mochte, Sebastians Nachkomme wollte alles daran setzen, einen Experten zu finden, der für ihn den Code knackte. Franciszek Szydlak, damals Wachmann auf dem Schloss, ist der einzige noch lebende Augenzeuge der Geschehnisse jenes Tages. In eine schmucke Uniform gekleidet, führt der über 80-Jährige heute Touristen durch die Burg. Stolz zeigt er die berühmte Schwelle unter dem Tor, wo einst das Quipu lag. Unermüdlich schildert er seinen staunenden Zuhörern das wohl aufregendste Erlebnis seiner langen Dienstjahre.

Der Fluch des Inka-Goldes

Nur wenige Tage nach der spektakulären Entdeckung des Quipu kam es in Niedzica zu einem mysteriösen Unglück. In der Nacht zum 2. August 1946 brannte der Grenzschutzposten 185 bis auf die Grundmauern nieder. Drei Soldaten starben in den Flammen. Zwei von ihnen hatten an der Aktion auf der Burg teilgenommen. Die Dorfbewohner glaubten nicht an einen Zufall. Sie munkelten, die Inka-Götter hätten sich gerächt, weil ein Unbefugter das geknüpfte Vermächtnis an sich genommen habe.

Was Andrzej Benesz in den nächsten Jahren unternahm, um sein Erbe anzutreten, bleibt sein Geheimnis. Einen Erfolg konnte er jedenfalls nicht verbuchen. Allmählich verblassten seine Illusionen. Er wandte sich der Politik zu. 1958 wurde er Mitglied des Zentralkomitees der Demokratischen Volkspartei Polens, 1969 stieg er zum ihrem Chef auf. Zwei Jahre später – die Krönung seiner Karriere: Die Abgeordneten des Parlaments, des Sejm, wählten Benesz zum Stellvertretenden Vorsitzenden. Von da an wollte der Staatsmann mit dem Inka-Schatz nichts mehr zu tun haben, wenigstens offiziell nicht. Er fürchtete um seinen Ruf.

Heimlich jedoch kaufte er die Ruine Tropsztyn. Ausgerechnet die Burg, die Sebastian vermutlich einst als Versteck für die Goldkiste ausgewählt hatte. Offenbar muss der Politiker in den Familienpapieren einen Bezug zu seinem Ahnherrn entdeckt haben. Vielleicht hatte Sebastian nach Antonios Adoption doch für kurze Zeit dort gelebt. Am Ende der Sechzigerjahre gab Benesz unter dem Deckmantel der Archäologie eine Probegrabung in Auftrag. Keiner, der daran teilnahm, kannte den wahren Hintergrund. Mit Ausnahme des wissenschaftlichen Leiters, Professor Andrzej Zaki. Heute sagt der Forscher, damals sei nur mit sehr geringem Aufwand gegraben worden. Schon nach zwei Tagen seien seine Leute auf ältere Kulturschichten

Der Fluch des Inka-Goldes 325

gestoßen, in denen der Schatz keinesfalls mehr liegen konnte. Ein verheerendes Ergebnis also. Deshalb habe Benesz die Arbeiten sofort gestoppt. Vermutlich war er pleite, denn der Kauf und die notdürftige Absicherung der Gewölbe hatten seine letzten Mittel aufgezehrt.

Aber Benesz hatte mit der Sache noch nicht abgeschlossen. Anfang der Siebzigerjahre organisierte er eine Expedition für junge Archäologen nach Peru. Er gab ihnen eine Kopie des Quipu mit, die er eigenhändig geknüpft hatte. Sie sollten im Land der Inka einen weisen Mann finden, der vielleicht noch um den Code der Sonnensöhne wusste. Doch im 20. Jahrhundert eine fast aussichtslose Mission. Selbst die Schamanen, die Tag für Tag die uralten Rituale zelebrieren, besitzen nicht mehr das geheime Wissen, Knotengeflechte mit komplizierten Inhalten zu entschlüsseln.

Irgendwo im weiten Dschungel sind die frisch gebackenen Akademiker verschollen. Nicht einer kehrte zurück. Niemand hat eine Erklärung. Hatte Andrzej Benesz seine Finger im Spiel, um Spuren zu verwischen? Selbst die Namen der Teilnehmer sind in den Listen der polnischen Botschaft in Lima nicht zu finden. Das ganze Unternehmen – wie ausgelöscht. Die Diplomaten führen ein Verzeichnis über alle Anden-Expeditionen ihrer Landsleute. In diesem Fall aber heißt es nur kopfschüttelnd: Fehlanzeige. Noch heute irrt die Mutter eines der Vermissten verzweifelt über den Friedhof von Krakau. Ihre Blumen legt sie auf ein beliebiges Grab, denn es gibt keine Ruhestätte, an der sie ihren Sohn beweinen kann.

Dem Ziel nahe: die Entdeckung des Quipu auf Schloss Niedzica in Polen

1974 reisten abermals zwei Polen angeblich in Beneszs Auftrag nach Peru und verschwanden spurlos. Nüchterne Zeitgenossen behaupten, sie hätten ihre Visa genutzt, um sich aus dem damals sozialistischen Polen abzusetzen. Doch es sind Geschichten wie diese, die den Mythos vom Fluch des Inka-Goldes immer weiter nähren.

Warschau, 26. Februar 1976 – wenige Jahre nach den tragischen Ereignissen in Peru. Andrzej Benesz leitet die Vorstandssitzung der Partei, für ihn ein Routinetermin. Später hieß es, an jenem Tag sei er auffallend unkonzentriert gewesen. Sein Traum, doch noch an den Inka-Schatz zu kommen, scheint geplatzt wie eine Seifenblase. Die Grabung in Tropsztyn war gescheitert, die Anden-Expedition ein Drama, das Quipu immer noch nicht entschlüsselt. Seit kurzem kursiert das Gerücht, ein Unbekannter sei aufgetaucht, der die geheimen Botschaften der Inka deuten könne. Gewährsleute wollen den Kontakt herstellen. Nach 30 Jahren voller Rückschläge endlich ein Hoffnungsschimmer.

Ein Bote bringt einen Zettel in die Sitzung. Wie gebannt starrt der Parteivorsitzende auf die Nachricht und verlässt dann hastig die Konferenz. Seine Kollegen schütteln brüskiert die Köpfe. Noch nie hat ihr Chef seine Staatspflichten vernachlässigt. Wohin will er so eilig? Fest steht nur: Andrzej setzte sich selbst ans Steuer und brauste davon. Es regnet in Strömen. Er nimmt die Landstraße Warschau – Danzig. Die 400 Kilometer lange Strecke kennt er wie seine Westentasche. Wollte er in seine Wohnung nach Danzig oder in ein Versteck, um das Quipu zu holen? Hatte er danach eine Verabredung mit dem großen Unbekannten? Fragen, die nie geklärt werden konnten.

326 Todescode aus Peru

Benesz ist ungefähr 120 Kilometer gefahren, als es passiert. Es ist kurz nach 20 Uhr. Wurde er geblendet oder war er übermüdet? Kam er wegen überhöhter Geschwindigkeit auf der nassen Straße ins Schleudern? Saß neben ihm eine weitere Person, wie gemunkelt wurde? Und wenn ja, wer war sie? Augenzeugen existieren nicht. Und der Polizeibericht liefert keine Antworten. Der glücklose Schatzjäger stirbt in den Trümmern seines Wagens. Seither bleibt das Quipu unauffindbar. Und der Absender des ominösen Zettels konnte nie ermittelt werden. Mit allen militärischen Ehren setzt die polnische Regierung ihren Stellvertretenden Parlamentspräsidenten bei. Mit der Familie trauert das ganze Land um einen angesehenen Staatsdiener. Die näheren Umstände des Unfalls nahm nie jemand unter die Lupe. Doch hinter vorgehaltener Hand tuscheln die Polen, Andrzej Benesz sei ein Opfer des Inka-Fluches geworden.

Eine Schlagzeile jagt die andere. Radio- und Fernsehsender stürzen sich sensationsgierig auf das Thema. Selbst jedes Kind in Polen kennt die Geschichte aus eilig aufgelegten Comic-Heften. Der goldene Schatz lässt die Menschen nicht ruhen. Immer neue Vermutungen tauchen auf. Die Bergbauern um Niedzica frönen noch heute ihrer Vorliebe für Legenden und Aberglauben. Sie erinnern sich genau an einen Museumskurator, der eines Tages die Burg wortlos verließ. Nur noch einmal soll er danach gesehen worden sein – in einem Archiv in Madrid, über alte Schriften gebeugt und unverständliche Sätze murmelnd. Auch den Pendelkundigen aus Kattowitz haben sie nicht vergessen. Der Mann kam Ende der Achtzigerjahre in den Ort und brach bei seinen Versuchen plötzlich tot zusammen.

Die Diagnose des Arztes lautete lapidar: Herzinfarkt. Deshalb lassen die Leute aus Niedzica die Finger von der Schatzsuche. Sie haben Angst vor der todbringenden Rache der Inka-Götter.

Die Städter denken da anders. Jedes Jahr bevölkern Scharen von Glücksrittern das Gelände um die Burg. Mit modernem Messgerät, das Metalle unter der Erde anzeigt, suchen sie jeden Zentimeter des Bodens ab. Böser Zauber oder unerklärliche Todesfälle schrecken sie nicht. Bislang hat niemand auch nur das Geringste gefunden. Auf Schloss Tropsztyn dagegen, dem wahrscheinlichen Versteck des Schatzes, bleiben die Türen verriegelt. Der neue Besitzer, der die Ruine liebevoll restaurieren lässt, hat aus Angst vor einer Invasion von Hobbyarchäologen die unterirdischen Gewölbe sicher verschlossen.

Die Benesz-Story löste in Polen heftige Kontroversen aus. Es gab nicht nur Klatsch, sondern auch ernsthafte Recherchen. Der Warschauer Journalist Aleksander Rowinski befasst sich seit 1974 mit dem »Eldorado in Polen«. In Archiven von Venedig bis Tschechien suchte er nach authentischen Zeugnissen und glaubwürdigen Spuren. Über seine Arbeit schrieb er ein Buch. »Die Quellen haben mich überzeugt«, sagt er, »dass damals wirklich Angehörige einer Inka-Sippe nach Niedzica gekommen sind.« Ob sie Gold und Silber mitbrachten, kann aber auch Rowinski nicht nachweisen. Die Abschrift der Adoptionsurkunde ließ er von Fachleuten prüfen. Sie stellten weder die Signatur des Pfarrers noch den Stempel der Gemeinde infrage.

Skeptischer dagegen drückt sich die Ethnologin Anna Kowalska-Lewicka aus: »Wer an die Geschichte glauben will, der glaubt eben daran. Leider habe ich die

Der Fluch des Inka-Goldes 327

Der mysteriöse Unfall des polnischen Politikers nährt das Gerücht vom Fluch des Inka-Goldes.

Adoptionsurkunde nie im Original gesehen. Übrigens hat keiner – außer Benesz – das Original je gesehen. Wenn Dokumente gefunden würden, die beweisen, dass von Polen aus ein Aufstand der Inka gegen die Spanier organisiert wurde, wäre das allerdings eine wissenschaftliche Sensation.«

Die Familie Benesz verweigert sich strikt jeder weiteren Nachforschung. Angeblich starb Andrzej, kurz bevor er seinen Sohn zum 18. Geburtstag in das Geheimnis der Familie einweihen konnte. Der Sprössling – heute Anwalt in Danzig – gibt kein Interview und will nichts mehr mit dem abstrusen Gerede über goldene Schätze zu tun haben. Ob er das Quipu noch besitzt oder andere Dokumente hütet, die den Aufenthalt der Inka in Polen beweisen, weiß niemand.

Bewiesen oder nicht – die Faszination des Goldes hat schon immer alle Grenzen überwunden. Seit jeher haben sich Eroberer und Abenteurer aufgemacht, die unermesslichen Reichtümer der Inka an sich zu reißen. Die wenigsten fanden dabei ihr Glück. Die Indios verehrten das heilige Gold als Schweiß der Sonne, als Symbol ihrer mächtigen Götter. Ihre Priester haben das Gold zu keiner Zeit mit einem Fluch belegt. Der Fluch ist allein die Gier der Menschen.

Literaturverzeichnis

Im Schatten der Pharaonen

Almásy, Ladislaus: *Schwimmer in der Wüste. Auf der Suche nach der Oase Zarzura*. Innsbruck 1997
Assmann, Jan: *Das Bild der Griechen von Ägypten*. München 1996
Brier, Bob: *Der Mordfall Tutanchamun*. München 1998
Brunner, Hellmut: *Grundzüge der altägyptischen Religion*. Darmstadt 1988
Brunner-Traut, Emma: *Kleine Ägyptenkunde. Von den Pharaonen bis heute*. Stuttgart 1991
Vivian, Cassandra: *The Western Desert of Egypt. An Explorers Handbook*. Kairo 2000
Churcher, Charles S. and Mills, Anthony J. (Editors): *Reports from the Survey of the Dakhleh Oasis Western Desert of Egypt 1977–1987*. Oxford 1999
Dersin, Denise (Hrsg.): *Wie sie damals lebten im Alten Ägypten*. Amsterdam 1997
Donadoni, Sergio: *Der Mensch des Alten Ägypten*. Frankfurt 1992
Drenkhahn, Rosemarie und Germer, Renate: *Mumie und Computer. Ein multidisziplinäres Forschungsprojekt in Hannover*. Hannover 1992
Fakhry, Ahmed: *A Temple of Alexander the Great at Bahria Oasis*. Kairo 1940
ders.: *Recent Explorations in the Oases of the Western Desert*. Kairo 1942
ders.: *Bahria and Farafra Oases. Preliminary Reports on New Discoveries*. Vol. I and Vol. II. Kairo 1973
ders.: *Denkmäler der Oase Dachla*. Mainz 1982
Germer, Renate: *Mumien. Zeugen des Pharaonenreiches*. Zürich/München 1991
dies.: *Das Geheimnis der Mumien. Ewiges Leben am Nil*. 2. erw. Aufl. München/New York 1998
Grimm, Günter: *Die römischen Mumienmasken in Ägypten*. Wiesbaden 1974
Hawass, Zahi: *Das Tal der Goldenen Mumien*. Bern 2000
ders.: »Roman Mummies Found at Bahariya Oasis«. In: *Jim Sauer*. Ed. Festschrift Semitic Museum. Cambridge 2000
Herodot: *Neun Bücher der Geschichte*. Essen 1990
Hoffmann, Friedhelm: *Ägypten: Kultur und Lebenswelt in griechisch-römischer Zeit. Eine Darstellung nach den demotischen Quellen*. Berlin 2000
Hölbl, Günther: *Geschichte des Ptolemäerreiches. Politik, Ideologie und religiöse Kultur von Alexander dem Großen bis zur römischen Eroberung*. Darmstadt 1994
ders.: *Altägypten im Römischen Reich. Der römische Pharao und seine Tempel*. Mainz 2000
Kaper, Olaf Ernst: *Temples and Gods in Roman Dakhleh. Studies in the indigenous cults of an Egyptian Oasis*. Groningen 1997

Kolpaktchy, Gregoire: *Ägyptisches Totenbuch*. Bern 1985
Lewis, Naphtali: *Life in Egypt Under Roman Rule*. Oxford 1983
dies.: *Greeks in Ptolemaic Egypt*. Oxford 1986
Parlasca, Klaus und Seemann, Hellmut: *Augenblicke. Mumienporträts und Ägyptische Grabkunst aus römischer Zeit*. Eine Ausstellung der Schirn Kunsthalle. Frankfurt/München 1999
Pääbo, Savante/Higuchi, Russell/Wilson, Allan: »Anolent DANN and the Polymerase Chain Reaction«. In: The Journal of Biological Chemistry. Vol. 264. S. 9709–9712. Berkeley 1989
Pettigrew, Thomas Joseph: *History of Egyptian Mummies*. London 1884
Rohlfs, Gerhard: *Drei Monate in der Libyschen Wüste*. Köln 1996
Tyldesley, Joyce: *Mumien. Die Geheimnisse der Mumiengräber*. Wien 1999
Wolf, Doris: *Was war vor den Pharaonen. Die Entdeckung der Urmütter Ägyptens*. Zürich 1994

Fata Morgana

Alcock, Leslie: *Camelot. Die Festung des König Artus? Ausgrabungen in Cadbury Castle 1966–1970*. Bergisch Gladbach 1974
Ashe, Geoffrey: *Kelten, Druiden und König Arthur. Mythologie der Britischen Inseln*. Olten 1992
Ashe, Geoffrey: *König Arthur. Die Entdeckung von Avalon*. 1986 Düsseldorf und Wien
Baumer, Franz: *König Artus und sein Zauberreich*. München 1991
Cunliffe, Barry: *Die Kelten und ihre Geschichte*. Bergisch Gladbach 1992
Engler, Michael: *Spuren der Geschichte*. Neumünster 1993
Entwistle, William: *The Arthurian Legend in the literature of the Spanish peninsula*. New York 1975
Hetmann, Frederik: *Feenmärchen*. Düsseldorf/Köln 1996
James, Simon: *Das Zeitalter der Kelten*. Düsseldorf 1996
Löw, Alfred: *Luftspiegelungen. Naturphänomen und Faszination*. Mannheim/Wien/Zürich 1990
Von Reden, Sibylle: *Die Megalithkulturen. Zeugnisse einer verschollenen Urreligion*. Köln 1989
Markale, Jean: *Die keltische Frau. Mythos, Geschichte, soziale Stellung*. München 1984
Ohff, Heinz: *Artus. Biographie einer Legende*. München 1993
Pernter, J. M./Exner, F. M.: *Metereologische Optik*. Wien/Leipzig 1922
Preuss, Th.: *Die Eingeborenen Amerikas* (Religionsgeschichtliches Lesebuch, hg. von A. Bertholet), Tübingen 1926
Schirmer, Ruth: *Lancelot und Ginevra. Ein Liebesroman am Artushof*. Eine Nacherzählung. Zürich 1992

Tributsch, Helmut: *Das Rätsel der Götter. Fata Morgana.* Berlin 1983
Vollmar, Klausbernd: *England. Die Insel der Nebel. Magisch Reisen.* München 1993
Willemsen, Carl Arnold: *Das Rätsel von Otranto. Das Fußbodenmosaik in der Kathedrale. Eine Bestandsaufnahme.* Sigmaringen 1990

Lawrence von Arabien

Deutsche Titel

Koch, Werner: *Lawrence von Arabien.* Frankfurt a. Main 1995
Lawrence, Thomas Edward: *Die Sieben Säulen der Weisheit.* München 1978
Morsey, Konrad: *T. E. Lawrence und der arabische Aufstand 1916/18.* Osnabrück 1976
Wilson, Jeremy: *Lawrence von Arabien. Die Biografie.* München 1999

Englische Titel

Doughty: *Travels in Arabia Deserta.* London 1921
Garnett, D. (Editor): *The letters of T. E. Lawrence.* London 1938
Jarvis, Major C. S.: *Arab Command. The Biography of Colonel Peake Pasha.* London 1942
Lawrence, A. W. (Editor): *T. E. Lawrence by his friends.* London 1937
Lawrence, T. E.: *The Influence on the Crusades on European Military Architecture to the End of the XIIth Century.* Oxford 1938
Lawrence, T. E.: *Seven Pillars of Wisdom.* Oxford Text, The Oxford Times, 1920
Lawrence, T. E.: *Military Report on the Sinai Peninsula.* War Office General Staff, Geographical Section, Cairo 1914
Westrate, B.: *The Arab Bureau. British Policy in the Middle East 1916–1920.* The Pennsylvania State University Press 1992
Winstone, H. V. F.: *The Diaries of Parker Pasha. War in the Desert.* London 1983
Woolley, C. L. and Lawrence, T. E.: *The Wilderness of Zin.* London 1915
Woolley, C. L. and Lawrence, T. E.: *Carchemisch, Report on the Excavations at Jerablus.* The British Museum, 3 Vols, 1914–52

Archive

Ashmolean Museum, Oxford
Bodleian Library, Oxford
Middle Eastern Archives, St. Abthony's, Oxford
Rockefeller Institute, Jerusalem
Oriental Institute, Oxford
Zionist Archives, Jerusalem

Das Amerika-Rätsel

Blunck, Hans Friedrich: *Die große Fahrt.* München 1934
Borges Da Silvia, Teresa/Radascwsky, Werner: *Azoren.* Berlin 1993
Bursey, Marilyn: *Trekking through Northern Labrador.* Newfoundland 1998
Cipolla, Carlo M.: *Guns and Sails in the early Phase of European Expansion 1400–1700.* Collins 1965
Diwald, Hellmut: *Der Kampf um die Weltmeere.* München/Zürich 1980
Fischer-Fabian, Siegfried: *Der Jüngste Tag. Die Deutschen im späten Mittelalter.* München 1985
Gebauer, Johannes Heinrich: *Der Hildesheimer Dietrich Pining als nordischer Seeheld und Entdecker.* Hildesheim 1933
Graham-Campbell, James: *Das Leben der Wikinger.* München 1980
Häusler, Friedrich: *Heinrich der Seefahrer.* Stuttgart 1971
Henning, Richard: *Terrae Incognitae.* Bde. I–IV. Leiden 1950
Jacob, Ernst: *Grundzüge der Geschichte Portugals und seiner Überseeprovinzen.* Darmstadt 1969
Johnson, Donald S.: *Fata Morgana der Meere. Die verschwundenen Inseln des Atlantiks.* München/Zürich 1999
Kiedel, Klaus-Peter: *Der Hildesheimer Dietrich Piening an der Spitze einer Expedition nach Grönland im Jahre 1473.* Hildesheim 1979
Knabe, Wolfgang: *Zwischen Eis und Ewigkeit.* Reutlingen 1997
Knabe, Wolfgang: *Auf den Spuren der ersten deutschen Kaufleute in Indien.* Anhausen 1993
Konstam, Angus: *Atlas der großen Entdeckungsfahrten.* Augsburg 2000
Larsen, Sofus: *The discovery of North America twenty years before Christoph Columbus.* London/Kopenhagen 1925
Meissner, Hans-Otto: *Im Zauber des Nordlichts.* München 1980
Nelson, Richard K.: *Hunters of the Northern Ice.* Chicago 1969
Pini, Paul: *Der Hildesheimer Didrik Pining.* Hildesheim 1971
Potter, Elmar/Nimitz, Chester: *Seemacht.* Herrsching 1982
Prieur, Benoit: *Atlantic Canada.* Montreal 1998
Salentiny, Fernand: *Aufstieg und Fall des portugiesischen Imperiums.* Wien 1977
Schmidt-Barrien, Heinrich: *Von der Bremer Böttcherstraße.* Bremen 1999
Schreiber, Hermann: *Die Fahrt nach Labrador. Didrik Pining.* Darmstadt 1968
Smiley, Jane: *Die Grönland Saga.* Frankfurt a. Main 1990
Wintergerst, Martin: *Zwischen Nordmeer und Indischem Ozean. Meine Reisen und Kriegszüge in den Jahren 1688–1710.* Stuttgart 1988
Zechlin, Egmont: *Die großen Entdeckungen und ihre Vorgeschichte.* Berlin 1941

330 Literaturverzeichnis

Operation Sethos

Arnold, Dieter: *Die Tempel Ägyptens.* Augsburg 1992
Giovanni Belzoni. Entdeckungsreisen in Ägypten 1815–1819, hg. von Ingrid Nowel. Köln 1982
Breasted, J. H.: *Geschichte Ägyptens.* Wien 1936
Bonheme, Marie-Ange/Forgeau, Annie: *Pharao, Sohn der Sonne.* Zürich/München 1989
Brand, Peter J.:»The Monuments of Seti I.«. In: *Probleme der Ägyptologie,* Band 16, Brill/Leiden, Boston/Köln 2000
Ceram, C. W.: *Götter, Gräber und Gelehrte.* Hamburg o. J.
Eggebrecht, Arne: *Das Alte Ägypten.* München 1984
Gutgesell, Manfred: *Arbeiter und Pharaonen.* Hildesheim 1989
Hornung, Erik: *Geist der Pharaonenzeit.* Zürich/München 1989
Hornung, Erik: *Das Grab Sethos' I.* Düsseldorf/Zürich 1991/1998
Hornung, Erik: *Tal der Könige. Die Ruhestätte der Pharaonen.* Zürich/München 1983
Kees, Hermann: *Der Götterglaube im Alten Ägypten.* Berlin 1956
Michalowski, Kazimierz: *Ägypten – Kunst und Kultur.* Freiburg im Breisgau 1969
Romer, John: *Sie schufen die Königsgräber.* München 1986
Romer, John: *Valley of the Kings.* New York 1981
Weeks, Kent: *Ramses II. Das Totenhaus der Söhne.* München 1999

Todescode aus Peru

Bákula, Cecilia/Laurencich-Minelli/Laura Vautier, Mireille: *Die Ahnenvölker der Inka und das Inka-Reich.* Zürich 1994
Bernard, Carmen: *The Incas. Empire of blood and gold.* London 1994
Bingham, Hiram: *Lost city of the Incas. The story of Machu Picchu and its builders.* London 1951
Ebersbach, Volker: *Francisco Pizarro. Glanz und Elend eines Conquistadors.* Berlin 1980
Julien, Catherine: *Die Inka – Geschichte, Kultur, Religion.* München, 1998
Katz, Friedrich: *Vorkolumbianische Kulturen,* München 1969
Kendall, Ann: *Everyday life of the Incas.* London, 1973
Lenczowski, Günter: *Die Religion der Azteken, Maya und Inka.* Darmstadt 1989
Levillier, Roberto: *Los incas del Perú.* Buenos Aires, 1940–42
Murra, John Victor: *The economic organization of the Inca state.* Greenwich 1980
Prescott, William Hickling: *History of the conquest of Peru.* New York 1998
Roberts, Timothy Roland: *Gods of the Maya, Aztecs and Incas.* New York 1996
Rowiński, Aleksander: *Przekleństwo kapłanów* (*Der Fluch der Priester*). Warschau, 2000 (bislang noch nicht auf Deutsch erschienen)
Stingl, Miloslav: *Die Inkas. Ahnen der »Sonnensöhne«,* Wien/Düsseldorf 1978
Urton, Gary: *Inca mythos.* London 1999
Wise, Karen: *Die Sonnenstädte der Inka.* Rastatt 1998

Über die Autoren

Claudia Moroni

Jahrgang 1960. Studium der Kunstgeschichte, Theaterwissenschaft und Romanistik. Seit 1993 beim ZDF; zunächst als freie Mitarbeiterin in der Abteilung Theater und Musik/ARTE. Seit 1996 in der Redaktion »Geschichte und Gesellschaft« tätig. Seit 1998 betreut sie den täglichen Kulturtermin »Discovery – Die Welt entdecken« sowie verschiedene historische Dokumentationen.

Michael Engler

Jahrgang 1942. Studium an der Muthesius-Kunsthochschule Kiel und an der Hochschule für Bildende Künste Hamburg. Seit 1967 freischaffend: Multivisionsschauen, Reportagen, Kurz- und Industriefilme, Ausstellungen und Bildbände. In eigener Produktion ab 1979 Regisseur und Kameramann zahlreicher Dokumentarfilme zu Themen der Kunst, Archäologie und Kultur.

Richard Andrews

Jahrgang 1953. Abitur an einer Privatschule in Reading/England. Berufstaucher am Suezkanal. Unterwasser-Archäologe in Sardinien. Publizist. Schwerpunkt archäologische und historische Themen. Autor von Das letzte Grab Christi (übersetzt in zehn Sprachen) und Tempel der Verheißung. 1999 Mitarbeit am TERRA-X-Film »Die Jagd nach der Bundeslade«.

Wolfgang Wegner

Jahrgang 1950. Studium der Kommunikationswissenschaften. Seit 1984 freier Autor und Regisseur. Produzent zahlreicher Auslandsreportagen und Dokumentationen zu historischen, zeitgeschichtlichen und ethnologischen Themen für die öffentlich-rechtlichen Sender. Buch- und Fernsehpreise. Autor von zehn Kinder- und Jugendbüchern.

Helga Lippert

Jahrgang 1948. Studium der Germanistik, evangelischen Theologie und Publizistik. Seit 1973 beim ZDF; zunächst als Redakteurin in »heute« und »heute journal«. Seit 1992 in der Redaktion »Geschichte und Gesellschaft«. Neun eigene Dokumentationen für die Reihe TERRA X. 1999 zweiter Preis beim Internationalen Archäologie-Filmfestival Istanbul für den TERRA-X-Film »Die Weihrauch-Connection«.

Wojtek Krzeminski

geboren 1978 in Warschau. Nach dem Abitur Studium der Geschichte und Publizistik. Verschiedene Praktika bei Produktionsfirmen mit Schwerpunkt Dokumentarfilm. Mitarbeit als Produktionsleiter und Drehbuchautor bei diversen ZDF- und Arte-Dokumentationen, u. a. beim TERRA-X-Film »Der Bernsteinwald«.

Personenregister

Aaronsohn, Sarah 161
Abd-el-Rasul, Mohammed 259, 263
Abd-el-Rasul, Sheikh Ali 263 f.
Abdul Maugud 10 ff.
Alexander der Große 10, 12, 35, 40, 51
Almagro, Diego de 302 ff., 310 ff.
Almásy, Graf Ladislaus Eduard de 48 f.
Alphons V. 172, 183, 192
Amenophis I. 260
Amenophis II. 258
Amenophis III. 235
Amun 35, 44, 47, 51, 241, 258
Amunnacht 256
Antonio 316 ff.
Anubis 22 f., 25, 31 f.
Arthur, König 84 ff., 103 ff.
Ashe, Geoffrey 96
Atahuallpa, Juan Santos 275 ff., 308 ff.
Augustus, Kaiser 20

Baal 236
Bankes, William 234
Bell, C. F. 120
Bell, Gertrude 132, 138
Belzoni, Giovanni Battista 47, 221f., 223, 225f.,
228, 231, 233ff., 260 ff.
Benesz, Andrzej 321 ff.
Berzeviczy, Sebastian 272 ff., 314 ff., 314 ff.
Bes 20, 30
Bouchard, Pierre 231
Boyce, Graham 41
Bran 78
Brugsch, Heinrich 259
Brugsch-Bey, Emil 259
Burckhardt, Johann Ludwig 222
Burton, Richard 231

Cailliaud, Frederic 47
Carnavon, Lord 218,
Carter, Howard 218, 221, 248, 255, 260, 262
Champollion, Jean-François 232 ff., 240
Cheops 49
Christian I. 172, 175, 183, 189, 196, 200, 205, 211
Christian III. 199
Christie, Agatha 138
Corteral, Graf João Vaz 173, 186, 192 ff., 206 ff.,
213 ff.
Cribbs, Dr. Robert W. 220f., 248, 268 f.
Curtain, James 222

Da'ud Pascha 259
Dacier, M. 234
Dahoum 138, 144, 160
Diodorus Siculus 25, 79
Disraeli, Benjamin 122
Dovretti, Bernardino 47, 222

Echnaton 235

Ericsson, Leif 169 f., 206, 215
Erik der Rote 195, 198, 201 ff., 215

Fakhry, Ahmed 51

Gaballa, Dr. Ali 221
Gama, Vasco da 169
Gardiner, Sir Alan 248

Hadrian 83
Hamed, Aga 228
Hammoudi 138
Haremhab, General 235, 237, 250
Hathor 230, 247
Hatschepsut 258
Hawass, Dr. Zahi 10ff.
Heinrich, Prinz von Portugal (»Heinrich der See-
fahrer«) 177 ff., 187
Herodot 22 ff., 46, 51, 233, 242
Hethiter 128, 136 ff., 238
Hogarth, David 117 ff., 127 ff., 135 f., 146, 155 ff.
Horappollon 234
Horus 19f., 31 f., 230, 237
Huayna Capac 296 f., 304, 306 ff.
Hussein, Feisal 147 ff.,155 ff.

Isis 20, 28, 31, 52, 230, 268
Iskander, Dr. Nasri 57

Kaper, Dr. Olaf 43
Kircher, Athanasius 26, 62 ff., 104
Kleopatra 15, 53, 234
Kolumbus, Christoph 168 ff., 178, 185 f., 215, 301

Lancelot 101
Laurie, Janet 115, 128
Lawrence, Thomas Edward (»El Orence«) 73, 114 ff.
Lean, David 114 f.
Lepsius, Carl 248
Loeben, Dr. Christian 43
Loptsdottir, Ölof 196 ff., 206

Magellan, 169
Magnus, Olaus 194, 200
Malory, Sir Thomas 91 f.
Manco Capac 278, 286
Masperó, Gaston 258 f.
Menou, General 231
Meretseger 247
Merlin 85
Mills, Anthony J. 41
Mohammed Ali, Pascha 41, 47, 222
Mommsen, Theodor 83
Monmouth, Geoffrey of 84 ff., 96 ff., 102
Mordred 87 ff.
Morgane 84 ff., 100 ff.
Morrigain 75 ff., 83
Muhammad al-Sharif al-Idrisi 46

334 Personenregister

Necho 233
Neferhotep 255
Nefertari 218f., 268
Nephthys 20, 29, 31 f.
Newcombe, Stewart Captain 144 f.
Núñez, Vasco de Balboa 301

Oktavian 20, 53
Oppenheim, Max von 138
Osiris 18, 22, 26, 28 ff., 52, 220, 230, 237, 240, 242 ff., 258, 261, 268

Pachacamac 311
Pachacutec 283 ff., 291
Paneb 256
Paser 250, 254
Petrie, Flinders 134
Pining, Didrik 172 ff., 182 ff., 196 ff., 212 ff.
Pizarro, Francisco 169, 274, 298 ff., 305 ff., 313 ff.
Plutarch 31
Polo, Marco 65, 168, 179
Pothorst, Hans 172 ff., 184 ff., 212 ff.
Pramesse 235f.
Psammetich II 233
Ptolemäus V. 231, 233ff.
Ptolemäus, Claudius 46, 175 ff.

Ramses I. 237 f., 244, 250
Ramses II. 218, 220, 235, 242, 244 f., 255 f., 260 f.
Ramses III. 258
Ramses IV. 248
Re 31, 236, 246 f., 266 ff.
Ricci, Alessandro 228

Salt, Henry 222
Schiaparelli, Ernesto 251
Scoresby, William 69
Selim, Achmed 160
Seth 18, 30 ff., 236f., 244
Sethos I. 220, 226, 235, 237 ff., 242 ff., 244, 247, 250, 260 f., 264 ff.
Sethos II. 256
Siptah 256
Soane, John 230
Strabon 46, 244

Tausret 256
Thomas, Lowell 158
Thompson, Campbell 132
Thot 20, 29
Thutmosis I. 246
Thutmosis II. 258
Thutmosis III. 32, 50, 235, 260
Troyes, Chrétien de 89
Tupac Amaru I. 312, 314
Tupac Amaru II. 314 ff., 322
Tutenchamun 26, 58, 218, 220, 225, 235, 255, 260, 263

Umina 277 f., 314 ff.
Usermaatre 258

Vince, Samuel 68

Weeks, Kent 219f., 248, 261, 263 f.
Wikinger 170 ff., 179, 190 ff., 201 ff.
Wilkinson, John Gardner 225
Woolley, Leonard 131 ff.
Young, Thomas Dr. 231, 233

Zatzikhoven, Ullrich von 101

Ortsregister

Abu Simbel 222
Abydos 234, 240, 242, 244, 264
Akaba, Golf von 140 ff.
Alexandria 26, 231
Amurru 238
Assuan 223, 226, 228, 234, 264
Assuit 16
Athlit 124 f.
Ätna 62 ff., 103 ff.
Auaris 236
Avalon 85 f., 92 ff., 103 ff.
Avebury 80 ff., 94

Baharija 10 ff., 49 ff., 56
Bath 83
Benin 231
Biban el Muluk 219, 224, 247, 255
Bretagne 76
Brocéliande, Märchenwald von 96 ff.

Cadbury Castle 88
Camelot 86 ff.
Craque des Chevaliers 124 f.
Cuzco 278 ff., 286 ff., 295, 304, 310

Dachla 37 f., 41 ff., 49, 56
Damaskus 157
Deir el Bahari 247, 258 f.
Deir el-Medineh 251 ff.
Dscherablus 139 f.
Dusch 37

El Haiz 54 ff.
Eldorado 284, 298, 304
Esbeita 141

Faijum 47 ff.
Fairbanks 67
Farafra 39

Genezareth 108, 125, 238
Gizeh 12, 26
Glastonbury 95
Grönland 171, 180, 199 ff., 206 ff., 215

Hildesheim 173 ff.

Island 180, 193 ff., 199 ff., 213 ff.

Kadesch 238 f.
Kairo 10, 145 ff., 151, 222f., 228, 259 f., 263, 268
Kalabrien 63, 75, 108 ff.
Karkemisch 128 ff., 136 ff., 160
Karnak 234, 238 ff., 242, 244

Lima 274 ff., 299, 313 ff., 325
Luxor 258

Maiden Castle 81 ff.
Memphis 231, 244, 251
Mesopotamien 23 ff.
Messina, Straße von 63 ff., 75, 103 ff.
Modena 101
Mut-al-Kharab 30

Negev 141 f.
Neufundland 210
Niedzica, Schloss 272, 318 ff.

Orontes 238 f.
Otranto 102
Oxford 115 ff., 128, 135, 158

Palästina 125, 236, 238
Peru 273 ff., 299, 305, 314 ff.
Petra 222
Port Said 122, 161

Qasr 37, 47, 50
Qurna 244, 259, 263

Rosette 129, 231 f., 233 f.
Rotes Meer 223, 240

Sagres 178, 180
Salisbury 109
Sinai 122
Siwa 40, 46 ff.
Sizilien 62 ff., 75
St. Michaels Mount 79, 95
Stonehenge 80 ff., 94, 109
Suezkanal 140, 149
Syrien 124 f. 236, 238

Tal der Könige 12, 218, 225, 228, 231, 235, 242, 247, 251, 256, 259, 260, 262,
Tal der Mumien 11 ff., 29, 57
Terceira 211
Theben 16, 228f., 245, 248
Titicacasee 278 ff.
Totes Meer 23 ff.
Tréhorenteuc 99

Vinland 183, 203, 206 f.

Bildnachweis

Richard Andrews, North Witney/England: S. 118, 140/141, 146, 148, 156, 157, 164
Archivo White Star,Vercelli/Italien: S. 229
Archivo White Star/Araldo de Luca, Vercelli/Ialien: S. 238, 245
Christian Baumann, Mainz S. 11–15, 21, 52/53
Giovanni Belzoni, *Narrative of the Operations and recent Discoveries within the Pyramids, Temples, Tombs and Excavations in Egypt and Nubia*, London 1821: S. 221
Renate Beyer, Frankfurt: S. 8/9, 23, 30, 33, 34/35, 38/39, 43, 45, 58
Dana Bisping, Berlin, S. 42
Bodleian Library, Oxford: S. 116, 131, 162
Michael Engler, Hamburg: S. 60/61, 63, 65–67, 69–73, 78, 81, 82, 89, 94/95, 97, 99, 102, 104, 111
Georg Graffe, Wiesbaden: S. 112/113, 123–125, 129, 137, 151-154
Stanislaw Krzemiński, Besta-Film, Warschau: S. 270/271, 273, 274, 277, 279, 282, 285, 288/289, 293, 295, 297, 300/301, 309, 314, 317, 321, 322, 324, 327
Lotos-Film, Kaufbeuren: S. 166/167, 202, 216/217, 219, 232, 239, 241–243, 249, 252/253, 257, 260, 267
Antonio Minasi, *Dissertation über verschiedene weniger klare Tatsachen aus der Naturgeschichte*, 1774: S. 106/107
J. M. Pernter/F. M. Exner, *Metereologische Optik*, Wien/Leipzig 1922, S. 119, 148: S. 68, 72
Evamaria Schmid, Schöningen: S. 169, 170–174, 176, 181, 185, 188/189, 192/193, 196/197, 199, 205, 209, 212, 214
Schriften des Deutschen Schiffahrtsmuseums, Band 12, Sonderdruck aus dem Deutschen Schiff-fahrtsarchiv, 3, 1980: S. 200
Stillpoint Productions, Portland/Oregon: S. 240, 262, 268, 269
Stephen Wayne, Santa Barbara/Kalifornien: S. 223, 226/227

Karten: DTP Factory Susanne Bertenbreiter, München